미래사회의 산업과 직업 변화

이 도서의 국립중앙도서관 출판예정도서목록(CIP)은 서지정보유통지원시스템 홈페이지(http://seoji.nl.go.kr)
와 국가자료공동목록시스템(http://www.nl.go.kr/kolisnet)에서 이용하실 수 있습니다.
(CIP제어번호: CIP2015031370)

미래사회의 산업과 직업 변화

The Changes in Industry and Job of Future Society

유영성 외 지음 | 경기연구원 엮음

한울
아카데미

추천사

불확실성에서 가치를 찾아내는 지혜, 미래에 대한 조망

과거 통신 회사에서 미래 모습picture of future을 기반으로 전략을 수립한 경험이 있다. 시기적으로 스마트폰으로 인해 일상이 변화하기 직전이어서 혁신적인 모바일 시대에 대한 변화를 제시했어야 하지만, 여러 가지 불확실한 기반에서 쌓고 채워야 하는 한계로 많은 어려움을 겪었다. 시간이 지나온 세상이 '스마트'로 변하고 보니 미래는 바로 그 불확실성uncertainty 그대로의 모습임을 알게 되었다. 미래는 현재의 탐구 대상이 되면서 불확실성으로부터 무제한적인 가치를 전달하고 있다. 알지 못하고 불확실한 것을 소통하는 일, 그것이 가치 있는 일인 것이다.

한국의 미래 사회에서 일어날 직업과 산업의 변화에 대해 경기연구원의 유영성 박사와 여러 차례 대화를 나누면서 미래의 불확실성이 한 분야를 중심으로 일어나는 변화가 아니라 다양한 산업 영역에서의 확산으로 확장되고 있음을 직감했다. 시간의 서술적 관계를 통한 변화와 더불어 디지털 통합 기술이 미래 사회의 동인으로 작용해 만들어내는 다양한 사업 분야의 창조 및 이로 인해 창출되는 새로운 직업의 구체적인 모습을 이 책을 통해 상상할 수 있었다. 또한 미래를 예측하는 과학적이고 논리적인 전개로 인해 미래를 조망하는 여행을 편안하게 즐길 수 있었다.

미래 사회에는 지식과 기술을 통해 상상을 현실화하는 데 제한이 없어질 것이다. 상상을 표현하기 위해 기술과 시장이 성숙되기를 오래 기다려야 했던 이전과 달리, 지금의 지식 사회에서는 오늘 상상하는 것을 내일 창조할 수 있도록 준비가 되어 있다. 이제 우리에게 필요한 것은 가치 있는 변화를 찾아내고 실행하는 지혜다.

피터 드러커는 자신의 저서 『기업가정신』에서 하이테크 산업의 성장으로 창출되는 일자리가 쇠퇴 산업으로 축소되는 일자리보다 많을 수는 없다고 지적하면서, 일자리를 만들어내는 것은 도전적인 기업가 정신이라고 설명한다. 이 책이 불확실성이 가득한 미래 모습에서 가치를 찾는 도전적인 기업가 정신의 나침반이 되고 이를 통해 작은 기업들이 큰 꿈을 실행할 수 있게 되어 일자리가 아닌 일거리가 확대되는 미래가 창출되기를 바란다.

빅데이터이용활성화협회 회장 · 씨이랩Xiilab 대표이사

이우영

CONTENTS

서문

최근 정보 통신 기술의 발달은 세상을 급속히 변화시키고 있다. 세상이 디지털화되면서 우리들의 삶이 펼쳐지는 경계를 나타내는 단위가 미시적으로는 나노(10^{-9}), 피코(10^{-12})를 넘어 펨토(10^{-15}), 아토(10^{-18})로 향하고 있고, 거시적으로는 테라(10^{9}), 페타(10^{12})를 지나 머지않아 엑사(10^{15}), 제타(10^{18})에 도달할 것으로 보인다. 이런 양방향 디지털 공간의 확대 흐름 속에서 우리의 삶도 물리적·지리적 공간으로 외연이 확장되고 있으며, 공간 내에서는 다차원적 중층화가 진행되고 있다. 이러한 현상을 실증적으로 뒷받침하는 단적인 예로는 세상의 연결성을 들 수 있다. 사람 간의 연결을 넘어 사물 간의 연결이 급속히 진행되고 있는 것이다. 이는 지금 전 세계에 걸쳐 일어나고 있는 현상으로, 분명 디지털-물리적 복합 현상이라 할 수 있다.

이제 우리들의 삶은 인간과 인간이 관계하는 단계에서 시작해, 인간과 사물이 상호 작용하는 단계를 거쳐, 사물과 사물 간 관계의 디지털 통합이 인간의 매개 여부와 상관없이 실현되는 수준에까지 도달한 것이다. 이는 정보 통신 영역이 사회 변화에 미치는 파급력이 상상을 초월할 정도로 크다는 것을 암시한다. 그뿐 아니라 인공지능, 로봇, 뇌과학 등 21세기에 출현한 각종 과학기술이 세상에 미치는 영향 또한 과거와는 판이하게 다르다. 이제 과학기술의 규모가 전 세계적, 아니 우주적으로 확장되었기 때문이다.

이런 생각이 몇몇 사람의 편향된 관점을 반영한 것 아닌가라는, 다소 비판적이고 회의주의적인 관점에서 의문을 제기할 수도 있다. 실제로 MIT대 미디어랩의 존 네이스비츠John Naisbitt는 세상이 아무리 변한다 하더라도 실제로는 사회 전체적으로 봤을 때 10~20% 이상의 변화를 보이기는 힘들다고 주장한다. 이런 주장은 현 시점에서 대체로 맞다. 미래를 얘기하면서 과학기술과 정보 통신 세계로만 시야를 한정하다 보면 사회의 다양한 면을 제대로 보지 못할 수도 있다. 그렇다 하더라도 시간이 갈수록 과학기술과 정보 통신 기술의 발전이 사회의 제반 변화 동인과 결합되어 광범위한 사회 영역에서 빠른 변화를 추동하리라고 강변하는 사람들이 많아질 것으로 보인다. 오늘날의 과학기술과 정보통신 기술이 주도하는 사회 변화는 분명 여러 영역에서 우리를 놀라게 해왔고, 앞으로도 더욱 그럴 것으로 예상되기 때문이다. 세상이 디지털화하면서 벌어지는 일들을 얼마 전까지만 하더라도 상상이나 할 수 있었던가.

변화가 빠르거나 크면 앞으로 어떤 상황이 다가올지 그만큼 불확실해지기 때문에 변화에 적응하는 데 실패하지 않을지 염려하게 된다. 변화는 삶의 문제, 생존의 문제와 직결되기에 더욱 그렇다. 언론에서는 요즘 들어 부쩍 "미래가 불안하다", "불확실하다"라는 사람들의 우려를 자주 다루고 있다. 이는 우리의 삶이 그만큼 크고 급격한 변화에 노출되어 있고 사람들은 이를 예민하게 받아들인다는 증거다.

사회 변화에 적응하며 살아야 하는 우리들에게 가장 중요한 문제는 뭐니 뭐니 해도 먹고사는 문제, 즉 일자리다. 빠르게 변화하는 사회에 적응하려면 다가올 미래에 사람들의 직업이 어떻게 변화할 것인지를 알아야 한다. 이는 미래의 삶을 풍요롭게 만들기 위해서도 필요한 작업이다. 이런 맥락에서 보면 이 책은 우리 삶의 정수와 관련된 주제를 다루고 있다. 미래 사회의 산업과 직업의 변화를 다루기 때문이다.

직업과 일자리는 기업 활동에서 생겨나고 소멸한다. 그런데 기업 활동의 집합은 산업이므로 직업과 일자리는 더욱 큰 차원에서 보자면 산업의 흥망성쇠로부터 영향을 받는다고 할 수 있다. 따라서 직업과 일자리를 다루려면 산업을 함께 살펴보는 것은 합당하다.

미래 사회의 산업과 직업이라는 주제가 미래를 다루는 만큼 미래의 변화에 대해 어떤 입장을 취할지가 중요하다. 미래의 변화를 다루는 방식은 크게 두 가지로 나눌 수 있다. 즉, 예측적 관점에서 접근하는 방식과 창조적 관점에서 접근하는 방식이다. 이 책에서는 이 두 가지 방식을 병합해서 다룬다. 이런 방식이 우리에게 더욱 풍성한 메시지를 전하는 현실적인 접근법이라고 판단되기 때문이다. 미래학자들 역시 미래를 연구하면서 상반된 것처럼 보이는 이 두 가지 입장을 종종 혼합해서 적용한다.

먼저, 예측적 관점에서의 접근을 살펴보자. 사람들은 '미래'라는 단어를 떠올릴 때면 흔히 "미래에 우리의 삶이 어떨 것이다"라는 식으로 예측을 한다. 미래학자들은 이 같은 미래 예측을 주요 연구 대상으로 삼는다. 예측적 관점에는, 미래에는 이러이러한 흐름을 거쳐 이러이러한 모습이 나타날 것이라는 인식이 암묵적으로 전제되어 있다. 시간은 과거에서 미래로 흐르므로 과거의 사건과 미래의 사건은 인과관계를 형성할 뿐, 역인과관계는 성립되지 않는다는 것이 보편적인 상식이다. 그런 만큼 시간 순서상 미래를 뒤에 두고 지금 큰 변화를 일으키는 요인과 현상에 집중하는 이러한 방식은 설득력을 갖는다. 특히 트렌드라는 이름으로 수행하는 미래 전망은 더욱 그렇다. 이러한 입장은 자칫 운명적 결정론이라는 함정에 빠질 수도 있지만, 우리가 미래를 예측하고 추정하는 것은 추정된 미래를 실현하기보다 더 나은 미래를 선택하기 위함이라는 점에서 미래학은 결정론이 아니라고 할 수 있다. 특히 밑도 끝도 없는 예언과 달리 예측은 과학적인 접근이므로 이러한 예측이 지식의 한 분야로서 권위를 얻는 것 또한 사실이다. 미래학자들은 예측한 결과가 틀릴 수 있다는 것이 오히려 과학적이라는 주장도 빼놓지 않는다.

다른 입장은 창조적 관점에서의 접근인데, 이는 "미래는 우리가 만들어 가는 것이다"라는 미래 창조적 입장이다. 미래가 과거의 여러 인자에 의해 결정되는 경로의존적 흐름을 보인다는 것은 분명한 사실이다. 하지만 이와 동시에 인간의 의지와 창의적 노력으로 미래의 모습이 만들어지는 것 또한 부정할 수 없는 사실이다. 자유의지적인 창조 행위는 여러 요인의 작용에 따라 나타나는 결과의 자연적인 흐름을 뒤집을 수 있다. 거스르기 힘들다는 인식이 암묵적으로 깔려 있는 트렌드라는 흐름, 특히 거대한 흐름이라는 메가트렌드조차도 창조적 행위를 매개로 하면 전혀 다른 양태로 바뀔 수 있다. 이는 엄연한 사실이며 역사적으로 이를 뒷받침하는 실증적인 사례 또한 얼마든지 있다. 창조는 인과라는 법칙을 거스르지 않으면서도 복합 요인과 복합 결과의 관계가 단선적이지 않게 구현되도록 만들 수 있다. 특히 창조적 자유의지 개념은 우리들의 노력이나 의지의 반영인 정책적 개입을 포함한다고 할 수 있다. 이러한 정책적 개입은 오늘날 우리의 삶에서 빼놓을 수 없는 국가적 기능에 해당하고, 이는 경로의존적 사건들의 단선적 고착 관계를 변화시킬 수 있다. 이는, 미래는 정해진 것이 아니며 미래에 대한 예측은 정책의지적 변수를 반영하는 것이 아닌 한 무의미할 수 있음을 항변하는 것이다.

이런 맥락에서 미래 창조는 심지어 동일한 하나의 인과관계에 대한 역인과관계적 현상의 발생 가능성조차도 수용하도록 요구하고 있는지도 모른다. 미래학자들은 미래를 얘기할 때 이런 여지를 포용하는, 다소 위험하지만 포기할 수 없는 입장을 취하기도 한다. 이는 정보가 충분히 주어진다면 미래를 확실히 예측할 수 있다고 믿었던 물리학적 세계관과 달리, 확정적 예측은 불가능하지만 확률적 예측은 가능하다는 입장의 현대 양자물리학적 세계관에 부합해 더욱 설득력을 얻는다.

미래학자들은 대체로 미래를 대하는 이 두 가지 입장을 대립이 아닌 병존 형태로 때에 따라 적절히 사용한다. 이들에겐 둘 사이에 대립과 모순이 있을 이유가 전혀 없다. 미래를 다루는 연구로서 미래 사회의 변화에 따른 산업과 직업의 변화를 살펴보는 이 책 역시 이러한 지적 혼용 입장을 일관되게 취한다. 한마디로 이 책은 경로의존적인 흐름을 인정하긴 하지만 더 나은 미래를 만들어내기 위해 미래 창조 방안을 모색한다고 할 수 있다. 다만, 그 대상이 미래 사회의 산업과 직업이다.

산업과 직업을 논하기 위해서는 미래 시점의 사회 구성 영역을 어떻게 설정할 것인가가 중요한 주제다. 이 책에서는 영역의 다양성을 중요한 기준으로 삼는다. 지금껏 산업과 직업을 다루면서 사회 구성 영역을 다양하게 설정한 경우는 거의 없다. 그런 만큼 이 기준을 적용하는 것은 무척 유의미하다 할 것이다.

총 3개의 부로 구성된 이 책은 14장에 걸쳐 미래 사회에서의 산업 및 직업의 변화를 분야별로 조망하고 정책적 시사점을 도출한다. 1부는 1장과 2장으로 구성되는데, 1장에서는 총론적 관점에서 다뤄야 할 사항을 검토한다. 사회·산업·직업이 변화하는 트렌드를 조망한 뒤 미래 직업 변화의 기술적 측면을 고찰한다. 그리고 미래 전망의 시점을 어떻게 구분할 수 있는지를 알아본다. 2장에서는 미래 사회 및 직업 변화와 관련한 이론적인 측면을 고찰한다. 여기서는 미래 사회의 네 가지 변화 유형, 즉 지속, 붕괴, 보존, 변형의 과정을 제시하고 있으며, 미래의 직업과 관련해 직업 능력,

고용, 직업 세계를 다룬다.

2부에서는 사회 변화의 동인적 측면에 해당하는 영역을 살펴보는데, 3장에서는 정치를, 4장에서는 과학기술을, 5장에서는 스마트 기술을 다룬다. 3장에서 정치를 사회 변화의 동인으로 보는 이유는, 정치는 사회나 국가의 자원과 가치를 배분하는 의사 결정의 정점에 있기 때문이다. 다시 말해 사회 변화, 산업 환경의 변화, 더 나아가 직업 변화의 트렌드는 그 사회의 정치적 맥락 속에서 형성되고 정치 요소로부터 지배적인 영향을 받으므로 정치를 미래 직업 변화의 가장 근본적인 동인으로 설정했다. 4장 과학기술에서는 과학기술 전망의 분석틀을 제시하고 변화 요인이 무엇인지 고찰한다. 또한 과학기술의 주요 변화를 미래 예측 시점별로 구분한 뒤 이러한 구분하에 과학기술과 산업이 어떻게 연결되는지, 일자리는 궁극적으로 어떻게 변화되는지를 기술한다. 5장에서는 스마트 기술의 등장에 따른 산업과 직업 변화를 다룬다. 우선 범용 기술이 산업과 직업에 미치는 영향을 분석한 후 범용 기술 및 스마트 기술이 출현할 때 발생하는 산업과 직업의 변화를 고찰한다. 그리고 이런 변화에 어떻게 대응해야 하는지도 언급한다.

3부에서는 총 9개 영역, 즉 관광, 의료, 교육, 교통, 사이버 리스크, 음식, 스포츠, 환경, 도시 공간에서의 산업 및 직업의 변화를 다룬다. 산업적 맥락에서 직업의 변화를 다룰 수 있는 영역은 수없이 많다. 하지만 이 책에서는 그중에서 9개 영역을 엄선했다. 이를 위해 표준산업분류 등을 검토했으며, 연구 자문 전문가 그룹에서 산업과 직업을 논한 학술 분야 가운데 중요하다고 판단한 영역을 나열했다. 여기에 추가로 분명 중요한데도 상대적으로 덜 비중 있게 다뤄졌다고 판단되는 영역도 고려했다. 이를 기준으로 필자들이 자기 전문성을 바탕으로 다룰 수 있다고 의사 표명한 영역에 한한 결과 총 9개 영역이 선정되었다. 이는 엄밀하게 말해 객관적인 기준을 적용했다고는 할 수 없지만 나름대로 합리적인 이유를 지닌다고 볼 수 있다. 6장에서 13장까지는 산업별 트렌드를 통해 미래의 직업을 제시한 반면, 마지막 14장에서는 미래의 직업을 창출하는 공간으로서의 도시 공간을 다루었다.

대표 저자
유영성

1부

미래의 변화 트렌드

01 서론

유영성

미래 예측은 현대사회의 필수적인 국가 전략이다. 선진국들은 미래에 발생할 국가적인 문제를 미리 예측하고 위기를 기회로 만들기 위해 짧게는 10년에서 길게는 100년 이후의 국가 상태를 예상하고 정책적 대응 방안을 마련하는 미래 예측 프로젝트를 지속적으로 수행해오고 있다. 최근 미래 예측은 과학기술의 발전을 예측하던 과거의 형태에서 사회, 경제, 정치, 환경, 자원 에너지 등 각 분야를 포함한 포괄적·종합적인 미래 연구로 발전하고 있다.[1] 이는 다양한 분야의 미래 변화가 우리 삶에 큰 영향을 미치고 있어 이들 영역을 망라하는 조망이 필요하기 때문이다.

미래 사회의 변화에 대비하기 위해서는 미래 예측이 필요하다는 근본적인 문제의식에서 시작한 이 책은, 미래 사회 사람들의 삶에서는 직업이 차지하는 중요성이 말할 나위 없이 크다고 보아 미래 예측의 대상 영역을 직

1 류현숙, 「주요국의 미래에 관한 연구」, 황혜신 외 편, 『한국의 미래모습과 정책과제』, 제2권(법문사, 2009), 5쪽.

업으로 삼았다. 다시 말해 미래 예측의 입장에서 한국의 미래 사회를 조망하고 미래 사회의 변화 중 직업의 변화에 초점을 맞추었다.

구체적으로는, 미래의 직업 변화를 조망하기 위해 사회 변화의 트렌드를 고찰하며, 산업적 측면에서의 변화 현상을 직업 변화와 연결시키는 방법론적 입장을 취한다. 미래 사회의 직업 변화 자체를 통찰하는 것도 의미있지만, 직업 변화는 더 높은 차원인 산업 변화라는 강력한 틀의 작용을 받고 산업 변화는 더 높은 차원인 사회 변화의 지배를 받으므로 사회 변화의 트렌드를 배경으로 살펴본 후 직업 변화를 산업과 연계한 틀에서 살펴보려 한다.

기술이 미래 직업 변화에 영향을 미치는 요소 중 매우 중요한 항목인 것은 사실이다. 하지만 이 책은 산업과 연관된 체계하의 직업의 변화를 다루는 데 초점을 두므로 기술 요소를 중심적인 키워드로 취급하지는 않았다. 즉, 미래 사회의 직업 변화를 산업적 관점에서 다루되, 기술 및 다른 주요 요소, 예를 들어 정치, 경제, 환경, 공간 구조 등은 이면에 안배했다. 엄밀히 말하자면 기술과 과학기술은 구분할 수 있지만 반드시 구분해서 다뤄야 하는 경우가 아니면 편의상 통칭해서 기술로 표현했다.

1 | 사회·산업·직업 변화의 트렌드 조망

1) 사회 변화 트렌드 및 미래 예측

역사는 시간 마디에 따라 격변하기도 하고 단조롭게 느껴질 정도로 일상적이기도 하지만 세상은 끊임없이 변한다. 사회의 변화는 큰 트렌드에서부터 작은 트렌드에 이르기까지 일정한 흐름이 유지되는 경우가 많다.

특히 요즘은 과학기술과 정보통신이 전 세계적인 규모에서 급격히 변화함에 따라 거대한 패러다임 위주로 전환하는 경향을 보인다. 이에 따라 현대 사회는 다양한 분야에서 위험과 불확실성이 확대되고 있다.

메가트렌드적으로 변화하는 현상 가운데 눈에 띄는 몇 가지만 살펴보더라도 현 세대의 기술혁신이 얼마나 빠른지 잘 알 수 있다. 우리는 인터넷을 비롯해 네트워크로 연결된 세상을 보편적인 삶의 형태로 받아들이고 있다. 전 세계인의 상당수는 인터넷을 이용해 세상 소식을 접하고 서로 소통하고 있으며, 구매 행위를 비롯한 상당수의 일상은 네트워크를 통해 이뤄지고 있다. 이는 최근 스마트폰의 광범위한 보급으로 실시간 연결이 가능해지고 클라우드 컴퓨팅의 도움으로 현장에서의 실시간 데이터 처리 능력이 대폭 향상되었기 때문이다. 또 사물 인터넷Internet of Things: IoT으로 대표되는 연결 대상이 확대되어 이제 개인뿐 아니라 사물 중심의 연결도 늘고 있다. 이런 의미에서 연결된 삶은 사이버 세계와의 실시간 연결, 그리고 물리 세계의 사이버화라는 방향으로 변화하고 있다. 즉, 물리 세계와 사이버 세계 간의 간극이 빠르게 줄어들고 있는 것이다.[2]

최근 기술적 완성도가 높아진 증강 현실augmented reality은 현실과 가상을 연결함으로써 시공간의 개념적 구분을 파괴하고 있다. 2000년대 중반까지 연구 개발 및 시험 적용 단계에 머물러 있던 증강 현실 기술은 무선 속도 증가, GPS 기능을 갖춘 스마트폰 등의 등장으로 실용화 단계에 진입함은 물론 구글 글래스Google Glass 같은 형태로 제품화에 이르고 있다.

---

2 비슷한 관점에서 미래의 세계를 컴퓨터화된 스마트 세계로 보기도 한다. "A highly computerized physical world known as the smart world(SW), which is created on both cyberspaces and real spaces." Jianhua Ma et al., "Towards a Smart World and Ubiquitous Intelligence: A Walk through from Smart Things to Smart Hyperspaces and UbicKid," *Journal of Pervasive Computing and Communications*(2005), p. 54.

이러한 기술혁신은 전통적인 제조업이나 서비스 산업에 기회이자 도전이다. 새로운 제품, 혁신적인 서비스, 고부가가치 시장이 형성되기도 하고, 정보 격차, 고용 행태 변화, 예상치 못한 사회병리 현상 발생 등으로 세상이 변하기도 한다.

한편 고령화 등 인구구조 변화를 통해 거대하고 뚜렷한 메가트렌드적 현상도 나타나고 있다. 한국 노인 인구는 2013년 현재 578만 9000명으로 전체 인구의 11.3%를 차지하고 있으며, 특단의 전환 요인이 없는 한 이후 급속하게 증가해 2029년에는 초고령 사회(20.3%)에 진입할 것으로 예상된다. 고령화 추세의 지속은 가까운 미래에 우리 사회가 경제성장 둔화, 의료비용 및 가족의 수발 부담 증가 등 엄청난 사회경제적 부담과 위험을 감당해야 할 것임을 암시한다.

기후 변화는 어떠한가? 2013년 발간된 기후 변화에 관한 정부 간 패널 Intergovernmental Panel on Climate Change: IPCC[3] 5차 평가보고서는 대기, 해양, 빙권, 해수면, 온실가스 농도에 관한 분석을 통해 기후 시스템의 온난화는 명백하며 1950년 이후 관측된 변화는 수천 년간 전례가 없는 이례적인 것이라고 밝히고 있다. 이러한 기후 변화는 생태계 전반의 변화 및 이로 인한 사회경제 시스템의 변화를 가져올 것이며, 이를 저감시키거나 이에 적응하는 것은 향후 우리 사회의 큰 화두가 되고 있다.

이러한 미래 사회 변화에 대한 메가트렌드적 접근은 한국개발연구원KDI의 「미래비전 2040」을 위시해, 미래 관련 전망 자료를 수집하고 각 자료별로 리뷰 및 분석을 실시한 한국정보화진흥원NIA의 「한국사회의 15대 메

---

3 세계기상기구(WMO)와 국제연합환경계획(UNEP)이 1988년 설립한 조직으로, 인간 활동에 대한 기후 변화의 위험을 평가하며, '기후 변화에 관한 국제연합기본협약'의 실행과 관련된 보고서를 발행한다. 1990년부터 평가보고서를 발행했으며, 2013년 5차 보고서를 발행했다.

가트렌드」 등 다양한 기관의 미래 예측 보고서에서 중요한 비중을 차지하고 있다. 이들 보고서는, 분석 결과 및 각 화제issue의 분류 방법이나 사용 용어에서는 일부 차이가 있으나 전체적인 맥락은 대체로 일치한다는 것이 두드러진 특징이다. 이러한 메가트렌드 분석은 대체로 STEEP[4] 방식을 취한다.

STEEP 방식에 입각해 예측한 글로벌 메가트렌드로는 다음과 같은 예를 들 수 있다. 첫째, 사회S: society 영역에서는 인구구조 변화, 양극화, 네트워크 사회 등의 변화 트렌드를 보일 것으로 예측된다. 둘째, 기술T: technology 영역에서는 IT · 바이오 기술BT · 나노 기술NT의 경쟁 치열, 가상세계 발달, 기술(산업)의 융복합화, 정보의 양극화 등의 현상이 나타날 것으로 예측된다. 셋째, 경제E: economy 영역에서는 웰빙, 감성, 복지 경제가 주를 이루고 지식 기반 경제가 심화되어 무형자산이 중요시되며 디지털 중심으로 산업이 재편되는 현상을 보일 것으로 예측된다. 인재도 글로벌 인재가 부상해 멀티 플레이형 인재가 중요해질 것이다. 또한 세계경제의 축이 다원화되고 불확실성이 커지며, 불평등과 갈등이 심화될 것이다. 넷째, 환경E: environment 영역에서는 기후 변화 및 에너지 위기 등이 주요 트렌드일 것으로 예측된다. 다섯째, 정치P: politics 영역에서는 글로벌화, 안전 위험성 증대, 정치 환경의 다원화, 개인 및 시민사회의 참여 증대 등의 트렌드가 나타날 것으로 예측된다.

엄격한 형식에 따라 STEEP 방식을 취하고 있지는 않지만 미래 사회 변화의 핵심 트렌드를 종합적인 관점에서 정리하려는 접근법도 존재한다. 대표적인 예로는 한국산업기술진흥원의 「2013년 산업기술분야 유망직업

4 흔히 미래 사회 패러다임 변화에 대한 메가트렌드는 STEEP별로 분류한다. STEEP은 society, technology, economy, environment, politics의 머리글자다.

▌표 1-1▌ 미래 사회 변화 트렌드(2013년 기준)

범주	핵심 트렌드 20선
사회/인구	1. 인구구조의 고령화
	2. 신종 질병의 위협
	3. 문화 다양성 증가와 글로벌화 진전
	4. 가족 개념 변화 및 여성 지위 향상
	5. 문화 소비의 증가
	6. 교류 및 이동의 증대(인적, 물적)
	7. 도시화 가속
	8. 정보화 사회 고도화
	9. 유비쿼터스 네트워크 사회화
	10. 가상사회 · 공간의 활성화
	11. 지식 고도화/직업의 전문화 진전
정치/안보	12. 새로운 양강 체계와 다원주의
	13. 새로운 갈등의 심화와 사회 안전 요구 증대
	14. 사이버 범죄 증가 및 보안의 중요성 증대
경제	15. 세계경제의 글로벌화와 경제 주체의 대형화
	16. 세계경제 구도의 변화: 중국 중심 아시아권의 영향력 증대
	17. 기업의 사회적 책임 증가: 운영 투명성, 환경, 고용 등
에너지/환경	18. 에너지 수요 증가
	19. 기후 변화 및 환경문제 심화, 에너지 수요 증가
	20. 에너지, 자원의 고갈: 자원의 안정적 확보와 활용 중요

자료: 한국산업기술진흥원, 「2013년 산업기술분야 유망직업 분석 보고서」(한국산업기술진흥원, 2013).

분석 보고서」(2013)를 들 수 있다. 이 보고서는 국내외 미래 사회 변화 및 기술 트렌드 보고서를 총괄 분석해 145개 이슈를 취합하고, 이를 4개의 범주(사회/인구, 정치/안보, 경제, 에너지/환경)로 분류해 20개의 핵심 트렌드를 도출했다.

2) 한국 산업 환경 변화의 트렌드 고찰

산업적 측면에서 바라본 사회 환경 변화 트렌드는 크게 다섯 가지 특징으로 제시할 수 있다. 첫째, 지식 기반 경제의 도래와 기술혁신의 가속화,

둘째, 산업 융합의 가속화, 셋째, 고령화의 진전과 삶의 질에 대한 수요 확대, 넷째, 문화적 다양성의 증대와 시민사회의 성장, 다섯째, 중국의 성장과 동북아 경제권의 부상이다.

(1) 지식 기반 경제의 도래와 기술혁신의 가속화

최근의 경제는 국가 경제를 넘어 경제적 통합이 가속화되고 있으며 기술 및 사회의 변화 속도도 빨라지고 있다. 정보와 지식의 흐름도 빨라지고 있으며 생산성 향상에 대한 정보통신 기술의 영향력도 증대되고 있다. 또한 자연 자원보다는 아이디어를 강조하는 경제로 변하고 있다. 생산 및 고용에서 서비스업이 제조업을 상회한 지는 이미 오래다. 지금은 노동과 자본, 토지 등의 전통적인 생산요소 외에 지식이 투입 요소로 더 중요하게 부각되고 있다. 지적 자본 또는 지식 자산이 기업의 수익 및 국부의 원천이 되고 있는 것이다. 이른바 지식 기반 경제가 도래함에 따라 정보통신을 중심으로 한 과학기술이 급속하게 발전해 기술혁신이 가속화되고 있으며, 기술적 우위가 경쟁력을 결정하는 핵심 요인으로 부상하고 있다. 지식은 부가가치의 새로운 원천이자 경쟁력의 핵심 요소로, 최근 나타난 중요한 경제·사회적 변화는 대부분 지식과 관련 있다.

세계경제는 산업혁명 이후 200년 동안 네 차례에 걸쳐 연쇄적인 기술 발전을 경험했으며, 지금은 정보통신 기술이 주도하는 다섯 번째 기술혁신 단계에 진입해 있다. 정보통신 기술을 바탕으로 BT, NT 등 신기술 간의 상호 의존도가 높아지고 신기술의 접목·융합이 활성화되면서 새로운 혁신이 촉발되고 있는 것이다.

이러한 기술은 시스템적 성격이 강해서 동종 또는 이종 간의 기술 융합convergence과 퓨전fusion을 통해 기존 기술을 개량하거나 응용하는 것은 물론, 새로운 기술과 산업을 창출하면서 경제 발전의 새로운 성장 동력으로 작용하고 있다. 이와 같은 현대 기술의 특징으로 인해 이제는 기초 연구 → 응용 및 개발 연구 → 제품 생산이라는 단선적인 과정이 아닌, 혁신 주체의 상호작용에 의한 순환적·나선적 과정의 중요성이 강조되고 있다.

지식 기반 경제에서는 심화되는 경쟁에 대응해 혁신 주체 간 협력 체제를 유지하는 한편 기술 개발 같은 분야에서 '규모의 경제'와 '범위의 경제'를 실현하기 위해 자원을 공유하는 네트워크 체제를 구축하는 것이 중요한 전략으로 부상하고 있다. 지식 기반 경제에서의 경쟁력은 지식을 창출·활용할 수 있는 능력을 지닌 우수한 인적 자원을 양성·확보하고 이들을 지속적으로 유지·관리하는 역량에 달려 있다. 다시 말해 특정 국가 또는 지역의 발전을 위해서는 경쟁적이면서도 유연한 인적 자원 양성 체계를 구축해야 하고 부문 간 인적 자원의 원활한 이동과 활용도 제고가 필수적인 시대로 접어든 것이다.

(2) 산업 융합의 가속화

산업 융합은 선진국에서조차 도입 초기 단계이고 발전 방향에 대한 불확실성도 매우 높기 때문에 경제적 성과가 가시화되기까지는 장기간이 소요될 것으로 예상된다. 그럼에도 산업 융합이 몰고 올 각종 경제·사회적 영향 및 파급효과는 일부 사례에서 발견되듯 상상을 초월할 수도 있다. 한마디로 산업 융합은 산업 발전의 패러다임을 근본적으로 바꾸어놓을 엄청난 파괴력을 갖고 있는 것이다.

산업 융합화의 가장 큰 특징 중 하나는 산업별 가치사슬 내에서 수평적 통합이 일어나는 동시에 다른 산업의 가치사슬로의 수직적 확장 및 영역 재구성이 발생한다는 것이다. 다시 말해 기존의 산업 발전 패러다임하에서는 산업별로 개별적인 가치사슬이 존재해 가치사슬상의 각 단계가 독립적인 역할을 수행했으나 산업 융합화가 진행되면서 새로운 형태의 가치사슬이 형성되고 있다.

이와 같은 기술 패러다임의 변화는 산업 혁신 요소에서의 급격한 변화를 수반하고 있다. 한마디로 요소 투입형 성장에서 혁신 주도형 성장으로 전환함에 따라 모든 생산요소에서 투입량보다 질적 수준을 확보하는 일이 더욱 중요해진 것이다. 이에 따라 다학제적 기술 융합을 위해 전 세계를 대상으로 한 네트워킹이 강조되고, 고급 기술 인력 양성과 연구 개발 성과의 사업화가 중요한 정책 과제로 대두되고 있다.

마지막으로 산업 융합화는 혁신 주체 간의 관계에도 큰 영향을 미친다. 기술혁신의 주기가 더욱 짧아지고 연구 개발과 제품화 간의 간격이 크게 단축되면서 관련 혁신 주체 간의 긴밀한 협력이 어느 때보다 중요해지고 있다. 또한 글로벌화가 가속화되면서 개방형 혁신 등을 통한 기업들의 외부 자원 의존도가 더욱 높아지고 있다.

(3) 고령화의 진전과 삶의 질에 대한 수요 확대

의학과 문명의 발달로 인구의 노령화가 급진전되고 인간의 평균수명이 지속적으로 늘어남으로써 실버 시장의 급성장이 예견된다. 고령 인구의 비중 증대는 향후 서비스 부문과 공공 부문을 확대시킬 것으로 전망된다. 고령화 시대가 도래함에 따라 고령 친화 산업이 향후 새로운 성장 산업으로 대두될 가능성이 높다. 고령 친화 산업의 발전은 장기 복제 이식, 신약 개발뿐 아니라 각종 전자 의료 기기 산업과 미세 수술 등의 의료 산업 발달도 가져올 것으로 전망된다.

그뿐 아니라 주거, 교통 등 사회 기반 시설이 고령 친화적으로 개편되고 실버산업, 의료 서비스, 노인 요양 시설, 요양·치료 서비스, 고령자 관련 제품 등 고령 친화 산업에 대한 수요가 크게 증가할 것으로 보인다. 하지만 고령화는 자본 스톡의 축적을 저하시켜 성장 잠재력을 잠식하는 부정적인 효과도 내재하고 있다.

(4) 문화적 다양성의 증대와 시민사회의 성장

산업사회의 가치관이자 생활양식이던 획일화·동질화는 정보화 및 지식기반 사회의 도래와 더불어 다양화·개성화로 전환될 것으로 전망된다. 이에 따라 상품과 서비스가 고객의 기호에 맞춰 세분화·전문화되는 경향을 보이고 있다. 또한 소득수준 향상과 근로시간 단축으로 개인의 건강, 여가생활 및 문화 활동에 대한 관심이 증대될 것이다.

한편 정보통신과 교통수단의 발달로 국가 간 문화 교류가 활발한 가운데 다양한 문화가 혼합되는 현상이 일반화될 것으로 전망된다. 그 결과 영화, 애니메이션, 캐릭터 등 다양한 분야에서 지적·창의적 활동이 산업과 접목되어 고부가가치를 창출할 것으로 예측된다. 문화 콘텐츠 산업의 성장 가능성이 강조되면서 고유성과 창의력을 기반으로 문화를 산업화하려는 시도도 확산될 것이다.

규제 완화와 함께 사회 각 분야에 시장 기능이 확산되고 정부 및 기업 조직 전반에 걸쳐 유연화·개방화가 진전되는 가운데 지역사회와 생활 문제 중심의 다양한 시민 활동이 활성화되어 이익집단, 전문직 집단 등 자발적 결사체가 증가하고 이들을 통해 사회적 갈등도 대거 표출될 것으로 보인다. 확대된 시장과 시민사회의 역량을 기반으로 신지식인 운동, 평생학습 운동, 지식혁명 캠페인 등 지식과 학습에 대한 새로운 인식 또한 확산되고, 공공 부문이 독점하던 정책적 리더십이 시민사회의 참여에 의해 공유되는 협치協治가 보편화될 것으로 전망된다.

(5) 중국의 성장과 동북아 경제권의 부상

중국은 연 8% 이상의 고도성장으로 세계 2위의 경제대국으로 부상했다.

중국의 부상은 중국의 수입 수요를 확대해 한국과 일본의 대중국 수출 의존도를 높이고 있으며, 세계시장에서 일본의 수출을 크게 대체하고 한국 수출을 견제하는 효과를 보이고 있다.

중국은 현재 한국의 수출과 해외 투자에서 가장 중요한 국가일 뿐만 아니라 급속한 성장에 힘입어 앞으로는 영향력이 더욱 증가할 것으로 예상된다. 향후 10년간 중국은 소비 주도형 경제로 전환될 것이며, 수출 및 외국인 투자 유치 방식의 변화, 인구의 고령화 및 노동력 부족 현상 발생, 도시화의 빠른 진전, 노동자 보호의 강화, 사회보장제도의 빠른 확충, 저탄소 경제의 추진 등 사회경제에서도 전반적인 변화를 보일 것으로 예상된다.

중국 경제뿐 아니라 동북아 경제권 내의 각국 경제도 지리적 인접성과 문화적 유사성 그리고 보유 자원의 보완성으로 인해 상호 의존도가 급속히 심화되고 있으며, 이는 각국 성장의 동력으로 작용하고 있다. 특히 중국 경제의 성장은 동북아 경제권의 시장을 외연적으로 크게 확대하는 역할을 하고 있으며, 이는 동북아 경제권의 주된 성장 동력이 되고 있다.

3) 직업 세계의 주요 트렌드

「미래의 직업연구」[5] 보고서에 따르면 미래의 고용 환경 변화는 크게 다섯 가지 범주로 구분할 수 있다. 첫째, 신흥국 지역 전문가의 수요 증가, 둘째, 여성 경제활동 참가율 증가와 노동환경의 개선, 셋째, 인력 및 채용 시장의 글로벌화 확대, 넷째, 기후 변화로 인한 새로운 산업과 직업의 성장, 다섯째, 더욱 똑똑해진 기계와의 일자리 경쟁이다.

이러한 고용 환경의 변화하에 미래의 직업 세계에서 나타날 주요 변화 트

5 박가열 외, 「미래의 직업연구」(한국고용정보원, 2013).

▌표 1-2▌ 미래 직업 세계의 트렌드

유형	특징
디지털화·자동화	모든 종류의 일에 디지털 기술과 네트워크가 결합되면서 산업 및 일의 특성이 첨단화·자동화됨 → 사람을 대신해 자동화된 기계와 소프트웨어 프로그램이 단순 반복적인 업무를 수행
고령화	건강, 의료 등 관련 산업이 증가할 뿐만 아니라 노인 노동력이 저출산에 따른 노동 공급의 빈자리를 차지하면서 경제성장의 한 축으로 자리매김
부(富)가 아시아로 이동	주요 성장 산업이 아시아의 인적·물적 네트워크와 연결됨으로써 기업 인재의 글로벌 역량이 중국과 인도, 일본 및 한국을 축으로 하는 동아시아를 중심으로 강화되는 방식으로 재편
환경과 윤리 강조	지속 가능한 저탄소 녹색 성장이 강조되면서 공공의 이해를 반영하는 환경, 윤리, 안전 등의 분야에서 많은 일자리가 지속적으로 창출
일상에서의 안심 추구	풍요, 수명 연장 등은 오히려 삶의 위기, 테러와 같은 비정형 위협에 대한 불안을 증폭 → 보험, 보안 등 다양한 위험 회피 산업을 성장시키며, 삶의 질을 유지하는 데 필요한 노동 영역을 생성
소비자의 개성화	기계 자동화에 따른 생산성 향상으로 소비자의 취향, 기호와 같은 감성적 필요가 상품 및 서비스 구성의 핵심을 차지 → 노동의 주요 특성이 달라지며 인간을 이해하는 전반적인 능력이 인재의 특성으로 중시

자료: 박가열 외, 「미래의 직업연구」(한국고용정보원, 2013).

렌드는 〈표 1-2〉와 같이 여섯 가지 유형 및 특징으로 정리할 수 있다. 이를 자세히 살펴보면, 첫째, 디지털화 및 자동화 트렌드에 따라 직업적 차원에서 모든 종류의 일에 디지털 기술과 네트워크가 결합되면서 산업의 특성 및 일의 특성을 첨단화·자동화시키는 현상이 나타난다. 즉, 단순 반복적인 업무는 자동화된 기계와 소프트웨어 프로그램이 사람을 대체하는 것이다.

둘째, 고령화 트렌드에 따라 건강, 의료 등 관련 산업이 증가할 뿐만 아니라 노인 노동력이 저출산에 따른 노동 공급의 빈자리를 차지하면서 경제성장의 한 축으로 자리매김한다.

셋째, 부富가 아시아로 이동하는 트렌드에 따라 주요 성장 산업이 아시아의 인적·물적 네트워크와 연결됨으로써 기업 인재의 글로벌 역량이 중국과 인도, 일본 및 한국을 축으로 한 동아시아를 중심으로 강화되는 형태로 재편된다.

넷째, 환경과 윤리가 강조되는 트렌드에 따라 공공의 이해를 반영하는 환경, 윤리, 안전 등의 분야에서 많은 일자리가 지속적으로 창출된다.

다섯째, 일상에서의 안심을 추구하는 트렌드가 형성되어 보험, 보안 등 다양한 위험 회피 산업을 성장시키며, 삶의 질을 유지하는 데 필요한 노동 영역이 생성된다.

여섯째, 소비자의 개성화라는 트렌드가 나타나는데, 이는 기계 자동화에 따른 생산성 향상으로 소비자의 취향, 기호와 같은 감성적 필요가 상품 및 서비스 구성의 핵심을 차지함에 따라 노동의 주요 특성이 달라지며 인간을 이해하는 전반적인 능력이 인재의 특성으로 중시됨을 의미한다.

2 | 미래 직업 변화의 기술적 측면

기술은 경제적·사회 환경적 요인이 복합적으로 작용하는 요소로서, 직업 변화에 큰 영향을 준다. 이는 직업의 미래 변화에 대한 고찰에서 기술적 측면을 중요하게 다뤄야 하는 이유이기도 하다. 따라서 이 책에서는 직업의 변화를 조망하면서 과학기술과 정보통신 기술의 변화를 다룬다. 다만, 이 책은 산업적 연결 고리를 중심으로 삼는 만큼 기술의 변화가 직업에 미치는 영향을 가능한 한 산업(사업)과 시장의 연계하에 고찰할 것이다.

실제로 지금과 같이 지식 기반 경제가 심화되고 산업 기술 역량이 강화되는 추세하에서는 기술 변화로 인해 직업이 빠르게 분화되거나 변화하는 양상을 심심치 않게 볼 수 있다. 최근 정보 통신 산업 분야의 스마트/모바일 기술의 발전으로 새로운 직업들이 형성된 것이 좋은 예다. 구체적으로는 스마트 TV(또는 OLED TV 등 차세대 TV), 스마트 패드, 스마트폰, 태블릿 PC 등의 등장으로 디자이너, 프로그래머 등 다양한 직업이 생긴 것을 들 수 있다. 그뿐 아니라 온라인/모바일 신기술 및 LED 기술의 출현으로 미디

표 1-3 스마트 TV의 등장으로 출현한 새로운 직업

스마트 TV의 특징	새로운 직업
· 방송과 온라인의 결합 · 방송의 비효율적·직선적 편성 불필요 · 모바일 화면보다 정적이며 훨씬 넓은 화면 · 초고속 통신망을 통한 3D, HD 쌍방향 구현 · 애플리케이션을 통한 광고 모델 형성 · 모바일 타깃 콘텐츠 확산 가능	· 디자이너 · 프로그래머 · 기획자 · 아키텍처 · 머천다이저 · 저작권 중개자 · 콘텐츠 소싱 전문가 · 프로모션 전문가

자료: 유영성·명승은, 「신기술로 인한 직업변화와 시사점」, 경기개발연구원, ≪이슈&진단≫, 제56호(2012).

표 1-4 뉴미디어 분야 및 웹 분야의 새로운 직업

뉴미디어 분야	웹 분야
· 콘텐츠 코디네이터 · 융합미디어 플래너 · 미디어 에이전트 · 미디어 플랫폼 디자이너 · 미디어 이벤트 프로듀서 · 모바일 저널리스트 · 웹 콘텐츠 창작자 · 모바일 팟캐스터	· 웹마스터 · 웹 프로그래머 · UX 디자이너 · 웹 에디터 · 플래시 프로그래머 · 웹 디자이너 · 광고 플래너 · 검색 콘텐츠 컨포머 · 웹 고객 상담원

자료: 유영성·명승은, 「신기술로 인한 직업변화와 시사점」.

어 분야에 새로운 영역이 생김에 따라 기존의 종이 미디어, 전파 미디어 종사자들이 온라인/모바일 미디어 분야에 관심을 갖고 이직하면서 미디어 파사드 디자이너나 음악 분수 연출자 같은 직업도 새롭게 탄생했다.

기술 발전을 거쳐 변화해가는 기술뿐 아니라 미래에 부상할 것으로 전망되는 기술도 수없이 거론되고 있다. 예를 들어, 패스트 퓨처Fast Future의 대표인 로히트 탈워Lohit Talwar는 2025년까지 부상할 50가지 기술과 비즈니스 메가트렌드를 각 분야별로 발표하기도 했다(〈표 1-5〉 참조). 여기에는 공유 경제, 1인 기업, 사물 인터넷, 하이퍼 연결, 미래 예측 분석, 인공지능, NBIC, 스마트 기기 폭발, 가상현실, 3D 프린터, 로봇/자동화 등등이

▌표 1-5▌ 2025년까지 부상할 50가지 기술과 비즈니스 메가트렌드

과학기술 분야		비즈니스 분야	
1	파괴적 혁신	27	세계화 지속
2	무어의 법칙 연속	28	짧고 빠른 비즈니스 사이클
3	하이퍼 연결	29	사업 복잡성 수준 증가
4	빅데이터	30	코모디티
5	미래 예측 분석	31	새로운 비즈니스 모델
6	널리 퍼진 인터넷	32	프리미엄(freemium) 비즈니스 모델
7	지능형 웹	33	크라우드 소싱 투자 자금 모집
8	클라우드 컴퓨팅	34	역혁신의 스케일
9	사물 인터넷	35	공공 서비스의 상업화
10	디지털 통화(비트코인)	36	조직적 프레이밍
11	가상현실 세계	37	네트워크 조직
12	무선 정보(wireless intelligence)	38	공동 창작 증가
13	인공지능(AI)	39	1인 기업 노동자 상승
14	스마트 기기 폭발	40	개인 전문 지식의 진부화
15	개개인 기술 생태계 진화	41	대체 보상 시스템과 모델
16	증강 현실	42	디지털 자산
17	가상현실	43	기술자 실업
18	미래의 가전제품	44	원거리 일자리 증가
19	3D 프린터/첨가제 제조	45	주요 제품의 유통 소멸
20	로봇/자동화	46	마이크로 기업의 상승
21	BT 및 신흥 바이오 시대	47	게임화(gamification)
22	NT	48	미래 마켓 아웃소싱 핫스팟
23	나노, 바이오, 인포, 코그노(NBIC)	49	미래 포춘 글로벌 500
24	인간 능력 향상	50	공유 경제 및 공동 소비
25	뇌 - 컴퓨터 인터페이스(BCI)		
26	인간 뇌 매핑		

자료: ≪인데일리≫, 2014년 5월 22일, http://www.indaily.co.kr/client/news/newsView.asp?nBcate=F1002&nMcate=M1006&nScate=&nIdx=22969&cpage=1&nType=1

거론되고 있다. 이 모든 것이 미래의 직업 변화에 영향을 주는 요소라 할 수 있다.

이밖에 맥킨지 글로벌 인스티튜트McKinsey Global Institute는 2013년 보고서에서 향후 20년을 바꿀 기술 변화로 정보 통신 관련 4개 기술(모바일 인터넷, 지식노동의 자동화, 사물 인터넷, 클라우드 기술), 에너지 관련 3개 기술(석

▌그림 1-1▐ 기술이 직업을 바꾸는 방식

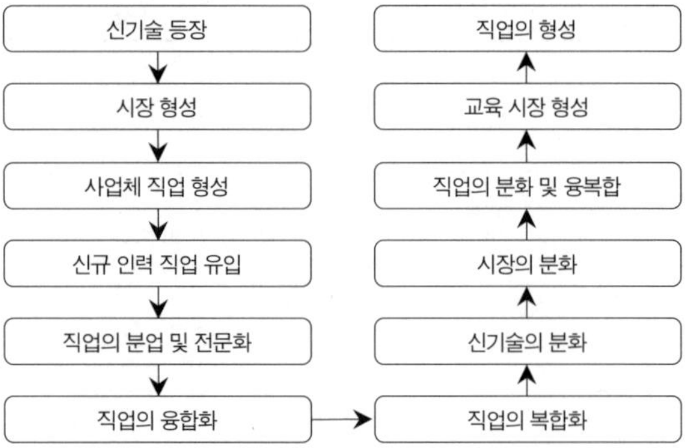

자료: 명승은, 「신기술에 따른 직업구조 변화」(2012), 경기개발연구원 워크숍 자료 재구성.

유가스 탐사 기술, 신재생에너지, 에너지 저장(배터리 등)], 기계, 소재, 기타 5개 기술(로봇 기술, 자동 주행, 3D 프린팅, 소재 기술, 유전자 기술) 등 총 12개 기술을 제시하기도 했다.

3 | 미래 전망의 시점

미래 사회의 산업과 직업의 변화를 전망하고 심도 있게 고찰하는 데 중요한 전제 조건 중 하나는 미래의 시점을 어디로 두느냐 하는 것이다. 이 책에서는 미래 예측의 기준점을 향후 5년, 10~20년, 20년 후로 구분하고 중장기와 장기라는 두 가지 시점을 혼용한다.

대체로 미래 예측의 시기는 단기, 중장기, 장기, 초장기로 구분한다. 단기는 1~2년의 시간을 말하며, 보통 미래 예측의 시간 단위에 포함시키기보다 현재의 연장 개념으로 다룬다. 3~10년 이내에 나타날 현상을 예측하는 것은 중장기 예측에 속하며, 10~25년 구간은 장기 예측에 해당한다. 25년 이상의 시점을 예측하는 것은 초장기 예측으로 분류하며 정책적 의미를 두기보다 먼 미래의 이상향을 그릴 때 적용하는 시간 단위다.

이 책은 이러한 시간 구분의 틀에서 산업과 직업의 변화 양상을 조망하는데, 중장기적 전망인 5년 시점과 장기적 전망인 10~20년 시점 두 가지를 혼합해 취한다.

02 미래 사회와 직업 변화

김상호

1 | 미래 사회의 접근법

1) 미래 사회의 네 가지 변화 유형

미래는 지속continuity, 붕괴collapse, 보존conservation, 변형transformation의 과정을 보일 것이다. 이 가운데 어떤 특성이 더 크게 실현되고 어떤 특성이 적게 실현될지는 알 수 없다.

인간은 무엇이 지속되고, 언제 붕괴되고, 어떻게 보존되고, 어디가 변형될지에 대한 궁금증을 가지고 끝없이 추론하지만, 미래가 어떠한 모습을 가지며 어떻게 전개될지는 확정적으로 말할 수 없다. 만일 신이라면 미래가 어떤 모습일지 확정적으로 말할 수 있을까? 고전적 세계관에서는 충분한 정보가 주어진다면 미래를 확실히 예측할 수 있다고 믿었으나, 현대적 세계관에서는 확정적 예측은 불가능하고 본다. 예를 들어, 뉴턴이나 아인슈타인과 같은 물리학자는 미래를 예측 가능한, 결정된 세계로 인식했다.

하지만 롤런드 보어Roland Boer와 같은 양자학적 관점의 과학자들은 미래를 확률이 지배하는 세계로 받아들였다. 즉, 미래는 결정된 것이 아니라는 확률론적 세계관을 가졌으며, 절대적 신조차도 미래를 결정해두지 않고 주사위를 던져 결정한다고 여겼다.

아인슈타인은 이런 확률적 세계관을 싫어했기에 "신은 주사위 놀이를 하지 않는다"라는 말로 확률론적 세계관을 가진 양자물리학자들을 비판했다. 미래는 결정된 것이 아니므로 인간의 노력에 따라 변화될 수 있다. 부정적인 미래를 막을 수도 있고, 긍정적인 미래를 부정적으로 변화시킬 수도 있다. 따라서 긍정적인 미래 예측 못지않게 부정적인 미래 예측의 시나리오를 만드는 것도 중요하다.

미래가 결정되어 있든 확률적으로 정해져 있든 간에 한 가지 확실한 사실은 현재는 끝없이 변화하고 있다는 것이다. 이러한 미래 변화는 〈그림 2-1〉에서 제시한 네 가지의 이미지로 표현할 수 있다. 우리가 상정하는 대략 20년 후의 사회 이미지는 크게 보면, 현재의 위기와 기회가 미래에도 지속적으로 발생해 성장하는 지속 성장continued growth일 수도 있고, 공황, 전쟁, 대자연적 재앙 등으로 인한 붕괴collapse로 나타날 수 있다. 또는 큰 발전도 진보도 발생하지 않고 현재 상태가 보존 및 회귀conserved society할 수도 있다. 아니면 현재의 사회 시스템은 사라지고 지금까지 존재하지 않던 새로운 형태의 가치에 기초를 둔 급진적인 변형transformation을 보일 수도 있다.

이 장은 이 네 가지 가운데 지속 성장이라는 관점에 중점을 두고 미래 직업이 어떻게 변화할 것인지를 전망하려 한다. 그 이유는 첫째, 우리가 상정하는 20년 후의 모습은 확률적으로 지속 성장할 가능성이 가장 높기 때문이다. 둘째, 몰락된 사회나 보존된 사회를 상정하고 미래 직업을 전망하는 것은 큰 의미가 없기 때문이다. 다시 말해 몰락된 사회에서 직업에 어떤 변화가 일어날지 알아서 뭐하겠는가? 셋째, 변화된 사회를 다루려면 기존의

❚그림 2-1❚ 미래의 네 가지 이미지

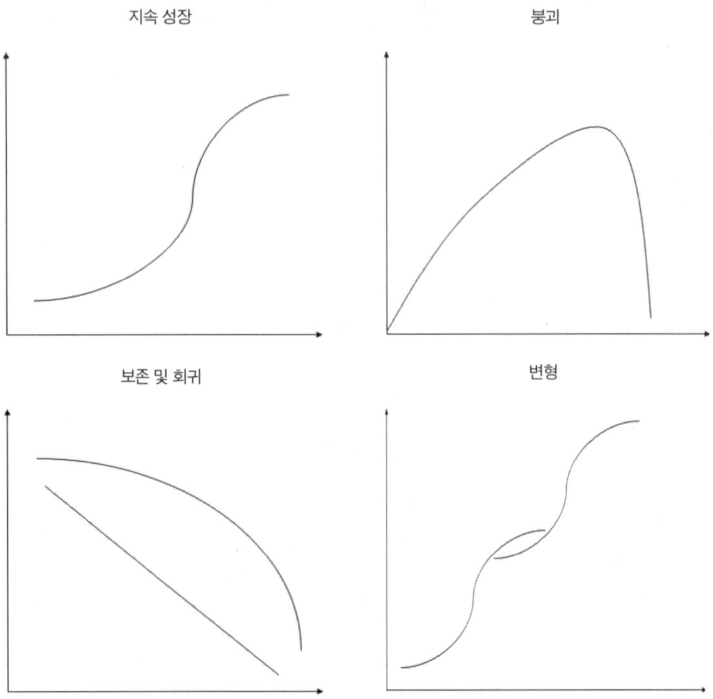

주: ① 지속 성장(continued growth): 과거 및 현재의 진행 사건이 미래에도 유사한 형태의 근간을 유지하면서 진행 또는 발전하는 것으로 가정함.
② 붕괴(collapse): 극단적인 경우 인류의 소멸 또는 문명의 쇠퇴를 포함해 생물학적·생태학적 대참사, 대재난, 사회적·경제적 시스템 붕괴, 극도의 도덕적 타락 등이 일어날 것으로 가정함.
③ 보존 및 회귀(conserved society): 지속적인 성장과 변화가 미래에 부정적인 결과를 초래할 것으로 가정함. 따라서 미래는 더욱 단순하고 안정적이고 획일적인 삶의 형태로 회귀하려는 경향을 띨 것임을 강조함.
④ 변형(transformation): 기존에 지속된 관점이 완만한 진보였다면 변형은 더욱 급진적인 진보적 상황이 발생할 것임을 의미함. 따라서 단절이 발생할 수 있음.

시스템이 사라진 사회를 가정해야 하는데, 여기서 새로운 시스템에 대한 거대 담론을 다루기란 사실상 불가능하기 때문이다.

따라서 이 장에서는 지속 성장이라는 관점에 무게를 두고 향후 20~30년 후의 산업 변화에 따라 직업이 어떻게 변화할지 논의하려 한다. 아울러 우리가 미래를 추정하는 것은 추정된 미래를 실현하기 위해서가 아니라 더욱 나은 미래를 선택하기 위함이다. 이런 측면에서 볼 때 우리가 선택할 수 있는 최상의 선택은 붕괴도 변형도 아닌, 지속 성장이다. 사실 인류 역사는 끝없이 진보해왔지만 그 진보는 완전히 새로운 것이 아니라 발전된 변화였다. 인간의 창조creation란 무無에서 유有를 만들어내는 것이 아니라, 기존에 있는 것에 새로운 것을 더해 변형시키는 행위였다. 인간이 신의 전지전능함에 이르지 못하는 한 완전히 새로운 것을 만들어낼 수는 없다.

기원전 3000년 솔로몬 왕이 "이미 있었던 것이 후에 다시 있겠고, 이미 한 일을 후에 다시 할지라. 해 아래 새것이 없나니"라고 말했던 것처럼, 변화된 미래는 과거와 영속적인 공통점을 많이 내포할 것이다. 즉, 아무리 많은 것이 변한다 해도 대부분은 변하지 않는다.[1] 이러한 관점에서 볼 때 미래 변화 방향의 시나리오 중 지속 성장할 가능성이 가장 높다.

2) 미래 사회에 대한 접근법

미래 사회는 매우 복잡한 상호관계를 가진다. 각기 복잡한 관계성이 서로 피드백을 하기 때문이다. 이에 대한 이해를 돕기 위해 〈그림 2-2〉에 다섯 가지 변인에 대한 순환적 영향 관계를 도식화했다. 미래는 각 개별 주체의 마인드 결합 속에서 모형을 구축하고, 자연, 기술, 사회 등의 상호 대립적 또는 보완적 피드백 관계 속에서 시간의 흐름에 따라 변화된다. 여기서 시간은 거역할 수 없는 절대적 시간의 화살을 의미한다. 즉, 〈그림 2-3〉과 같이 과거는 현재에 영향을 미치고, 현재는 미래에 영향을 주는 것이다. 여기서 주목할 사실은 각 현실에서 필드상의 변인은 선형 예언이나 복잡성에

1 존 네이스비츠, 『마인드 세트』, 안진환·박슬라 옮김(비즈니스북스, 2006).

▮그림 2-2▮ 마인드와 변화 요인 간의 피드백

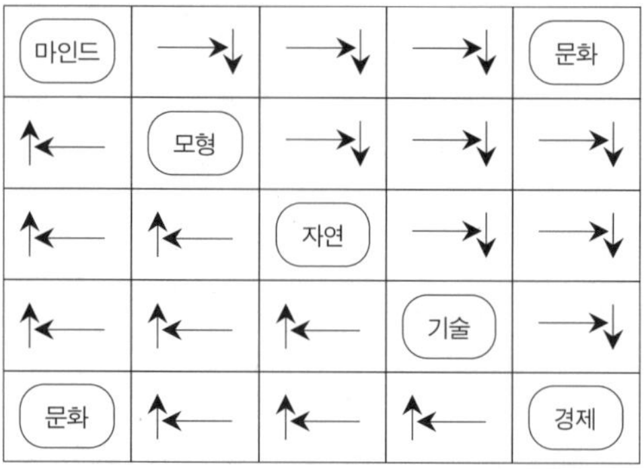

자료: 제임스 데이터, 『(29인의 미래학자가 말하는) 다가오는 미래』, 우태정 옮김(도서출판 예문, 2008), 317쪽.

▮그림 2-3▮ 시간에 따른 미래 변화의 변환 피드백

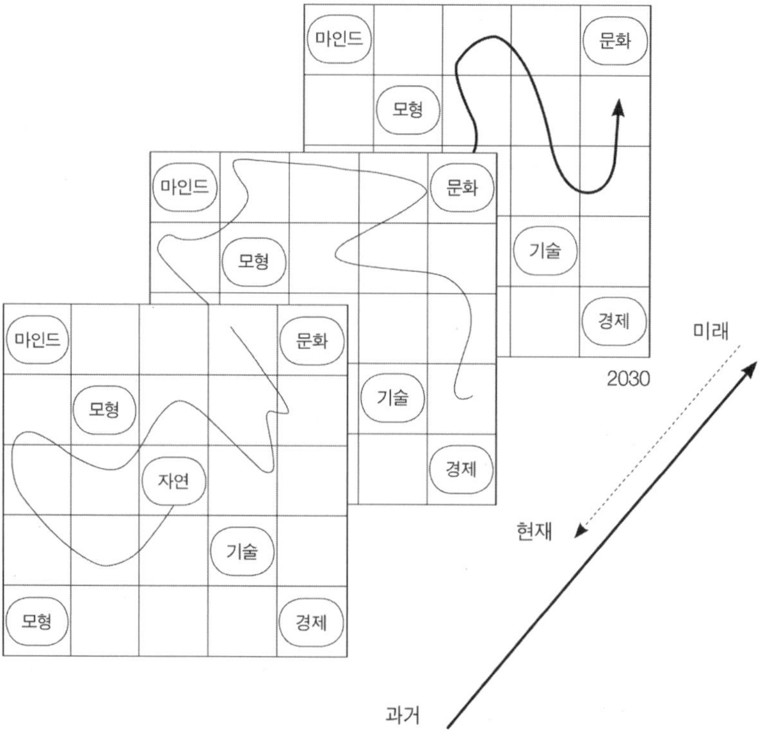

자료: 제임스 데이터, 『(29인의 미래학자가 말하는) 다가오는 미래』, 319쪽 재구성.

대한 인과성을 의미하지 않는다는 점이다. 필드상의 변인은 서로 독립적으로 존재하는 것이 아니라 확률적 상호 의존성을 가진다.

각 변수는 필드 내에서 비선형적 피드백을 가진다. 이는 시간의 화살에 대한 논의와 관련된다. 미래는 현재로부터 영향을 받는 것일까? 그렇다면 현재는 과거의 영향만 받으며 미래로부터는 영향을 받지 못하는 것일까? 그렇지 않다. 여기서 마인드라는 변인은 현재와 미래를 매개하는 중요한 역할을 한다. 즉, 미래에 대한 마인드에 따라 현재가 영향을 받을 수 있다. 이런 맥락에서 미래는 현재에 영향을 미친다고 볼 수 있다.

시간이 인식론적 관념이라면 마인드는 시간의 화살을 따르지 않으며, 이는 확정되지 않은 미래 사회에 대한 인식적 사고(마인드)가 현재에 영향을 미친다는 것을 의미한다. 시간 화살의 역행적 인과관계성도 가능하다. 이러한 경향은 지식과 정보의 혁명이 있었기에 가능했다. 정보 혁명에 따른 개별적 마인드는 집단 지성을 만들었고, 이로 인해 개별적 마인드에서 총체적 마인드로 진화할 수 있었다. 지식과 정보의 발달은 더욱 혁신적인 현재와 미래를 꿈꾸게 했다.

제4물결에서 제시되는 꿈의 사회dream society도 부분적인 사례가 될 수 있다. 이처럼 미래에는 공유된 이미지와 비전이 실현될 가능성이 높아질 것이다. 결국 과거가 현재에 영향을 미치고 현재가 미래에 영향을 미친다는 고전적 인과관계성은 약해지고, 현재와 미래 간 피드백 또는 인터액션interaction은 강화될 것이다.

기존의 각종 인력 수급 전망, 유망 직업 선정 등은 고전적 세계관에 기초했다. 즉, 과거의 자료를 바탕으로 미래에 대한 예측을 실시했다. 따라서 경로의존성path dependance이 예측이나 전망의 큰 토대였다. 하지만 이러한 분석 방법은 바람이 어디서 어떻게 흘러왔는지는 설명할 수 있으나 향후 어디로 어떻게 흘러갈지는 제대로 설명하지 못한다.

경로의존성은 미래 전망 및 예측의 본질을 흐릴 우려가 있다. 전망에서는 맞냐 틀리냐가 아니라 우리가 생각하지 못한 것이 있느냐 없느냐가 더 중요하기 때문이다. 따라서 미래 전망 및 예측에서는 새로운 방법을 시도함으로써 생각하지 못한 것을 상정하거나 가정하는 데 큰 의미가 있다. 예를 들어, 리처드 파인먼Richard Feynman은 문제에 당면했을 때 새로운 해결 방법을 찾는 데 몰두했다. 그는 과거에 어떠한 방법으로 해결했는지를 반영해 해결책을 찾는 것이 아니라 새로운 방법을 모색하는 것이 더 중요하다고 강조했다.[2]

결국 미래 예측의 실현 값은 우리가 상상하는 미래의 모습이 실현되도록 현재에 영향을 미친다는 것이다. 예를 들어, 타임머신에 대한 상상적 소설이 사람들에게 알려져 유명해지면 대부분의 사람들은 이를 허구로 치부하지만, 또 다른 사람들은 관련 이론이나 타당성을 검토하고 이를 실현시키려 노력한다. 따라서 미래는 가능과 불가능이라는 이분법적 접근이 아닌 실현 가능성의 문제로 접근하는 것이 타당하다. 많은 사람들이 기계화된 미래를 꿈꾸지 않고 자연친화적인 미래 사회를 꿈꾼다면 이와 관련된 생산과 소비가 늘어나고 미래 사회도 그런 모습에 더 가까워질 것이다.

정보혁명 이후 고전적 개념에 기초한 시간의 화살로 미래와 현재의 인과관계를 추정하는 것은 설명력이 다소 부족한 구식 방법이 되어버렸다. 따라서 미래와 현재에 대한 인과관계는 상호 의존적이고 보완적인 관점에서 인식해야 한다. 즉, 미래에 대한 인식 및 상상 자체가 현재와 관계 있음을 인식해야 한다.

---

2 HRST 공동연구센터, 『한국의 과학기술인력』(한국직업능력개발원, 2007).

2 | 사회 패러다임 변화와 직업 능력

1) 미래 사회와 메가트렌드

미래 사회의 메가트렌드를 파악하기 위해 여기서는 비교적 간편한 틀을 가진 한국개발연구원의 「미래비전 2040」 및 국내외에서 많이 활용되는 메가트렌드를 근거로 분석을 실시했다. 이밖에 미래 관련 전망 자료를 수집했으며, 한국정보화진흥원이 각 자료별로 리뷰 및 분석을 실시한 「한국사회의 15대 메가트렌드」에 제시된 분석 결과를 중점적으로 활용했다. 한국개발연구원과 한국정보화진흥원의 보고서는 분석 결과 및 각 화제의 분류 방법이나 사용 용어에서 일부 차이가 있으나 전체적인 맥락은 일치한다. 또한 한국정보화진흥원 자료는 구체적인 전문 용어를 사용한 반면, 한국개발연구원 자료는 비교적 포괄적으로 접근했다는 차이가 있지만, 세부 내용을 들여다보면 미래 사회에 대한 전망이 전반적으로 유사하다. 즉, 표현의 차이는 있으나 제시된 메가트렌드 및 근거는 유사하다. 예를 들어, 한국정보화진흥원은 가상 사물 인터넷, 가상 지능 공간, 나노 로봇 등의 구체적인 용어를 활용했으나, 포괄적으로 접근하면 이는 IT, BT, NT에 포함된다.

다음은 STEEP 방식에 따라 메가트렌드를 분석한 것이다.

① S(society)

- 인구구조의 변화: 세계 인구 증가, 한국의 저출산·고령화, 선진국 고령화, 생산 가능 인구 부족 문제 등
- 양극화: 국가 간·기업 간 고용 구조 양극화 심화, 교육 기회의 차별화, 취약 계층에 대한 사회적 책임 문제 등

• 네트워크 사회: 사이버 공동체 활성화, 정보 독점 및 평준화 등

▌미래 직업 관련 시사점▐ 실버산업 및 관련 직업의 증대

② T(technology)

• IT · BT · NT의 신기술 경쟁 가속

• 가상 지능 공간: 사이버 공간과 물리적 공간 간 상호작용, 증강 현실, 실감형 콘텐츠

• 기술의 융복합화: 기술과 산업의 융합, 전통 산업과 신기술의 융합 등

• 로봇: 휴머노이드 로봇, 군사용 로봇, 정서 로봇 등

• 기술 변화의 가속화에 따른 지식 정보 격차의 양극화 및 고기능 인력 중심의 전환

▌미래 직업 관련 시사점▐ IT · BT · NT 관련 엔지니어, 연구 인력 확대

③ E(economy)

• 웰빙 · 감성 · 복지 경제: 삶의 질 중시, 신종 질병 · 전염병 증가에 따른 건강 문제 대두

• 지식 기반 경제: 경제의 소프트화 현상 심화, 정보 · 서비스 · 콘텐츠 등 무형자산 시대 도래, 지식 경영 확산, 디지털 중심의 산업 재편

• 글로벌 인재 부상: 멀티 플레이형 인재, 지식 경쟁력 부상, 창의력과 감성 부각 등

• 세계경제 지형의 변화(예: 세계경제 축의 다원화, 글로벌 리스크 증대, 불확실성의 증대, 시장 확대, 국제 분업 체제 확대 등)

• 불평등 및 갈등 심화

• 여가 및 문화의 가치 증대

• 국내 소득수준 상승

• 소비자 욕구의 다양화 · 고도화

▌미래 직업 관련 시사점▐ 직업별 임금 격차 및 직업을 통한 새로운 계급의 출현 가능성 확대, 직업을 찾아 국가 간 노동 이동을 하는 잡 노마드의 확대

④ E(environment)

• 기후 변화 및 환경오염: 환경오염과 기상 이변에 따른 환경 안보 부각, 국제 탄소거래제도, 물 부족 문제 등
• 에너지 위기: 화석 에너지 및 자원 고갈 심화, 신재생에너지 전환, 글로벌 에너지 자원 불균형
• 기술 발전에 따른 부작용
• 환경 및 자원 문제 심화(예: 온실가스 증가, 녹색보호주의 확대 등)

▌미래 직업 관련 시사점▐ ET 관련 엔지니어 및 연구 인력 확대, 농업의 확대, 신재생에너지 관련 산업의 확대 및 직업군의 증가

⑤ P(politics)

• 글로벌화: 이동성 증가, 인력 및 자본 이동, 국제 공조 확산, 다문화 및 이종문화 확산, 국제 관계의 상호 의존성 증대 등
• 안전 위험성 증대: 핵 확산, 대량 살상
• 남북 통합
• 정치 환경의 다원화
• 사회적 갈등의 복합화 · 다원화
• 소프트 파워의 중요성 부각
• 개인 및 시민사회의 참여 증대

▌미래 직업 관련 시사점▐ 신직업 유목인 확대, 글로벌화 및 정치 환경의 다원화를 통한 직업 군인 축소 등

2) 패러다임 변화와 직업 능력

인류는 대부분의 시간을 농업사회에서 보냈다. 18세기 산업혁명 이후 도래한 산업사회의 역사는 200여 년에 불과하며, 지식과 정보 중심의 지식사회 또는 정보사회가 도래한 지는 불과 수십 년밖에 되지 않는다. 즉, 사회 변화 패러다임의 전환 주기가 매우 빠르게 진행되고 있으며, 이런 변화는 점차 가속화되고 있는 것이다. 그러나 과학과 기술의 발전에 따라 사회구조 및 물질적 풍요는 증가되고 있음에도 인간의 의식은 사회 변화와 과학기술의 발전 속도를 따라가지 못하고 있다.

제1의 물결인 농업혁명을 통해 수렵 생활을 끝낸 인간은 정주 생활을 통해 식량 생산성을 대폭 증대시켰다. 제2의 물결인 산업혁명을 통해서는 인간과 동물의 힘을 통한 생산 방식에서 기계와 에너지가 결합된 생산 방식으로 전환했으며, 제3의 물결인 정보혁명을 통해서는 컴퓨터를 활용한 지식과 정보의 교류 및 확장을 이뤄냈다. 그렇다면 제4의 물결은 무엇이 될까? 흔히 제4의 물결은 창의력에 기초한 꿈과 감성이 강조되는 드림 소사이어티dream society일 것이라고 말한다. 이 사회의 특성은 이성 중심에서 감성 중심으로, 획일화가 강조되던 시대에서 다양성 및 문화가 강조되는 사회로 전환되는 것이다.

이런 사회에서 나타나는 일반적인 변화는 다음과 같다. 첫째, 탈중심화 경향이다. 탈중심화가 진행될수록 분권적 의사 결정이 이뤄진다. 둘째, 비선형성이 강조된다. 과거의 사회가 직선적이고 선형적이라면, 미래는 비선형이 강조되는 사회로 전환될 것이다. 셋째, 수평적 구조로의 전환이다. 수평성의 개념은 민주화 및 보편성 등의 개념을 포괄한다. 넷째, 논리성 중심에서 감성 중심으로의 변화다. 따라서 논리적 추론보다 감성적 결과가 더 중요해질 것이다. 즉, 논리, 연산, 이성 등의 좌뇌적 기능보다 창의성,

감성 등의 우뇌적 기능이 더 중요해질 것이다. 〈그림 2-4〉는 이러한 시대별 패러다임 및 주요 특성을 보여준다.

농업사회에서는 신체적 노동력이 중요한 직업 능력이었다. 반면, 산업사회에서는 자동화된 기계를 다루는 능력이 중요했다. 다른 말로 손기술이 중요한 직업 능력이었다. 아울러 산업사회에서 정보사회로 전환되는 시기에는 직업 능력이 힘의 기술에서 고기술 및 고감동high tech & high touch으로 전환되었다.[3]

정보사회에서는 컴퓨터 활용 능력이 중요해졌다. 논리력과 네트워킹 능력도 중요한 직업 능력으로 부각되었다. 앨빈 토플러Alvin Toffler는 정보사회에서는 정보의 습득과 활용 능력이 중요한 부의 원천이라고 말했다. 산업사회에서는 기계를 만들거나 다루는 기술이 핵심적인 직업 능력이었다면, 컴퓨터가 발달한 지금의 사회는 정보와 지식이 사회를 발전시키고 개인의 직업 능력을 향상시키는 중요한 원동력이다.

정보사회 이후의 사회를 흔히 드림사회라고 표현한다. 짐 데이토Jim Dator(하와이대학 교수, 미래전략센터 소장)와 같은 미래학자는 미래 사회를 드림사회라 칭하고 미래 사회에서는 창조의 중요한 원동력이 정보에서 상상력, 이미지, 스토리 등으로 전환된다고 강조한다. 미래학자 존 네이스비츠John Naisbitt 또한 이런 입장과 견해를 같이한다. 과거와 같은 문자 중심의 의사소통이 이미지 중심의 의사소통으로 변한다는 것이다. 이처럼 변화하는 가장 큰 이유는 영상 매체 및 기술의 발달 때문이다. 이미지는 글로 표현하지 못하는 많은 것을 표현할 수 있다. 재미와 같이 강력한 흡입력을 가지는 이미지와 스토리는 문자보다 강한 표현의 도구이자 의사소통의 수단이다.

드림사회는 꿈과 감성이 중요시되므로 상상력, 도전 정신, 문제 해결 등

---

3 존 네이스비츠, 『마인드 세트』.

❚ 그림 2-4 ❚ 사회 패러다임 변화와 특성

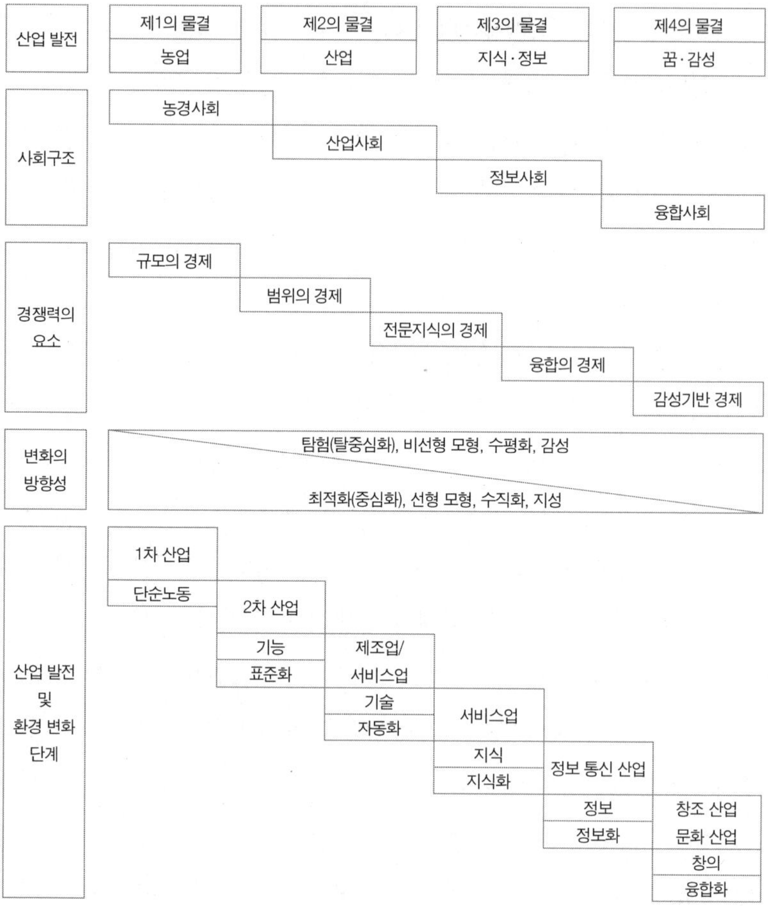

❚ 표 2-1 ❚ 패러다임별 직업 능력 비교

구분	산업사회	정보사회	드림사회
경제 동력	노동·자원	정보·지식	상상력·창조력
인간 기능	손, 팔 등 신체 능력	두뇌(좌뇌 중심)	두뇌(우뇌 중심)
운영 원리	표준성	상호성	집단 지성
우선 덕목	근면성	정보력	발상력
인재 모델	모범생	모형생	모험생
활용 능력	자동화(기계화)	전산 능력	창의적 문제 해결

자료: 김상호 외, 『창조경제 시대의 진로교육 패러다임 연구』(한국직업능력개발원, 2013).

과 같은 창의적 능력이 진화 및 발전의 원동력이 될 것이다. 인간은 물질적으로 풍요로운 후에라야 문화와 같은 정신적 풍요를 추구한다. 따라서 미래 사회는 물질과 정신이 공존하는 모습을 추구할 것이다.[4]

3 | 미래 사회의 고용 및 직업 세계

1) 미래 사회와 고용 관련 세 가지 메가트렌드

미래 고용 시장에 영향을 미칠 세 가지 메가트렌드로 박가열 등은 자동화된 스마트 디지털automated smart digital, 아시아 부상Asia rising, 고령 사회aged society를 제시한다.[5] 첫째, 자동화된 스마트 디지털은 과학기술의 관점으로 크게 보면 인공지능 및 기계화computerization와 관련된 이슈다. 단순 근로일수록 암기 및 연산 등 기계화가 가능해 직업 전망은 어두울 것이다. 반면 창의성, 감정 등 기계화가 어려운 영역의 직업 전망은 밝다. 사실 인공지능은 창의성 및 감정 등 기계화가 어려운 분야에 대한 해결책이다. 따라서 인공지능의 기술 전망 및 인공지능의 실현 가능성은 미래 직업 예측의 중요한 변인이다.[6] 다시 말해 미래의 고용 및 직업에 영향을 미칠 중요한 메가트렌드를 자동화된 스마트 디지털로 규정하기보다는 오히려 기계화와 인공지능 등의 포괄적 개념으로 접근할 필요가 있다.

둘째, 아시아의 부상은 경제와 관련한 이슈다. 이는 현재 미국 중심의 경제체제에서 중국과 인도, 일본, 한국, 동남아 등의 경제 규모가 커짐을 의

---

4 신지은 외, 『미래혁명』(일송북, 2007), 202쪽.
5 박가열 외, 「미래의 직업연구」.
6 이인식, 『지식의 대융합』(고즈윈, 2008).

미한다. 이런 변화는 고용 및 직업 세계에 직간접적으로 큰 영향을 미칠 것이다. 셋째, 고령 사회는 인구와 관련한 이슈다. 저출산 및 고령화로 생산가능 인구가 감소하는 현상이 지속되는 한편, 국가 간 노동 이동이 확대되고(다문화가족 등), 고학력 인구가 증가하며, 고학력 여성의 사회 진출이 확대될 것으로 예측된다.

2) 미래 사회와 직업 세계

(1) 인공지능 및 기계화에 따른 직업 세계 변화

미래에는 직업의 수가 증가할 것이다. 이는 매우 쉬운 예측이다. 새로운 지식과 기술이 출현하고, 기존의 지식과 기술이 융합하며, 소비자의 욕구가 다양해지므로 새로운 직업이 출현할 수밖에 없다. 하지만 수많은 직업은 기존 직업의 분화와 발전을 통해 이뤄진다. 즉, 직업occupation의 구성요소인 직무job가 발전해 신생 직업이 되거나, 직무의 구성요소인 책무duty가 발전해 직무나 직업이 되는 것이다. 없던 직업이 어느 날 갑자기 뚝딱 생기지는 않는다.

반면 기존 직업 가운데 완전히 소멸하는 직업은 많지 않을 것이다. 다만 종사자의 규모는 적어질 것으로 추정된다. 급격히 변화하는 사회 속에서 인류는 아미시amish[7]와 같이 과거를 향수하려는 욕구를 갖고 있기 때문에 어떤 직업이 완전히 사라지기는 어렵다. 예를 들어 지금 전쟁에서는 칼을 사용하지 않지만 도검장이라는 직업은 여전히 존재한다. 영화나 드라마의 소품으로 도검에 대한 수요가 여전히 있기 때문이다.

---

7 펜실베이니아 주에 사는 메노파의 기독교도로, 전기, 자동차 등 문명을 거부한 채 18세기의 생활을 영위하는 사람들의 집단을 일컫는다.

한편 기계화·자동화로 인해 고용 없는 성장jobless growth이 지속됨에 따라 일자리 문제가 커질 것이다. 미국 일자리의 대략 47%는 기계화에 의해 없어질 가능성이 있다고 한다.[8] 컴퓨터를 통한 자동화 가능성은 임금 수준 및 교육 수준과 높은 부(-)의 상관관계가 있기 때문이다.

데이토 교수는 미래에는 물질적 풍요에 의한 완전 실업 상태가 도래해 원하는 사람만 일하는 사회가 되리라고 전망한다. 하지만 이런 통찰력과 직관이 충분한 근거를 갖고 있는 것은 아니다. 자본, 지식, 부의 집중은 일자리의 양적·질적 불일치mismatch를 증가시키며, 분배의 왜곡으로 고용 창출을 억제해 일자리 감소를 야기한다. 물질적 풍요는 절대적 관점의 풍요를 증가시키지만 상대적 관점의 빈곤을 초래할 수도 있기 때문이다. 이 같은 부와 지식의 불균형은 물질 배분의 불균형을 증가시켜 원하는 사람만 일하도록 하는 것이 아니라 실망실업자[9]를 대폭 증가시킬 수도 있다. 즉, 노동 계층에서의 지식 양분화는 사람들이 노동시장 진입을 포기하고 비경제활동 인구로 전환하도록 만든다는 것이다.

실제 한국의 경우 2030년 취업계수는 2010년 2.53에서 1.45로 낮아질 것으로 전망된다. 취업계수는 실질부가가치에 취업계수를 곱해 산업별 취업자 수를 산출한 값이다. 여기서 매개변수 역할을 하는 취업계수란 생산물 1단위를 생산하는 데 투입된 노동량을 나타내는 개념이다. 산업별 취업계수를 살펴보면 2010년 대비 2030년에 취업계수가 증가한 분야는 광업, 보건 의료, 사회복지뿐이다.

---

8 Carl Benedikt Frey and Michael A. Osborne, *The future of Employment: How susceptible are jobs to computerization?* (Oxford press, 2013).

9 실제로는 경제활동 인구이지만 실업률 통계상 일할 의사가 없는 비경제활동 인구에 포함되거나 구직 노력을 했지만 일자리를 찾을 수 없어 조사 기간 중 구직 활동을 포기해 비경제활동 인구로 분류되는 사람을 뜻한다.

노동력에 대한 수요 감소는 근로시간을 단축시킬 것이다. 제러미 리프킨Jeremy Rifkin은 『노동의 종말』에서 기계화, 컴퓨터화, 자동화를 통한 생산성 향상과 노동 대체를 강조하면서, 소비의 감소라는 어두운 전망을 제시한다. 그러나 책 이면에서 제시한 다양한 증거와 예시는 제목이 표방한 무게감을 뒷받침하기엔 다소 부족하다. 왜냐하면 산업화, 자동화, 기계화가 일자리를 뺏어간 것은 사실이지만 반대로 새로운 일자리도 만들었기 때문이다. 리프킨은 여기에 대한 다양한 실증적 결과와 증거, 사례를 소개하는 데 인색하다. 그뿐 아니라 그는 과학기술의 발달로 로봇, 나노 로봇, 컴퓨터, 기계화, 각종 소프트웨어 등이 인간을 노동으로부터 해방시켜준다는 대전제의 부정적인 측면을 강조한다. 설령 그의 말이 옳다 하더라도 인간의 노동 해방이 그리 급격하게 이뤄지지는 않을 것으로 보인다. 미래에 노동시간이 단축될 것이라는 전망에는 대체로 사람들 간에 큰 이견이 없으나, 사회 노동자들의 저항 기제를 감안하면 노동시간이 그리 급격히 단축되지는 않을 것이기 때문이다. 여기서 노동시간은 출근해서 퇴근하기까지의 법적인 근로시간을 말한다.

기술의 발달과 근로시간 단축은 유연 근로를 확대시킬 것이다. 노동시장의 단축은 유연 근로의 확대 및 사이버 직장·스마트 근로의 확대를 의미한다. 사이버 공간의 확대는 사무실과 회사라는 물질적 공간의 기능을 축소시켜 출근과 퇴근을 통해 구분되는 근로와 여가라는 경계선을 모호하게 만들 것이다. 즉, 텔레리빙teleliving이 지금보다 확대될 것이다. 화상통화, 화상회의, 화상강의, 인터넷을 통한 공동 작업 등이 이러한 사례다.[10] 이를 통해 양적 근로의 개념은 축소되지만 질적 근로의 개념은 오히려 확장될 것이다. 아울러 절감되는 통근 시간은 레저와 가사 분담 등으로 활용할 수 있

10 신지은 외, 『미래혁명』, 341쪽.

을 것이다.

(2) 경제 변화에 따른 직업 세계 변화

오늘날에는 신유목인이 확대되고 있다. 생산 가능 인구 비율의 감소 및 자유무역협정에 따라 외국인 근로자 수가 확대되고 있으며, 직장 내에서도 외국인 근로자가 일반화되고 있다. 2040년 국내 이주민은 350만 명으로, 전체 인구의 8%에 도달할 것으로 예측된다.[11] 이처럼 일자리를 찾아 헤매는 신유목민이 증가하면서 국가 간, 기업 간 노동력 아웃소싱이 증가될 것이다.

한편 값싼 단순 노동력은 사라질 것이다. 개발도상국의 급여 수준이 빠르게 상승하고 있어 제품 생산에서 인건비 비중은 축소될 것이다.[12]

연구 개발R&D 투자 및 교육 투자로 노동 생산성을 향상하기에는 한계가 있다. 인적 자본 축적이 노동 생산성을 향상하는 데 기여하는 바는 낮아질 것으로 전망된다.[13] 따라서 한국의 경우 아시아 국가 가운데 저개발 국가와의 협력을 강화해 노동 생산성을 높이려 할 것이다.

근로 방식에서는 협업이 증가할 것이다. 개별적 분업에서 공동의 작업으로, 개인의 지성에서 집단 지성collective intelligence으로 근로하는 형태가 증가할 것이다. 경쟁이 심화되고 지식이 급속히 팽창함에 따라 과거와 같이 뛰어난 개인적 지성, 천재적 능력이 큰 성과를 발휘하기는 어려워질 것이다. 예를 들어, 과거 항공기 및 자동차의 경우 뛰어난 기술과 지식을 가진 한 사람이 능력을 발휘할 수 있었으나, 기술과 사회와 지식이 복잡해지고

11 미래기획위원회, 『대한민국 미래비전과 전략』(미래기획위원회, 2013).

12 존 네이스비츠, 『마인드 세트』.

13 전영준 외, 「출산과 경제 성장의 Dynamics」, 김상호 외, 『경제성장을 선도하는 인구전략』(한국보건사회연구원, 2011).

변화가 빨라짐에 따라 협업적 집단적 지성(개별 인간이 모여 정보를 교환하면서 지식을 생산해내는 것)이 강조되는 구조로 근로 형태가 변모할 것이다.

(3) 인구 변화에 따른 직업 세계 변화

직업 세계의 변화 가운데 하나는 더 오래 살고 더 길게 일한다는 것이다. 경제협력개발기구OECD는 의료 기술의 발달로 인해 사람들이 더 오래 살고 출산율 저하로 인해 더 오래 일할 것이라는 전망을 내놓았다.[14]

고령 사회로 진입하면서 생명이 연장되고 결혼과 가족에 대한 개념도 바뀌었다. 평생 두 번 이상 결혼하는 것이 보편화되었으며, 독신과 이혼도 많아지고 결혼도 다국화되었다. 고령화 시대는 직업 세계에도 영향을 미치고 있다. 실버산업이 발전하는 한편 여행 산업이 폭발적인 증가세를 보일 것이며, 고령자의 풍부한 경험과 직관력을 필요로 하는 작가, 학자, 자영업자 등이 증가할 것이다. 회사의 경우 은퇴제도가 있기 때문에 자영업을 통해 은퇴를 대비하는 사람이 증가할 것이다.[15]

저출산과 고령화는 여성의 경제활동 참여를 촉진시켜 2030년 여성의 고용 촉진은 남성과 비교해 상대적으로 증가할 것이다. 남자의 경제활동 참여율은 2010년 72.8%에서 2030년 73.6%로 소폭 상승할 전망이지만, 여자는 같은 기간 49.2%에서 61.1%로 대폭 상승할 전망이다.[16]

젊은 인력이 부족할 경우 징병제가 폐지될 수 있다. 2030년에는 징병제가 폐지될 가능성도 있다. 징병제는 사회적 기회비용이 많이 드는 제도이므로 생산 가능 인구 감소와 군 인력 부족 등의 문제로 인해 모병제로 전환될 수도 있다.[17]

---

14 OECD, "Live longer, work longer: Ageing and employment policies"(OECD, 2006).

15 신지은 외, 『미래혁명』, 115쪽.

16 이진면, 「고용촉진형 경제 성장 구조변화」, 김상호 외, 『경제성장을 선도하는 인구전략』.

한편 근로자의 사회보장 비용은 증가하고, 고령자 증가에 따라 노인 부양 인구는 감소할 전망이다. OECD 전망에 따르면, 2014년에는 생산 인구 5명이 노인 1명을 부양하지만, 2036년에는 생산 인구 2명이 노인 1명을 부양한다고 한다.[18]

3) 미래 사회와 노동시장의 변화

고령화, 기술의 융복합화, 로봇 기술의 발달, ICT · NT · BT의 발달, 환경 문제 심화, 세계화 및 노동 이동 확대 등 확실시되는 미래 사회 변화의 트렌드를 고려해 미래의 직업에 대한 네 가지 시나리오를 구성했다. 시나리오 구성에는 남북통일, 신질서로의 세계 재편 등 불확실한 변수는 고려하지 않았다.

미래의 직업에 가장 큰 영향을 미칠 것으로 예상되는 변수는 부의 분배와 경제성장이다. 만일 고성장은 이루지만 소득이 제대로 분배되지 않을 경우 직업별 양극화가 심화되어 빈곤층과 부유층의 구분이 뚜렷해지고, 빈곤층은 살기 위해 일만 하고 부유층은 쓰지 못할 돈을 벌기 위해 일만 하는 일중독 사회가 될 것이다(〈그림 2-5〉 A영역). 반면, 고성장을 이루면서 소득이 제대로 분배될 경우 역동적인 노동시장이 형성될 것이다(〈그림 2-5〉 B영역). 저성장 속에서 형평성이 강조(소득 분배 개선)될 경우 함께 못사는 사회가 될 것이다(〈그림 2-5〉 C영역). 마지막으로 저성장 속에서 소득 분배가 악화될 경우 소수의 지배 계층과 다수의 빈곤 계층이 증가하는 사회가 될 것이다(〈그림 2-5〉 D영역).

---

17 문성현, 『적정인구 가능성 탐색 I: 저출산 시대 병력자원 수급 전망과 대책』(한국보건사회연구원, 2011).

18 미래기획위원회, 『대한민국 미래비전과 전략』.

▮그림 2-5▮ 2030년 직업 시나리오의 환경 분석

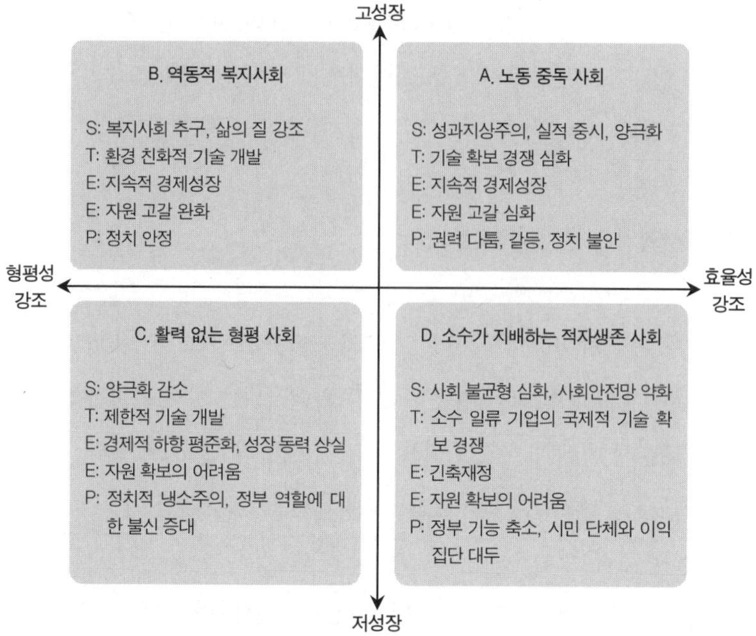

주: S: 사회(society), T: 기술(technology), E: 경제(economy), E: 환경(ecology), P: 정치(politics)
자료: 장주희 외, 『2030 미래의 직업생활 연구』(한국직업능력개발원, 2011).

미래 사회의 직업과 관련해 역동적인 복지사회가 되기 위해서는 높은 성장 및 소득 분배의 개선이 이뤄져야 한다(시나리오 B). 고성장 및 사회적 형평성 개선이 실현되려면 한국의 경우 중소기업이 확대되고 대기업과 중소기업 근로자 간의 임금 격차가 완화되어야 한다. 아울러 개인의 시간당 노동 생산성을 증대시켜 국가 경쟁력을 강화함으로써 경제성 자율을 높여야 한다. 이를 통해 법정 근로시간이 단축되면 여가 시간이 증가해 소비가 촉진될 것이다. 반면 생산성 및 생산량의 증가는 환경 파괴를 촉진할 수 있으므로 친환경 기술의 필요성이 확대될 것이다. 따라서 녹색경제와 관련한 부문 및 중소기업 섹터의 일자리가 강화될 것이다.

반면 시나리오 A는 노동시장에서 고성장과 고효율을 지향하는 것이라

가정할 수 있다. 효율성과 형평성이 서로 부(-)의 관계임은 이미 잘 알려진 사실이다. 둘 중 하나를 선택해야 한다. 효율성을 추구할 경우에는 선택과 집중을 취하기 십상이다. 즉, 생산에서 효율성이 낮은 부문은 과감하게 정리하고 효율성이 높은 부문만 추구한다는 것이다.

기업 측면에서 보면 중소기업보다 대기업의 생산성이 높다. 규모의 경제, 정보력 등 다양한 방면에서 비교우위를 지니기 때문이다. 따라서 시나리오 A는 대기업 중심의 노동시장을 강화시킨다. 노동력 또한 고생산성의 근로자와 저생산성의 근로자를 조기에 구분해 선택과 집중을 통해 충원할 것이다. 따라서 근로자 간의 임금은 양극화되고 성과 중심의 사회로 전환되어 상대적으로 삶의 질이 저하될 것이다. 아울러 실질적 근로시간은 쉽게 단축되지 않을 것이다. 대기업은 고용량을 늘려 보편적인 생산성을 향상시키기보다 임금을 높여서라도 소수의 고생산성 근로자를 통해 노동 생산성을 높이기를 원하기 때문이다. 다수보다 소수가 관리하기 쉬우며, 관리비용뿐 아니라 교육비용, 사회적 비용(사회보험 등)도 적게 들기에 더욱 그렇다. 이 경우 선택된 근로자는 높은 임금을 받으면서 일에 중독되는 반면, 선택받지 못한 다수는 빈곤과 실업, 비정규직 노동을 경험할 것이다.

시나리오 C는 활력 없는 형평사회다. 경제는 성장하지 않지만 분배는 잘 이뤄지는 사례다. 이런 사회는 무책임한 대중주의에 따라 발생할 수 있다. 경제적으로 하향 평준화될 경우 기업은 해외로 자본 및 투자를 유출할 것이며, 일자리는 감소할 것이다. 기술 및 환경 변화에 따른 대응도 느려질 것이다. 일본의 잃어버린 20년을 연상하면 된다. 하지만 교육이나 부에 대한 분배가 개선되므로 장기적인 성장을 위해 재충전하는 시간이기도 하다. 최악의 경우는 시나리오 D와 같이 소수가 지배하는 적자생존의 사회다. 이 경우 사회 불균형이 심화되고 빈곤과 양극화가 극대화된다. 부의 집중은 교육의 편중으로 연결되므로 장기적인 사회 발전을 꾀하기도 어렵

❙그림 2-6❙ 2030년 직업 시나리오의 프레임워크

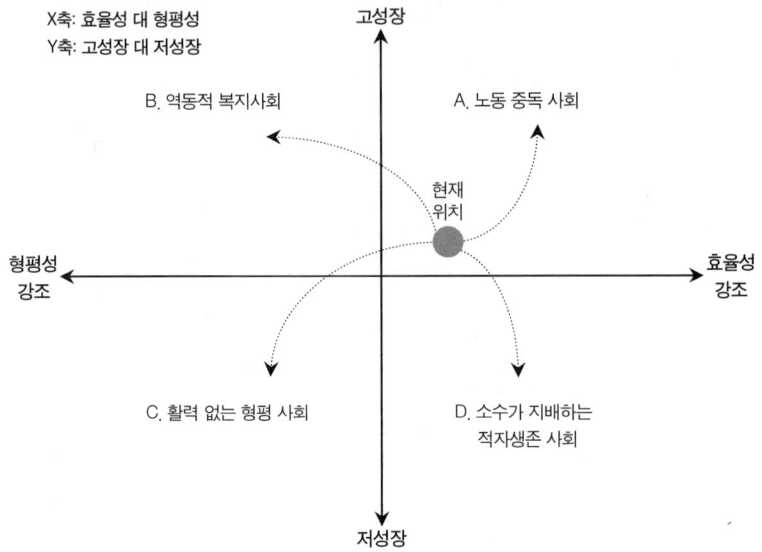

자료: 장주희 외, 『2030 미래의 직업생활 연구』.

다. 극단적인 경제적 불안은 정치적 불안으로 연결되기 때문에 점진적으로 사회를 개혁하기란 사실상 어렵다. 이 경우 소수 기업이 가진 권력이 커진다.

지금까지 고성장 대 저성장, 효율성 대 형평성이라는 두 가지 축에서 미래 직업의 시나리오를 분석했다. 이러한 시나리오에 입각해 현재 우리 사회를 살펴보면 우리 사회는 낮은 고성장과 다소 높은 효율성을 추구하는 지점에 있다. 이 지점을 기준으로 보자면 우리 사회는 역동적인 복지사회를 지향하고 있으나 기득권층은 여전히 노동 중독 사회를 추구하는 듯하다(〈그림 2-6〉 참조).

4 | 시사점 및 정책 제언

1) 소결 및 시사점

2030~2040년의 직업 세계는 지금과 비교해 어떤 변화를 보일까? 대략적으로 추정하면 기계화를 통한 일자리 감소, 분배 왜곡에 따른 노동의 양극화로 인한 노동의 질적·양적 불일치, 생산 가능 인구 부족으로 인한 법정 근로시간의 단축, 기술 발달에 따른 유연 근로의 확대, 세계화로 인한 신유목민 증가, 조직에서의 개인의 역할보다 집단 지성을 통한 협업의 비중 증가 등으로 나타날 것으로 보인다. 직업 측면에서는 성장과 분배의 정도에 따라 네 가지 시나리오가 가능하나, 사회 형태 측면에서는 역동적인 복지국가와 노동 중독 사회의 중간지대에 놓일 가능성이 가장 높다. 최상의 시나리오인 역동적 복지사회가 실현되든 최악의 시나리오인 소수가 지배하는 적자생존 사회가 실현되든 간에 모든 것은 인간 의지로 선택하는 것이다. 여기서 의지란 인간이 표면적으로 의식하는 자유의지를 뜻한다. 이는 인간의 활동은 인간이 내면에서 추구하는 진정한 자유의지에 근거함을 의미한다.

인간은 꿈과 이상을 추구하는 동물이다. 인간과 동물이 구별되는 이유는 다양하다. 언어, 도구, 직립 보행, 두뇌 크기 등은 인간에게 차별성을 부여한다. 그러나 인간이 동물과 구별되는 궁극적인 차이는 미래가 있다는 것이다. 동물의 경우 과거와 현재 속에서 살아간다. 반면 인간은 미래를 예측하고 실현하기 위해 노력하며 미래를 꿈꾼다. 지구상의 수많은 종은 동일한 시간의 역사에서 생물학적으로 평등하게 진화해왔다. 모든 종은 변화에 적응하려 노력했고, 그 결과 지금의 자연과 지금의 종이 만들어졌다. 여기서 발견되는 특징적인 사실은 인간 종은 현재에 적응하기보다 미래에 적응하려고 노력했다는 것이다. 안전한 숲을 버리고 들로 나왔으며, 자연에 단순히 적응하는 수렵 생활보다 자연을 예측하는 농경 생활을 택했다. 인간의 유전자 속에는 미래 지향적 욕구가 강하게 잠재되어 있기 때문이다. 이 유전자는 진화의 원동력이었다. 수렵사회에서 농경사회를 만든 원동력이었으며, 농경사회에서 산업사회, 정보사회, 창조사회를 만든 원동력이었다. 수렵사회에서 농경사회로 전환됨에 따라 수많은 직업 세계에는 큰 변화가 발생되었다. 사냥에서 토지 경작, 치수(물의 관리 등), 농작물의 가공 등 직업이 다양하게 분화되었다.

농경사회에서 산업사회로의 전환은 가히 직업 세계의 혁명적인 변화를 가져왔다. 바로 기술 때문이었다. 생산력의 원천이 노동력에서 기술력으로 이전했던 것이다. 정보사회에서는 생산의 원천이 기술에서 지식과 정보로 이동했다. 이제 정보 기술IT은 거의 모든 산업 및 직업에 영향을 미치고 있다. 정보사회로의 진입은 네트워킹의 강화를 의미한다. 개인과 개인 사이, 기업과 기업 사이, 개인과 기업 사이, 국가와 국가 사이의 네트워킹이 정보화와 함께 진행되고 있다. 이러한 정보혁명으로 인해 동조화의 문제도 발생하고 있다. 한 국가의 금융위기가 다른 국가의 위기로 전파되며, 개별 국가 또는 지역의 국지적인 문제가 범지구적 문제로 확대될 가능성이 높아진 것이다.

국가 간 노동 이동이 증가했으며, 직업 세계의 변화도 국소적 관점local stance이 아닌 전 지구적 관점으로 확대해 전망해야 한다. 정보를 통한 네트워킹의 강화는 지역 간·국가 간 지식 및 문화, 기술 등의 융합을 촉진한다. 직업 세계에서도 융합된 기술이 나타나 하나의 직업으로 정착되고 있다. 한 예로 멕시코 음식과 한식을 결합시킨 퓨전 요리사를 들 수 있다. 정보사회 이후 창조사회에서는 근본적으로 색다른 지식이나 기술이 출현하기 어려우며, 융합된 기술과 지식을 통해 부가가치를 창출하는 일이 많을 것이다. 직업 세계 또한 이러한 변화에 크게 영향을 받을 것이다.

결국 미래 사회는 형평성과 효율성, 노동과 여가, 성장과 분배 등 대립성이 강한 쟁점을 해결하는 과정일 것이며, 이 속에서 새로운 직업이 생성되고 분화되고 소멸되고 통합되는 과정을 거치면서 변화할 것이다. 이러한 변화의 요체는, 변화에 맞서는 분야에서는 직업이 흡수 통합되거나 소멸되는 반면 변화에 빠르게 적응하는 분야에서는 새로운 직업이 생성되고 분화된다는 것이다. 미래 직업 변화의 키워드는 사물 인터넷 상용화, 3D 프린터 상용화, 드론drone의 일반화, 자율 주행 자동차 확대, 착용형wearable 컴퓨터 상용화, 녹색에너지로의 대체, 양자 컴퓨터 개발, 로봇 관련 기술 등의 현실화 및 상용화일 것이다. 이들 키워드는 기술이 직업 세계에 많은 영향을 끼친다는 것을 의미한다. 가장 큰 영향으로 단순 노동이 종말을 맞을 것이며, 기계화에 맞서는 직업은 소멸될 것이다. 예를 들어, 자율 주행 자동차가 상용화되면 운전 관련 직업은 사라질 것이다.

또 다른 미래 변화의 키워드로는 고령화에 따른 제론 테크놀로지geron-technology 기술의 발달 및 상용화와 고령자 일자리 증가, 일자리를 찾아 헤매는 현대판 유목인인 잡 노마드job nomad의 증가, 평생직장이나 평생직업의 시대는 가고 커리어를 계속 바꿔야 하는 프로틴 경력protean career의 중요성 증가 등을 예측할 수 있다.

미래 사회와 직업이 어떻게 변화할지는 확정할 수 없다. 하지만 한 가지 확실한 사실은, 미래는 우리의 생각을 바꾸도록 요구하고 있다는 것이다.

2) 정책 제언

지금까지의 논의를 토대로 다음 몇 가지 정책을 제언하는 바다.

첫째, 노동을 매개로 지속 가능한 경제 모형을 새로 개발해야 한다. 미래에는 노동 생산성, 노동량, 노동시간, 근로 방법 등에서 큰 변화가 발생할 것으로 예상된다. 과거의 경제 모형은 전통적인 산업을 근간으로 성장에 중점을 두었다. 반면 미래에는 노동과 관련한 다양한 변화가 예상되므로 성장보다 분배에 초점을 두고 생산과 소비 등이 조화를 맞출 수 있는 경제 모형이 필요하다. 즉, 기존의 경제 모형은 양극화를 가속화시키며 일자리의 양적·질적 불일치를 가져올 수 있으므로 지속 가능한 경제 모형을 개발해야 한다.

둘째, 어두운 전망에 대한 대비가 필요하다. 미래 사회 및 직업 변화가 역동적인 복지사회가 될지, 우려하는 것처럼 노동 중독 사회나 활력 없는 형평 사회가 될지는 알 수 없다. 특히 가장 우려되는, 소수가 지배하는 적자생존 사회가 되지 않도록 노력해야 되며 이에 대한 대비책도 필요하다. 미래를 예측하는 가장 큰 이유는 기대하는 모습을 실현시키기 위해서가 아니라 우려되는 불확실성에 대비하기 위해서이기 때문이다.

셋째, 역동적 복지사회를 실현하기 위해서는 임금 격차의 완화가 필요하다. 임금 격차는 부의 분배만 왜곡하는 것이 아니라 생산성과 소비도 왜곡하며, 사회 통합을 저하시킨다. 더 나아가 경제활동 및 일자리의 불일치를 유발한다. 예를 들어, 어떤 직업이 적성에 맞고 능력도 발휘할 수 있더라도 임금이 낮다면 결코 그 일을 지속적으로 하려 들지 않을 것이며, 터득한 노하우나 숙련 기술이 자국 내에서 승계되거나 발휘되지 못할 것이다. 불합리한 임금 격차는 양극화를 초래할 뿐만 아니라 역동적 복지사회로의 진입을 막는 가장 큰 장애가 될 것이다. 따라서 임금 격차를 완화하기 위해 적극적인 노동시장 정책active labor market polices: ALMPs을 수립해야 한다.

2부

미래 사회의 변화 동인

03 미래 사회의 정치

류석진

1 | 들어가면서: 거시적 조망

21세기 초 인류 사회는 역사적 변곡점을 맞이하고 있다. 인터넷 기술을 기반으로 하는 정보화의 진전과 경제적인 측면에서의 세계화의 심화는 기존의 정치와 국가 그리고 권력에 막대한 영향을 미치고 있다. 정치를 조직하는 방식, 국가의 존재 양태, 권력의 작동 방식 등에서 근대적인 모습을 벗어난 다양한 현상이 발생하고 있는 것이다. 하지만 이러한 변화가 21세기에서만 일어난 것은 아니다.

자연과 관계를 맺는 방식, 그리고 공동체의 구성원 사이에서 소통하고 관계를 맺는 방식의 변화는 국가, 정치 그리고 권력의 양태와 작동 방식에 큰 영향을 미쳐왔다. 인간, 사회, 기술, 자연 사이의 관계 변화에 따른 정치의 변화를 역사적으로 간략히 살펴보면 다음과 같다. 수렵채집사회에서 농경사회로, 그리고 산업사회로의 변화는 거대한 정치사회적 변환을 동반했다. 수렵채집사회에서 농경사회로의 변화는 유목민적 사회에서 정주 사회를 출현시켰다. 농경으로 잉여를 확보하면서 채집과 수렵을 위주로 하던 작은 공동체가 더욱 큰 단위의 공동체로 변모했던 것이다. 큰 단위의 공동체는 잉여를 확보하고 갈등을 조절하기 위해, 그리고 확보한 잉여를 외부의 침입으로부터 보호하기 위해 정치권력을 조직화했다. 또한 예측할 수 없는 자연재해와 외부의 침입에 대한 두려움으로 주술 권력과 무장 권력이 출현했는데, 이는 고대국가의 형태로 구체화되었다.

농경사회는 고대국가와 중세 봉건국가를 거치면서 일정하게 생명력을 확보하면서 유지해왔지만, 근대적인 산업 생산력의 증대로 중대한 변화를 맞이했다. 농업 생산에 필수적인 관개 사업이 필요해지자 중국을 중심으로 한 동양 사회에서는 전제정專制政적인 중앙집권적 권력이 등장했다. 농경에 기초하면서도 종교적인 권력에 의존했던 서구사회는 고대 로마제국의 몰락 이후 작은 정치 단위로 쪼개져 교권과 세습 권력의 갈등을 겪으면서 동양과는 다른 형태의 발전 경로를 밟았다.

이후 기독교 세계는 신·구교 간의 갈등을 겪었고, 베스트팔렌 조약을 거쳐 근대적인 국민국가가 탄생했다. 또한 이 시기는 '대항해 시대'와 맞물리면서 원거리 무역과 제국주의적 팽창을 거쳐 서구가 나머지 세계를 우월적으로 지배한 시기였다. 이러한 거시적 변화로 인해 영국을 필두로 하는 산업혁명이 등장했고, 1789년 프랑스대혁명을 거치면서 근대국가가 탄생했다. 근대국가는 대내적인 최고성과 대외적인 독립성을 주요 요소로 하는 주권 개념을 근간으로 성립했다. 대외적인 측면에서의 국가주권과 대내적인 정치질서 및 절차는 의회를 통한 대의민주주의로 실현되었다.

영국에서 발생한 인클로저enclosure 운동을 기점으로 증기기관의 발명 등을 통해 농촌에서 도시로 인구가 대규모로 이동했다. 왕권을 제한하려는 귀족계급의 노력은 마그나 카르타와 명예혁명 등을 거치며 보수당을 성립시켰으며, 18~19세기 봉건귀족의 권력은 산업사회에서 새로운 지배계급으로 등장한 자본가들의 권력으로 대체되었다. 이 이면에는 산업화와 도시화로 등장한 공장 노동자가 자리하고 있었다. 1795년에 제정된 빈민구호법인 '스피넘랜드 법Speenhamland Act'의 폐지(1834), 1815년 제정된 '곡물법Corn Law'의 폐지(1846)는 새로운 정치경제의 서막을 알리는 신호탄이었다. 도시 노동자를 대변하는 노동당이 등장했으며, 정당은 근대 정치에서 이익을 결집하고 대표해 정치적 결정 과정에 직접적으로 참여하는 핵심적인 행위자로 부각되었다.

증기기관의 발명은 정치가 일어나는 공간과 시간의 개념을 확장시켰다. 이전까지 상호 소통하지 못했거나 그저 외적인 존재로만 여겼던 타 지역과 사회가 밀접히 연결되면서 상호 의존성이 높아졌다. 증기기관 외에 또 다른 차원에서 근대의 기술적인 기반을 제공한 것은 금속인쇄술이었다. 서구에서 금속활자의 등장은 자국어 성경 출판과 맞물리면서 성경의 해석을 독점하던 종교의 권력을 허물고 이른바 기독교적 권력의 이전 시기, 즉 인간을 중심으로 한 르네상스의 시대를 가져오면서 신성이 아닌 인간의 이성을 중심으로 한 근대의 중요한 축을 형성했다.

금속활자, 증기기관, 대중과 정당의 등장 등으로 대표되는 근대 세계의 국가, 정치, 권력은 21세기 들어 정보화와 세계화를 거치면서 크게 변모했다. 여기서는 정보화와 세계화가 정치에 어떤 변화를 가져왔는지, 특히 국가와 권력에 어떤 영향을 미쳤는지를 중심으로 살펴보려 한다. 2절에서는 근대 세계에서의 정치를 국가와 권력을 중심으로 논의하며, 3절에서는 새로운 변화를 추동하는 독립변수로서의 정보화와 세계화에 대해 살펴본다. 4절에서는 20세기와는 다르게 나타나는 정치의 모습을 국가와 권력의 형태 및 속성을 종속변수로 삼아 분석한다. 마지막으로 이런 변화가 우리 삶과 사회에 던지는 의미 및 정치 행위 주체별로 맞닥뜨릴 과제를 검토한다.

2 | 산업사회의 정치, 국가와 권력

해럴드 라스웰Harold Lasswell은 정치를 "누가, 무엇을, 언제, 어떻게 가지게 되는가who gets what, when, how"의 문제라고 정의하고, 데이비드 이스턴David Easton은 정치를 "사회에 존재하는 가치의 권위적 배분authoritative allocation of values in a society"이라고 정의한다. 이러한 고전적인 의미에서의 정치에 대한 정의는 특정 단계의 사회 모습(즉, 수렵사회, 농경사회, 산업사회)과는 상관없이 적용되는 개념이다. 하지만 "사회에 존재하는"이라는 표현은 특정한 경계를 지닌 공동체를 의미한다. 이동 수단과 의사소통 수단의 정도에 따라 공동체의 규모가 달라지고, 이에 따라 '사회'가 의미하는 바가 달라진다. 수렵사회는 씨족 단위의 사회를, 농경사회는 부락 단위의 사회를 거쳐 고대국가의 형태로 발전했고, 산업사회에서는 주권적 속성을 가진 근대국가로 사회의 의미가 확장되었다. 세계화와 정보화가 큰 영향을 미치는 21세기에서는 사회의 의미가 근대국가와 사뭇 다를 수밖에 없다. 또한 가치를 배분하는 데 권위적이라는 것은 국가가 내린 결정에 이른바 '토'를 달 수 없는 최종적이고 최고의 상태임을 의미한다. 이는 곧 권력의 문제와 연결된다. 따라서 여기서는 먼저 산업사회 시절 지배적인 정치 단위였던 국민국가를 살펴본 후 권력의 개념을 논하려 한다.

1) 국가[1]

국민국가는 국제정치와 국내정치가 상호 작용하는 역동적인 과정에서

---

1 이 부분은 다음을 발췌 인용함. 유석진, 「세계화와 국가주권」, 국제정치경제연구회 편, 『20세기로부터의 유산: 세계경제와 국제정치』(사회평론, 2000), 220~222쪽.

발생한 역사적 구성물historical construct이다. 국민국가는 국가주권을 전제로 존재한다. 국가주권의 중요한 네 가지 속성은 영토territory, 인구population, 권위authority, 그리고 인정recognition이다. 이 속성은 국민국가의 역사적 특성을 잘 보여준다. 대외적 독립성을 강하게 드러내는 영토와 인정이라는 속성은 근대적 질서와 국민국가의 수립 과정에 작동한 전쟁과 국제정치적 갈등의 영향을 잘 보여준다. 대내적 최고성을 강하게 드러내는 인구와 권위는 국내적 측면에서 유래하는 속성으로, 특정 영토 내에서 사회적 통합을 이뤄낼 수 있는 정치적 통제와 권위체의 존재, 즉 폭력 수단의 독점과 정당성의 확보를 의미한다. 그리고 이 네 가지 속성은 분리되어 존재하는 것이 아니라 상호작용한다.

국가주권의 이러한 속성은 '나라 국國' 자의 구성으로도 파악할 수 있다. 나라 국 자를 해체하면, 국민을 의미하는 입 구口, 무력(국방과 치안) 수단을 의미하는 창戈과 방패一, 그리고 국경을 의미하는, '범위를 둘러싸는' 나라 국囗이 합해진 것이다. 물론 나라 국 자가 근대적인 의미에서의 국민국가의 경계와 정확히 일치하는 것은 아니다. 하지만 일정한 범위(영토) 내의 국민을 무력이라는 수단을 통해 외부로부터의 침입(안보)과 국내적 무질서로부터 보호(치안)해준다는 속성에서는 같은 의미를 지닌다.

영토의 속성은 근대국가의 형성 과정을 거치면서 다양하게 겪은 전쟁으로부터 파생되었다. 인구와 다양한 자원을 확보하기 위한 각 국가 간의 경쟁이 물리적인 충돌을 수반하면서 전쟁으로 발전했고, 각 국가는 이러한 소모적인 전쟁을 방지하기 위해 다양한 형태의 국제협약과 협력을 통해(특히 베스트팔렌 조약을 기점으로) 서로 인정하는 국경을 설정했다. 유럽의 근대는 이러한 국경의 설정과 관련된 역사였다고 해도 과언이 아니며, 이렇게 설정된 국경도 영속적이지 못해 지속적인 전쟁을 경험했다.

인구의 속성은 영토와 관련되어 있으면서 대내적인 측면과도 밀접하게 관련되어 있다. 인구는 국가가 보호해야 할 대상이기도 하지만, 국가가 치안과 국방이라는 목적을 달성하는 데 꼭 필요한 상비군과 경찰력을 유지시키기 위한 비용을 조세와 국방의무라는 형태로 부담하는 주체이기도 하다. 또한 국가의 조세 추출 능력을 유지시키는 데 필수적인 관료제의 유지 기반이기도 한다. 즉, 인구라는 국가주권은 보호의 대상이면서 이를 실제로 담당해야 하는 주체라는 양면적인 성격을 동시에 지닌다.

권위의 속성은 국가가 이러한 기능을 수행하는 데 필요한 국민의 순응을 끌어내기 위해 필수적인 요소다. 사회 통합 등 국민국가가 수행해야 하는 다양한 기능을 완수하기 위해서는 사회적 비용과 부담을 해결해야 하는데, 국민의 동의와 자발적인 협력이 전제되지 않으면 모든 것을 강제력에 의존해야 하는 부담이 따른다. 국내적인 권위는 국민의 자발적 동의와 정당성을 증대시켜 강제 비용을 줄여주는 효과를 지닌다.

인정의 속성은 국제정치 측면에서 유래되는 것으로, 타국이 특정 국가의 대내적 최고성이나 대외적 독립성을 얼마나 용인할 것인가의 문제라고 할 수 있다. 팔레스타인 해방기구Palestine Liberation Organization: PLO나 1999년 발생한 코소보 사태, 동티모르 문제 등은 이러한 국제적 인정의 측면을 극명하게 보여주는 사례라 할 수 있다. 하지만 어떠한 근대국가도 대외적 독립성과 대내적 최고성을 완벽하게 확보한 적은 없었다. 19세기 세계의 패권국이던 영국과 20세기 세계보안관이라 일컬어지던 미국조차 독립성과 최고성을 완벽하게 확보하지 못한 경우가 비일비재했다. 패권국이 이러할진대 국가주권의 신화는 어찌 보면 과장되어왔는지도 모른다.

2) 권력

권력의 자원은 폭력, 경제력, 지식, 평판, 정보 등 다양한 형태로 존재한다. 사회가 안정적일수록 폭력에의 의존도는 줄어든다. 산업사회에서는 권력이 경제력과 지식에 상당 부분 의존했다. 국제정치에서는 군사력이라는 폭력 수단에 의한 권력도 중요하지만, 평판 등 동의의 구조에 의한 권력도 매우 중요하다. 이는 흔히 경성 권력hard power과 연성 권력soft power이라고도 불린다. 현대사회에서는 정보사회의 진전으로 권력에서 정보가 차지하는 중요도가 점차 높아지고 있다. 대표적인 예로 검색 권력을 장악한 구글의 사회정치적 영향력을 들 수 있다.

권력 또한 간단히 정의할 수 있는 개념은 아니지만, 논의의 편의를 위해 스티븐 루크스Steven Lukes[2]의 권력론을 차용하기로 한다. 루크스는 기존의 권력 논의를 비판하면서 새롭고 급진적인 3차원적 권력 개념을 제시한다. 바로 행태적behavioral – 구조적structural – 구성적constitutive 권력 개념이다.

1차원적 권력 개념으로 제시되는 행태적 권력은 상대방의 행태를 바꿀 수 있는 것으로, 우리가 일상생활에서 쉽게 관찰할 수 있는 현상을 망라한다. 이 개념은 이해관계의 갈등이 전제되어야 하고, 정책 선호를 둘러싼 정책 결정 과정에서의 갈등이 관찰 가능해야observable 한다. 한 행위자(또는 집단 또는 국가)가 외부의 영향이 없었다면 하지 않았을 행동 또는 선택을 하는 경우 그 외부의 영향을 행태적 권력이라 할 수 있다. 국회에서 다수당이 소수당이 반대하는데도 특정한 법안을 상정 통과시키거나 적나라한 폭력 수단을 동원해 상대방의 복종을 이끌어내는 행위 등이 이러한 권력에 포함될 수 있으며, 우월한 자금력이나 지식 또는 논리를 동원해 상대방을 설득시켜 나의 행동과 선택에 따라오도록 만드는 능력도 여기에 포함된다.

이렇게 표면적으로 관찰 가능한 권력의 이면에는 2차원적인 구조적 권력이 존재한다. 조직은 특정한 형태의 편견을 동원해내는mobilization of bias 능

---

2 스티븐 루크스, 『3차원적 권력론』, 서규환 옮김(나남, 1992).

력에 기초해 있다는 전제하에, 어떤 사안을 중요하게 논의하고 기각할 것인가 또는 어떤 사안을 논의의 대상에서 배제시킬 것인가를 결정하는 권력이 존재한다는 것이다. 이는 선택 및 배제와 관련된 것으로, 이른바 의제 설정agenda-setting 권력이라고 할 수 있다. 특정 의제를 선택하려는 세력과 특정 의제를 배제시키려는 세력 사이에는 투쟁이 존재하며, 이는 우리가 가시적으로 관찰하는 특정한 방향의 선택보다 높은 차원에서 작동하는 권력이다. 이른바 비결정non-decision의 문제라고 할 수 있다.

세상의 많은 의제는 논의 대상으로 선택되기를 기다리고 있으나 모든 의제가 논의의 대상으로 선택되는 것은 아니다. 선택과 배제가 자연적으로 이뤄지는 것이 아니라, 문지기gate-keeper가 이를 선별screening하는 권력을 가지는 것이다. 결정이 대안적 행위 방식 중에서 선택하는 것이라면, 비결정은 정책 결정자의 가치나 이익에 잠재적 또는 명시적으로 도전하는 의제를 억압 또는 기각하는 결정을 의미한다. 따라서 비결정은 공동체 내의 특혜와 혜택을 분배하는 기존의 방식에 누군가가 도전하기 전에 이를 질식사시키거나 드러나지 못하게 만드는 장치라고 할 수 있다.

전태일의 분신은 한국에서 노동 문제가 의제로 설정된 방식 및 구조적인 권력의 작동을 잘 보여주는 사례다. 한편 직장 내 성희롱 문제는 1990년 후반의 우조교 사건[3]을 통해 의제로 설정되었으며, 동성애와 트랜스바이트 등 성소수자에 대한 의제는 홍석천과 하리수를 통해 설정되었다. 특히 2차원적인 구조적 권력은 정보화로 바뀌는 권력 중 핵심이라고 할 수 있다.

---

3 이 사건의 명칭조차 의제 설정 권력의 한 단면을 보여준다고 하겠다. 피해자의 성과 직책을 붙여 사건명을 만들었다는 것, 즉 가해자는 숨은 채 피해자를 사회의 전면에 부각시키는 것 또한 의제를 설정하는 방식의 중요성을 보여준다고 할 수 있다. 사건 초기 이른바 '나영이 사건'으로 호명되다가 다른 방식의 의제 설정 노력에 의해 '조두순 사건'으로 바뀐 것도 의제 설정 방식의 사례를 보여준다.

이 두 권력 층위에 비해 훨씬 내밀한 인간의 심리와 본성의 수준에서 작동하는 권력이 바로 3차원적인 구성적 권력이라고 할 수 있다. 갈등이 생기기 이전에 각 개인의 욕구나 가치 체계를 변화시켜 갈등의 소지를 약화시킬 수 있다면 이는 어떠한 권력보다도 강력한 권력이 될 것이다.

구성적 권력은 인간의 사고와 감정의 영역에 작동하는 것으로, 단순한 행태의 변화나 의제 설정의 변화 등에 머무르지 않는다. 지도자들은 구성원들의 사고와 선호를 일방적으로 반응하는 데 그치지 않고 이들에게 직접적인 영향을 미쳐 자신이 원하는 방식으로 주조하려 한다. 각 사회는 자기 사회를 재생산하기 위한 방법을 가지고 있는데, 구성적 권력이 대표적으로 작동하는 영역은 교육과 사회화다. 옳고 그름 및 정의에 대한 사고, 역사적 인식, 도덕적 정향 등은 인간의 판단과 행위에 지대한 영향을 미친다. 역사 해석과 교과서를 둘러싸고 치열한 논쟁이 벌어지는 이유도 이것이 구성원들의 사고와 선호를 어떤 방식으로 주조할 것인가의 문제와 직결되기 때문이다.

정보사회에서는 어떤 운영 체계와 소프트웨어를 사용하느냐, 어떤 포털을 통해 어떤 지식과 정보에 노출되느냐에 따라 특정한 방향성을 지닌 구성적 권력이 등장할 가능성이 높으며, 이는 곧 정체성, 도덕, 정의 인식 등에 지대한 영향을 미친다.

3 | 독립변수인 세계화와 정보화

21세기를 맞이한 시점에서 세계화는 전 지구적인 차원에서 막강한 영향력을 발휘하고 있다. 세계화라는 현상은 다양한 측면과 속성을 내포한다. 중세를 지나면서 자본주의의 세계화가 시작되었고, 근대적 산업 생산력과 군사력으로 무장한 서구제국주의가 전 지구적으로 팽창되었다. 19세기 말 세계화 흐름은 조선에 개항이라는 구체적인 형태로 나타났고 일본의 35년 식민지배로 이어졌다. 1990년대 중반 한국 사회는 OECD 가입과 WTO의 출범 등 세계적 질서에 적극적으로 동참함으로써 세계화에 대한 논의가 활발해졌고, '제2의 개항'이라는 용어도 등장하기 시작했다. 1997년 후반에 발생한 외환위기를 맞아 금융의 세계화, 더 나아가 신자유주의적 세계화가 이뤄졌으며 이에 따라 노동이 이주하는 현상도 급격히 증가하고 있다. 세계화에 대한 논의에는 기술적이고 의사소통적인 차원에서의 정보화가 포함되는 것이 일반적이지만, 여기서는 세계화를 경제적 현상으로 국한하며, 정치사회적 현상, 특히 의사소통 방식의 혁명적 변화라는 차원에서 정보화는 별도로 다룬다.

1) 세계화[4]

자본주의의 지리적·공간적 팽창이라는 현상에 더해 금융자본을 중심으로 한 카지노 자본주의의 등장은 경제와 정치의 형태를 근본적으로 바꾸고 있다. 국가는 통화정책의 자율성과 외환 통제 등을 통해 주권을 행사할 수 있었고 국내의 정치사회적 문제를 해결하기 위한 경제정책 운용의 자율성을 갖고 있었으나, 세계화된 금융시장은 이러한 국가주권의 한 축을 허물고 있다. 개별 국가는 자본의 유동성, 환율의 안정, 자율적인 통화정책의 세 가지 정책 목표 중 잘해야 두 가지밖에 달성할 수 없다는 이른바 '삼위불일체unholy trinity'의 상황에 처한 것이다. 세계화된 금융시장으로 인해 자본 유동성이 주어진 상황에서 국가는 안정적인 환율을 유지하기 위해 통화정

4 이 부분은 다음을 요약 발췌함. 유석진, 「세계화와 국가주권」, 315~334쪽.

책의 자율성을 포기하거나, 이와는 반대로 통화정책의 자율성을 유지하기 위해 안정적인 환율 유지를 포기해야 한다. 안정적인 환율정책을 포기하는 것은 외환위기 등으로 이어질 가능성이 높다. 따라서 세계화된 국제 금융시장 속에서 많은 국가들은 통화정책의 자율성을 상당 부분 포기하도록 강요당하고 있으며, 이로써 국가주권의 중요한 축이 무너지고 있다.

금융자본뿐 아니라 생산자본, 특히 초국적 자본까지 세계화됨으로써 국가 - 사회 관계에 심각한 제한이 가해지고 있다. 자본은 '철수' 또는 '철수 위협threat of exit'을 통해 투자한 국가의 정부 또는 노동의 순응을 이끌어낼 수 있으며, 개별 국가와 노동은 초국적 자본에 대한 협상력과 노동조건에서 '바닥으로의 경쟁race to the bottom'을 경험하게 된다. 이는 개별 국가의 정치적 책임성과 정당성에 큰 영향을 미쳐 사회 통합에 심각한 어려움을 겪게 만든다. 꽉 짜여 있던 국경이 해체되면서 국가가 권위적 배분을 할 수 있는 능력이 시간과 공간 차원에서 크게 약화되고 있다.

하지만 경제적 측면에서, 특히 신자유주의적 세계화 추세가 역전 불가능한 경향은 아니라는 점에서 신자유주의적 세계화를 장기적인 미래 사회 예측의 가장 중요한 독립변수로 설정하는 데에는 한계가 있다. 세계화하고 있는 자본주의가 제2차 세계대전 전후와 연계된 자유주의, 즉 국내적 안정과 국제적 안정을 타협시키는 체제[5]로 되돌아갈 수 있는지의 문제는 논쟁적이다. 이미 구조적인 변수로 자리 잡았기 때문에 불가역적이라는 입장에서부터, 개별 국가, 특히 자본주의 중심부 국가에서의 정치적 선택에 따라 충분히 역전이 가능하다[6]는 입장까지 다양한 해석이 제기되고 있다. 4절에서는 이러한 다양한 해석을 염두에 두고 경제적 세계화의 진전을

5 브레튼 우즈 체제 등으로 대표되는 체제로, "국외에서는 스미스, 국내에서는 케인스(Smith abroad, Keynes at home)"라는 말로 표현되기도 한다.

6 에릭 헬라이너, 『누가 금융세계화를 만들었나』, 정재환 옮김(후마니타스, 2010).

독립변수로 설정해 경제적 세계화로 인한 정치적 공간과 시간의 불일치, 즉 갈등의 발생과 해결에서 주체와 공간 그리고 시간의 불일치를 간단히 다룬다.

2) 정보화

미 국방성의 아르파넷ARPANET으로부터 시작된 컴퓨터 간의 통신망인 인터넷은 인쇄술, 전신, 전화, 라디오, TV 등에 비해 매우 짧은 역사를 가지고 있음에도 정치적·사회적 영향력이 막대하다. 전화가 일대일의 의사소통 채널을 원격적이고 실시간적으로 만들었다면, 라디오와 TV는 일대다一對多의 의사소통을 가능하게 만들었고, 인터넷은 다대다多對多의 실시간 의사소통을 가능하게 만들어 공간과 시간을 축약시켰다.

인터넷의 플랫폼은 〈표 3-1〉에서 보듯 진화를 거듭해왔다. 1991년 웹이 등장한 이후 2000년대 초까지 10년간은 홈페이지를 중심으로 한 정보 제공의 시대Informing Age였다면, 2005년 웹 2.0이 확대된 이후는 쌍방향 의사소통의 시대Communication Age였으며, 그 후 채 5년이 되지 않아 SNS 등의 소셜 미디어social media가 확산됨으로써 네트워크 시대Network Age로 변화하고 있다. 이러한 대략의 경향성하에 주요 정치적 행위자인 정부, 정당, 시민사회 가운데 특히 시민의 역량 강화empowerment가 매우 두드러지고 있다. 그동안 지배 대상으로서 수동적 입장에 머물러 있던 시민이 수많은 정보 공유와 관계의 확장을 통해 중요한 정치적 주체로 부상한 것이다. 정보의 수동적인 소비자였던 시민들은 이제 정보의 적극적인 생산자 지위도 확보하면서 이른바 프로슈머prosumer = producer + consumer로 등장했다.

네트워크 사회에서 주요한 권력 자원으로 부상한 지식과 정보는 더 이상 근대국가의 전유물일 수 없으며, 시민들은 스스로 자기 조직화하는 개

▌표 3-1▐ 네트워크 사회로의 변화와 특징

구분	웹1.0(인터넷)	웹2.0	웹3.0(시멘틱 웹)
특징	정보 전달	쌍방향 소통	개인 맞춤
주요 공간	홈페이지	블로그	물리공간의 가상공간화
사례	가상현실 ↓ 커뮤니티	UCC ↓ SNS	유비쿼터스 ↓ 컨버전스
정치적 사례	전자민주주의 (전자정부, 온라인 정당, 네트워크 사회운동)		

자료: 조희정, 『네트워크 사회의 정치와 민주주의: 정부·정당·시민사회의 변화와 전망』(서울: 서강대학교출판부, 2010), 28쪽, 표 1-1 '정보사회의 환경변화와 정보사회의 정치' 수정 인용.

방과 공유 그리고 연대를 통해 대항 권력으로 등장할 가능성이 이전 어느 시기보다 높아졌다. 이에 따라 정부, 정당, 시민사회 등도 새로운 방식의 소통과 의사 결정 구조, 제도적 장치를 마련해야 하는 과제를 안게 되었다.

네트워크 사회, 특히 SNS를 이해하기 위해서는 우선 돈 탭스콧Don Tapscott이 제시한 '디지털 원주민Digital Native'이라는 개념을 이해해야 한다.[7] 자연의 시간과 장소에 고착되어 있던 농업사회 원주민Agricultural Native이나 공장의 시간과 장소적 이동성을 확보했던 산업사회 원주민Industrial Native과 달리 디지털 원주민은 장소와 시간의 제약을 뛰어넘어 디지털 기기를 통해 세계와 소통하고 디지털 기기의 효능을 100% 체감하며 살고 있다. 이들의 소통 공간은 더 이상 물리적인 제한에 고착되지 않으며, 행위 또한 물리적·시간적 제한을 초월하고 있다. 모든 상상력과 행동은 이러한 기초 위에 구성되고 있다.

이러한 네트워크는 노드node와 허브hub, 연계link, 연결자connector, 전파자spreader를 통해 이뤄지고 있으며, 이들의 세계는 기존의 '작은 세계small world

7 Don Tapscott, *Grown Up Digital: How the Net Generation Is Changing Your World* (New York: McGraw-Hill, 2008).

6단계 이론'(한국의 SNS 3.8단계)을 훨씬 더 축약시켜 공간적·물리적 제약이 의미 없어졌다. 또한 특정 사건 또는 현상이 누적될 경우 임계점tipping point을 거치면서 거대한 사회 변동으로 이어질 가능성도 높아졌다. 2011년 초 중동의 거대한 정치적 변화 또한 이러한 경로를 통해 이뤄졌다고 해도 과언이 아니다.

따라서 네트워크 사회에서 정치 주체인 정부, 정당, 시민사회의 역할이 균형을 이루지 못한 상태에서 각 주체 간의 균열을 효과적으로 극복하기 위해서는 네트워크 사회의 본질을 이해하고 그 안에서 각 주체가 실천해야 할 행동의 가치를 파악하는 네트워크 정체성을 확립해야 한다. 또한 이러한 네트워크 정체성을 기반으로 네트워크 사회의 기술, 물적 자원 동원, 참여 등 다층적인 하위 전략을 포괄한 네트워크 전략을 수립해야 한다. 이러한 측면에서 권력의 미래 및 미래의 권력을 모색하는 일은 매우 중요하다. 기술만으로 인간이 해방되거나 사회가 발전할 수 없듯, 신기술의 기회가 새로운 정치의 모습으로 전환되기 위해서는 네트워크 정체성과 네트워크 전략이 필요충분조건이다. 즉, 기술이 필요조건일 수는 있어도 충분조건은 아닌 것이다. 충분조건은 바로 권력이다.

특히 경제적 세계화는 주요국의 정치적 선택에 따라 부분적으로 역전될 가능성을 지니고 있는 데 반해, 정보화의 진전에 따라 네트워크 사회가 전개되는 것은 불가역적인 상황으로 보인다. 진시황 시절에는 분서갱유가 있었고, 근대에는 독재국가가 언론 검열 등을 통해 의사소통의 제한을 시도했다. 하지만 결국 인터넷과 네트워크 사회의 도래를 막을 수는 없을 것이다. 2014년 현재 북한을 위시한 몇몇 전체주의 국가에서는 인터넷과 네트워크를 통제하려 시도하고 있으나 이는 결국 실패할 수밖에 없을 것이다.

4 | 정치, 국가와 권력의 변화된 모습

세계화와 정보화는 전통적 의미의 국경, 즉 영토의 개념에 큰 변화를 가져오고 있다. 피터 드러커Peter Drucker는 '돈과 정보는 조국을 모른다'는 표현으로 대변되는 경향을 "범국제화된 돈은 국가의 경제정책을 무력화시킴으로써 국민국가를 포위한다. 범국제화된 정보는 '문화적' 정체성으로 구분됐던 '민족적' 동일성을 훼손함으로써 국민국가를 포위하고 있다"[8]라고 설명한다. 산업사회 시절의 국민국가와 같이 비교적 쉽게 통제되는 국경이 아니라 외부의 영향력이 인터넷과 금융망을 통해 쉽게 침투되는 '성긴' 국경의 국가로 바뀐 것이다. 이러한 변화로 인해 현실 정치에서는 갈등의 원인과 해결의 주체가 달라질 수밖에 없으며, 공간적·시간적 비용 및 편익의 배분에 심각한 불일치가 발생하고 있다. 이러한 불일치는 각국의 정치에 새롭고도 지대한 긴장 관계를 조성하고 있다.

이는 곧 국가주권, 특히 권위의 약화로 이어진다. 앞서 세계화 논의에서 간략히 설명했지만, 삼위불일체에 따른 경제 주권의 약화, 초국적 세력에 대한 국가 행위자의 협상력이 바닥을 향하는 현상, 그리고 인터넷을 통해 이뤄지는 정보의 생산과 유통은 더 이상 국가주권의 절대성을 주장할 수 없도록 만들고 있다. 국가는 전자상거래e-commerce, 해외 직구 등 국경을 넘어선 거래와 정보 유통을 통제할 수 없는 것은 물론, 이러한 거래를 파악하는 것조차 불가능해지고 있다. 새로운 거래와 정보 유통을 통제하기 위해 국민국가가 만들었던 관료제를 확대 개편해 강화시킨다고 할지라도 뱁새가 황새를 쫓아가는 형국에 머물 수밖에 없다.

또한 세계화와 정보화는 국가주권 중 인구의 개념에 큰 변화를 가져오

---

8 피터 드러커, 『자본주의 이후의 사회』, 이재규 옮김(한국경제신문사, 1993), 219쪽.

고 있다. 즉, 새로운 행위자가 등장했고 정체성이 변화하고 있는 것이다. 이로 인해 누가 시민이고 시민이 아닌지의 개념이 애매모호해지고 있으며, 투표권 유무와 상관없이 투표권이 없으면서도 국가의 정책에 큰 영향을 미치는 행위자들이 증가하고 있다. 세계 금융과 초국적 자본이 단적인 예다. 또한 이주migration의 증가는 시민권과 관련해 중대한 문제를 제기하고 있다. 설사 시민권이 있더라도 정기적인 선거에서 투표하는 정치적 참여권을 행사하던 데 그치던 시민들이 새로운 의사소통 수단으로 무장한 참여 군중형 시민으로 새롭게 등장하고 있는 것이다. 정치 참여 개념에서도 의무적 참여에서 관여적·적극적 참여가 증가하고 있다. 정치적인 사유 등으로 인해 자국 내 서버에서 인터넷 이용에 제한을 받는 사용자가 이메일, 블로그 등 인터넷 서비스의 주 사용 무대를 국내 법의 효력이 미치지 못하는 해외 서버로 옮기는, 이른바 사이버 망명cyber asylum이 빈번히 발생하고 있으며, 사이버 난민cyber refugee 또한 증대되고 있다.

정보화에 따른 네트워크 사회가 권력에 미치는 영향을 추론하면 다음 다섯 가지, 즉 비제도 권력의 약진, 의제 설정의 구조적 권력 강화, 권력관계의 변화, 네트워크 집단의 활성화, 국가의 반응성 변화로 정리할 수 있다.[9]

1) 비제도 권력의 약진

권력 주체별로 봤을 때 소셜 미디어의 등장은 비제도 권력에 적은 비용으로 많은 효과를 누릴 수 있는 '권력의 경제'를 가능하게 만들었다는 점에서 변혁적이다. 하지만 제도 권력은 여전히 중요한 정보를 상대적으로 많

9 이 부분은 다음을 요약 발췌해서 수정함. 류석진·허정수, 『디지털 컨버전스사회의 정치권력 연구』(정보통신정책연구원, 2010), 126~128쪽.

이 점유하고 있으며, 점유한 정보의 가치 자체에서 비롯되는 권력의 불균형은 지속될 것으로 보인다. 다만 불균형 정도는 조정될 것으로 예상된다.

제러미 벤덤Jeremy Bentham이 형무소의 감시체제로 제안한 원형 감옥panopticon(파놉티콘) 구상은 근대국가의 감시체계로 자리 잡았다. 각종 검열과 도청 그리고 도처에 설치된 CCTV는 이를 잘 보여주고 있으며, 정보사회의 전개는 이러한 경향을 더욱 강화시킬 것이다. 이러한 추세는 조지 오웰George Owell의 『1984』를 연상시킨다. 하지만 이에 대한 반대 경향도 발견된다. 역사상 시민과 시민사회가 기득권을 감시하는 데 인터넷과 소셜 미디어를 통한 정보의 공개와 공유, 그리고 소통처럼 효율적인 수단은 없었기 때문이다. 혹자는 이를 파놉티콘에 대비되는 시놉티콘cinopticon이라 칭하기도 한다.

물론 전략적인 가치를 지닌 정보는 여전히 국가와 대기업이 통제하겠지만, 스마트 기기로 무장한 시민들의 권력 또한 이에 대항할 정도로 막강해질 것이다. 사회가 균질한 양과 질로 변화되는 것이 아니라 일정한 정도의 임계점을 넘어서면서 촉발된다는 점에서 볼 때 소셜 미디어 등을 이용한 개방, 공유, 소통을 통해 비제도 권력의 약진은 더욱 강화될 것이다. 중동에서의 재스민 혁명이 이를 잘 보여주고 있으며, 네트워크 사회에서는 거대한 정치적 혁명이 더 이상 TV를 통해 '중계'되기보다는 소셜 미디어를 통해 '공유'될 것이다.[10]

이러한 비제도 권력의 약진은 행태적 차원의 권력에 많은 변화를 가져올 것이다. 수동적이고 제도 권력에 무방비로 노출되어 있던 대중이 제도 권력에 대항해 결집할 수 있다면 더 이상 본인의 의사나 선호에 반하는 외부의 결정을 따라야 할 이유가 없기 때문이다. 산업사회 시절에는 극단적

10 조 트리피, 『혁명은 TV로 중계되지 않는다』, 윤영미 · 김정수 옮김(산해, 2006).

인 파업이나 폭력적인 저항을 하지 않는 이상 제도 권력이 거의 무소불위로 통용되었으나 지금은 제도 권력의 범위와 깊이에 제동을 걸 수 있는 메커니즘이 네트워크 사회를 통해 형성된 것이다.

이러한 변화는 대의 민주주의 체제에서 '누구'를 대의할 것인가라는 문제를 제기한다. 대의해야 하는 대상의 범위와 속성이 다변화되고 있는데도 기존의 집단만 대의한다면 체제는 위기에 빠질 수밖에 없다. 영국에서의 정치 변동은 이러한 역사를 잘 보여준다. 산업사회의 등장과 더불어 새롭게 부상한 부르주아는 기존의 왕권과 귀족에 대항해 새로운 체제를 모색했고, 산업사회에서 새롭게 등장한 프롤레타리아트는 노동당을 통해 대의에 참여했던 경험을 상기하면 될 것이다.

2) 의제 설정의 구조적 권력 강화

소셜 미디어의 확산은 의제를 설정하는 '구조적 권력'을 변화시킬 수 있다. 소셜 미디어를 통해 확산되는 의제와 기존의 미디어가 설정하는 의제 사이에는 큰 차이가 존재한다. 이른바 산업사회에서 언론은 의제를 설정하는 데 막강한 권력을 발휘했다. 신문의 1면 톱기사나 저녁 TV 뉴스의 헤드라인은 사회적으로 어떤 의제를 중요한 대상으로 삼아 논쟁하고 결정 내릴지를 구조화시켰다. 물론 이데올로기적 입장에 따라 서로 설정하려는 의제가 다른 경우가 많아 의제 설정 권력 사이에 갈등이 벌어지기도 했다. 조중동(조선일보·중앙일보·동아일보)과 한한경(한겨레·한국일보·경향신문)의 논조 경쟁을 예로 들 수 있다.

네트워크 사회에서는 기존 언론 권력에 대비되는 '역의제 설정 권한 reverse-agenda setting empowerment'이 확대되고 있다. 네티즌은 더 이상 기존 언론이 생산하는 뉴스와 논조의 소비자에만 머무르지 않고, 생산된 뉴스를 논평하고 이를 타인들과 공유하며 새로운 뉴스와 논조를 생산해내는 적극적인 프로슈머로 탈바꿈하고 있다. 2010년대 중반 활발해진 1인 미디어와 팟캐스트가 이를 반증한다. 작가 이외수의 경우 팔로어가 100만 명이 넘어 트위터 대통령으로 불리기도 하는데, 이는 구조적 권력의 변화를 보여주는 상징적인 사건이라 할 수 있다. 미국의 모 일간지는 시기를 명시하지는 않았지만 종이 신문을 폐간하고 온라인으로 변신할 방침을 밝힌 바 있다.

2005년 '개똥녀', 2010년 모 대형 할인점의 '통큰치킨' 논쟁, 2011년 팟캐스트 '나는 꼼수다', 2014년 망치 부인 등은 네트워크 사회에서 소셜 미디어를 통해 의제로 제기되고 부상한 대표적인 사례이자, 기존 미디어에서 소외받던 의제가 스스로 자리매김하면서 의제로 자리 잡은 사례다. 이 외에도 사회적 약자의 의제가 적극적으로 제기되는 사례는 많다.

이는 대의제하에서 무엇을 대의할 것인가라는 문제를 제기한다. 기존의 대의 대상에 포함되지 않았던 의제들이 이제는 소셜 미디어를 통해 부상하고 있는데, 정치가 이를 적절히 포섭하지 못한다면 정치적 불안정성은 증대될 수밖에 없다.

3) 권력관계의 변화

소셜 미디어는 비제도 권력을 권력의 주체로 등장시킴으로써 권력을 특정한 주체로부터 어느 정도 이탈시키는 결과를 초래했다. 네트워크 사회에서는 권력의 주체가 권력을 행사하기에 앞서 선험적으로 규정되기보다는 권력이 초래한 실질적인 결과를 통해 권력의 주체로 호명되는 사후적인 관계로 들어선다. 따라서 권력관계가 권력 행위자와 권력 수용자라는 기존의 불평등한 관계(즉, 갑과 을의 관계)가 아닌, 권력 행위자와 권력 행위자 간의 관계(즉, 갑과 갑의 관계)로 변화할 수 있게 되었다. 네트워크 사회에서는 행태적 권력이라는 개념이 산업사회 시절의 고정된 권력 주체를 기반으로 하는 것이 아니라 가변적이고 유동적인 권력 주체를 기반으로 해서 재정의되어야 한다. '고정된' 행위자가 '고정된' 다른 행위자에게 권력을 행사하는 것이 아니라 '유동적이고 가변적'인 행위자 사이의 권력관계로 재정의되어야 하는 것이다. 이를 구성적 권력의 차원에서 보면 고정된 권력 정체성에서 유동적 권력 정체성으로 변화한 것이라고 볼 수 있다. 이를 구성하는 과정에 누가 무슨 목적으로 어떻게 개입할 것인지는 또 다른 권력 투쟁의 대상이라고 할 것이다.

4) 네트워크 집단의 활성화

권력 주체의 변화와 더불어 소셜 미디어가 권력관계에 미친 중요한 변화 중 하나는 정보화 시대로 유래된 네트워크 개인주의network individualism가 다시 하나의 네트워크로 결집되는 네트워크 집단화network collectivization를 가져왔다는 점이다. 네트워크 개인주의는 정보 생산자와 정보 수용자를 구분하고 집단 내에서 맡은 역할 또한 위계적 질서에 따라 고정되어 있는 데 반해, 네트워크 집단화로 인해 다양한 권력 자원과 특수화된 권력 수단을 보유하게 된 개인은 저마다 다양한 권력의 주체이자 능동적이고 자유롭게 전환 가능한 정보 생산자로서 네트워크에 평등하게 참여하고 있다. 기술 진화로 인해 이제 각 개인은 자기 안의 무한한 자아의 형태를 소셜 미디어를 통해 실현시킬 수 있게 되었고, 이를 통해 권력적인 속성도 보유하게 되었다. 이렇게 볼 때 네트워크 사회에서 비제도 권력의 주체가 권력의 주체로 등장할 수 있었던 가장 큰 원인은 권력 자원이나 특정한 권력 수단 때문이 아니라 네트워크화된 집단화로 인한 정보 공유와 연대 때문이라고 할 수 있다. 그 결과 시민의 속성도 몇 년에 한 번씩 선거에 참여하는 수동적인 존재에서 일상적으로 정치에 참여하기는 하지만 기존과는 다른 방식으로 참여하는 '관여적' 시민으로 바뀌고 있다.

5) 국가의 반응성 변화

정보사회에서 새로운 소통 방식을 어떻게 수용하는가에 따라 국가는 감시의 주체가 될 수도, 소통의 주체가 될 수도 있다. 제도 권력의 대표선수라 할 수 있는 국가는 네트워크 사회로의 변화를 적극적으로 수용하고 받아들이되, 이를 소통의 도구로 활용하는 방안을 모색해야 한다. 금속활자의 등장이라는 필요조건이 자국어 성경 출판이라는 충분조건과 연계되면서 서구의 근대를 앞당긴 경험에서 교훈을 얻을 수 있다. 국가가 이러한 변화를 능동적으로 수용하지 않는다면 끝없이 변화하는 시민사회와 더욱더 많은 갈등을 노정할 수밖에 없을 것이다.

정보사회의 도래로 인해 권력 주체가 특정한 주체로부터 이탈했다는 점에서 권력관계에서는 수평적·민주적 차원에서 의미 있는 변화가 일어나고 있다고 볼 수 있다. 그러나 이는 여전히 '가능태'에 머물고 있을 뿐이다. 권력은 그 권력이 실제로 어떠한 변화를 가져왔는가를 통해 판단해야 한다. 소셜 미디어는 단지 이러한 권력을 행사할 수 있는 토대를 마련해줬을 뿐, 그 결과까지 보장해주지는 않는다. 따라서 권력관계의 변화가 결과로까지 유지되기 위해서는, 나아가 그로 인해 권력이 재생산되는 권력 구조에도 유의미한 변화를 가져오기 위해서는 권력을 행사하기에 앞서 권력을 둘러싼 쌍방의 대화와 소통, 그리고 노력이 절실히 요구된다고 할 수 있다. 다시 말해 소셜 미디어와 같은 새로운 소통 방식은 권력의 변환 또는 더 나아가 민주화를 이루기 위한 필요조건일 수는 있지만 그 자체가 충분조건으로 기능하기에는 불충분하다.

지금까지 미래의 정치에서 국가와 권력이 변화하는 모습을 개념적이고 거시적인 차원에서 살펴봤다.

미시적인 차원에서 정치적 절차를 살펴본다면 시민이 정부와 만나고 소통하는 방식에 많은 변화가 나타나고 있다. 산업사회에서 정부와 시민의 관계는 동사무소, 구청, 시청이라는 공간으로 대표되었다. 인허가 등을 신청하기 위해 정해진 시간에 물리적인 공간을 방문했다면, 이제는 많은 업무가 온라인화되었을 뿐만 아니라 각종 인허가의 결재 진행 과정을 실시간으로 확인할 수 있는 환경까지 마련되고 있다. 이른바 전자정부가 등장했고 이는 정부와 국가의 투명성 확보라는 과제를 제기하고 있다.

정당과 시민의 관계 또한 변화하고 있다. 산업사회 시절, 정당은 정치적 명망가와 활동가를 중심으로 구성되었고, 유권자로서의 시민은 선거 때 표를 얻기 위한 대상에 불과했다. 하지만 지금은 선거 캠페인만 보더라도 군중 집회 등의 길거리 홍보 형태에서 온라인과 블로그 등 다양한 소셜 미디어 매체를 활용하는 형태로 바뀌었으며, 유권자도 의무 참여형에서 관여 개입형으로 바뀌는 경향이 보이고 있다.

중요한 점은 정치의 근본은 바뀌지 않을 것이라는 사실이다. 2절에서 살펴본 정치의 정의는 시대에 따라 특정적이지 않다. 산업사회에서의 대의민주주의가 그대로 살아남을 가능성이 높지만 '대의'가 무엇인지에 대해서는 차이가 발생할 수 있다. 대의와 관련해 제기되는 문제는 앞에서 논의한 국가주권의 문제와 연관해 다음 세 가지로 정리할 수 있다. 바로 누구를, 무엇을, 어떻게 대의할 것인가라는 문제다.

첫째, 누구를 대의할 것인가는 정보사회에서 인구 및 영토와 관련된 것으로, 누구에 포함되는 시민권의 범위를 어떻게 확정할 것인가를 고민해야 하는 문제다. 시민권의 범위는 봉건귀족에서 부르주아, 프롤레타리아에 이르기까지 지속적으로 확장되어왔다. 이제는 사회적 소수자와 영토 외에 거주하는 행위자를 어떻게 포괄할지가 문제로 제기되고 있다. 이는 정보 사회에서 시민권을 어떻게 재정의할 것인가의 문제라고 할 수 있다.

둘째, 무엇을 대의할 것인가는 이른바 구조적 권력에 의해 제한되었던 사회적 의제를 어떤 범위까지 확대시킬 것인가와 관련된 문제로, 배제되었던 의제와 새롭게 제기되는 의제를 어떻게 수용할 것인지를 고민해야 한다.

셋째, 어떻게 대의할 것인가는 전통적인 의회 민주주의와 정당에 대한 지지가 약해진 상황에서 대의의 주체는 누가 되어야 하며, 제도적 장치는 어떻게 모색해야 하는지 등을 고민해야 하는 문제다.

이에 더해 정부의 공식적인 직종과 직업 분류에는 나타나지 않지만, 정당의 운명은 어떻게 될 것이며, 정당원은 증가할 것인가 감소할 것인가라는 질문을 던질 수도 있다.[11] 정당이 상대적으로 발달한 서구의 경험을 보면 정당원은 지속적으로 하락하고 있다. 영국의 경우 주요 3당(보수당, 노동당, 자유민주당)의 정당원은 전체 영국 유권자의 1% 미만으로 역사상 최저 수치를 보이고 있다.[12] 2014년 최신 추정치에 따르면 보수당이 13만 4000명, 노동당이 19만 명 그리고 자유민주당이 4만 4000명에 불과하다.

하지만 소수 정당의 당원 수는 꾸준히 증가해 영국독립당UK Independence Party이 3만 9000명(2014년 6월), 스코틀랜드 국민당Scottish National Party이 6만 4000명(2014년 9월), 녹색당Green Party이 1만 4000명(2013년 12월)에 달했다. 이 자료를 통해 보면 정당원의 증감이라는 현상이 일관된 방향으로 나타나지는 않으나, 전국 정당보다는 특정 이슈를 중심으로 결집하는 정당의 약

11 이 아이디어는 경기개발연구원 이명수 박사의 제안에서 시작된 것으로, 다음에서 부분적으로 발췌함. Jeremy Rifkin, *The Third Industrial Revolution: How Lateral Power is Transforming Energy, the Economy, and the World*(Palgrave Macmillan, 2011), ch. 9. 이는 추후 더욱 면밀하게 연구를 진행해야 할 영역이다.

12 구체적으로는 1970년에는 4.8%, 1983년에는 3.8%, 2013년에는 0.8%였다.

▌그림 3-1▌ 1928~2013년 영국 주요 3당의 당원 수 추이(단위: 백만 명)

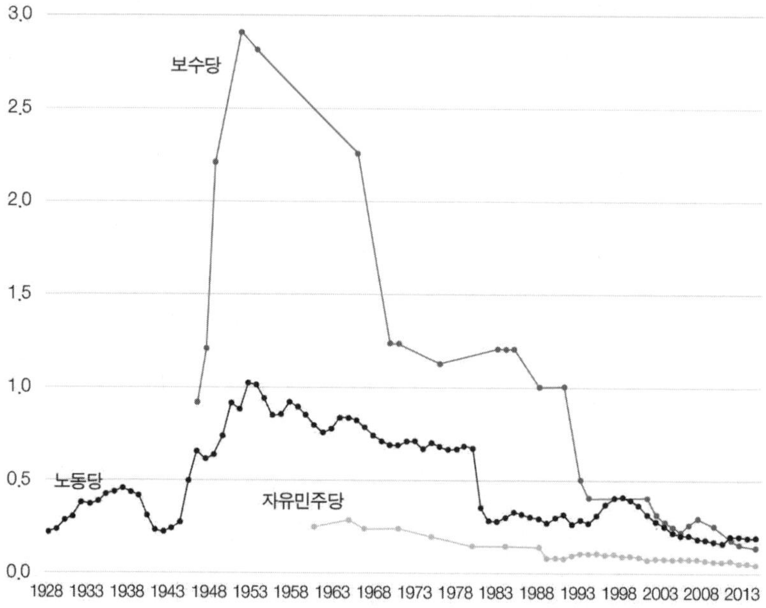

자료: Richard Keen, "Membership of UK political parties," p. 4.

진이 눈에 띈다.[13] 이는 기존 정당의 쇠퇴라는 일반적인 경향과 더불어 전국 정당보다는 특정 이슈 중심의 정당이 부상하는 21세기 정치의 한 단면을 보여준다고 할 수 있다. 이는 영국에서만 나타나는 특수한 현상이 아니라 유럽 전역에 걸쳐 나타나는 현상이다. "거의 모든 유럽 국가에서는 1980년대 이후 정당원의 수가 하락했으며, 영국은 가장 큰 하락을 경험한 국가 중 하나다. 1960년대와 1970년대에 높은 당원율을 자랑하던 스칸디나비아 국가에서도 정당원의 수가 가파르게 하락했으며, 그리스와 스페인만 예외적으로 1980년대 이후 정당원이 증가했다."[14] 따라서 정당원의 감

13 Richard Keen, "Membership of UK political parties," House of Commons Library, Standard Note: SN/SG/5125, Last updated: 24 September 2014, pp. 1~3.

14 같은 글, pp. 20~21.

소(이것이 정당의 쇠퇴와 동일시될 수 있는지는 논쟁적이지만)는 전반적인 추세이며, 전국적인 정당보다는 국지적이고 특정 이슈를 지닌 정당이 부상하는 현상이 21세기를 지배할 가능성이 높다고 하겠다. 즉, 포괄적 정당에 대한 참여보다 단일 이슈형 정당single issue party에 대한 참여와 지지가 높아지고 있는 것이다. 독일과 북유럽 국가에서 해적당Pirate Party이 약진한 것은 이러한 추세를 잘 반영한 사례라고 할 수 있다.[15]

비정부기구NGO는 더 활성화될 것인가? 또한 NGO를 전담하는 운동가의 수와 역할은 증가할 것인가? 정당의 대의 기능이 약화되면 시민사회의 목소리를 다른 방식으로 결집해 전달하는 시민사회 단체가 약진할 수도 있다. 1968년 유럽과 서구 사회에서 68혁명이 일어난 이후 다양한 비정부기구가 등장해 환경, 여성, 평화 등 신사회운동이 전개된 것이 하나의 사례다. 그린피스, 앰네스티 인터내셔널, 국경없는의사회 등 새로운 형태의 운동 단체는 영향력을 증대시켜 나아가는 것은 물론, 정보화라는 기술적 변화를 적극적으로 수용하면서 기존의 권력을 빠르게 대체하고 있다. 정당을 보완 또는 대체하는 새로운 정치 소통의 채널이 열린 것이다. 이러한 경향을 적극 활용하는 시민사회 단체 및 이를 전담하는 운동가들의 절대적인 수와 역할은 20세기와 비교할 때 증대될 것으로 기대된다.

정부의 크기와 공무원의 수는 증가할 것인가, 감소할 것인가? 조세 징수나 국방 서비스 등 다양한 분야에서 노동력을 줄이는 지능형 기술이 도입되면서 감소할 가능성이 높다. 즉, 작은 정부가 등장할 가능성이 높은 것이다. 하지만 새로운 갈등과 복지의 사각지대가 등장함으로써 기술 집약형에 따라 노동력이 감축되는 만큼 현장 밀착형 공무원이 필요해질 가능성도

15 박설아·류석진, 「이슈정당의 가능성과 한계: 독일 해적당의 발전과정을 중심으로」, ≪한국정당학회보≫, 12권 2호(통권 24호)(2013), 127~155쪽.

높다. 서울시 전자정부의 경험에서 보듯, 프론트 오피스에서는 각종 민원 서류 발급의 전자화 등으로 공무원 수가 감소할 수 있지만 감축된 공무원이 직접 현장을 담당함에 따라 전체 공무원 수는 그대로 유지될 가능성 또한 배제할 수 없다. 즉, 변화된 행정 수요에 정부가 공무원을 적절히 재배치하는 작업이 필요하다. 이는 정보사회에서의 사회적 갈등과 불안정을 해소하는 데 반드시 고려해야 할 요소다.

미래에는 '갈등조절사'가 새로운 직종으로 등장할 수도 있다. 갈등조절사란 정부, 국가 등 기존 권력이 해결하기에는 너무 작은 문제나 전 지구적으로 너무 큰 문제를 전담으로 맡아 국내의 지방과 다양한 집단을 연계하거나 국제적·지구적 차원에서 연계함으로써 갈등을 해결하는 주체로, 정부와는 다른 존재론적 의미를 지닐 수 있다. 이처럼 시민단체와는 다른 공간에서 갈등 해결 기능을 수행하는 집단과 직종이 증가할 가능성은 매우 높다.

5 | 결론을 대신해: 권력의 미래, 미래의 권력

지금은 정보사회로 진입하는 과도기로, 아직은 현재진행형이다. 우리가 어떤 선택을 하는지에 따라 필요조건으로서의 네트워크가 약이 될 수도 있고 병이 될 수도 있다. 소셜 미디어의 가능성은 우리의 선택이라는 충분조건에 따라 모양을 갖춰나갈 것이므로 지금은 이에 대한 현명한 판단이 요구되는 시점이다. '현재의 권력'과 '미래의 권력'이 충돌하지 않는 방법을 성찰해야 하는 이유다. 즉, '현재의 권력'과 '미래의 권력' 간의 충돌을 피하는 것은 '권력의 미래'가 안정적일지 불안정적일지를 결정하는 중요한 요인이다.

과거에는 인터넷 주소인 URL을 즐겨찾기하는 것이 정보였다면 이제는 트위터의 트윗 자체가 정보이거나 페이스북 담벼락의 모든 콘텐츠가 정보로 변화되었다. 이와 같은 변화는 첫째, 단지 정보의 소스만 정보가 아니라 의견이나 이미지 등도 정보로서, 정보의 형태가 멀티미디어화됨을 의미한다. 둘째, 일방적인 정보 제공이 아니라 소통의 의미를 전달·매개하는 네트워크 자체의 쌍방향적 소통이 더욱 중요해졌음을 의미한다. 현재 전 세계 각국의 정부와 정당은 시민과의 접점을 확대하는 플랫폼으로 전환함으로써 시민사회와의 소통 및 의견 수렴, 그리고 정책 발전에 주력하고 있다. 물론 시민사회에서도 적극적으로 정보를 수용하고 있으며, 이를 기반으로 정치적 요구나 의제 개발 또한 활발하게 이뤄지고 있다.

이제 과거 산업사회에서의 사회경제적 균열은 탈물질적 균열로 전환되었다. 탈물질적 균열은 문화, 여가, 자아실현, 환경문제에 대한 대중의 관심으로 나타나고 있는데, 이는 점점 다양화되는 대중의 가치를 표상한다고 할 수 있다. 정보사회는 이러한 탈물질적 균열을 포함하면서 한편으로는 상대적으로 다양한 이슈가 분산되고 네트워크라는 새로운 속성까지 포괄해 균열의 범위가 매우 복잡한 구조를 형성한다는 특징을 지닌다. 또한 과거 사회에서는 계량할 수 있는 가시적인 문제에 기초해 균열이 나타났다면, 정보사회에서는 이슈의 개인화와 네트워크화로 구조가 변화함에 따라 과거와 같이 분명한 갈등의 축을 파악하기 어렵고 이슈가 급속도로 확산되므로 균열에 신속하고 효과적으로 대응하기가 매우 어렵다.

정보사회의 가치를 강조하는 이유는 정보 자체의 개념이 변화되었기 때문이 아니라 정보가 차지하는 역할과 중요성 그리고 정보가 유통되는 방식이 이전 시기와 엄청나게 달라졌기 때문이다. 즉, 정보의 생산과 소비 그리고 유통 방식이 변화한 것이다. 네트워크 환경에서는 정보가 대화를 통해 전달되기 때문에 결국은 대화 자체가 수월할 수 있도록 대화 채널을 더욱 다양화해야 한다.

결국 정보사회에서의 권력은 네트워크를 기반으로 한 다양한 정보의 유통과 소통에 기초해야 한다. 과거의 물질적인 권력은 앞으로도 일정 정도 유효하겠지만 이것만으로는 불충분하다. 새로운 권력 주체의 등장과 이들 간의 권력 배분은 새로운 문제를 제기하고 있다. 미래의 권력은 바로 소통과 공유라는 변화된 측면을 정확히 포착하고 여기에 적합하게 대응하는 데서 창출될 수 있다.

미래의 권력은 정보의 공유와 연대 그리고 이에 기초한 소통을 제대로 실현하는 세력이 장악할 것이다. 현재의 권력과 미래의 권력이 선형적으로 발전하면서 안정적으로 전환된다면 사회의 안녕과 평화가 보장되겠지만, 만일 이 두 권력이 서로 다른 방향으로 움직인다면 사회는 1789년의 프랑스대혁명 또는 1968년의 68혁명과 같은 또 다른 대변혁의 시기를 맞을지도 모른다. 권력의 미래가 혼란스러울지 아니면 안정적으로 관리될지는 현재의 권력의 속성과 미래의 권력의 속성을 정확히 인식하고 대응하는 데 달려 있다. 미네르바의 올빼미가 황혼이 되어야 나는 역사적 교훈을 반복하지 않으려는 모색이 필요한 시점이다.

이를 정치 행위 주체별로 살펴보면, 먼저 시민은 새로운 소통 채널의 등장 및 이의 적극적인 활용을 통해 깨어 있는 시민으로 거듭날 수 있게 되었다. 하지만 이는 가능태로서, 깨어 있는 시민으로 거듭날지 여부는 개개인의 의지와 노력에 달려 있다. 즉, 말을 우물가에 데려갈 수는 있어도 말에게 물을 마시게 할 수는 없는 것과 마찬가지다. 하지만 특별한 의지와 노력이 없더라도 시민은 일정 정도 권력화할 것이다. 한편 정당은 정보사회로의 진전으로 인해 가장 많은 영향을 받을 행위 주체다. 정당이 산업사회 시절의 대중 정당 수준에 머무른다면 변화된 상황에 걸맞게 사회의 다양한 욕구와 이익을 결집시키거나 이를 대변하는 역할을 수행하지 못해 정당의 존립 근거가 위협받을 수도 있다. 변화된 상황에 적응하려는 각고의 노력 없이 기존 정당의 조직과 작동 행태를 유지한다면 정당은 더 이상 정치의 중심에 서기 어려워진다. 만약 정당이 이와 같은 변화를 거부하거나 적절한 변화에 실패한다면 여의도 정치는 형해화되고 길거리 정치가 판치는 세상으로 바뀔 수도 있다. 즉, 정당을 우회하거나 뛰어넘는 정치의 모습으로 변할 수도 있는 것이다. 낮은 투표율과 정치권에 대한 불신은 이러한 경향을 대변하고 있다. 국가와 정부 또한 변화된 상황에 적응하려는 각고의 노력을 기울여야 한다. 국가와 정부가 소멸되지는 않겠지만 국가와 정부가 성공적으로 변하지 못한다면 이들은 사회문제의 해결자로 기능하기보다 사회문제의 생성자로 전락할 수도 있다. 시민사회 단체는 정보사회의 최대 수혜자가 될 가능성이 높다. 기존 정당이 수행하던 역할을 상당 부분 대체할 수도 있고, 소외된 사회적 이슈를 발굴해 이를 정치적으로 대변하는 역할을 수행할 수도 있기 때문이다.

미래 사회의 정치는 아직 무정형이므로 어떤 내용으로 채울지는 지금 우리의 선택에 달려 있다. 기술의 속성을 정확히 이해하고 이에 따른 정치 사회적 변화를 예견하는 것이야말로 미래 사회의 정치가 더욱 공정하고 정당한 방향으로 진전하도록 만드는 초석이다. 이 과정을 통해 현실과 정치 또는 현실과 국가 간의 공간적 괴리를 줄인다면 소모적인 사회적 갈등을 원만히 해결할 수 있을 것이다.

04 과학기술 미래 트렌드와 직업 변화

이필우

1 | 과학기술 전망 분석틀 및 변화 요인

이 장에서 기준으로 삼는 미래 예측의 범위는 5년 후(2018년), 10~20년(2023~2033년), 20년 후(2033년 이후)다. 예측 범위와 관련해 합의된 정의가 있는 것은 아니나, 고든에 따르면 이 부문은 단기, 중기, 장기 예측 가운데 중·장기 예측으로, 구체적으로는 각각 중장기, 장기, 초장기 예측에 속한다.[1]

2018년 시점은 3년에서 10년 이내에 나타날 현상을 예측하는 중장기 예측에 해당한다. 중장기 예측은 산업 내 전략 변화, 새로운 경쟁자의 등장, 신기술 출현, 시장 변화 등을 예측하는 데 활용된다. 공공 영역에서는 기술 동향, 사회의식 변화, 새로운 인프라 수요 등을 파악하기 위해 실시하는 경

---

1 A. Gordon, *Future Savvy: Identifying Trends to Make Better Decisions, Manage Uncertainty, and Profit from Change*(American Management Association, 2009).

우가 많다.

2023~2033년 시점을 예측하는 것은 10~25년 구간의 장기 예측에 해당한다. 추세외삽법trend extrapolation과 같이 현 상황을 기반으로 한 예측 기법은 실효성이 낮아 전문가 집단 중심의 규범적 예측 기법normative forecasting이 활용된다. 상황에 따라 탐색적 예측 기법도 참고 자료로 활용된다. 가까운 미래의 기술·사회 변화를 담은 예측은 현재의 조직을 계획하거나 의사 결정을 하기보다는 중장기 비전을 설정하는 데 활용된다.

25년 이상의 시점을 예측하는 것은 초장기 예측에 해당하며 이 부문은 이상향을 제시하는 것이 중요하다. 따라서 규범적 방식의 예측 방식이 중요하며 델파이 조사가 주로 활용된다. 이는 미래 사회에 대한 전망 및 그에 따른 도달 가능한 목표를 설정하고 이를 위한 기술 개발 계획을 준비하는 데 활용된다.

1) 분석의 틀

이 장에서는 과학기술과 관련된 환경 요인을 파악하고, 이를 기준으로 과학기술 부문의 변화 트렌드를 중장기, 장기, 초장기의 예측 시점별로 정리한다. 변화 트렌드는 기존 문헌 조사를 바탕으로 정리한다. 다음으로 과학기술과 관련한 직무 요인이 무엇인지 정리하고, 시점별 변화 트렌드와 직무 요인을 종합한 결과를 경기도의 산업구조와 매칭해 미래 일자리가 어떻게 변화할 것인지에 대한 시사점을 정리한다.

앞에서 언급한 바와 같이 단기·중기 예측의 경우 과거의 현상이 미래에 영향을 미친다는 전제가 유효하므로 탐색적 방식의 미래 예측이 가능하다. 한편 장기·초장기 미래 예측의 경우 미래의 이상향을 만들고 이에 따른 사회·기술 개발 방향성을 수립하는 규범적 방식이 합리적이다.

▮그림 4-1▮ 분석의 틀

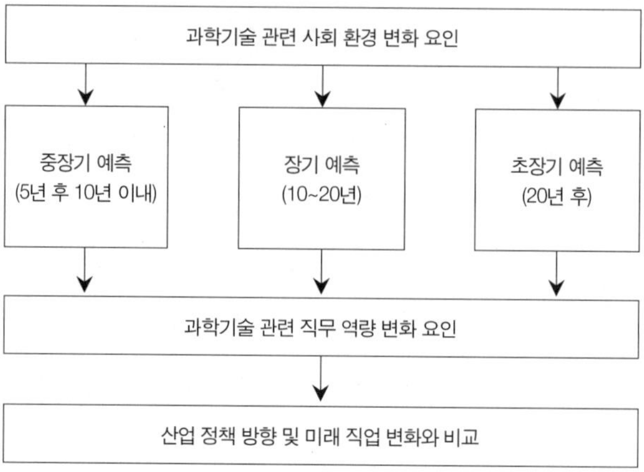

과학기술과 연계해 미래 사회의 모습이 어떻게 변할 것인지에 대한 연구 및 조사는 많다. 이 분야의 연구 및 조사는 특히 국가적 필요에 의해 정부 주도로 이뤄진 경우가 대부분이다. 장기·초장기 부문에서 규범적 방식으로 미래를 예측한 조사로는, 교육과학기술부(2010)의 「과학기술 미래비전」, 국가과학기술위원회(2012)의 「제4회 과학기술예측조사 2012~2035」가 있다. 중장기 시점과 관련한 탐색적 방식의 조사로는, 5년 주기로 수립되는 과학기술기본계획의 일환으로 미래창조과학부가 주도해 5~10년 후 과학기술 중점 발전 방향을 제시한 「국가중점과학기술 전략로드맵」(2014)이 있다. 여기서는 각 조사를 해당 시점과 매칭해 과학기술 부문의 미래 발전 방향을 정리하고 시사점을 정리했다.

2) 과학기술 관련 사회 환경 변화 요인

교육과학기술부는 2010년 과학기술과 연계한 5대 사회 환경 변화를 〈표 4-1〉과 같이 설명했다.[2]

❙표 4-1❙ 한국의 5대 사회 환경 변화

사회 환경 변화	주요 내용	비고
환경과 자원 문제 심화	· 에너지와 자원의 해외 의존 지속 · 삶의 질에 대한 관심 증대	· 지속 성장을 위한 에너지와 자원 부족 심화 · 지구온난화 가속 · 환경오염에 따른 건강 위협 등
지식 기반 사회의 진전과 글로벌화	· 디지털 · 네트워크 기술의 성숙 · 지식 기반 경제의 강화	· 세계경제의 일원화 · 동조화 심화 · 브릭스(BRICs: 브라질, 러시아, 인도, 중국) 성장 · 지식 기반 경제 강화 · 생산 및 소비 형태 변화 등
인구구조 변화	· 초고령 사회로 진입 · 라이프스타일의 변화	· 선진국의 고령화와 개도국의 청년화 · 도시화의 지속과 메가시티 간 경쟁 심화 · 노동시장 변화 · 가족 개념 변화 등
과학기술 융합 가속화	· 기술 무역수지 적자 지속 · 기술의 융합화 · IT 기술의 확대	· 정보 통신 기술 발전의 새로운 단계 진입 · BT의 실용화 진전 · 타 분야의 발전을 견인하는 NT · 융합 현상 가속화 등
새로운 안보 이슈 등장	· 남북한 문제 · 동북아 체제 문제	· 종교적 · 문화적 · 역사적 갈등 지속 · 새로운 전염병 위협 · 테러 위협 증가 등

주: 교육과학기술부, 「과학기술 미래비전」(교육과학기술부, 2010)을 바탕으로 재정리.

국가과학기술위원회는 2012년 보고서에서 과학기술과 관련한 사회 환경 변화를 더욱 세분화해 8개 메가트렌드, 25개 세부 트렌드를 제시했다.[3] 글로벌화 심화, 갈등의 심화, 인구구조의 변화, 문화적 다양성 증가, 에너지·자원의 고갈, 기후 변화 및 환경문제 심화, 과학기술의 발달과 융복합화 등의 메가트렌드와 이들 메가트렌드의 심화를 가속화시키는 중국의 부상을 추가했다.

교육과학기술부의 2010년 보고서와 국가과학기술위원회의 2012년 보고서에서 제시한 사회 환경 변화 요인 중 공통 요소는 글로벌화, 환경문제, 인구구조 변화, 자원 문제, 융복합화 현상으로 요약된다. 핵심은 전체 사회

2 교육과학기술부, 「과학기술 미래비전」(교육과학기술부, 2010).

3 국가과학기술위원회, 「제4회 과학기술예측조사 2012~2035」(국가과학기술위원회, 2012).

▌표 4-2▌ 8대 메가트렌드 및 25개 트렌드

메가트렌드	세부 트렌드	주요 내용
글로벌화 심화	세계시장의 통합	· 세계 FTA 체결국의 지속적인 증가 · 국제 금융시장의 다각화 · 다국적기업의 생산 네트워크 활성화
	국제 질서의 다극화	· G20 체제의 역할 증대 · 세계경제에서 브릭스의 영향력 확대 · 동북아 협력 체제 구축: ASEAN+3의 역할 증대
	인력 이동의 글로벌화	· 글로벌 인재 확보 경쟁의 심화 · 국제 노동시장의 확대 및 유연화
	거버넌스 개념의 확대 및 다양화	· 핵 확산 금지, 환경 이슈에서의 상호 의존 증대 · 글로벌 거버넌스·파트너십 확대 · 인권·국제 윤리의 강조 및 NGO의 역할 강화
	전염병의 급속한 확산	· 사스, 신종 플루, 조류독감 등 전염병의 급속한 확산
갈등의 심화	민족·종교·국가 간 갈등의 심화	· 중동 지역의 갈등 지속 · 민족 간 분쟁으로 인한 국지전의 증가 · 서구와 이슬람의 대결 심화
	사이버 테러의 증가	· 인터넷 네트워크를 활용한 초국가적 테러 조직의 확산 · 해킹, 사이버 범죄류 테러의 증가
	테러 위험의 증가	· 테러 무기의 다양화 · 테러 위험 국가군의 핵 보유 시도 · 해적, 마약 조직 등 초국가적 범죄의 증가
	양극화 심화	· 소득과 일자리의 양극화 심화 · 환경오염 양극화의 심화 · 사회계층 간 갈등의 심화
인구구조의 변화	저출산·고령화의 지속	· 선진국의 잠재 성장률 저하 · 실버산업의 성장 · 선진국의 고령화 심화와 개도국의 청년화
	세계 도시 인구의 증가	· 신흥 개도국의 도시 인구 집중 심화 · 인구 1000만 명 이상 메가시티의 증가
	가족 개념의 변화	· 가족의 소규모화 · 개인주의 심화와 가족 제도의 해체
문화적 다양성 증가	문화 교류의 증대와 다문화 사회화	· 다문화 가정의 확산 · 다양한 문화 교류 공간의 확대 · 문화적 차이로 인한 사회적 갈등 발생
	여성의 지위 향상	· 여성교육의 확대 · 가정에서의 성 역할 변화 · 전통적인 남성 위주 일자리에 대한 진출 확대 · 글로벌 소비시장에서의 구매력 증가
에너지·자원의 고갈	에너지·자원 수요의 증가	· 화석연료 고갈 · 에너지 수요 증가 및 비용 상승 · 신재생에너지 연구 활성화
	물·식량 부족의 심화	· 물 수요의 지속적인 증가 · 이상 강우, 기후 변화 및 개발로 인한 수자원 감소 · 곡물 가격의 지속적 상승 및 식량 부족
	에너지·자원의 무기화	· 천연자원의 국유화 · 국제 자원 카르텔의 확대 · 국가 간 자원 및 에너지 확보 분쟁 가능성 증대
기후 변화 및 환경문제 심화	지구온난화의 심화 및 이상기후 현상 증가	· 지구 평균 온도의 지속적인 상승 · 대규모 자연재해 발생 빈도 증가 · 글로벌 온실가스 배출량 규제 관련 갈등 증가
	환경오염의 증가	· 대기·토양 오염의 증가 · 하천·해양·지하수의 오염 증가
	생태계의 변화	· 열대우림 감소 및 사막화 확대 · 생물종의 감소 및 위험 생물종의 증가 · 극지의 빙하 감소, 해안선 상승 및 식생대 변화
중국의 부상	중국의 경제적 영향력 증대	· 글로벌 시장에서의 비중 확대 · 미국과 경쟁하는 초강대국으로 부상 · 아프리카, 중남미, 아세안 등에 대한 영향력 증대
	중국의 외교·문화적 영향력 증대	· 중국 고유문화의 브랜드화 · 중국어 구사 인력의 증가 · 원조, 무역 등을 활용한 외교적 영향력 강화
과학기술의 발달과 융복합화	정보 통신 기술의 발달	· 디지털 컨버전스·네트워크의 지속적 발전 · 정보화·인터넷 세대의 등장으로 인한 정보 격차의 심화 · 유비쿼터스 시대의 구현
	생명과학 기술의 발달	· 신약, 줄기세포, 인공장기 개발 등 레드 바이오 기술의 발달 · 대체 연료 생산 등 화이트 BT의 발달 · 유기농, 작물 재배 확산 등 그린바이오 기술의 활성화
	NT의 발달	· 신기술 및 전통 기술과 융복합화 · NT의 발전에 따른 부작용 가능성

자료: 국가과학기술위원회, 「제4회 과학기술예측조사 2012~2035」(국가과학기술위원회, 2012).

환경 변화 요인이 두 가지 관점에서 과학기술 발전을 촉진하는 유인으로 작용한다는 점이다. 첫째는 기술 주도 관점technology push perspective으로, 기존 과학기술 발전에 의한 지식 축적의 결과로 새로운 과학기술 영역이 등장한다는 시각이다. 융복합화 현상에 따라 등장한 정보 통신, 생명과학, NT 등이 여기에 속한다. 둘째는 수요 견인 관점market pull perspective으로, 여러 현상에서 나타나는 문제점이 기술 개발 수요를 증대시켜 과학기술 발전이 나타난다는 시각이다. 즉, 사회에서 발생하는 난제에 과학기술적으로 접근해 미래에는 이를 기반으로 한 해결책이 등장한다는 것이다.

이 두 가지 관점에서 사회 환경 변화에 따라 과학기술의 발전 방향이 나타나며, 이는 예측하는 시점별로 탐색적 또는 규범적 조사 방식에 따라 수행된다.

2 | 예측 시점별 과학기술의 주요 변화

1) 5년 후 변화 트렌드

국가 과학기술 개발 방향을 총괄하는 정부 부처인 미래창조과학부에서는 5년마다 법정 계획이자 과학기술 분야의 최상위 계획으로 과학기술기본계획을 수립하고 있다. 현재는 '제3차 과학기술기본계획(2013~2017)'을 수립했으며, 이를 바탕으로 2014년에 5대 분야 30개 '국가중점과학기술 전략로드맵'을 수립했다.[4] '국가중점과학기술 전략로드맵'은 향후 5년 뒤에

4 해당 로드맵은 미래창조과학부 등 15개 부처에서 추천한 산·학·연 민간 전문가와 국가과학기술심의회 위원 및 예산전문위원회 위원 등 205명이 대거 참여해 만든 것으로, 공청회를 통해 연구기관 및 단체, 산업계 등의 다양한 의견을 반영했다.

❚ 표 4-3 ❚ 전략로드맵 수립 대상 기술

2대 부문 5대 분야		국가 중점 과학기술	
경제 지속 성장 견인	IT 융합 신산업 창출	① 정보 보호 기술	② 빅데이터 기술
		③ 실감형 콘텐츠 기술	④ 방송 통신 융합 플랫폼 기술
		⑤ 차세대 반도체 기술	⑥ 스마트 자동차 기술
		⑦ 생산 시스템 생산성 향상 기술	⑧ 첨단 플랜트 기술
	미래 신산업 기반 확충	① 차세대 소재 기술	② 차세대 에너지 저장 장치 기술
		③ 바이오 에너지 기술	④ 서비스 로봇 기술
		⑤ 의료 기기 기술	⑥ 고부가가치 선박 기술
		⑦ 미래형 항공기 기술	
삶의 질 향상 기여	깨끗하고 편리한 환경 조성	① 환경 통합 모니터링 및 관리 기술	② 오염 물질 저감 및 관리 기술
		③ 유용 폐자원 재활용 기술	④ 기후 변화 감시·예측·적응 기술
		⑤ 온실가스 처리 및 저감 기술	⑥ 스마트 에코 빌딩 기술
	건강 장수 시대 구현	① 맞춤형 신약 개발 기술	② 생명 시스템 분석 기술
		③ 유전체 정보 이용 기술	④ 줄기세포 기술
		⑤ 맞춤형 건강관리 기술	
	걱정 없는 안전 사회 구축	① 식품 안전 및 가치 창출 기술	② 유용 유전자원 이용 기술
		③ 자연재해 모니터링·예측·대응 기술	④ 사회적 복합 재난 저감 기술

자료: 미래창조과학부, 「국가중점과학기술 전략로드맵(안)」(2014).

개발되는 미래 과학기술 영역을 구체화해 제시한 것이라 할 수 있다.

기존에 수립된 과학기술기본계획의 국가 전략기술(120개) 중 중요성과 범부처 협력 필요성 등에 따라 로드맵 수립추진단은 5대 분야 30개 기술(IT 융합 신산업 창출 분야 8개, 미래 신산업 기반 확충 분야 7개, 깨끗하고 편리한 환경 조성 분야 6개, 건강 장수 시대 구현 분야 5개, 걱정 없는 안전 사회 구축 분야 4개)을 확정했다.

보고서를 살펴보면 30개 기술별로 각기 미래 환경 변화 전망 및 미래 이슈·수요 도출, 산업·시장 현황 및 전망, 기술 현황 및 경쟁 여건 분석과 이를 토대로 한 향후 10년간 단계별 기술 확보 전략, 초기 시장 지원 방안 등 실용화·사업화 전략, 연구 개발 인프라와 표준화·규격 등 법·제도적 지원 및 개선 방안 등 전 방위적인 대응 전략이 제시되어 있다. 5대 분야 및 30대 중점 과학기술 영역을 정리하면 〈표 4-3〉과 같다.

한편 국가과학기술위원회에서 2012년 제시한 652개의 미래 기술 중 사

▮표 4-4▮ 시기별 과학기술 변화 트렌드(단위: 개)

분야	중장기	장기	초장기
기계, 생산, 항공, 우주, 천문	38	46	9
농림, 수산	70	25	
도시, 건설, 교통	57	21	
생명, 의료	26	56	1
소재, 화공	53	37	1
에너지, 자원, 극한 기술	34	28	14
정보, 전자, 통신	44	11	
환경, 지구, 해양	57	22	2

회적 실현 시기를 기준으로 5~10년 이내에 사회적으로 실현될 과학기술은 총 379개로 나타났다. 앞서 구분한 중장기, 장기, 초장기를 기준으로 과학기술의 중점 발전 방향성을 분야별로 구분하면 〈표 4-4〉와 같다.

2014년 발표된 '국가중점과학기술 전략로드맵(안)'과 비교하면 기술 트렌드가 유사함을 확인할 수 있다. 이는 내용상 미래 예측을 위한 전문가 집단 풀과 해외 벤치마킹 데이터가 유사한 데 기인하는 것이기도 하다. 가장 큰 차이점은 2012년의 국가과학기술위원회 보고서는 익숙한 기술 분류 체계하에서 분야별로 미래 과학기술을 예측한 데 반해, 2014년의 미래창조과학부 보고서는 미래 기술 목록을 기술 분야에 따라 유형화하지 않고 기술을 통해 이루려는 최종 목표 다섯 가지를 5대 부문으로 제시했다는 점이다. 따라서 2014년도의 전략로드맵에는 각 분야마다 목표를 이루기 위한 다양한 분야의 기술이 혼재되어 있다. 이 장에서는 과학기술의 변화를 살펴보고 그에 따른 직업 변화를 파악하는 것이 목적이므로 기술 분야를 기준으로 주요 특징을 기술하려 한다.

5년 후 10년 이내의 중장기 미래에서는 우선 농림, 수산, 도시, 건설, 교통, 환경, 지구, 해양, 소재, 화공 분야의 과학기술이 발전할 것으로 예측된다.

농림·수산 분야에서는 농산물, 축산물, 수산물을 효율적으로 생산하기 위한 제반 기술이 등장할 것으로 예상된다. 즉, 생산과 관련한 징후를 효율적으로 진단하고 질병을 예방하며 생산을 관리하기 위한 IT 융합형 바이오 기술 개발이 주를 이룰 것이다. 예를 들어, 가축 질병을 진단하기 위한 나노 칩, 바이오마커 기술이나 예방을 위한 경구 백신, 항생제 대체재 기술이 개발될 것이다. 또한 농산·수산·축산가의 생산 효율을 체계적으로 관리하기 위한 센싱 기술과 모니터링 기술이 등장할 것이다.[5] 기후에 관계없는 재배 기술 및 가축·생선의 양식 기술도 등장할 전망이다. 환경오염을 저감하거나 원천적으로 차단하기 위한 생물 농약, 친환경 사료 기술이나 기존의 자연 추출물을 이용한 병해충 방제 기술, 농업 미생물 기술이 개발될 것이며 생산과정에서 얻는 부산물을 이용해 바이오 에너지로 활용하는 기술과 태양광을 이용한 재배 기술도 등장할 것이다.

도시·건설·교통 분야에서는 첨단 소재 기술, 기존 시설의 자동 제어, 관리 기술이 고도화될 것으로 전망된다. 수명 150년 이상의 슈퍼 콘크리트 기술, 바이오 건자재, 초경량 소재, 스마트윈도 기술이 등장하며 무선 센서 네트워크를 이용한 다양한 시설 관리 기술이 개발될 것이다. 환경적 측면에서 에코 시티를 조성하기 위한 기술과 이산화탄소 배출 제로 건물이 등장할 것이며 노약자를 위한 다양한 도로, 교통안전 시설 및 지원 기술이 개발될 것이다. 건설 및 수송과 같은 단순 작업의 인력 투입을 최소화·효율화하기 위한 로봇 기술, 리모트 기반의 건설 기계 기술 등도 개발될 것으로 예상된다. 교통 부문에서는 기상 변화에 따라 차량에 자동으로 대응 조치하는 기술이나 무인 자동 운전 기술 등이 개발될 것이다.

환경·지구·해양 분야에서는 깨끗한 환경을 구현하고 재해를 예방하기 위한 IT 기반의 센서 네트워킹 기술이 적용되어 물, 공기, 기상이 다양하게

---

5 이에 대한 사례로는 최근 이슈가 되고 있는 식물공장을 들 수 있다.

측정 및 처리될 것이다. 대기오염 물질, 실내 미세 먼지, 온실가스 등을 감지하는 고성능 유비쿼터스 센서 기술이 개발되고 이를 거주 환경에 적용하는 필터링 기술도 등장할 것으로 예측된다. 또한 부문별 기술이 시스템하에서 통합 관리되는 시스템 기술이 하수 처리나 정수 처리에 적용될 것이다. 안전한 환경을 위해 지진 등 다양한 자연재해를 측정·예측·대응하는 제반 기술도 개발될 전망이다.

소재·화공 분야에서는 내구성 증대, 기능성 강화, 저가를 키워드로 하는 다양한 소재가 개발 및 생산될 것이다. 스마트 플라스틱이나 신뢰성이 비약적으로 증가한 회로기판 소재, 2차 전지용 분리막과 정수용 분리막 소재, 의료용 나노 소재 등이 등장할 것으로 예측된다.

2) 10년 후 변화 트렌드

10~20년 미래 시점의 미래 과학기술의 변화 또한 기술 분야별 실현 시기를 기준으로 파악할 수 있다. 이 장의 핵심은 어떠한 영역의 과학기술이 사회에 수용되어 영향을 주는가 하는 점이다. 사회에 적용되는 과학기술은 미래 일자리에 영향을 주므로 이 부분에서 미래 고용과 관련한 시사점을 도출할 수 있다. 미래 기술이 사회에 수용되는 시점을 기준으로 10~20년 사이의 미래 과학기술 발전 동향을 정리해보면, 2012년 국가과학기술위원회에서 제시한 652개의 미래 기술 가운데 10년 후 개발·실현되는 과학기술은 246개로 나타났다. 가장 많이 언급되는 분류는 생명, 의료, 기계, 생산, 항공, 우주, 천문 분야로 조사되었다.

생명·의료 분야의 키워드는 나노 물질과 뇌 활동 진단, 치료 기술과 유전자 기술로 요약된다. 이 분야에서는 나노 칩, 나노 로봇, 나노 소재를 이용해 질병을 진단하거나 약물을 전달·치료하는 기술이 개발될 것이다. 또한 스트레스, 뇌 노화, 정신 질환을 극복하기 위한 진단 및 치료 기술이 개발될 것이다. 건강 모니터링 기술도 비약적으로 발전해 개인 유전 정보를 기반으로 한 질병 진단·치료 등 관리 기술이 개발될 것이다. 또한 암을 극복하기 위한 다양한 기술이 개발되고, 인공 혈액, 의족, 의수, 바이오 장기와 관련한 신기술이 등장할 것으로 예상된다.

기계·생산·항공·우주·천문 분야에서는 무인 로봇 기술을 생산하고 이를 항공·우주·천문 분야에 응용하는 것이 키워드가 될 것으로 예상된다. 국방 부문에는 항공기 스텔스, 다수의 무인기 통합 제어, EMP 폭탄, 무인 비행선, 무인 전투 로봇 등이, 생산 공정에는 착용형 근력 증강 로봇이나 제조 전문 로봇이 등장할 것이며, 이족 보행이 가능한 가사 도우미 로봇도 등장할 것으로 전망된다. 최근 이슈가 되고 있는 3D 프린터도 인공장기 제작이 가능한 수준으로 고도화될 것이다.

3) 20년 이후 변화 트렌드

20년 이후 사회에 나타나는 미래 과학기술은 여러 관점에서 서술할 수 있다. 델파이 조사를 통해 예측된 20년 후의 미래 과학기술은 652개 기술 중 27개로 나타났다. 해당 기술은 대부분 기술적으로는 중장기에 해당하는 미래 시점에 개발 완료되지만, 기술이 사회적으로 수용되기까지는 시간이 더 필요할 것으로 조사되었다. 제일 많은 기술이 필요한 분야는 에너지·자원·극한 기술 분야로 나타났다. 이 분야에서 제시된 기술은 수요가 명확하지 않은 원천 기술, 또는 플랫폼 기술 등 새로운 지식을 발견하는 첨단과학 분야나 기술 주도에 따라 파생되는 기술이 주를 이룬다.

에너지·자원·극한 기술 분야에서 살펴보면 양자 컴퓨터가 실용화되고, 암흑 물질·암흑 에너지·중력파·힉스 입자·뉴트리노의 존재 또는 특성이 증명될 것으로 예측된다. 이 외에 국제 핵융합 실험로 또는 핵융합 관련 대체 물질(3He, 헬륨 동위원소)의 달 표면 채취 기술, 달 자원 탐사를 위한 소형 계측기 제작 기술 등 현재의 수요와 거리가 있는 기술도 미래 발전 시나리오에 따라 개발될 것으로 예상된다.

3 과학기술 변화 요인과 산업의 비교

1) 과학기술 직업 및 직무역량 변화 요인

과학기술 부문에서 향후 유망할 것으로 예상되는 직업군은 앞서 서술한 외부 환경의 변화에 따라 시기별·분야별로 달리 나타난다. 직업의 변화 양상은 크게 두 가지로 설명된다. 첫째, 과학기술 발전에 따라 신산업이 창출되어 새로운 일자리가 등장하는 경우다. 가령 무인 로봇이 등장하면 로봇의 연구 개발, 생산, 운영, 유지 보수(예를 들면, 소프트웨어 업데이트) 등 다양한 직업군이 파생된다. 둘째, 과학기술 발전으로 기존에 고용 창출이 낮았던 산업에서의 일자리가 크게 확대되는 경우가 있다. 이는 과학기술 발전에 따른 제반 활동의 활성화나 신산업 창출에 따른 외부성externality으로 설명할 수 있는데, 이는 타 산업의 고용에 긍정적인 영향을 미치기도 하고 부정적인 영향을 미치기도 한다. 예를 들어 가사 도우미 로봇의 등장으로 여가 시간이 늘어나면 문화, 예술에 대한 소비가 늘거나 여행 산업, 엔터테인먼트 산업이 증대되어 관련 고용이 늘어나는 효과가 나타나는 반면, 가사 도우미와 같은 서비스 산업은 저하될 것이다.

이처럼 과학기술 발전에 따른 직간접적인 변화 외에도 미래 과학기술 직업의 변화 요인은 거시적인 관점에서 크게 세 가지로 정리할 수 있다.[6]

(1) 과학기술의 범용화와 기술 창업 확대

과거 소수 전문가 및 전문 영역에만 국한되는 것으로 여겼던 고급 과학기술의 응용 범위가 넓어지고 이러한 기술이 종래의 기술 및 산업 영역에 빠르게 침투함에 따라 과학기술적 숙련 또는 이해력이 다양한 분야에서 요구되는 과학기술의 범용화 경향이 뚜렷하게 나타나고 있다. 이는 과학기술의 중요성이 증대하면서 이를 이해하고 응용해야 할 필요성이 높아짐과 동시에 교육 수준이 제고됨에 따라 이를 가능하게 하는 인적 기반이 확보된 데 따른 것이다.

특히 정보 통신 기술의 발전과 광범위한 보급은 이러한 경향을 가속화시켰다. 지식정보사회의 도래는 정보 통신 기술 중심의 새로운 산업 및 직업군을 생성했을 뿐만 아니라, 전통적 부문의 효율성을 증대시키고 새로운 비즈니스 모델을 창출하는 전략적 도구로서 경제사회 전반에 영향을 끼쳤다.[7] 그 결과 다양한 분야와 직업군에서 새로운 기술을 접목하는 시도가 광범위하게 전개되었으며, 직업 구조 또한 전반적인 변혁을 겪었다.

(2) 숙련 경계의 붕괴에 따른 직군 간 구분 중첩

캐나다엔지니어협회Engineers Canada는 기업 인터뷰와 포커스 그룹 인터뷰를 통해 공학자engineer, 기술자technologist, 기능공technician의 구분 및 경계의 붕괴에 대한 연구를 수행했는데, 그 결과 직능 수준skill level 간의 붕괴overlap 경향이 개념적·실천적으로 빠르게 진행되고 있는 것으로 나타났다.[8] 예전

---

6 홍성민 외, 『미래과학기술 인재상과 이공계 대학 지원정책의 전환방향』(과학기술정책연구원, 2013)을 재정리.

7 조동기·조희경, 『지식정보화에 따른 직업구조의 변화와 특성』(정보통신정책연구원, 2002).

8 Engineers Canada, "Engineering and Technology Labour Market Study: Changing Roles"(2009a); Engineers Canada, "Engineering and Technology Labour Market Study:

에는 공학자에게 요구되는 고등교육 수준이나 역량 수준, 또는 이에 따른 업무 자율성 등이 명확하게 규정되었으며, 이는 기술자 및 기능공에게 요구되는 바와 명확히 구분되었다.

오늘날에도 공학자와 기술자/기능공을 가르는 구분과 이를 뒷받침하는 고등교육 수준의 경계 등은 여전히 유효한 의미를 지니고 있다. 즉, 4년제 대졸 이상의 공학자와 전문대졸 이하의 기술자/기능공이라는 구도 자체는 여전히 유효하며, 자격제도 등 이를 구분하는 제도적 인프라 역시 유효한 것으로 확인되었다. 그러나 이와 동시에 다양한 세부 분야에서 경계가 빠르게 무너지고 있으며, 붕괴의 수위와 속도도 다양한 것으로 나타났다. 이러한 오버랩 현상이 가장 빠르게 진행되는 분야를 예로 들면 '공정 제어process control'와 '생산·시공 관리project management'다. 이 두 업무의 경우 IT의 활용 및 자동화로 인해 직무 수준의 경계가 크게 모호해졌다. 공정 제어에서는 중견 규모 기업에서 이 같은 숙련 경계의 붕괴가 가장 두드러졌고, 생산·시공 관리에서는 건설업 및 IT 분야가 가장 눈에 띄었다. 이에 따라 기존에는 기술 설계, 기술 경영, 기술 평가와 같은 업무도 공학자와 기술자 및 일반 전문 인력 간의 경계가 뚜렷했으나 근래에는 타 부문에서 인력이 진출하고 있다. 캐나다의 경우 약 10%의 과학기술자가 숙련 경계의 붕괴로부터 영향을 받고 있는 것으로 추정되며, 이러한 추세는 꾸준히 지속될 전망이다.

(3) 직무의 전문화 현상에 따른 직군 세분화

앞에서 살펴본 융합화 및 오버랩의 경향과 외견상 모순되는 듯 보이지만, 이와 동시에 나타난 강력한 변화의 트렌드 중 하나는 바로 과학기술 관

Final Report"(2009b).

련 직업의 전문화·세분화다. 이러한 경향의 배경에는 크게 두 가지의 동인이 작용했다. 첫째, 기술 및 학문 분야가 분화됨에 따라 이를 수행하는 직무 및 직업 역시 자연스럽게 세분되고 있기 때문이다. 즉, 분과 학문의 분기 및 융합화를 통해 신기술·신분야가 등장하면서 이를 기반으로 하는 직업 또한 자연히 새로 생겨나고 세분화되는 것이다. 둘째, 직업훈련 및 재훈련, 경력 다변화가 심화되면서 경력자 직종 및 직급이 분화되고 있기 때문이다. 즉, 고등교육 단계에서는 전문적인 교육을 공통되게 받았다 하더라도 이후의 직업훈련 및 재훈련, 경험 등을 통해 서로 다른 직종으로 발전해나갈 수 있는 것이다.

이를 반영하듯 전 세계적으로 직업의 수가 지속적으로 증가하고 있다. '국제표준직업분류'에 세분류가 처음 도입된 ISCO-88과 최근의 ISCO-08을 비교해보면, 전문가 그룹의 세분류는 37개에서 102개로 3배 증가했으며, 기술공 및 준전문가 그룹 역시 73개에서 82개로 증가했다. 『한국직업사전』에서도 비슷한 경향을 확인할 수 있다. 1986년에 통합본 제1판이 발간된 이래 1995년 제2판, 2003년 제3판을 거쳐 2012년에 최신판인 제4판이 발간되었는데, 여기에 실린 직업 수를 살펴보면 초판 3260여 개, 제1판 1만 600여 개, 제2판 1만 2000여 개, 제3판 9426개, 제4판 1만 1655개로, 방법론적 조정을 실시한 제3판을 제외하면 직업의 분화 및 신생 직업의 등장을 반영해 직업 수가 지속적으로 증가하고 있음을 알 수 있다.

2) 산업 정책 방향과의 비교

3개 시점별로 봤을 때 미래 과학기술의 중점 분야는 <표 4-5>와 같이 변화할 것으로 예상된다. 시점별로 두드러지는 기술 영역별 변화는 전술한 바와 같다.

❚ 표 4-5 ❚ 시점에 따른 개발 기술 영역별 변화(단위: 개)

분야	기계, 생산, 항공, 우주, 천문	농림, 수산	도시, 건설, 교통	생명, 의료	소재, 화공	에너지, 자원, 극한 기술	정보, 전자, 통신	환경, 지구, 해양
중장기	38	70	57	26	53	34	44	57
장기	46	25	21	56	37	28	11	22
초장기	9			1	1	14		2
합계	93	95	78	83	92	76	55	81

자료: 국가과학기술위원회, 「제4회 과학기술예측조사(2012~2035)」를 바탕으로 구성.

미래의 직업 변화를 살펴보기 위해서는 이를 산업과 연계해 추이를 살펴볼 필요가 있다. 구체적인 지자체를 예로 들어보자. 유영성 등에 따르면 경기도에서는 미래 산업을 크게 5개 산업으로 정의해 세부 과제를 추진하고 있다(〈표 4-6〉 참조).[9]

경기도의 산업 발전 추진 현황을 중장기 개발 기술 영역과 매칭해 비교하면, 과학기술 관점에서 현재 경기도에서 향후 활성화될 것으로 예측되는 산업 영역은 친환경 자동차 산업, 제약·의료 복합 연구단지(바이오마커 연구, 나노 의료 소재 부문), 로봇 산업 부문이다. 특히 로봇 산업은, 중장기 시점에서는 건설용 로봇 등과 같은 특수 목적형이 주를 이루지만 10년 후 20년 이내의 장기 시점에서는 전 산업을 포함해 일반 사용자에게 수용될 것이므로 향후 집중해야 할 부문으로 판단된다.

중장기(5년 후 10년 이내) 영역은 경기도 산업 발전 정책과 매칭하는 데 의미가 있는 반면, 10년 후 장기 이상의 영역은 미래의 발전 목표를 상정하고 그에 따라 발전 계획을 진행하는 데 의미가 있다. 따라서 10년 이후의 장기·초장기 영역에서는 향후 경기도의 유망 과학기술 영역으로 예측되는 부문을 발전시키는 것으로 가정한다.

---

9 유영성 외, 「경기도 유망 미래산업 발굴 및 정책연구」(경기개발연구원, 2012).

▌표 4-6▌ 경기도의 신성장 동력 선정 및 추진 현황

분야	내용
저탄소 녹색 성장 산업	• 녹색 기술 개발 및 성장 동력화 - 시화호, 화성호 간척지 등 초광역 녹색 복합 지구 조성 - 화옹지구 간척지에 친환경 자동차 연구 개발 및 LED 전용 산업단지 조성 - 시화 조력발전소 등 신재생에너지 시설 설치 • 저탄소 녹색 생태도시 조성 - 광교·김포한강신도시 빗물 재활용 조경 관수 시범 사업 - 보금자리 주택지구 생태물길 조성
제약·첨단 의료 산업	• 글로벌 연구 개발 인프라 및 거점 시설 확충 - 광교 테크노밸리 내 제약·의료 복합 연구단지 확대 - 경기 화성 바이오밸리 조성 - 의료 기기 지원센터 설립 및 운영(안산 한국전기연구원 내) - 제약·의료 영상분석센터 구축(분당 서울대병원 내) • 차세대 바이오·헬스 산업 연구 지원 - 게놈 상용화 연구 지원 - 바이오마커* 상용화 연구 지원 (*바이오마커: 발암, 유전질환, 노화 등이 진행되는 단계 중 특징적으로 나타나는 형태학적·생화학적·분자생물학적 변화를 통해 몸속의 변화를 알아내는 생체지표) - 스마트케어 서비스* 시범 사업 (*스마트케어 서비스: 당뇨, 고혈압 등 만성 질환자를 위한 원격 진료 서비스)
해양 산업	• 보트·요트 제조, 수리, 판매, 연구 개발 시설 등을 갖춘 해양산업단지 조성(전곡항) • 해양 산업을 신성장 동력으로 육성하기 위한 경기 국제 보트쇼 개최
고부가가치 마이스(MICE) 산업	• 국제 경쟁력을 갖춘 세계적 수준의 킨텍스 제2전시장 건립 • 글로벌 전문 산업 전시회 육성 • 국내 전시회 및 전시 참가업체 지원으로 기업의 수출 마케팅 기회 제공 • 킨텍스 호텔 건립 추진
첨단 융복합 산업	• 시스템 반도체 클러스터 구축 - 시스템 반도체* 관련 기업의 집적, 중소 팹리스(fabless) 창업·보육 지원, 비즈니스 네트워크, 오픈 이노베이션(open innovation) 기반 구축 (*시스템 반도체: 다양한 기능을 집약한 시스템을 하나의 칩으로 만든 반도체로, 국내 반도체 산업은 메모리 반도체, 즉 개별 반도체에 편중되어 있으나 시스템 반도체 시장은 메모리 시장에 비해 4배 이상 규모가 큼) - 기업 지원 시설인 이노베이션센터 판교테크노밸리 유치 추진 - 현재 성남시에 40여 개의 팹리스* 기업이 집적 (*팹리스: 반도체 제조 공정 중 하드웨어 소자의 설계와 판매만 전문으로 하는 회사로, 종합반도체 기업(IDM)과 달리 반도체 생산 설비를 갖추고 있지 않음. 한편 팹리스에서 주문과 설계 데이터를 받아 반도체 칩 제조만 전문으로 하는 기업은 파운드리(foundry)라고 함) • 로봇 산업 육성 - 지능형 로봇 서비스 산업 지원 - 로봇 부품 사업화 지원

자료: 김현희·김선진, 「경기도의 신성장동력 선정 및 추진현황과 시사점」(한국은행 경기본부, 2011).

장기 이상의 시점에서 과학기술 수요가 높아지는 부문은 생명·의료 산업과 에너지·자원 관련 산업으로 나타난다. 따라서 10년 후 미래에는 생명, 의료, 에너지, 자원 관련 수요로부터 파생되는 제반 산업이 활성화될 것으로 예상된다.

4 | 경기도 과학기술 부문의 일자리 변화가 주는 시사점

과학기술 변화에 따른 일자리의 변화는 과학기술 – 산업 – 고용 창출의 단계별 프로세스로 유추할 수 있다. 즉, 과학기술 발전이 관련 산업 활성화를 불러오고 이에 따라 새로운 일자리 창출로 연결될 수 있다는 가정이다.

현재를 기준으로 5년 이후 10년 이내의 중장기 시각에서 경기도는 친환경 자동차와 관련한 연구 개발, 기술기획, 생산 등의 일자리가 늘어날 것으로 예상된다.

또한 생명·의료 분야에서 의료용 시약, 바이오센서, 멀티 암 자가 진단 키트 등 질병 진단 기기가 등장함에 따라 해당 산업의 일자리가 새롭게 창출될 것으로 예상된다. 특히 진단 기기 분야는 농림·수산 분야와 연결될 수 있는데, 구체적으로 5년 후 미래에는 가축 질병, 전염병 진단, 농수산 생산품 내의 중금속, 잔류 농약 진단으로 진단 용도의 범위가 확장 가능해지므로 이에 대한 산업 내 고용이 늘어날 것으로 판단된다. 중장기 시점을 넘어가는 10년 후 미래에는 생명·의료 분야가 특히 발전할 것으로 예상된다. 나노 산업과 연계한 나노 항체 로봇, 나노 물질을 이용한 진단 및 약물 전달 부문과 뇌 질환 치료, 뇌 진단 분야의 기술 발전으로 인해 관련한 일자리가 등장할 것이다. 특히 이러한 진단과 치료에 사용되는 기기를 제조하는 의공학 관련 일자리가 늘어날 것으로 보인다.

5년 후 미래에는 로봇 분야의 일자리도 늘어날 것으로 예상된다. 10년 이내에 건설용 특수 로봇(근력 증강 탑승형 및 착용형)이 등장할 것으로 예상되므로 이를 위한 연구 개발 관련 일자리가 중장기 시각에서 필요하다. 10년 후 장기 시점에서는 국방용, 사고/재해 지원용, 공장 제조용, 가사 도우미용, 자원 탐사용, 농사 지원용, 시공용 로봇이 다수 등장할 것으로 예상되므로 여기에 대응해 생산 관련 일자리도 증대될 것으로 보인다.

10년 후의 미래 일자리 창출을 대비하는 관점에서 볼 때 에너지, 자원 및 극한 분야의 원천 연구에 대한 투자도 다소 필요할 것으로 예상된다. 중장기 관점에서는 태양전지와 관련된 인력 수요가, 장기 또는 초장기 관점에서는 핵융합 에너지, 천연가스 하이드레이트, 수소에너지와 같은 첨단 부문의 에너지 생산기술에서의 인력 수요가 예상되므로 이에 대한 인력을 양성하면 향후 일자리 창출로 연결될 것이다. 그 외 청정에너지와 관련해서는 자동차와 건축물에서 발생하는 소모성 에너지(열, 진동, 소음)를 회수하는 기술이 등장할 것으로 예상되므로 관련 일자리가 창출될 수 있을 것이다.

05 스마트 기술의 등장에 따른 산업과 직업 변화

최민석

1 | 서론

기술 발전은 산업과 직업을 변화시켜 기존에 없던 산업과 직업을 창출하기도 하고 기존의 산업과 직업을 쇠퇴시키기도 한다. 예를 들면 전자교환기electronic switching system[1]가 등장하면서 전자교환기 제조업이 만들어졌으며 관련 일자리가 생겨났다. 하지만 기존에 전화 연결을 담당하던 전화교환원이라는 직업이 사라졌다. 1972년부터 1977년까지 미국의 전화 서비스 회사인 벨 시스템Bell System의 통화량은 20% 이상 늘었지만 전화교환원의 수는 32% 줄어들었다. 1980년대에는 신디사이저의 등장으로 스튜디오 뮤지션의 수가 1/3가량 줄었다.[2]

---

1 기존에는 통화를 원하는 사람이 교환원에게 의뢰해서 통화를 연결하는 방식이었으나 전자교환기를 통해 입력된 전자신호를 인식해서 자동적으로 통화가 연결되는 방식으로 바뀌었다.

2 Rudi Volti, *Society and Technological Change*(7th ed.)(Worth Publishers, New York,

어떤 기술은 특정 산업과 직업을 넘어 산업과 직업 전반에 큰 영향을 준다는 점에서 범용 기술general purpose technology: GPT이라고 부른다.[3] 범용 기술의 대표적인 예로는 증기기관과 내연기관, 전기, 철도, 고속도로, 전화, 컴퓨터, 인터넷 등이 있다. 증기기관은 말 등의 가축보다 더 강력한 동력을 만들어냄으로써 대형 물체를 쉽게 움직이게 만들었으며, 내연기관은 작으면서도 더 강력한 동력을 제공함으로써 자동차 등과 같은 소형 이동 수단을 가능하게 만들었다. 전기는 증기기관이나 내연기관이 만들어내는 동력에 비해 안정적인 출력을 제공하기 때문에 최근까지 거의 모든 동력원을 대체해오고 있다. 철도는 증기기관과 내연기관, 전기 등의 동력을 이용해서 사람과 물건을 이동할 수 있게 함으로써 인간과 물자의 대규모 이동을 일상적으로 가능하게 했고, 고속도로의 등장은 이러한 이동을 집 앞까지 가능하게 했다. 전화는 실시간 의사소통이 가능한 세상을 만들어냈다. 컴퓨터는 인간의 계산 능력을 대체했다. 인터넷은 무한대의 정보 저장 공간을 만들어냈으며, 가상공간이라는 새로운 세계를 창출했다.

이런 범용 기술의 발전은 제조업과 전기 산업, 철도 산업, 자동차 산업, 통신 산업, 컴퓨터 산업, 인터넷 산업 등과 같은 새로운 산업을 창출해서 새로운 기업과 새로운 일자리를 만들어냈다. 이는 18세기 이후 산업 발전의 역사이기도 하다. 한편 증기기관의 등장으로 산업혁명이 촉발되자 제조업 일자리가 증가하면서 상대적으로 농업 인구가 줄어들었는데, 제조업 공장에서 산업용 로봇이 활용되는 비중이 늘면서 이제 제조업 일자리의 비중도 빠르게 줄어들고 있다. 이렇듯 범용 기술의 발전은 새로운 산업과 일

USA, 2014), pp. 183~184.

3 Boyan Jovanovic and Peter L. Rousseau, "General Purpose Technologies," in Philippe Aghion and Steven Durlauf(ed.), *Handbook of Economic Growth*, ed. 1, vol. 1, ch. 18(Elsevier, 2005), pp. 1181~1224.

자리를 창출하는 한편 기존 산업을 쇠퇴시키고 기존 일자리를 감소시키기도 한다. 새로운 범용 기술의 출현은 이처럼 산업과 직업의 미래를 새롭게 정의하기 때문에 매우 중요하다.

최근에는 인공지능, 로봇, 자율 주행 자동차 등으로 대표되는 스마트 기술이 등장해서 각광을 받고 있는데, 이 또한 새로운 범용 기술이 될 가능성이 높다. 스마트 기술은 기계가 인간처럼 세상을 인식하고 생각하며 배우고 행동할 수 있도록 하는 기술인데, 인간의 신체적 능력이 아닌 인지와 사고 등 정신적 능력을 대체한다.[4] 또한 인간과 비슷하게 행동하며 사람들과 자연스럽게 상호작용할 수 있다. 무엇보다 인간이 개입하지 않더라도 기계가 어느 정도 자율적으로 의사 결정을 할 수 있다. 이런 능력은 시장의 잠재된 수요라는 점에서 새로운 산업 성장을 불러올 것이며, 인간이 관여하는 정신노동과 관련된 모든 일자리가 이 기술로 인해 변화될 것으로 전망된다.

이 장에서는 범용 기술인 스마트 기술이 널리 사용되면 산업과 직업이 어떻게 변할 것인지 살펴보고 이에 대한 대응책을 모색할 것이다. 먼저 스마트 기술이란 무엇이며, 스마트 기술이 왜 등장하고 각광을 받기 시작했는지, 그리고 지금까지 개발된 스마트 기술로는 어떤 것이 있으며, 앞으로 이 기술이 어떻게 발전할 것인지 살펴보려 한다. 한편 스마트 기술의 발전에 따른 산업 및 직업 변화를 전망하기 위해 사용한 분석틀을 제시하고, 제시한 분석틀에 맞춰 스마트 기술이 정보 통신 산업과 직업 또는 비정보 통신 산업과 직업에 미치는 영향을 살펴볼 것이다. 마지막으로 스마트 기술

4 인간의 정신능력으로는 감각력(sensing), 상황적응력(adapting), 학습력(learning), 의사결정력(decision-making) 등을 들 수 있다. 감각력과 상황적응력은 다른 인간이나 사물, 자연 등 외부세계와의 상호작용(interaction)에 필요한 능력이고, 학습력과 의사 결정력은 외부에서 습득한 정보를 내적으로 처리해 의미 있는 지식으로 변환시키는 능력이다.

의 발전에 따른 산업과 직업의 혁명적인 변화에 대응하기 위해 무엇을 준비해야 하는지 제시할 것이다.

2 | 스마트 기술

1) 스마트 기술의 범위 및 분류

기술 분야에서는 스마트 기술이 사용되는 사례가 많다. 스마트폰, 스마트 홈, 스마트 카, 스마트 그리드, 스마트 네트워크 등이 대표적이다. 그런데 여기서 스마트란 기존의 기계나 서비스가 단순히 업그레이드된 것만을 의미하지는 않는다. 정해진 동작만 반복하는 기계가 아니라 사람의 의도를 파악해서 원하는 동작을 하는 기계를 의미한다. 다시 말해 인간의 지능을 모방하거나 그 이상의 성능을 보여주는 기계를 말한다. 따라서 스마트 기술은 인간처럼 생각하고 인간과 상호작용할 수 있는 기계를 구현하는 데 필요한 모든 기술을 의미한다.

(1) 인공지능

인간처럼 생각하는 기계, 즉 인공지능artificial intelligence: AI[5]을 개발하려는 노력은 오래전에 시작되었다. 영국의 수학자 앨런 튜링Alan Turing은 최초의 선구자 중 한 명인데, 그는 1950년에 일명 튜링 테스트Turing Test로 알려진 인공지능 판별 조건을 제시했다.[6] 이 분야는 IBM의 과학자였던 아서 새뮤

5 이 용어는 1956년에 존 매카시(John McCarthy)가 처음 사용한 것으로 알려져 있다.
6 http://www-formal.stanford.edu/jmc/whatisai/node1.html

얼스Arthur Samuels가 1959년에 체계적으로 정리했다. 그리고 1960년대부터 활발한 연구가 본격적으로 시작되면서 20년 내에 인간과 비슷한 수준의 지능을 가진 기계가 등장할 것으로 예상했다. 그러나 30년이 더 지난 지금까지도 그런 기계는 아직 등장하지 않았다.[7]

1997년에는 IBM이 개발한 인공지능 슈퍼컴퓨터 딥 블루Deep Blue가 여섯 경기로 구성된 대전에서 세계 체스 챔피언인 게리 카스파로프Garry Kasparov를 이기고 승리했는데, 이는 관련 연구가 시작된 지 40년 만에 얻은 성과였다. 2011년 2월 14일에는 IBM의 인공지능 프로그램인 왓슨Watson이 퀴즈쇼 〈제퍼디Jeopardy!〉에서 역대 최고의 챔피언 2명을 물리쳐 새롭게 각광을 받았다. 이 슈퍼컴퓨팅 기반의 학습 기계는 텍스트로 된 방대한 인류의 지식을 학습한 상태에서 질문을 이해하고 최선의 답을 찾아내 대답하게끔 설계되어 있었다. 퀴즈 분야에서는 세상 어떤 인간보다도 우수한 답을 찾아낼 수 있는 기계였던 것이다. 일본 국립정보학연구소에서 2011년부터 개발 중인 로봇 도로보쿤은 2015학년도 일본 대학 입시에 응시해서 전국 581개 사립대학 중 472개 대학에서 합격할 수 있는 성적을 획득했는데, 도쿄대 합격을 목표로 하고 있다.[8] 튜링의 사망 60주기인 2014년에는 13세 아이의 사고를 모방한 채팅 봇chatting bot인 유진 구스먼Eugene Goosman이 소개되었는데, 이 로봇은 문자로 대화를 주고받는 상대의 33%가 기계가 아닌 사람으로 판단할 만큼 인간의 사고와 행동을 모방하는 수준이 향상되었다.[9]

---

7 1960년대부터 인공지능의 등장 가능성이 큰 관심을 받았으나 1980년대에는 실현될 것이라는 장밋빛 전망이 무색하게 계속 실망을 안기면서 정보 통신 산업에서 크게 주목받지 못했다. 그러나 최근 음성인식이나 자동통역, 자율 주행 자동차 등의 현실화에서 알 수 있듯 스마트컴퓨팅 기술은 일상생활에 가깝게 다가서고 있다.

8 http://news.donga.com/Main/3/all/20141103/67624118/1

9 http://www.theguardian.com/technology/2014/jun/08/super-computer-simulates-13-year-old-boy-passes-turing-test

스마트 기술에는 왓슨, 도로보쿤, 유진 구스만과 같은 인공지능 분야의 최신 연구 개발 성과가 모두 포함된다.

(2) 인지 컴퓨팅

기계가 인간처럼 상호작용하려면 인간과 언어적으로나 비언어적으로 의사소통할 수 있어야 하고 인간이 이해하게끔 표현할 수 있어야 하는데, 이와 관련된 연구가 1960년대 후반부터 본격적으로 진행되어왔다. 1966년부터 1972년까지 미국 SRI 인터내셔널SRI International의 인공지능 연구 그룹은 시각과 청각, 그리고 이동 능력을 갖춘 최초의 로봇 샤키Shakey[10]를 개발했다.[11] 2012년 말 IBM은 컴퓨팅의 미래가 시각, 청각, 후각, 촉각, 미각의 오감을 통해 인지하고 학습하는 인지 컴퓨팅cognitive computing의 시대가 될 것이라고 전망했다.[12]

실제로 인공지능의 목표는 현실화되고 있다. 2011년부터 미국 스탠퍼드 대학교 컴퓨터과학과와 전기공학과 교수인 앤드류 응Andrew Ng 교수의 주도하에 1만 6000개의 중앙처리장치CPU를 이용해 10억 개의 뉴런이 연결된 뉴럴 네트워크 알고리즘을 사람의 도움 없이 스스로 학습하는 일명 구글 브레인Google Brain 프로젝트가 시작되었는데, 이 프로젝트에서는 유튜브YouTube에 올린 고양이 화면을 인간처럼 구분하는 실험을 통해 기존 알고리즘보다 더 높은 정확도를 보였다.[13] 2014년 3월에는 세계 최대의 소셜 미디

10 이 로봇의 개발은 미국 국방고등연구원(DARPA)으로부터 자금을 지원받았다.

11 http://www.sri.com/work/timeline-innovation/timeline.php?timeline=computing-digital#!&innovation=shakey-the-robot

12 http://www.ibm.com/smarterplanet/us/en/ibm_predictions_for_future/ideas/

13 중국 최대의 검색엔진업체인 바이두는 앤드류 응을 영입한 후 구글 브레인과 유사한 연구를 진행했다. 바이두는 2015년 1월 구글 브레인 프로젝트 결과를 능가했다고 발표했으나 바이두의 연구 결과가 테스트를 위한 규칙을 어기면서 만들어낸 결과라는 주장이 제기되고 있다.

어업체인 페이스북이 '딥페이스DeepFace'라는 안면 인식 소프트웨어를 선보였다.[14]

한편 기계 시각machine vision 또는 컴퓨터 시각computer vision 기술은 컴퓨터가 외부 환경을 시각적으로 인식할 수 있도록 해주는 기술로, 최근 기술 발전과 함께 관련 기기 및 부품의 판매가 빠르게 증가하고 있다.[15] 이 기술은 주로 공장 생산 라인에 설치되어 생산되는 제품의 외양이나 품질을 검사하거나 공장 내 물류 흐름을 자동으로 관리하는 데 사용되고 있다. 그런데 최근에는 이 기술이 도시 운영에도 적용될 예정이다. 뉴욕의 한 벤처기업은 자신들이 개발한 이미지 센서와 분석 알고리즘을 이용해서 도로의 차량과 보행자의 교통량을 측정하는 서비스를 제공하기 시작했다.[16]

인간의 음성으로 작동하는 기계는 일찍부터 등장했는데, 2011년 10월 애플Apple 사는 스마트폰에 탑재하는 형태의 시리Siri를 선보였다. 시리는 음성 인식뿐 아니라 다국어 통역도 가능해서 언어에 구애받지 않고 대화하는 미래의 가능성을 보여주었다. 그리고 시각과 마찬가지로 도시 운영에도 청각 센서가 도움을 줄 것으로 기대되면서 관련 연구와 실험이 이뤄지고 있다.[17]

IBM의 왓슨과 같이 디지털화된 정보를 시각적으로 분석하는 데 그치지

---

14 http://www.technologyreview.com/news/525586/facebook-creates-software-that-matches-faces-almost-as-well-as-you-do/

15 Jonathan Vanian, "Why computers that 'see' are a hot technology," http://fortune.com/2015/06/25/machine-vision-technology-hot(검색일: 2015.6.25); http://googleblog.blogspot.kr/2012/06/using-large-scale-brain-simulations-for.html

16 Stacey Higginbotham, "Placemeter wants to help make cities smarter by counting people," http://fortune.com/2015/06/23/placemeter-smart-cities(검색일: 2015.6.23).

17 Aura Bliss, "A New Approach to Traffic Control: Ears on the Ground," http://www.citylab.com/commute/2014/10/a-new-approach-to-traffic-control-put-ears-to-the-ground/382177(검색일: 2014.10.31).

않고 인간의 행동을 시각적으로 이해하고 모방하는 기계도 등장했다. 예를 들면, 2012년 9월 리싱크 로보틱스Rethink Robotics 사는 백스터Baxter를 발표했다. 백스터는 인간이 동작을 시연하면 머리 부근의 카메라를 포함한 각종 센서를 통해 그 동작을 인식해서 재연하는데, 자신의 재연을 스스로 평가해서 더 잘할 수 있게 학습하는 로봇이다.[18] 2015년 3월에는 자매 로봇인 소이어Sawyer를 출시했는데, 소이어는 백스터보다 더 정교하게 작업할 수 있도록 설계되었다.

한편 소프트뱅크Softbank는 2014년 6월에 인간의 감성을 이해해서 대응할 수 있는 로봇인 페퍼Pepper를 공개하고, 1000대만 한정해서 판매했다. 페퍼는 사람의 제스처와 음성 톤, 그리고 표정을 분석할 수 있는 것으로 알려져 있다. 또 제작사인 소프트뱅크는 페퍼가 오감을 통해 경험한 것을 바탕으로 감성을 가질 수 있다고 주장했다.[19] 이렇듯 스마트 기술에는 인지 컴퓨팅에서 추구하는 성과가 포함된다.

(3) 알고리즘과 로봇

스마트 기술은 적용된 방식에 따라 알고리즘과 같은 소프트웨어 형태의 내재형embedded과, 로봇과 같은 하드웨어 형태의 형상형embodied으로 구분할 수 있다.[20] 스마트 기술이 내재된 형태의 전형적인 예가 ≪로스앤젤레

---

18 http://www.rethinkrobotics.com/baxter/

19 Paul Sawers, "A $9,000 emotionally intelligent robot from SoftBank goes on limited sale from June 20," http://venturebeat.com/2015/06/18/a-9000-emotionally-intelligent-robot-from-softbank-goes-on-limited-sale-from-june-20(검색일: 2015.6.18).

20 마틴 포드(Martin Ford)는 자신의 저서 『터널 속의 빛(The Lights in the Tunnel)』에서 전자를 소프트웨어 일자리(software jobs)로 표현했는데, 이는 소프트웨어 발전에 의해 대체될 가능성이 있는 일자리를 의미한다. 또한 후자는 하드웨어 일자리(hardware jobs)로 표현했는데, 이는 로봇에 의해 대체될 가능성이 있는 일자리를 의미한다. Martin Ford, *The Lights in the Tunnel: Automation, Accelerating Technology and the Economy of*

스 타임스Los Angeles Times≫의 퀘이크봇Quakebot이다. 2014년 3월 17일 오전 6시 25분 미국 로스앤젤레스 인근에서는 진도 4.4의 지진이 발생했다. 그런데 지진이 발생한 지 8분 만에 ≪로스앤젤레스 타임스≫는 지진에 관한 속보 기사를 인터넷에 게재했다. 이렇게 기사를 빨리 작성할 수 있었던 것은 ≪로스앤젤레스 타임스≫에서 개발한 컴퓨터 프로그램 퀘이크봇 때문이었다. 구체적으로 살펴보면, 미국 지질조사국에서는 지구상에서 발생하는 모든 지진에 대한 데이터를 수집해서 이메일 속보를 발행하는데, 이 속보를 분류하고 분석해서 기사 작성에 필요한 정보를 추출한 후 이를 다시 정해진 문장 패턴에 맞춰 기사를 작성했던 것이다. 더구나 미국 지질조사국이 지진 발생 2분 뒤에 지진 속보 이메일을 발송했고 퀘이크봇이 작성한 기사를 ≪로스앤젤레스 타임스≫ 편집부에서 검토했다는 사실까지 감안하면 퀘이크봇이 기사를 작성하는 데 소요된 시간은 더욱 짧았을 것이다.

스마트 기술이 형상을 갖춘 전형적인 예로는 자율 주행 자동차와 초소형 비행체(예를 들면, 드론), 소프트뱅크의 페퍼를 들 수 있다. 자율 주행 자동차는 다양한 센서를 이용해서 자동차 주변 상황을 인식한다. 심지어 적외선 탐지 기술도 사용하기 때문에 야간에도 활용 가능하며 인간의 눈으로 볼 수 없는 사각지대도 파악할 수 있다. 이 분야에서는 미국의 구글이 가장 앞서 있다. 이 외에도 아우디와 메르세데스 벤츠 등의 자동차 제조업체가 자율 주행 자동차 개발에 참여하고 있다. 당초 자율 주행 자동차는 2030년경에 상용화될 것이라는 전망이 지배적이었지만 닛산 등은 2020년까지 상용차를 시장에 출시할 것이라는 공격적인 목표를 발표해둔 상태다. 드론은 처음에는 오락용으로 인기를 얻었으나 최근에는 물류 혁신에 이용하려는 움직임이 포착되고 있다. 지금은 원격으로 드론을 조종하지만 향후 인공지

---

the Future(Acculant Publishing, 2009), pp. 67~79.

능이 탑재되면 자율 주행 자동차와 마찬가지로 무인 드론이 등장할 것이고, 이는 곧 물류 혁명을 불러올 것으로 기대된다. 이러한 움직임으로 인터넷 소매업체인 아마존과 피자업체인 도미노 피자가 시범적으로 드론을 이용한 배달을 시도한 적이 있다. 소프트뱅크의 페퍼는 앞서 소개한 것처럼 인간과 유사한 외양을 지닌 1.2m 높이의 휴머노이드humanoid로, 기계의 시각으로 상황을 인식하고 감정 인식 알고리즘을 이용해서 상대방의 감정을 이해하며 다양한 표정을 통해 감정을 표현할 수 있는 로봇이다. 전면부에는 태블릿을 탑재하고 있다. 이 로봇은 2015년에 상용 제품이 출시될 것으로 보인다.[21] 발전단계로 볼 때 내재형 인공지능보다는 형상형 인공지능이 더욱 발전된 형태라고 할 수 있다. 애플 사의 시리가 스마트폰에 내재된 것이라면 인간의 외모를 모방한 미래의 대화형 로봇은 하나의 독립된 개체다.

(4) 기계 학습과 클라우드 컴퓨팅

내재형 또는 형상형 스마트 기술의 등장을 가능하게 만든 준핵심 기술은 기계 학습machine learning과 클라우드 컴퓨팅cloud computing이라고 할 수 있다. 기계 학습은 기계에 학습을 시켜 기계 성능을 높이는 방법을 연구하는 분야다. 그런데 최근에는 일명 딥 러닝deep learning이라고 불리는 획기적인 방식이 등장하면서 스마트 기술이 비약적으로 발전했다. 딥 러닝은 인간 두뇌의 뉴런을 모델링해 추론하고 학습하는 알고리즘이다. 이를 통해 인간이 구체적인 것으로부터 추상적인 것을 인지하듯 기계도 구체적인 것으로부터 추상적인 패턴을 추출해서 인식할 수 있게 되었다. 즉, 음성과 영상

---

21 http://www.aldebaran.com/en/press/press-releases/softbank-mobile-and-aldebaran-unveil-pepper

의 최소 단위를 인식함으로써 소리와 추상적인 형태를 감지할 수 있도록 설계되어 있어 무수히 많은 사례가 축적되면 기계 학습을 통해 기계도 인간과 유사한 수준의 인지 능력을 보유할 수 있게 된 것이다. 딥 러닝은 최근 일명 빅데이터로 불리는 대용량 데이터와 결합하면서 성능이 눈부시게 발전하고 있다. 딥 러닝은 자연어 처리에서도 큰 성과를 발휘해 대용량의 데이터베이스를 바탕으로 다국어 번역을 획기적으로 향상시켰다. 여기서 한발 더 나아가 최근 인간의 감성을 이해하는 수준으로까지 발전하고 있다. 클라우드 컴퓨팅은 단일 기계가 가진 컴퓨팅 용량과 저장 공간의 한계를 극복할 수 있게 함으로써 스마트 기술이 현실적인 제품으로 구현되는 데 큰 역할을 하고 있다. 그리고 향후 스마트 기술의 발달로 기계 간 통신이 일상화될 것으로 전망되면서 사물 인터넷 기술이 중요한 역할을 할 것으로 기대된다.

2) 범용 기술로서의 스마트 기술

범용 기술은 널리 사용되는 기술로, 시간이 경과하면서 비용 절감 등을 통해 기술이 지속적으로 발전하고 새로운 제품이나 프로세스가 만들어지는 데 기여한다. 즉, 범용 기술은 보급성pervasiveness과 기술 발전성improvement, 혁신 파급성innovation spawning의 특성을 가진다.[22] 정보 기술 또는 디지털 기술은 전체적으로 범용 기술로 간주된다.[23]

---

22 Boyan Jovanovic and Peter L. Rousseau, "General Purpose Technologies," pp. 1181~1224.

23 Standard Chartered, "Technology: Reshaping the global economy," https://www.sc.com/en/resources/global-en/pdf/Research/2015/2015-01-19-Technology-Report-FINAL.pdf(검색일: 2015.1.19).

그런데 이 장에서 다루는 스마트 기술은 이런 범용 기술의 특징을 보여줄 것으로 예상된다. 첫째, 스마트 기술은 2020년부터 본격적으로 사용되기 시작해 2025년경부터는 널리 보급될 전망된다. 예를 들면, 지멘스Siemens는 스마트 머신이 연평균 20%씩 증가할 것으로 예상했다. 특히 자율 로봇이 빠른 속도로 증가해 기존의 스마트 머신의 다수를 차지하던 전문가 시스템expert systems의 수를 뛰어넘을 것으로 전망했다.[24] 2019년까지 가정용 로봇과 사무실용 로봇은 연평균 17%씩 성장해 약 15억 달러의 시장을 형성할 것으로 전망된다.[25] 또 2025년에 판매되는 자동차의 약 9%는 자율 주행이 가능하리라는 전망도 있다.[26]

둘째, 인공지능, 인지 컴퓨팅 등 스마트 기술은 지금보다 향후 더 발전할 것이다. 런던왕립대학교에서 주관하는 2035년까지의 기술 발전 전망에 따르면, 현재 안면 인식 CCTV나 범죄 예방 알고리즘, 대륙 건너에서의 원격 수술은 가능한 상태이고, 향후 실시간 통역과 게임용 브레인-컴퓨터 인터페이스, 범용 외과 수술 로봇, 사람의 도움이 필요 없는 수술, 입술 움직임을 읽을 수 있는 CCTV, 자율 전기 택시, 곤충 크기의 감시 로봇, 홀로그래픽 데이터 저장 장치, 자율 드론 간 전투에서의 인공지능, 스마트 더스트 센서 네트워크가 가능할 것으로 전망했다.[27] 특히 전기와 컴퓨터의 가격이 지속적으로 하락했듯이, 스마트 기술을 이용하는 생산 단가 또한 지속적으

---

24 Siemens, "Facts and Forecasts: Boom for Learning Systems," http://www.siemens.com/innovation/en/home/pictures-of-the-future/digitalization-and-software/artificial-intelligence-facts-and-forecasts.html(검색일: 2014.10.1).

25 http://www.businessinsider.com/market-forecast-and-growth-trends-for-consumer-and-office-robots-2014-5

26 http://www.forbes.com/sites/timworstall/2014/01/01/9-of-cars-to-be-driverless-cars-by-2035/

27 Timeline of Emerging Science and Technology, http://www.imperialtechforesight.com/uploads/documents/EmergingScienceTech-FINAL.pdf(검색일: 2014.7.3).

로 하락할 것으로 보인다. 무어의 법칙이 유지된다면 10년 후 생산 단가는 지금의 약 1/1000로 줄어들 것이다.

셋째, 스마트 기술이 다른 기술의 발전에 영향을 미치는 혁신 파급성 또한 높을 것으로 예상된다. 기존의 범용 기술에서는 해당 기술로부터 영향을 받은 특허의 증가 또는 기업에 의한 연구 개발 투자 증가가 다른 기술 발전의 증거로 제시되었는데, 스마트 기술인 인공지능과 인지 컴퓨팅의 세부 기술을 각 응용 분야에 이용하면서 관련 특허나 연구 개발 투자가 증가할 것으로 예상된다.

3 | 범용 기술이 산업과 직업에 미치는 영향 분석틀

앞에서 설명한 것처럼 스마트 기술은 범용 기술의 특징을 보여줄 것으로 예상된다. 따라서 이 절에서는 스마트 기술이라는 범용 기술이 산업과 직업에 미치는 영향을 분석하려 한다. 이를 위해 기술이 산업과 직업에 미치는 영향을 정보 통신 부문의 산업 및 직업에 미치는 영향, 다른 부문의 산업에 미치는 영향, 다른 부문의 직업에 미치는 영향으로 구분해서 살펴볼 것이다.

이를 구체적으로 살펴보면 첫째, 어떤 정보 통신 제품과 서비스가 등장해서 어느 정도의 시장을 형성할 것인지와 더불어 어떤 정보 통신 직종이 각광받을지를 살펴보려 한다. 정보 통신 기술은 정보 통신 부문의 산업과 직업에 직접적으로 영향을 준다. 새로운 정보 통신 기술은 기존 정보 통신 제품의 생산 비용을 낮춰 산업 생산성에 영향을 주기도 하고 새로운 정보 통신 제품이나 서비스를 창출해서 새로운 수요를 만들어내기도 한다. 스마트 기술을 적용한, 파괴력이 큰 생산기술이 등장할 경우 정보 통신 산업,

즉 정보 통신 제품과 서비스의 공급자에게 영향을 줄 수 있다. 예를 들면, 사물 인터넷을 활용해서 부품의 실시간 위치를 파악할 수 있다면 새로운 형태의 공장, 일명 스마트 팩토리smart factory가 보편화될 것이다. 그리고 산업 현장에서 스마트 기술로 무장한 로봇 이용이 보편화된다면 노동자들은 로봇과 경쟁해야 할 것이다. 따라서 로봇과의 경쟁에서 도태된 직업은 없어지고 로봇의 능력이 미치지 않는 새로운 직업이 생겨날 수 있다.

둘째, 스마트 기술을 적용한 정보 통신 제품 및 서비스를 수용한 다른 산업에 이차적으로 어떤 변화가 일어날지를 살펴보려 한다. 특히 이 책에서 다루는 관광 산업과 보건 의료 산업, 교육산업, 교통 산업, 사이버 리스크 관리 산업, 식품 산업, 스포츠 산업, 환경 산업, 도시 개발 산업 등에 미치는 영향을 살펴볼 것인데, 주로 스마트 기술과 다른 산업의 제품 및 서비스 간의 융합에 대해 다루려 한다. 이와 같이 한 산업이 다른 사업에 미치는 영향을 분석하는 대표적인 방법으로 산업 연관 분석input-output analysis: IO Analysis이 있다. 산업 연관 분석은 산업의 수요와 생산 등의 연관 관계를 시계열 데이터를 통해 추정하고 이로써 가까운 미래를 예측하는 방법이다. 비록 스마트 기술의 산업을 정의함으로써 실시한 산업 연관 분석은 아직 없지만 정보 통신 분야의 신산업이 다른 산업에 미치는 연구를 참고로 해서 그 정도를 가늠해볼 수 있다. 예를 들면, 인공지능 로봇의 수요 중 일부가 음식 조리용 로봇이라면 외식 산업에 영향을 줄 것이며, 스마트 팩토리의 건설이 보편화되면 스마트 팩토리를 구축하는 데 필요한 정보 통신 제품이나 서비스의 가격이 낮아지고 품질이 좋아지면서 다른 제조업에서도 스마트 팩토리의 이용이 늘어날 것이다.

셋째, 스마트 기술의 제품과 서비스가 비정보 통신 부문의 직업과 직무에 어떤 영향을 줄지 살펴보려 한다. 앞으로는 스마트 기술을 활용해 생산성을 극대화하는 형태로 일자리가 바뀔 것이다. 예를 들면, 인공지능 요리

로봇은 요리사라는 직업에 변화를 줄 수 있으며, 스마트 팩토리는 제조업 일자리에 영향을 줄 수 있다. 대표적으로 로봇 저널리즘처럼 로봇이 작성하는 기사가 보편화될 수도 있다.

4 | 스마트 기술 중심의 산업과 직업 변화

1) 정보 통신 산업과 직업의 변화

(1) 정보 통신 산업의 변화

① 정보 통신 산업의 트렌드

정보 통신 산업은 전형적인 기술 중심의 산업이다. 즉, 정보 통신 기술의 발전 방향에 따라 산업의 방향도 결정된다. 물론 기술의 발전은 독단적으로 결정되는 것이 아니라 일반적으로 시장의 니즈를 반영한다. 특히 최근에는 시장의 니즈를 반영한 기술 개발의 움직임이 더욱 뚜렷해지고 있다. 따라서 정보 통신 산업의 미래를 예측하려면 시장 수요에 기초한 기술 변화를 분석하는 일이 매우 중요하다. 정보 통신 기술의 미래를 예측하는 데 가장 많이 인용되는 것은 '무어의 법칙'이다. 무어의 법칙은 인텔의 창립자 중 한 명인 고든 무어Gordon Moore가 반도체의 집적도는 18개월마다 2배씩 증가해서 컴퓨팅 성능은 결국 18개월마다 2배씩 증가한다고 주장하면서 알려진 법칙으로, 이는 다른 의미로 해석하면 동일한 성능의 컴퓨팅 가격이 18개월마다 반으로 감소한다는 것이기도 한다. 또한 동일한 성능의 하드웨어를 더욱 작게 만들 수 있음을 의미하기도 한다. 결국 무어의 법칙에 따라 컴퓨팅 기술이 발전하면서 모든 정보 통신 기기는 소형화되었다. 그리고 이는 10년 단위로 볼 때 정보 통신 기기의 컴퓨팅 성능이 10년마다 100배 향상된다는 것을 의미하기도 한다. 마틴 그뢰셸Martin Gröschel은 소프트웨어 프로그램의 성능은 무어의 법칙보다 빠르게 향상되고 있다고 주장했다.

한편 통신 주파수 대역폭은, 비단 조지 길더George Gilder의 주장을 언급하지 않더라도, 컴퓨팅 속도보다 더 빠르게 증가하고 있다. 특히 무선통신에서의 전송 속도가 매우 빨라지면서 지금은 장소에 구애받지 않고 통신 네트워크를 이용할 수 있는 유비쿼터스 단계에 이르렀다. 컴퓨팅 성능 향상에 따른 기기의 소형화와 광대역 무선통신의 모바일화로 1990년대에는 휴대전화 혁명이 일어났고, 이로써 유비쿼터스 네트워크 사회가 시작되었다.

2000년대를 거치면서 컴퓨팅 성능과 통신 주파수 대역폭은 지속적으로 향상되었다. 그러면서 서비스에 필요한 컴퓨팅을 서버에서 수행하고 컴퓨팅의 결과를 실시간 무선통신을 통해 전송해서 이용자가 자신의 기기에서 서비스를 받을 수 있는 새로운 개념의 서비스 방식, 즉 클라우드 컴퓨팅 시대가 현실화되었다. 클라우드 컴퓨팅 기반의 네트워크 서비스는 우리가 지금 이용하고 있는 스마트폰 중심의 생활환경을 만들어냈다. 또 스마트폰 중심의 환경은 사람들 사이의 실시간 연결에 따른 서비스, 즉 소셜 네트워킹 서비스를 핵심 키워드로 부상시켰다. 일명 소셜 콜라보레이션 시대가 열린 것이다. 그리고 클라우드 컴퓨팅 서비스와 소셜 네트워킹 서비스는 대용량 컴퓨팅을 활용한 빅데이터 기반의 지능화된 서비스를 일상화시켰다. 결과적으로 사용자의 정보 통신 기기는 점차 작아지고 있으며, 이 기기를 통해 이용할 수 있는 통신 채널, 즉 컴퓨팅 서버까지의 파이프라인은 점차 넓어지고 있다. 또한 서비스를 제공하는 컴퓨팅 서버는 지능화되고 있다.

앞으로도 컴퓨팅의 성능과 무선통신 속도는 지속적으로 증가할 것이다. 언제까지 무어의 법칙처럼 18개월마다 2배씩 증가할지 예단할 수는 없지만, 적어도 지금보다 수백 배 또는 수천 배로 성능이 향상될 것으로 기대된다. 따라서 미래의 정보 통신은 먼지만큼 작은 기기로 소형화되고 이 소형화된 점들이 광대역의 무선통신 기술로 연결되면서 거대한 컴퓨팅 체계와 실시간으로 맞물릴 것으로 예측된다. 이런 환경을 지금 용어로는 사물 인터넷 또는 만물 인터넷Internet of Everything: IoE이라고 표현할 수 있다. 사물 인터넷의 시대가 가능하기 위해서는 컴퓨팅 성능과 통신 속도가 뒷받침되어야 할 뿐만 아니라 초소형 기기 또는 센서가 매우 적은 에너지만으로도 작동할 수 있어야 한다. 이와 관련해서는, 조너선 쿠미Jonathan Koomey가 주장한 것처럼, 단위 에너지를 이용해서 수행할 수 있는 컴퓨팅 성능이 무어의 법칙에서 주장한 속도와 비슷하게 발전하고 있다는 사실에 비춰볼 때 세상의 모든 것이 연결되는 세상이 열릴 것으로 기대된다. 또한 사물 인터넷 세상은 정보 통신 산업과 다른 산업(예를 들면, 자동차, 조선, 항공, 보건 의료, 건설) 간의 융합을 전제로 한다. 따라서 정보 통신 산업의 영역은 앞으로도 더욱 확대될 것으로 보인다. 이처럼 지난 50년간 정보 통신 분야의 발전을 설명하고 미래를 결정한 핵심 트렌드는 소형화, 모바일화, 클라우드 컴퓨팅, 소셜 네트워킹, 사물 인터넷이었다.

한편 국가와 기업의 경쟁 구도도 변화하고 있다. 불과 얼마 전까지만 해도 미국과 일본의 시장 지배력은 매우 컸다. 미국은 소프트웨어와 IT 서비스 분야에서의 우위를 중심으로 글로벌 시장을 석권했으며, 일본은 2007년 기준으로 세계에서 사용되는 정보 통신 부품의 20%를 공급하면서 미국과 함께 정보 통신 시장을 주도했다. 그러나 최근 중국과 한국, 대만, 인도 등 신흥국 기업들이 정보 통신 시장의 강자로 급부상하면서 미국과 일본 중심의 경쟁 구도가 변화하고 있다. 특히 중국은 2007년 기준으로 정보 통신 기기의 25%를 생산하면서 새로운 축으로 급부상하고 있다. 대만은 일본의 부품 경쟁력을 대체하고 있으며, 인도는 미국의 소프트웨어와 IT 서비스 부문의 아웃소싱 파트너로 급성장하고 있다. 물론 한국도 주력 제품인 반도체와 휴대전화, 디스플레이, 텔레비전의 시장 지배력을 확대하고 있다.

② 정보 통신 산업의 미래

시장조사 기관인 IDC는 2017년에는 세계 정보 통신 시장이 4조 3439억 달러로 성장할 것이라고 예상했다. 시장의 구성을 살펴보면, 2017년 하드웨어 시장은 1조 1910억 달러, 소프트웨어 패키지 시장은 4990억 달러로 성장할 것으로 전망했다. 또 IT 서비스와 통신 서비스가 각각 7700억 달러와 1조 8840억 달러의 시장을 형성할 것으로 내다봤다. 성장률 측면에서는 소프트웨어 패키지 시장이 연평균 6%로 성장을 주도하고 IT 서비스가 약 4%로 그 뒤를 뒷받침할 것으로 봤다. 반면 통신 서비스와 하드웨어 시장은 각각 3%대와 2%대의 성장률을 보여 정보 통신 시장 전체 성장률인 3.6%보다 낮을 것으로 예상했다. 지역별로는, 2017년이면 아시아/태평양 시장이 미국과 캐나다의 북미 시장보다 더 커져 약 1조 3370억 달러의 시장을 형성하고, 북미 시장은 약 1조 2590억 달러 규모가 될 것으로 전망했다. 성장 면에서는 라틴아메리카 시장이 연평균 9.4%로 가장 빠르게 성장해 2017년이면 4790억 달러에 달할 것이며, 중동/아프리카 시장도 연평균 5.1% 성장해 2750억 달러에 이를 것으로 전망했다. 서유럽과 동유럽의 정보 통신 시장은 각각 8090억 달러와 1850억 달러를 유지할 것으로 전망했다.

정보통신정책연구원에서는 2003년까지 5년 뒤 한국의 정보 통신 산업을 전망하는 중장기 전망보고서를 발표했으나 지금은 보고서 발표가 중단된 상태다. 따라서 지금 시점에서는 한국 정보 통신 산업의 미래 규모를 명시적으로 제시할 만한 자료가 없다. 대신 2012년과 2013년에 한국정보화진흥원과 정보통신산업진흥원, 그리고 시장조사 기관인 가트너Gartner 등에서 발표한 자료를 종합해 앞으로 성장할 것으로 예상되는 10개 부문을 꼽아보면, 스마트폰, 태블릿 PC, 스마트 TV, 클라우드 컴퓨팅, 빅데이터, 3D 프린팅, 스마트 콘텐츠, 디지털 사이니지Digital Signage, 앱 스토어, 스마트 네트워크 등을 들 수 있다.

(2) 정보 통신 직업의 변화

① 미국 정보 통신 직업의 미래

전 세계 정보 통신 직업의 미래를 전망하기에는 자료가 충분하지 않으므로 가장 큰 정보 통신 시장인 미국을 중심으로 정보 통신 인력의 고용과 직업 변화를 살펴보려 한다. 미국 노동부 고용통계국BLS의 고용 전망 자료에 따르면, 미국의 전 산업에서는 2012~2022년 동안 약 1563만 명의 일자리가 증가하고, 정보 통신 산업(제조업, 정보 산업, 전문, 과학 및 서비스업으로 구분)에서는 약 121만 명이 증가할 것으로 전망된다. 부문별로는 정보 통신 제조업과 정보 산업에서 평균적으로 매년 각각 -0.5%, -0.2%씩 일자리가 감소할 것으로 내다봤다. 특이한 점은, 제조업은 세부 산업, 즉 컴퓨터 및 주변 장치, 통신장비, 영상 및 음향 기기의 종사자 수가 모두 감소할 것으로 전망되는 데 반해, 정보 산업은 신문·정기 간행물·서적 출판업, 영상·오디오 기록물 제작업, 통신업은 종사자 수가 감소될 것으로 예상되지만 소프트웨어 개발 및 공급업(약 7만 3000명)과 방송업(약 1만 1000명), 자료 처리·호스팅·관련 서비스 및 기타 정보 서비스업(약 2만 9000명)은 종사자 수가 증가할 것으로 예상된다는 것이다. 한편 전문 서비스업, 과학 및 기술 서비스업은 연평균 2.1% 성장해 10년 동안 약 182만 명의 새로운 일자리가 창출될 것으로 전망했다. 특히 컴퓨터 시스템 설계 및 관련 서비스업에서만 약 61만 명이 증가할 것으로 전망했다.

정보 통신 직업을 관리직과 컴퓨터 관련직, 컴퓨터 하드웨어 엔지니어, 컴퓨터 조작자로 구분했을 때 모든 부문에서 종사자 수가 증가할 것으로 예상되었다. 컴퓨터 및 정보 시스템 관리자, 즉 CIO에 해당하는 관리직은 2012년 약 33만 명에서 2022년에는 약 38만 명으로 5만 명 정도 증가할 것으로 봤다. 한편 컴퓨터 관련직(컴퓨터 및 정보 연구 과학자, 컴퓨터 및 정보 분석가, 소프트웨어 개발자 및 프로그래머, 데이터베이스 및 시스템 관리, 네트워크 설계자, 컴퓨터 지원 전문가, 기타 컴퓨터 관련 직업)은 2012년 약 368만 명에서 2022년에는 약 433만 명으로 65만여 명 증가할 것으로 내다봤다. 특히 컴퓨터 및 정보 분석가의 연평균 증가율이 26.1%로 가장 높을 것으로 예상되어 2012년에 약 60만 명이던 이 직종의 종사자가 2022년에는 약 75만 명으로 15만여 명 증가할 것으로 내다봤다.

그다음으로는 2012년 약 150만 명이던 소프트웨어 개발자 및 프로그래머 수가 2022년에는 약 178만 명으로 28만여 명 증가할 것으로 봤다. 이어서 컴퓨터 지원 전문가도 10년 사이에 약 12만 명 증가해 2022년에는 약 85만 명이 컴퓨터 지원 전문가로 활동할 것으로 전망했다. 한편, 2012년에 약 2만 7000명이던 컴퓨터 및 정보 연구 과학자는 약 4000명 증가해 2022년에는 약 3만 1000명이 될 것으로 봤다. 컴퓨터 하드웨어 엔지니어도 약 6000명 증가해서 2022년에는 8만 9000여 명에 이를 것으로 내다봤다. 다만, 컴퓨터 조작자는 정보 통신 직업 중 유일하게 감소할 것으로 예상되는데, 2012년 약 7만 5000명이던 컴퓨터 조작자가 2022년에는 약 6만 3000명으로 줄어들 것으로 예상했다.

② 한국 정보 통신 직업의 미래

한국직업능력개발원의 보고서에 따르면, 2011~2015년 한국 정보 통신 인력의 신규 수요는 약 19만 9000명에 이를 것으로 전망된다. 특히 소프트웨어 개발 프로그래머의 일자리가 약 6만 7000명 늘어날 것으로 전망했다. 그다음으로 시스템 운영 관리자가 약 1만 7000명 필요하며, 게임 및 그래픽 개발자가 약 1만 1000명 필요한 것으로 조사되었다.

한편 인력 공급까지 고려한 공급과 수요의 차이를 살펴보면, 소프트웨어 프로그래머가 약 7500명, 게임 및 그래픽 개발자가 약 4000명 부족할 것으로 예상되었다. 한편 시스템 운영 관리자는 5년 동안 공급 인력이 수요 인력을 700명 정도 초과할 것으로 예상되었다. 또 웹 기획 디자이너와 전자 부품 설계 엔지니어는 각각 6000명과 1만 5000명이 초과 공급될 것으로 봤다.

2) 비정보 통신 산업의 변화

스마트 기술이 적용된 정보 통신 제품과 서비스의 이용이 보편화되면서 정보 통신 외 다른 산업의 제품도 점차 변화할 것으로 예상된다. 이른바 사물 인터넷 기술이 모든 산업의 제품과 서비스에 광범위하게 적용되면서 모든 제품에 스스로 생각하거나 인지할 수 있는 기능이 탑재될 가능성이 높다.

3) 비정보 통신 직업의 변화

(1) 스마트 기술에 의한 일자리 변화

영국 딜로이트 컨설팅Deloitte Consulting과 옥스퍼드대학교는 향후 비숙련 기술을 요구하는 약 1000만 개의 일자리가 스마트 기술에 의해 대체될 것이라고 전망했다. 또 옥스퍼드대학교의 칼 베네딕트 프레이Carl Benedikt Frey와 마이클 오스본Michael Osborn의 2013년 연구에 따르면, 2022년까지 미국 전체 일자리의 약 47%가 자동화될 것이라고 한다. 자동화될 것으로 예측되는 일자리 중 대표적인 사무직은 재무 및 스포츠 전문 기자, 온라인 마케터와 마취 전문 의사 및 외과 의사, 진단 의학 의사, 법률 정보 검색 보조원, 재무 분석가 및 컨설턴트다.[28]

인지 컴퓨팅이 대체할 직무로는 소비자 행동 분석과 개인 맞춤 구매 대

---

28 http://fortune.com/2015/02/25/5-jobs-that-robots-already-are-taking/

행, 판매 보조, 고객 지원 서비스, 여행 관련 예약, 상이군인 보조, 의과대학 강의, 이미지 분석, 안면 인식, 의학적 진단이 대표적이다.[29] 한편 스마트 기술로 감소되는 일자리 중에는 자율 주행 자동차에 의한 감소가 가장 대규모일 것이라는 전망도 제기되고 있다.[30]

(2) 스마트 기술의 대체성과 보완성

앞서 살펴본 정보 통신 산업 및 직업의 변화를 보면 정보 통신 산업은 다른 산업에 비해 성장세를 유지하고 고용 규모도 증가할 것으로 예상된다. 그러나 정보 통신 산업의 규모가 확장되고 일자리가 증가한다고 해서 정보 통신 기술이 일자리에 긍정적인 영향을 주리라고 단정할 수는 없다. 정보 통신 기술은 발전을 거듭하면서 다른 산업의 규모와 일자리에도 영향을 주고 있기 때문이다. 실제로 지난 30여 년간 정보 통신 기술과 일자리에 관한 연구에서는 정보 통신 기술이 일자리를 증가시킨다는 주장과 오히려 일자리를 감소시킨다는 주장이 팽팽하게 맞서오고 있다. 전자의 경우, 정보 통신 기술이 주로 새로운 제품의 출현과 함께 산업 규모의 성장을 유도하면서 새로운 일자리를 만들어낸다고 주장한다. 후자의 경우, 정보 통신 기술이 공정 혁신을 불러옴으로써 노동자의 생산성을 증가시켜 결국 노동 대신 자본이나 기술, 기계가 노동을 대체한다고 주장한다.

경제학적 관점에서 스마트 기술 발전이 고용 및 노동 환경 변화에 미치는 영향을 전망하는 것은 다양한 변수, 즉 예측의 시간적 범위, 거시 경제

---

29 "IBM Watson: 10 New Jobs For Cognitive Computing," http://www.informationweek.com/big-data/big-data-analytics/ibm-watson-10-new-jobs-for-cognitive-computing/d/d-id/1319427?image_number=2

30 http://singularityhub.com/2015/07/07/its-no-myth-robots-and-artificial-intelligence-will-erase-jobs-in-nearly-every-industry/

요인, 개별 기업·산업의 특성 등으로 인해 실효성이 낮을 수밖에 없다. 기술혁신이 고용에 미치는 영향에 대한 경제학 이론 모형의 기본적인 시각은, 기술혁신이 생산함수의 변화를 유발하고 이 변화가 노동 수요 곡선을 변화시켜 결국 수급의 균형점인 노동량이 변화한다는 것이다. 통상적인 경제학 이론의 틀과 달리 실제 기술혁신에서는 업종, 기술혁신의 성격, 파급력 등 다양한 조건에 따라 고용량이 증가할 수도 있고 감소할 수도 있다. 기술혁신의 특성을 공정 혁신과 제품 혁신이라는 두 가지 측면으로만 구분하더라도 노동 생산성 증가와 신제품 개발 등이 고용에 미치는 다양한 영향력을 정량적으로 분석·예측하기 어려운 것이 사실이다.

기술 발전이 생산성 향상, 산업 성장, 고용 증가 등 긍정적인 영향력을 발휘할 가능성은 열려 있으나, 모든 기술이 그렇듯 사회에 부정적인 영향을 줄 수도 있다. 예를 들면, 구조적인 고용 변화, 사회 인식과의 충돌 같은 사회적 충격을 초래할 수 있다. 따라서 이런 부정적인 영향에 대비하기 위한 준비가 필요하다. 스마트 기술 발전이 고용에 미치는 영향을 미래 스마트 기술이 직무에 미치는 영향, 일자리를 잃은 노동자가 다른 직무로 흡수될 가능성이라는 측면에서 각 산업별로 전망할 필요가 있다. 즉, 스마트 기술이 직접적으로 대체할 것으로 예측되는 직무에 초점을 맞춰 기술이 고용에 미칠 부정적인 영향을 강조해야 하며, 스마트 기술에 의한 대체 가능 직무 전망은 직업과 산업, 고용 등 거시적 사회경제 변수의 변화를 예측하는 데 사용되어야 한다.

(3) 스마트 기술의 직업 위협 가능성과 논리적 한계

MIT대의 에릭 브리뇰프슨Eric Brynjolfsson과 앤드루 맥아피Andrew McAfee는 자신들의 책 『기계와의 경쟁』에서 기술, 특히 정보 통신 기술이 인간의 노동을 대체하는 것이 일자리 정체의 근본 원인이라고 분석했다. 왜 그렇게 분석하는지는 다음과 같은 논리로 설명했다. 우선, IT는 무어의 법칙[31]과 지수의 법칙을 통해 비약적으로 발전하고 있다. 즉, 18개월마다 성능이 2배씩 증가하는 무어의 법칙에 따른 성능 향상이 시간을 두고 누적되자 일정 기간이 지난 후 수십 배 또는 수백 배로 성능이 향상되는 지수의 법칙이 발현되어 상상할 수 없는 변화를 불러왔다는 것이다. 예를 들어, 과거에는 불가능하다고 여겼던 구글의 자율 주행 자동차나 IBM의 왓슨이 가능해진 것도 이와 같은 두 가지 법칙이 결합되었기 때문이라고 설명한다. 책에서 명시적으로 밝히지는 않았지만, 무어의 법칙이 지속되는 한 IT도 무한대로 발전을 지속할 것이라는 추론 또한 가능하다.

더구나 정보 통신 기술은 증기기관, 전기모터, 내연기관과 같이 산업 전체에 사용되는 범용 기술이기 때문에 파급효과가 매우 크다. 범용 기술은 비즈니스 모델과 프로세스, 조직 구조, 제도, 인간의 직업 능력 같은 사회 조직의 무형 자산까지 변화시킨다. 즉, 조지프 슘페터Joseph Schumpeter가 말한 "창조적 파괴"를 유발하는 것이다. 특히 이들은 정보 통신 기술이 인간의 사고를 모방하기 때문에 이전에는 없던 새로운 변화를 유발한다고 봤다. 과거의 범용 기술은 상당수의 육체노동을 기계로 대체시켰고 이로 인해 인간의 사고를 요구하는 직종이 늘어나서 일자리 문제를 해결했다. 그러나 육체노동에 이어 정신노동까지 기계로 대체된다면 인간은 어떤 일자리로 옮겨가야 하는가라는 의문과 우려가 등장할 수밖에 없다는 주장이다.

같은 맥락에서 이들은 현재를 과거의 1차 산업혁명(증기기관) 및 2차 산업혁명(전기)과 유사한, 이른바 산업 재구조화 시기로 본다. 즉, 증기기관의 등장과 함께 말의 필요성이 급격하게 줄어든 것이나, 두 차례의 산업혁

---

31 마르틴 그뢰셸(Martin Gröschel)의 소프트웨어 발전에 관한 예언을 고려하면 하드웨어뿐 아니라 소프트웨어에서의 비약적인 발전까지 포함된다.

명을 통해 제조업이 흥성해 농업 인구가 급격하게 줄어든 것, 제2차 세계대전을 전후로 서비스 산업이 급격하게 증가한 것을 과거의 사례로 제시한다. 그러면서 지금은 IT에 의한 산업 재편의 시기라고 규정한다. 그러나 이들의 관점에 대해, 1차 산업혁명과 2차 산업혁명은 모두 동력과 관련된 혁명인 데 비해 3차 산업혁명은 IT에 의한 것인데 이를 동력 혁명의 연장선으로 볼 수 있는가라는 의문을 제기할 수 있다. 오히려 지난 200여 년의 발전과정을 동력, 정보처리 등으로 구분해서 분석할 필요도 있다. 이들은, 무엇보다 기술은 빠르게 변화하는데 이 기술을 접하는 인간의 인식이 과거 패러다임에 매몰되어 있으며 사회제도 등의 사회 분야 역시 이런 변화를 충분히 따라가지 못한다고 본다. 이는 2006년 앨빈 토플러Alvin Toffler가 『부의 미래』에서 빨라지는 기술 발전 속도에 비해 사회조직(예를 들면, 교육기관)의 발전이 뒤처져서 발생하는 차이가 큰 문제라고 주장한 것과 동일하다고 볼 수 있다.

한편 저자들은 순환론이나 장기 침체론의 근본 원인도 과도하게 빠른 기술 발전 때문이라고 보고 있다. 예를 들면, 장기 침체론의 대표적인 증거인 중산층의 몰락(1인당 국민소득이 꾸준히 증가하는데도 중간 가구의 실질 소득은 줄어드는 현상)은 자본 투자에 의한 인간 노동 대체(자본가 대 노동자), 숙련 노동자와 비숙련 노동자의 양극화, 정보 접근성 향상에 따른 슈퍼스타의 독식 현상winner-takes-all으로 인해 발생하고 있다고 설명했다. 또 그 결과 잉여를 저축하는 부유층과 필수 소비마저 줄이는 서민층으로 양극화되면서 전체 소비 규모가 줄어들어 경제성장이 더디다는 주장을 폈다.

한편 브리뇰프슨과 맥아피의 연구 결과를 비롯해 IT의 급격한 발전이 인간 일자리를 대체할 가능성에 대한 우려는 다음과 같은 점에서 논리적 한계가 있으며 종합적인 분석이 필요함을 강조하려 한다. 첫째, 일자리 대체를 주장하는 전문가들은 대부분 한 국가, 특히 미국의 일자리 변화 데이터를 이용해서 근거를 제시하고 있다. 그런데 한 국가의 일자리 변화, 특히 일자리 대체는 글로벌화나 인구구조학적 변화 같은 요인에 따라 설명될 수도 있다. 따라서 정보 통신 기술 발전에 따른 일자리 대체 주장이 반대 진영으로부터 설득력을 얻기 위해서는 향후 다음 두 가지 방향으로 연구를 진행해야 한다. 즉, 첫째, 글로벌화나 인구구조학적 변화 요인을 통제한 후에도 정부 기술의 급격한 발전에 따라 인간 노동이 대체되는가를 분석하고, 둘째, 한 국가가 아닌 전 세계 차원에서 분석을 실시해야 한다.

둘째, IT와 인간 간의 일자리 다툼에 대해 경제학자들은 대부분 IT의 발달에 따른 생산성 향상은 새로운 일자리를 만들어낸다는 전통적인 이론에 입각해 줄어드는 일자리를 대체할 일자리가 만들어질 것이라고 주장한다. 그러나 IT의 노동 대체로 줄어드는 또는 줄어들 일자리와 이로 인한 경제적 파급효과를 추정하고, 동시에 새로운 산업의 번창에 따른 경제성장과 이로부터 파생되는 일자리 증가를 추정해 비교할 필요가 있다. 아직까지 이러한 방식으로 진행된 연구를 보진 못했지만 충분한 재원과 인력을 투자하면 체계적인 비교가 가능할 것으로 기대된다.

셋째, 최근 주목받고 있는 IT에 의한 인간 노동의 대체는 인공지능과 같은 최신 기술이 인간의 노동을 대체할 것인가에 대한 논의인데, 찬반 양측은 모두 과거 데이터를 사용해서 논거를 전개하고 있다. 즉, 단순 노동의 기계 대체나 단순 사무의 기계 대체(예를 들면, 사무용 소프트웨어의 비서 대체)를 들고 있다. 그러나 IT의 노동 대체를 주장하는 쪽에서는 단순 노동이나 사무 직종이 아닌, 고도의 수련 기술을 요구하는 직종이 IT로 대체될 것으로 전망하고 있다. 따라서 적어도 과거의 기술과 지금의 기술에 어떤 차이가 있는지, 과거의 데이터를 분석하는 것이 타당한지에 대한 논의가 선행되어야 한다.

넷째, IT에 의한 인간 노동의 대체를 가늠하기 위해서는 직업에 따른 직무와 직업 능력 중 어느 것이 IT로 대체될 것인가를 분석할 필요가 있다. 만약 어떤 직업에서 수행하는 직무와 관련된 직업 능력의 성능이나 경제성 측면을 볼 때 기술이 인간보다 우월하다면 고용주는 인간 대신 기술의 산물을 사용하는 것이 더 합리적인 선택일 것이다. 반대의 경우에는 인간을 이용한 노동이 일정 부분 필요할 것이다. 이때 인간은 기술의 산물과 공존하며 협업하는 형태를 취할 것이다. 따라서 이러한 시대에 생존할 수 있도록 노동자의 직업 능력을 길러야 한다.

다섯째, 과연 인간과 기계, 조금 더 포괄적으로는 인간과 기술 간의 경쟁을 어떤 데이터를 통해 확인할 수 있을까? 여기에는 기술의 구체적인 형상을 무엇으로 볼 것인가에 대한 시각이 포함된다. 예를 들면, 산업용 로봇의 수 증가(일각에서는 2013년 기준 세계적으로 약 150만 대의 산업용 로봇이 보급되어 인구 5000명당 한 대꼴로 산업용 로봇을 이용하고 있다고 주장함), 소프트웨어 투자 규모의 증가 등을 통해 확인할 수 있을 것이다.

영국 옥스퍼드대학교의 프레이와 오스본은 컴퓨터화를 "컴퓨터로 제어되는 장치로 인한 일의 자동화"라고 개념화하고 있으며, 특히 기계 학습과 모바일 로봇에서의 새로운 기술적 발전이 일자리에 어떤 영향을 미칠 것인가를 탐구했다. 무엇보다 일자리에 미치는 영향을 직업 단위로 분석했다는 점이 흥미롭다. 현재의 직업 903개를 대상으로 분석했는데, 먼저 이 중에서 70개의 직업에 대해 기계 학습과 모바일 로봇의 전문가들에게 대체 가능성을 평가하게 했고, 이 평가 자료를 바탕으로 903개 직업을 수행하는 데 필요한 9개 직업 능력(예를 들면, 인지 및 조작 능력, 창의성, 사회 지능)에 관한 데이터를 이용해 전문가들이 평가한 컴퓨터의 대체 가능성을 잘 설명할 수 있도록 각 직업 능력의 중요도를 계산했으며, 이를 바탕으로 모두 903개 직업의 컴퓨터 대체 가능성을 평가했다.

평가 결과에 따르면, 텔레마케터와 화물/창고 관련 업무 종사자, 시계 수

선공은 컴퓨터로 대체될 가능성이 99%로 매우 높았다. 이어서 스포츠 경기 심판(98%)과 모델(98%), 계산원(97%), 호텔/병원 등의 접수 담당자(96%), 자동차 엔지니어(96%), 카지노 딜러(96%), 레스토랑 요리사(96%), 회계/감사원(94%), 웨이터/웨이트리스(94%), 정육업자(93%), 소매업자(92%), 보험 판매원(92%), 교통 감시 요원(90%)의 순서로 대체 가능성이 높은 것으로 분석되었다. 이 외에도 제빵사, 버스 기사, 택시 기사, 도배업자, 부동산 중개사, 핵 기술자, 경비 보안 요원, 주차 요원, 선원/항해사, 인쇄업 종사자, 타이피스트, 이발사, 목수, 건설업 관련 종사자, 세탁/드라이클리닝 업무, 우편배달부, 치위생사, 기계 기술자, 도서관 사서, 시장조사 전문가, 마사지 치료사, 치과 조무사, 법원 속기사, 컴퓨터 프로그래머,[32] 역사학자, 경제학자, 법원 서기, 판사, 통/번역가, 배우, 지리학자, 설문조사 전문가 등의 순서로 대체 가능성이 평가되었다.

컴퓨터에 의한 대체 가능성이 가장 낮은 직업으로는 레크리에이션을 활용한 치료 전문가(0.28%)와 헬스 케어 부문 사회복지사(0.35%), 구강/악안면술 외과 의사(0.36%), 영양사(0.39%), 외과/내과 의사(0.42%), 심리학자(0.44%), 초등학교 교사(0.44%), 치과 의사(0.44%), 무대/전시 디자이너(0.55%), 컴퓨터 시스템 분석가(0.65%), 큐레이터(0.68%), 운동 트레이너(0.71%), 고고학자/인류학자(0.77%), 중등 교사(0.78%), 성직자(0.81%), 간호사(0.90%)인 것으로 파악되었다.

(4) 서비스업과 제조업의 직업 대체 가능성 전망

① 서비스업 일반직

스마트 기술 발전의 영향을 가장 많이 받을 것으로 예상되는 직무가 포

---

32 컴퓨터 프로그래머의 대체 가능성은 45%다.

함된 분야는 의료, 운수, 교육, 상담 등으로 나타났다. 가까운 미래에 기술에 의한 직무 대체가 시작될 분야는 복잡하지만 상당 부분 일정한 규칙하에 비교적 단순한 정보와 지식을 활용하는 분야로 전망되었다. 스마트 기술로 인한 직무 대체가 비교적 일찍 시작될 대표적인 직종은 약사, 간호조무사, 트럭 운전사, 콜센터 상담원 등으로 나타났다. 이들 직종은 복잡한 지식과 유연한 상황 대처 등이 요구되므로 과거의 정보화·자동화 기술로는 직무 대체가 쉽지 않았던 분야다. 하지만 복잡하더라도 일정한 규칙하에 지식을 적용하고 동작을 수행하는 직무가 핵심이라서 스마트 컴퓨팅, 스마트 머신 등 지능화된 기술을 통해 직무가 대체될 것으로 예측된다.

약사는 고도의 전문 지식과 훈련을 요구하는 직업이기는 하지만 처방전에 따라 약을 조제하고 환자에게 전달하며 약 복용의 주의사항을 알리는 직무는 스마트 기술로 대체할 수 있을 것으로 보인다. 운수업의 대표적 직자율 주행 자동차 운전 역시 GPS 정보, 교통 흐름과 도로 상황 등을 인지해 자율적으로 주행할 수 있는 자동차의 등장으로 기술에 의한 직무 대체가 유력한 분야다. 자연어 인지 및 처리, NLQA 등 스마트 기술이 발전함에 따라 고객 응대, 영업, 상담 등의 업무에서 고용 감소가 예상되며, 콜센터의 단순 상담원 같은 일자리가 가장 먼저 타격을 받을 것으로 예상된다. 원격교육, 온라인 교육, 스마트 교실 등이 보편적인 교육체계로 자리 잡기 시작하면 교수, 교사 등 전통적인 교육자의 직무는 단순 지식 전달의 비중이 감소하고 조언자·멘토로서의 비중이 증가할 것으로 예상된다.

② 서비스업 전문직

스마트 기술의 발전은 고도의 전문 지식과 문제 해결 능력이 요구되는 의사, 변호사, 대학 교수 등의 직종에도 영향을 미칠 전망이다. 의사는 약사나 간호사에 비해 복잡한 전문 지식 습득과 긴 기간에 걸친 훈련이 필요하며, 핵심적인 직무인 질병 진단과 환자 치료는 인간의 생명이 걸린 만큼 고도의 판단력과 문제 해결 능력이 요구된다. 하지만 미래 의사의 직무는 상당 부분 인공지능, 로봇, 착용형 디바이스 등 다양한 스마트 기술이 보조할 것이며 나아가 대체 가능할 것으로 예측된다. 법률, 사회제도, 경제, 사회적 관습 등 다양한 영역에 걸친 전문 지식과 고도의 문제 해결 능력이 요구되는 법률 서비스 부문의 직무에서도 스마트 기술의 활용이 확장되는 중이다. 금융업에서도 정보 및 지식처리 기술의 진화를 적극적으로 활용하면서 급변하는 실물 및 금융 경제 변동을 적용하는 방안을 모색하고 있다.

③ 제조업

전문가 조사 결과에 따르면, 미래 스마트 기술이 제조업의 직무에 미치는 대체 효과는 서비스업에 비해 크지 않은 것으로 평가되었다. 이는 제조업에서는 산업용 제조 로봇, ERP, SCM 등 기존의 기술 적용을 통해 이미 상당 부분 직무가 대체되었다는 인식에 기반을 두는 것으로 추정된다. 그렇다고 기술 발전에 따른 제조업에서의 직무 대체가 낮을 것이라는 의미는 아니다. 오히려 제조업 직무 대체는 기술 발전으로 더욱 빠르게 증가할 위험이 있다. 특히 스마트 기술의 발전으로 기존 산업용 제조 로봇에 비해 더욱 자율적인 동작이 가능한 알고리즘을 탑재한 키바Kiva 로봇, 백스터 등이 등장함에 따라 주로 조립 공정상의 직무에 집중되던 직무 대체 범위를 더욱 다양한 영역으로 확장하는 중이다. 과거에 비해 더욱 숙련 편향적인 기술 발전skill-biased technological change이 진행되고 있는 것이다.

제조업의 공정 관리라는 측면에서 최근 부각되는 스마트 기술은, 독일이 계획하고 있는 인더스트리 4.0Industrie 4.0 등 제조업 전체에 걸쳐 상호작용하는 유기적인 지능형 정보 통신 인프라 부문이다.[33] 인더스트리 4.0은 생산 공장의 각 제조 기계, 중간재 등에 센서가 부착되고 공정 전체에 대한 가상 시뮬레이션이 가능한 미래 산업 모습을 제시한다. 센서의 활용, 정보통신망을 통한 상호작용 등은 부품, 소재, 중간재 공급망과 제조품의 판매 유통망에 이르기까지 확장될 것으로 예측된다. 결과적으로 인더스트리 4.0이 지향하는 바는 부품의 제작, 제품 생산, 상품 판매 등 모든 과정이 사전적 시뮬레이션을 통해 최적화되고 실시간으로 모니터링·관리되는 것이다. 자동차 등 주요 완제품뿐 아니라 부품, 소재, 생산 시스템에 이르는 제조 산업 전반에서 글로벌 경쟁력을 갖춘 독일, 일본 등이 이런 공정 가상화를 성공적으로 활용한다면 고령화, 임금 상승 등의 문제에 유연하게 대처할 수 있을 것이다.

글로벌 경쟁이 치열한 제조업 부문에서 미국, 독일, 일본 등 주요 선진국의 경쟁력이 강화되는 것은 다른 국가의 경쟁력 약세로 이어질 개연성이 높다. 나아가 인더스트리 4.0과 같이 소프트웨어, 하드웨어, 네트워크 등을 함께 활용하는 미래형 제조 산업 기반을 특정 국가가 주도하고 새로운 플랫폼으로 작동하기 시작할 경우 다른 후발 국가의 산업이 해당 플랫폼에 종속적으로 운영될 위험도 있다.

5 | 스마트 기술 발전에 대한 대응

1) 스마트 기술과 인간의 능력

앞에서 열거한 스마트 기술의 다양한 사례를 보면 스마트 기술의 수준

33 "세계 최고 제조업 국가 독일의 기술혁신 프로젝트 'Industrie 4.0'", 정보통신산업진흥원, ≪산업융합 신성장동력≫(웹진), 42호(2013.10.28).

이 매우 높은 것으로 보이지만, 스마트 기술은 아직 갈 길이 멀다. 리싱크로보틱스를 설립한 로드니 브룩스Rodney Brooks는 2005년 세계 인공지능발전학회The Association for the Advancement of Artificial Intelligence: AAAI의 설립 25주년을 맞아 기고한 글에서, 인공지능 분야가 도전할 과제로 세 가지 과제, 즉 두 살 아이의 시각 인식 능력과 여섯 살 아이의 손가락 사용 능력, 열 살 아이의 상호 의사소통 능력 및 언어 구사 능력을 제시했다.[34] 하지만 10년이 지난 지금도 이 과제를 완벽하게 해결했다고는 볼 수 없다.

브룩스가 제시한 것 외에도 스마트 기술의 성능을 인간의 능력과 비교한 사례는 다양하다. 예를 들면, 샘 애덤스Sam Adams와 그의 동료들은 ≪인공지능지AI Magazine≫에 기고한 글에서 인공지능이 인간으로서 갖춰야 할 주요 능력을 인식perception, 동작actuation, 기억memory, 사고reasoning, 집중attention, 의사소통communication, 사회적 인터랙션social interaction, 학습learning, 계획planning, 감정 이해 및 표현emotion, 동기 생성motivation, 자기 및 타인 인식modeling self/other, 물체 세우기를 포함한 창의적 활동building/creation, 수와 관련된 활동quantitative으로 구분했다(〈그림 5-1〉 참조).[35]

한편, 미국의 O*Net에서는 직업 능력을 크게 인지 능력cognitive abilities, 육체적 능력physical abilities, 정신 제어 능력psychomotor abilities, 감각 능력sensory abilities의 네 가지로 구분한다. 4개 분야는 복수의 세부 능력으로 세분화되는데, 세부 능력은 총 52개다(예를 들면, 연역적 추론 능력, 귀납적 추론 능력 등).[36]

34 R. Brooks, Matthew Stone and Haym Hirsh, "AI: The next 25 years," *AI Magazine*, vol. 26, no. 4(2005), pp. 85~97.

35 Sam Adams et al., "Mapping the Landscape of Human-Level Artificial General Intelligence," *AI Magazine*, vol. 33, no. 1(2012), pp. 25~42, http://www.aaai.org/ojs/index.php/aimagazine/article/view/2322.

36 http://www.onetonline.org/find/descriptor/browse/Abilities/

▌그림 5-1▐ 인공지능이 갖춰야 할 주요 능력

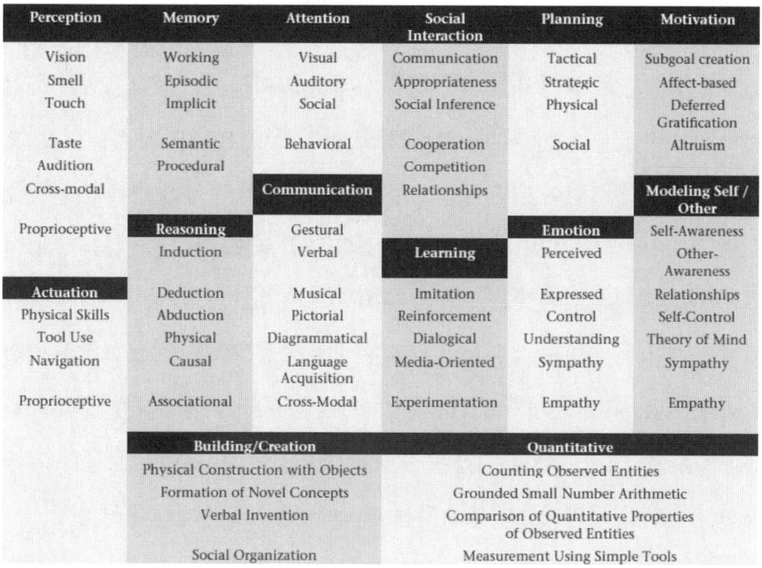

자료: Sam Adams et al, "Mapping the Landscape of Human-Level Artificial General Intelligence," *AI Magazine*, vol. 33, no. 1(2012), pp. 25~42; http://www.aaai.org/ojs/index.php/aimagazine/article/view/2322.

한국직업능력개발원은 읽고 이해하는 능력과 듣고 이해하는 능력, 글쓰기 능력, 말하기 능력, 수리력, 논리적 분석력, 창의력, 범주화 능력, 기억력, 공간 지각력, 추리력, 학습 전략 수립 능력, 선택적 집중력, 모니터링 능력, 사람 파악 능력, 행동 조정 능력, 설득력, 협상 능력, 가르치는 능력, 서비스 마인드, 문제 해결 능력, 판단 및 의사 결정 능력, 시간 관리 능력, 재정 관리 능력, 물적 자원 관리 능력, 인적 자원 관리 능력, 기술 분석 능력, 기술 설계 능력, 장비 선정 능력 등을 직무 수행에 필요한 능력으로 구분한다. 따라서 적어도 스마트 기술의 현재 수준을 평가하려면 더욱 다양한 능력을 기준으로 삼을 필요가 있다.

앞에서 말한 것처럼 스마트 기술은 아직 어린아이 수준에 머물러 있으며 인간의 다양한 능력과 제대로 비교되지 않고 있다. 그럼에도 스마트 기술을 발전시키려는 다양한 시도가 이어지고 있으며, 그 수가 기하급수적으로 늘어나고 있다. 예를 들면, 2011년 11월에 퀴즈쇼 〈제퍼디〉에서 승리한 IBM의 왓슨은 현재 의사 면허 시험을 통과하고 의사들의 진단을 보조하기 위해 무수히 많은 의학 지식을 학습하고 있다.[37] 또 IBM은 왓슨을 특정 분야에서의 학습을 넘어 일반적인 상황에서도 학습이 가능한 형태의 플랫폼으로 진화시키려는 노력을 수행하고 있다.[38] 그리고 이런 노력의 기대 성과를 가장 긍정적으로 보는 시각은 레이 커즈와일Ray Kurzweil이 2005년 출간한 『특이점이 온다The singularity is near』에서 주장한 일명 기술적 특이점singularity으로, 이는 기계가 인간의 거의 모든 능력을 뛰어넘어 인간의 통제를 벗어나는 시점이 2045년경에 도래할 것이라는 전망이다.[39] 물론 기술 발전의 속도를 낙관적으로 전망하는 데 대한 반론도 존재한다.[40]

2) 스마트 기술의 불완전성 및 인간과의 공조 가능성

그렇다면 기술은 과연 인간을 대체할 것인가? 브리뇰프슨과 맥아피는 이른바 "디지털 낙관주의자"답게 IT의 무궁무진한 발전 전망으로 인해 패턴 인식과 같은 업무에서는 기계가 인간을 대체할 것으로 예상하지만, 인간이 가진 직업 능력 전체를 기계가 대체할 것이라고 보지는 않았다. 이들은 특히 커즈와일이 자신의 저서에서 미래의 컴퓨터가 패턴 인식에서는 인

---

37 http://www.zdnet.com/after-a-year-of-medical-school-ibms-watson-passes-first-milestone-7000011062; http://www.technologyreview.com/news/529021/ibm-aims-to-make-medical-expertise-a-commodity

38 http://www.ibm.com/smarterplanet/us/en/ibmwatson/implement-watson.html

39 http://www.theguardian.com/technology/2014/feb/22/robots-google-ray-kurzweil-terminator-singularity-artificial-intelligence; http://www.kurzweilai.net/

40 http://www.technologyreview.com/view/425733/paul-allen-the-singularity-isnt-near/

간을 월등히 앞서겠지만 문제 해결 능력이나 감성 및 도전적인 지능에서는 인간이 여전히 앞설 것으로 본다고 말한 사실을 인용하면서, 기계가 인간의 업무를 완전히 대체할 수는 없을 것으로 전망했다. 물론 판매 관련직과 같은 직종은 일자리가 감소할 것으로 예상된다. 실제로 1995년과 2002년에 100만 달러 매출당 필요한 판매 직원은 각각 2.08명과 1.79명이었다. 즉, 14%가 감소한 것이다. 또 프랭크 레비Frank Levy와 리처드 머네인Richard Murnane은 『새로운 노동 분업The New Division of Labor』에서 생산직 근로자와 초보 사무직, 중급 사무 직종이 크게 위협받지만 문제 해결과 같은 창의적인 작업에서는 여전히 인간이 더 우수할 것으로 전망했다.

또한 모라베크의 역설Moravec's paradox[41]이 의미하는 것처럼, 청소 직종과 같은 육체노동 분야를 기계가 대체하기는 어려울 것으로 봤다. 이렇듯 인간과 기계가 각기 잘할 수 있는 영역이 구분되기 때문에 결과적으로 인간과 컴퓨터 기계가 공존할 것이라고 브리뇰프슨과 맥아피는 전망했다. 이들은 인간 체스 챔피언을 물리친 딥 블루 같은 고성능 컴퓨터를 고수 - 평범한 컴퓨터 - 좋지 않은 프로세스의 결합으로 이기고, 고성능 컴퓨터와 고수 - 평범한 컴퓨터 - 좋지 않은 프로세스의 조합을 하수 - 평범한 컴퓨터 - 좋은 프로세스로 이긴 것으로 볼 때 인간과 IT 기계의 결합이 최상의 성과를 낼 것이라고 보고 있다. 다만, 고용주 입장에서는 비록 인간 - 기계의 조합이 기계보다 우수하더라도 비용이 비싸다면 매력이 떨어질 것이다. 더구나 앞의 예에서 보는 것처럼 작업 성과는 인간이나 기계가 아닌 프로세스로 결정된다는 사실을 알 수 있다. 결과적으로 브리뇰프슨과 맥아피는 1995년 『노동의 종말』을 저술한 리프킨처럼 비관적인 견해를 보이기보

41 인공지능과 로봇 연구 분야에서 발견한 원리로, 인간에게 쉬운 일과 어려운 일의 기준이 기계에는 정반대임을 의미한다.

다는 인간과 기계(기술에 의한 산물)가 공존할 것으로 본다는 점에서 인간 노동이 기술로 대체될 것이라는 기존 주장과 차이를 보인다.

≪로스앤젤레스 타임스≫의 퀘이크봇 개발자도 퀘이크봇이 작성하는 기사가 인간 기자가 작성하는 기사를 대신할 순 없을 것이라고 주장했다. 퀘이크봇은 단지 기자의 생산성을 높여주는 도구에 불과하다는 것이다. 자율 주행 자동차의 경우 충돌 방지나 무인 주차 기술이 먼저 도입되면서 초기에는 운전직을 완전 대체하기보다는 보조 수단으로 사용될 가능성이 높다. 그러나 정보 통신 기술의 발전 속도는 상상을 초월할 정도로 빠르고 지속적이다. 따라서 자율 주행 자동차가 운전직을 완전히 대체할 가능성도 배제할 수는 없다.

3) 미래를 위한 정책 제언

그렇다면 우리는 무엇을 준비해야 하는가? 우선 산업을 원활하게 재구조화하고 인간과 기계가 공존하는 세계를 준비하기 위해서는 다음과 같은 정책을 마련하고 시행할 필요가 있다.[42] 첫째, 기업이 내부 인적 자원에 대한 투자를 더 늘릴 수 있도록 장려하는 정책이 필요하다. 기계에 적용된 스마트 기술은 자본화되어 생산요소로 투입되고 있다. 즉, 스마트 기술은 생산함수의 투입 요소인 노동과 자본에서 자본으로 간주되며, 스마트 기술의 발전은 자본의 생산성이 높아짐을 의미한다. 따라서 인적 자원에의 투자는 인적 자원의 가치를 제고함으로써 스마트 기술의 근로자 대체 비용을 높여 스마트 기술이 발전하더라도 고용 감소를 완화시킬 것으로 기대된다.

---

42 브리뇰프슨과 맥아피는 사회의 구조적인 혁신 촉진과 인적 자본에 대한 투자 증대가 필요하다고 역설하면서 이를 구체적으로 실천하기 위한 19개 방안을 제시했다. 브리뇰프슨·맥아피, 『기계와의 경쟁』, 정지훈·류현정 옮김(틔움, 2013).

물론 스마트 기술이 계속해서 발전할 것으로 기대되는 상황이므로 인적 자원에 대한 적극적인 투자가 근본적인 해결책이 될 수는 없다. 그러나 노동경제학의 한 연구에 따르면, 1958~1996년 동안 미국 제조업에서 기업 내부의 기술혁신은 고용을 증대시켰지만 기업 외부의 기술혁신은 오히려 고용을 감소시킨 것으로 나타났다. 이런 점에 비춰볼 때 스마트 기술도 기업에서 내재화하는 방법으로 인적 자원에 투자함으로써 발전시킬 필요가 있다. 즉, 스마트 기술을 ICT 분야로부터 전달받아야 하는 제품이나 서비스로 간주해서 이를 구매하거나 아웃소싱하는 일을 지양하고 기업 내부 인력을 통해 스마트 기술을 개발하는 형태로 발전시켜야 한다. 이런 투자를 적극적으로 실행해서 성공한다면 일자리 감소가 최소화되어 일자리를 잃은 노동자들을 대상으로 하는 경력 전환 교육이나 복지 서비스에 소요되는 비용을 최소화할 수 있을 것이다. 경우에 따라 1958~1996년 동안 내부 기술혁신을 실시한 기업처럼 사업이 번창하면서 일자리가 증가할 수도 있다.

둘째, 스마트 기술이 발전하면 기계가 쉽게 따라할 수 없는 인간의 능력, 즉 문제 해결 능력이나 창의력, 사회적 능력(감성 대응 능력, 도전적인 대응)을 개발할 필요성도 높아진다. 스마트 기술이 보편화되어도 이러한 능력에서는 여전히 인간이 우위를 차지할 것이기 때문이다. 따라서 정규교육과정은 창의력을 최대한 발휘할 수 있는 형태로 변모할 필요가 있다. 같은 이유로 학습 능력의 평가도 지식 습득을 평가하는 방식에서 창의력과 잠재역량을 평가하는 방식으로 변모해야 한다. 그런데 기존의 지식 습득형 교육을 완전히 배제할 수는 없기 때문에 무엇보다 지식 습득형 교육의 비용을 낮추는 것이 중요하다. 이에 대한 대안으로 최근 온라인 대중 공개 강좌 Massive Open Online Course: MOOC가 부상하고 있는데, 이 방식을 도입해서 한국 교육 시스템을 근본적으로 개혁할 필요가 있다.

셋째, 스마트 기술의 발전과 함께 부상할 새로운 산업 및 일자리에 필요한 인재를 양성해야 한다. 먼저 스마트 기술과 직접 관련된 일자리인 인공 지능, 기계 시각 등을 연구하는 고급 인력을 더욱 많이 배출해야 한다. 이를 위해서는 스마트 기술과 관련된 대학원 과정을 적극적으로 지원해야 한다. 이렇게 양성된 고급 인력은 새로운 기술을 개발할 뿐 아니라 기존 산업 인력을 교육시키는 데도 참여해서 스마트 기술의 발전에 대응하는 데 일조할 것으로 기대된다. 스마트 기술의 기본 속성이 기존 분야의 지식과 정보 통신 기술을 조합하는 것이기 때문에 기존 산업 인력에 정보 통신 기술을 접속시키는 것이 중요한데, 여기서 말한 고급 인력은 기존 산업 인력의 교육에 기여할 것이다. 궁극적으로는 어릴 때부터 스마트 기술에 대한 지식과 개발 능력을 함양함으로써 스마트 기술을 적극적으로 활용하고 개발하는 산업 인력으로 키울 필요가 있다.

넷째, 스마트 기술의 심화에 따른 부의 양극화를 최소화하기 위해 사회 구조를 혁신해야 한다. 현재 부의 양극화는 일자리를 잃은 사람과 상대적으로 수입이 적은 일자리가 늘어가는 데 기인한다. 그런데 스마트 기술이 사무직 일자리를 대체하면 이런 현상은 심화될 가능성이 높다. 따라서 스마트 기술로 일자리를 잃은 근로자들을 재취업시킬 수 있는 교육 프로그램을 마련해야 한다. 그리고 필요에 따라서는 부의 양극화를 완화시키기 위해 소득 이전 대책을 마련해야 한다. 예를 들면, 토마 피케티Thomas Piketty 교수가 말한 부유세나 글로벌 자본세가 여기에 해당하는데, 여기에 대해서는 별도의 논의가 필요하다.

The Changes in Industry and Job of Future Society

3부

분야별 산업과 직업의 변화

06 미래의 산업과 직업
관광 분야

이수진

1 트렌드 분석

1) 미래 사회 트렌드

(1) 미래 관광 환경의 변화 요인

미래 관광 환경의 변화 요인은 크게 여섯 가지 측면에서 살펴볼 수 있다. 첫째, 경제적 측면으로, 아시아와 주요 신흥 시장의 부상, 한국 경제의 국제적 위상 강화, 글로벌 경제의 리밸런싱, 소득 양극화 심화, 자본주의 4.0의 부상, 재정 건전성 문제 확산 등이 여기에 해당한다. 둘째, 정치적 측면으로, 공생 및 상생 발전 강조, 긴장된 남북 관계의 개선, 국가 간 자원 확보 경쟁 심화, 거버넌스형 환경 성숙, 효율적인 정보로의 변화, 지자체 재정 부실 등을 들 수 있다. 셋째, 사회적 측면으로, 가족 형태의 다양화, 저출산 및 인구 감소, 노령화 사회의 진전, 여성의 사회적 지위 확대, 다문화 사회의 진전, 소셜 네트워크에 의한 사회적 소통 등이 있다. 넷째, 문화적 측면

❙그림 6-1❙ 미래 관광 환경의 변화 요인

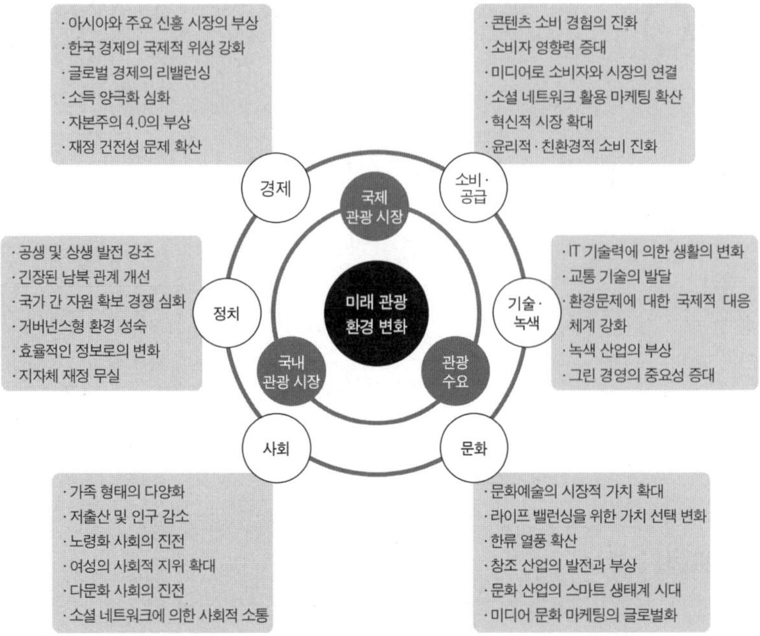

자료: 심원섭, 『미래 관광환경 변화 전망과 신관광정책 방향』(한국문화관광연구원, 2012).

으로, 문화예술의 시장적 가치 확대, 라이프 밸런싱을 위한 가치 선택의 변화, 한류 열풍 확산, 창조 산업의 발전과 부상, 문화 산업의 스마트 생태계 시대, 미디어 문화 마케팅의 글로벌화 등을 들 수 있다. 다섯째, 기술·녹색 측면으로, IT 기술력에 의한 생활의 변화, 교통 기술의 발달, 환경문제에 대한 국제적 대응 체계 강화, 녹색 산업의 부상, 그린 경영의 중요성 증대 등이 해당된다. 마지막으로 소비·공급 측면으로, 콘텐츠 소비 경험의 진화, 소비자 영향력 증대, 미디어에 의한 소비자와 시장의 연결, 소셜 네트워크 활용 마케팅 확산, 혁신적 시장 확대, 윤리적 소비문화 및 친환경적 소비 진화 등이 이에 해당한다.

(2) 한국 관광 트렌드

2010년 한국문화관광연구원이 발표한 「최근 관광트렌드 변화와 향후 정책방향」 보고서에서는 10대 관광 트렌드를 적시했다. 10대 핵심 관광 트렌드 중 성숙성과 가속화 정도가 높은 '5대 지배 트렌드'로는 멀티 컬처 관광 소비의 확산, 뉴 시니어의 핵심 관광 소비 계층으로의 부상, 헬스 투어리즘의 확산, 소비자가 주도하는 창조 관광 시대, 체험하는 관광 소비자인 트라이투어슈머의 부상이 선정되었다. 한편 신규 트렌드로서 향후 지속적으로 강화될 것으로 판단되는 '5대 강화 트렌드'로는 소셜 네트워크가 주도하는 관광의 시대, 관광 산업의 그리너 비즈니스greener business화 진입, 네오 럭셔리 관광 소비의 확산, 레저 재핑leisure zapping의 시대, 착한 관광 소비자·착한 관광 기업의 시대가 선정되었다.

여러 자료를 바탕으로 살펴볼 때 최근 한국의 관광 트렌드는 고부가가치 창출, 복지 관광, 개인 자유 관광Free Independent Travel: FIT, SNS 활용, 참여 여행, 지속 가능성 등의 키워드로 정리할 수 있다. MICE와 의료 관광을 앞세운 고부가가치 관광, 뉴 시니어 계층과 서민 계층을 겨냥한 복지 관광, 크리투어슈머의 FIT를 지원하는 온라인 서비스, SNS를 활용한 모바일 기반 관광 등이 대두되고 있다. 또한 참여 여행은 헬스 투어리즘, 트라이투어슈머(체험 소비), 다문화 수용 등의 형태로 나타나고 있다. 그리고 사회적 책임 관광(공정 여행), 그리너 비즈니스(녹색 관광) 등으로 대표되는 지속 가능한 관광 활동도 활성화되는 추세다.

2) 관광 현황

(1) 세계 관광 현황

세계 관광 산업은 2008년 금융위기로 인해 2009년 여행객이 3.9% 감소

Ⅰ표 6-1Ⅰ 한국 관광 트렌드

키워드	내용	사례 및 정책 동향
고부가 가치	MICE	· 2011년 MICE 행사 세계 6위 달성 · 2012년을 '한국 컨벤션의 해'로 지정
	의료 관광	· '2015년 30만 명 유치를 통한 아시아 의료 관광 허브 도약'을 중장기 목표로 세움 · 2009년부터 의료 관광 안내홍보센터 운영 · 2011년 11월부터 인터넷 홈페이지 및 모바일 앱으로 의료 관광 안내 서비스 제공
복지 관광	뉴 시니어를 위한 실버 복지 관광	· '브라보 실버 라이프', '홀로 어르신의 겨울 나들이', '즐거운 스파 여행' 등 무료 관광 프로그램 진행
	친서민적인 여행 바우처 사업	· 복지 관광과 여행 바우처 사업 통합(2011)
FIT	온라인 관광, 지적 관광, 감각적 관광, 합리적 관광의 크리투어슈머	· 편리한 여행을 위한 원스톱 서비스 '트립잇(www.tripit.com)' 제공(≪타임≫에 2009년 최고의 웹사이트로 선정됨) · 한국관광공사, '대한민국 구석구석 캠페인' 애플리케이션 출시(2011.2)
SNS	미디어 융합에 따른 모바일 기반의 관광 비즈니스	· 아이폰·안드로이드폰용 한국 관광 애플리케이션 '비지트 코리아(Visit Korea) 1.0' 출시(2011.2) · 선진형 관광 안내 정보 서비스 유투어피아(U-Tourpia) 구축 사업
참여 여행	트라이투어슈머 (체험 소비) 추구	· 부산 '잘잘 S관광투어' 출시(2013.8)
	에지워커, 다문화 혼혈인 대두	· 국제 자원 활동(배낭여행+봉사 활동) 활성화
지속 가능한 관광 활동	사회적 책임 관광 (공정 여행)	· 공감만세(fairtravelkorea.com), 착한여행(goodtravel.kr), 트래블러스맵(www.travelersmap.co.kr), 국제민주연대(www.khis.or.kr) 등의 공정 여행 프로그램 운영(2013년 7월 기준)
	그리너 비즈니스 (녹색 관광)	· 문화체육관광부 '저탄소 녹색 성장 실현을 위한 녹색관광 기본계획' 발표(2010.4) · 문화체육관광부·한국관광공사·관광업계 대표로 구성된 '관광 분야 탄소 배출 절감 협의체' 발족(2011.5)

자료: 심원섭, 『최근 관광트렌드 변화와 향후 정책방향』(한국문화관광연구원, 2010); 문화체육관광부, 『2011년 기준 관광동향에 관한 연차보고서』(문화체육관광부, 2012); "홍천 '주민 중심 日 생태관광' 접목", ≪강원도민일보≫, 2013년 6월 30일 자; "부산관광안내소, '잘잘 S관광투어'로 관광객 품는다", ≪중앙일보≫, 2013년 8월 14일 자; 한국관광공사, 『녹색관광 실태조사』(한국관광공사, 2010); "가볼만한 공정여행 프로그램", ≪시사인≫, 2013년 7월 20일 자.

해 60년 만에 최악의 상황을 맞은 이후 매년 성장세를 이어가고 있다. 유엔세계관광기구UN World Tourism Organization: UNWTO에 따르면, 2012년 국제 여행객 수는 10억여 명으로 추산된다(중복 기준, 전년 대비 4.0% 증가). 한국이 속

▮표 6-2▮ 2002~2012년 국제 여행객 수 및 국제 관광 수입

구분	2002	2004	2006	2008	2010	2012
국제 여행객 수(백만 명)	709	764	842	917	952	1,035
국제 관광 수입(십억 달러)	474.2	633	744	944	928	1,075

해 있는 아시아·태평양 지역은 2억 3300만 명의 관광객을 끌면서 전년 대비 6.8%의 가장 가파른 성장세를 보이고 있다.

UNWTO는 관광 산업이 연평균 4.1% 성장해 2020년에는 국제 관광객이 15억 6000만 명에 달할 것으로 전망하고 있다. 관광 산업의 성장은 특히 한국이 포함된 동북아시아에서 두드러질 것으로 예상되는데, UNWTO는 2010년부터 2030년 사이 동북아시아 지역으로 여행하는 관광객이 연평균 9.1% 성장해 2030년에는 5억 3500명이 동북아시아를 찾을 것으로 전망하고 있다. 이 전망치는 전 세계 시장에서 동북아시아 지역이 차지하는 비율이 현재 22%에서 30%로 증가할 것으로 예측한 것이다.

UNWTO에 따르면 2012년 관광 수입은 1조 750억 달러에 이를 것으로 예측된다. 아시아·태평양 지역은 2006년에 처음으로 아메리카보다 많은 관광 수입을 기록했는데, 2012년에는 아시아·태평양 지역이 3228억 달러를, 아메리카가 2148억 달러를 기록해 격차가 더욱 벌어지고 있다.

세계여행관광협의회World Travel & Tourism Council: WTTC에 따르면 2013년 전체 산업에서 관광 산업의 고용자가 차지하는 비중은 3.3%다.[1] 한국의 경우 관광 산업의 고용자 비중은 2.4%로 전 세계 평균에 못 미치는 것으로 나타났는데, 〈표 6-3〉은 국가별 관광 산업 고용자 수 및 전체 산업에서의 비중을 나타낸 것이다.

1 World Travel & Tourism Council(http://www.wttc.org).

| 표 6-3 | 2013년 국가별 관광 산업 고용자 수 및 전체 산업에서의 비중

구분		관광 산업 고용자 수(천 명)	전체 산업에서의 비중(%)
전 세계		102,364	3.3
EU 국가	오스트리아	215	5.1
	벨기에	101	2.2
	체코	262	5.4
	덴마크	74	2.8
	핀란드	56	2.2
	프랑스	1,191	4.4
	독일	725	1.7
	그리스	333	9.3
	헝가리	225	5.7
	아일랜드	42	2.3
	이탈리아	1,096	4.8
	룩셈부르크	6	2.5
	네덜란드	466	6.3
	폴란드	308	1.9
	포르투갈	326	7.2
	슬로바키아	55	2.3
	스페인	882	5.1
	스웨덴	184	3.9
	영국	1,023	3.2
EU 외 국가	아이슬란드	9	5.3
	노르웨이	107	4.0
	스위스	145	3.0
	터키	535	2.1
캐리비언		665	3.9
라틴아메리카	브라질	3,051	3.0
북아메리카	캐나다	317	1.7
	멕시코	3,264	6.6
	미국	5,723	3.9
동북아시아	중국	22,780	2.9
	홍콩	306	8.3
	일본	1,374	2.2
	한국	616	2.4
	대만	246	2.2
동남아시아	싱가포르	147	4.4
	태국	2,224	5.5
오세아니아	호주	505	4.3
	뉴질랜드	134	5.9
중동		1,712	2.5
북아프리카		2,847	5.6
사하라 이남 아프리카		5,580	2.4

자료: 관광지식정보시스템(http://www.tour.go.kr).

❙표 6-4❙ 2006~2013년 방한 외래 관광객 추이(단위: 명)

연도	2006	2007	2008	2009	2010	2011	2012	2013
관광객 수	6,155,046	6,448,240	6,890,841	7,817,533	8,797,658	9,794,796	11,140,028	12,175,550

자료: 관광지식정보시스템(http://www.tour.go.kr).

(2) 한국 관광 현황

2012년 1000만 방한 외래 관광객 시대가 개막되었다. 1961년 1만 명, 1978년 100만 명, 2000년 500만 명을 넘어선 방한 외래 관광객은 2013년에 1218만 명에 이르렀다(전년 대비 13.4% 증가)(〈표 6-4〉 참조).

방한 외국인 관광객을 국적별로 살펴보면, 2013년 중국이 433만여 명으로 최대 송출국으로 나타났고, 그다음으로 일본(274만 명), 미국(72만 명), 대만(54만 명), 필리핀(40만 명) 순으로 나타났다. 2013년 기준으로 중국인 관광객 수가 처음으로 일본인 관광객 수를 앞질렀다. 일본과 중국을 비교해서 살펴보면, 2013년 일본 관광객은 274만 명(전년 대비 약 21.9% 감소), 중국 관광객은 433만 명(전년 대비 약 52.5% 증가)으로 나타났다. 방한 외국인 관광객 중 아시아 관광객이 80.6%로 압도적으로 많았고, 그다음으로 아메리카(7.5%), 유럽(6.3%) 등의 순으로 나타났다.

2 ❘ 관광 관련 직업

관광과 관련해 표준직업분류에 나타난 직업은 〈표 6-5〉와 같다. 통계청의 한국표준직업분류에 따르면, 관광 관련 직업은 관리직, 전문가 및 관련 종사자, 사무 종사자, 서비스 종사자, 판매 종사자, 장치/기계 조작 및 조립 종사자 등으로 구분할 수 있다. 이 중 전문가 및 관련 종사자의 대분류에서 문화관광해설사(문화유산해설사, 문화재해설사)는 2012년 새로 등록된 직업

| 표 6-5 | 표준직업분류의 관광 분야 직업

01 관리직				
	15 판매 및 고객 서비스 관리직			
		152 고객 서비스 관리자		
			1521 여행 관련 관리자	
				15211 숙박 관련 관리자
				15212 여행 관련 관리자, 여행사 전문 관리자
				15219 그 외 숙박 여행 오락 관련 관리자
02 전문가 및 관련 종사자				
	25 교육 전문가 및 관련직			
		251 대학 교수 및 강사		
			2511 대학 교수	
				25112 관광경영학 교수, 관광학 교수, 관광통역학 교수
			2512 대학 시간강사	
				25122 관광경영학 시간강사, 관광학 시간강사
		252 학교 교사		
			2521 중고등학교 교사	
				25216 관광경영 교사
		254 문리/기술 및 예능 강사		
			2543 기술 및 기능계 강사	
				25439 문화관광학원 강사, 관광안내원 강사
			2549 기타 문리/기술 및 예능 강사	
				25498 문화관광해설사*
	27 경영금융 전문가 및 관련직			
		273 상품 기획 홍보 및 조사 전문가		
			2732 여행 상품 개발자	
				27320 관광 여행 상품 개발원, 해외여행 상담원, 여행 코디네이터
	28 문화예술 스포츠 전문가 및 관련직			
		281 작가 기자 및 출판 전문가		
			2811 작가 및 관련 전문가	
03 사무 종사자				
	39 상담 통계 안내 및 기타 사무직			
		392 여행 안내 및 접수 사무원		
			3921 여행 사무원	
				39210 여행 사무원, 여행표 발행 사무원
04 서비스 종사자				
	43 운송 및 여가 서비스직			
		432 여가 및 스포츠 관련 종사자		
			4321 여행 및 관광 통역 안내원	
				43211 국내 여행 안내원
				43212 국외 여행 안내원
				43213 관광 통역 안내원
			4322 숙박 시설 서비스원	
				43221 호텔 서비스원, 벨맨, 콘도 서비스원, 룸서비스맨
				43229 그 외 숙박 시설 서비스원
			4323 오락 시설 서비스원	
				43231 유원 시설 및 테마파크 종사원
			4329 기타 여가 및 스포츠 관련 종사원	
				43291 카지노 딜러
	44 조리 및 음식 서비스직			
		441 주방장 및 조리사		
		442 음식 서비스 종사자		
05 판매 종사자				
	52 매장 판매직			
		521 매장 판매 종사자		
			5211 상점 판매원	
				52119 관광 민예품 소매원
08 장치/기계 조작 및 조립 종사자				
	87 운전 및 운송 관련직			
		873 자동차 운전원		
			8732 버스 운전원	
				87324 관광버스 기사

주: 문화관광해설사는 문화유산해설사, 문화재해설사라고도 하며, 2012년 새로 등록된 직업이다.
자료: 통계청, 『한국표준직업분류』(2007); 워크넷 홈페이지(http://work.go.kr/).

으로, 관광객의 방문 목적이나 관심 분야 등에 따라 각 지역의 문화 유적을 안내해 문화 유적에 대한 관광객의 이해를 돕고, 다양한 스토리텔링 기법을 이용해 전문적인 해설을 제공하며, 외국인 관광객에게 우리 문화를 알리는 역할을 한다.

3 | 미래 관광 관련 직업의 변화 조망

국제표준직업분류ISCO-08에서는, 직무job는 '자영업을 포함해 특정한 고용주를 위해 개별 종사자들이 수행하거나 또는 수행해야 할 일련의 업무와 과업tasks and duties'으로, 직업occupation은 '유사성을 갖는 직무를 계속 수행하며 경제성을 충족하는 활동'으로 정의한다.[2] 반면 일자리는 생계를 꾸려나갈 수 있는 수단으로서의 직업이라고 정의한다.[3] 하지만 이와 같은 전통적인 개념은 급속히 진전되는 세계화 및 기술 발전과 같은 사회 변화에 따라 조금씩 붕괴되고 있으며, 다른 활동과의 경계도 모호해지고 있다.

1) 관광 관련 직업 구조와 직업 생태계 변화의 결정 요인 및 미래 변화상 분석

(1) 국민소득과 여가 시간 증대에 따른 관광업의 성장

국민소득 증대(2013년 1인당 국민소득 2만 6205달러)[4]와 생활수준의 향상, 가족 형태 변화로 여가 생활에 대한 현대인의 관심이 점점 높아짐에 따라 관광 산업은 다차원적으로 양적 성장과 질적 향상을 지향해 MICE 산업, 요

---

2 통계청 홈페이지(http://kostat.go.kr/).

3 국립국어원 홈페이지(http://www.korean.go.kr/).

4 한국은행 경제통계시스템 홈페이지(http://ecos.bok.or.kr/).

❙그림 6-2❙ 1960~2010년 1인당 국민소득 추이(단위: 달러)

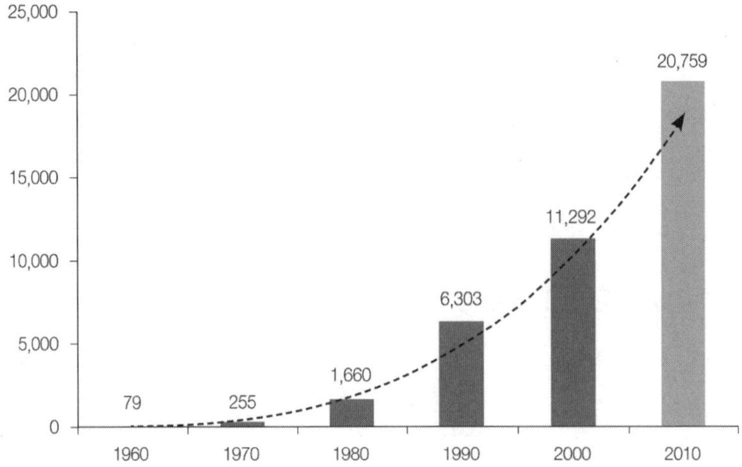

자료: 한국은행 경제통계시스템 홈페이지(http://ecos.bok.or.kr/).

트 등 고부가가치의 여가 시장도 확대되고 있다.

이러한 흐름을 반영해 한국고용정보원은 향후 여행 및 서비스 관련 종사자의 직업이 빠르게 성장할 것으로 예상하고 있다. 또한 〈표 6-6〉과 같이 전반적으로 제조업의 대량 생산보다는 개인의 다양한 요구와 니즈에 맞춘 각종 서비스 관련 종사자가 많아질 것으로 예측하고 있다. 이 분석에 따르면 '여행 및 서비스 관련 종사자'가 1위로, 연평균 증감률을 5.6%로 예상하고 있다.

(2) 저출산·노령화에 따른 사회구조 변화 및 ICT 발전에 따른 관광 관련 직업 변화

이 외에도 저출산·노령화가 심화됨에 따라 2017년에는 고령 인구(65세 이상)가 유소년 인구(0~14세)를 초과하고, 2060년에는 평균 기대 수명이 남자 86.59세, 여자 90.30세에 이르며, 고령 인구가 유소년 인구의 4배까지 늘어날 것으로 추정된다. 이에 따른 사회 구성 변화가 미래 직업에 결정적

표 6-6 2008~2018년 일자리가 가장 빨리 성장할 것으로 예상되는 직업

순위	직업	2008(천 명)	2018(천 명)	연평균 증감률(%)
1위	여행 및 서비스 관련 종사자	41	71	5.6
2위	컴퓨터 시스템 설계 전문가	20	33	5.3
3위	의료 및 보건 서비스 관련 종사자	44	71	5.0
4위	법률 전문가	27	44	4.9
5위	사회복지 및 상담 전문가	97	157	4.9
6위	영화, 연극 및 방송 관련 기술 종사자	25	40	4.8
7위	회계, 세무 및 감정평가 관련 전문가	31	49	4.7
8위	법률 관련 사무원	50	79	4.7
9위	통신 및 방송 장비 기사 및 설치 및 수리원	80	124	4.4
10위	금융·보험 관련 전문가	64	96	4.2

주: 종사자 수가 1000명 이상인 한국고용직업분류(소분류)의 순위 자료임.
자료: 한국고용정보원, 「중장기 인력수급전망(2008~2018)」(2010). 한국직업능력개발원 재인용.

표 6-7 미래 인구 성장 시나리오

인구 성장 시나리오		2010	2060		
			고위	중위	저위
합계 출산율(명)		1.23	1.79	1.42	1.01
기대 수명(세)	남자	77.20	89.09	86.59	83.64
	여자	84.07	92.53	90.30	87.81
국제 순이동률(인구 천 명당)		1.67	1.50	0.53	-0.07

주: 국제 인구 이동은 국경을 넘어 체류 기간 90일을 초과한 입출국자(내외국인 포함)를 의미하는데, 2010년 국제 순이동률은 2000년 이후 최고 수준임.
자료: 통계청, 「장래인구추계: 2010~2060년」(2011).

인 영향을 끼칠 것으로 사료된다.

또한 미혼 및 이혼의 증가로 인해 1인 관광객 형태가 각광받는 추세가 이어져 갈수록 소비자의 영향과 역할이 증대될 것으로 추정된다. 따라서 관광 산업 및 관련 서비스 산업 전반은 개개인의 니즈를 재빨리 파악하고 소비자의 심리적 만족을 포함해 다차원적인 만족감을 제공할 수 있는 대응력 및 창의력이 요구될 것으로 사료된다. 이와 같이 소비자의 다양한 요구를 충족시키기 위해 아이디어 집약형 창조 관광의 폭은 더욱더 넓어질 것

이며, ICT의 신기술을 이용한 스마트 관광 서비스 및 다분야의 융합은 관광 관련 직업 구조에 변화를 가져올 것으로 예상된다.

2) 미래 관광 관련 유망 직업 및 사양 직업의 흐름 분석

(1) 사회구조 변화에 따른 맞춤형 관광 개발 및 관광객의 다양한 가치와 안전 추구에 부합하는 전문가 부상

미래 사회에는 고령화에 따라 주요 소비층으로 부상하는 시니어층을 위해 실버 복지 관광 전문 코디네이터가 필요해질 것이다. 접근과 편의성을 고려한 고급화된 의료 관광 및 '골든 에이지' 실버 관광 상품을 구매력 높은 시니어들에게 제공하고 액티브한 시니어[5]들의 사회 활동 참여 욕구를 충족시킬 수 있는 자원봉사 관광 등의 창의적인 관광 상품 개발이 예상된다.

또한 사회적으로 미혼 및 이혼의 증가로 나노 가구 같은 1인 가족이 갈수록 늘어나 개인 여가 활동 및 개성을 살릴 수 있는 취미 생활에 대한 관심이 높아지고 있으므로 개인 맞춤형 관광 상품 개발이 늘어나는 추세가 이어질 것이다. 더불어 소비 행위를 통해 자아실현 및 무형적 가치 구매를 추구하는 에고 소비자들이 늘어나는 등 다방면에서 개인의 가치와 라이프스타일을 함양하려는 이들의 욕구가 관광 산업에도 적용될 것이다.

실제로 개인의 관심사와 취미를 고려한 음식 관광, 미용 관광 및 생태 관광 등의 체험 관광이 각광받고 있는데, 이처럼 관광이라는 소비를 통해 개

---

5 액티브 시니어(active senior)는 경제적 안정, 젊은 마인드, 적극적 자기관리, 가치 소비 중시, 지속적 근로 활동 희망 등의 특성을 지닌 세대로, 경제·건강 면에서 인생에 만족하고 미래에 대한 낙관적인 기대를 가지고 있어 소비에 상대적으로 과감하기 때문에 패션·미용·건강 및 여행상품 시장에서 중요한 소비자로 주목받고 있다. 이승우·이선미·오정은, 『액티브시니어가 이끄는 실버시장의 변화와 준비』(KT경제경영연구소, 2010).

▌그림 6-3▌ 세계 의료 관광 규모(단위: 십억 달러)

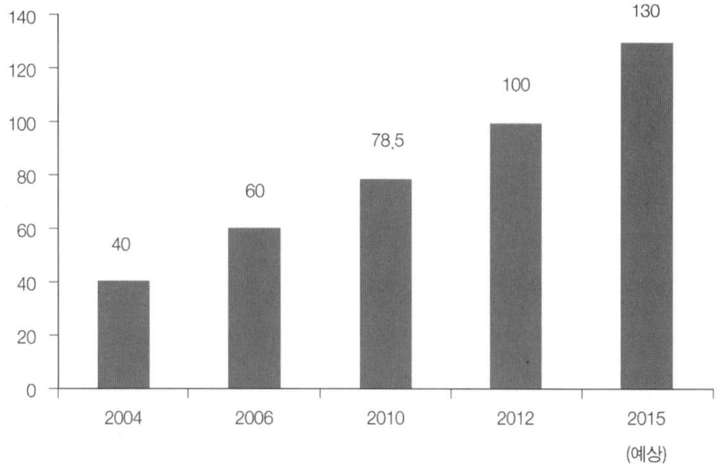

▌그림 6-4▌ 세계 의료 관광객 수 추이(단위: 만 명)

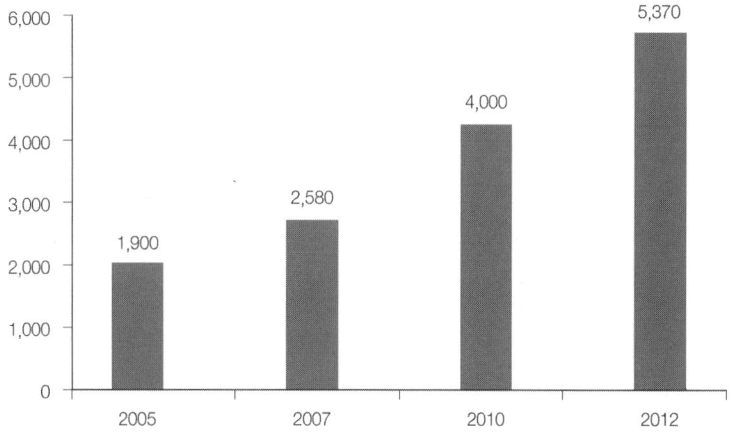

자료: McKinsey & Company, *Mapping the Market for Medical Travel*(2008); Grail Research, *The Rise of Medical Tourism*(2009); KPMG, *Issues Monitor*(2011); 전국경제인연합회, 『의료관광 활성화를 위한 의견』(2013).

인의 취미와 가치를 이어가는 개별 여행자들을 위한 다양한 맞춤형 관광 컨설팅과 차별화된 테마형 여행을 기획할 수 있는 관광 컨설턴트가 부상할 것으로 기대된다.

표 6-8 액티브 시니어의 브라보(BRAVO) 라이프스타일

BRAVO	특징
Bankable	·소득과 소비 수준이 높음 ·부동산, 연금, 예금 등 준비된 노후 ·자산 유지를 위한 금융 정보 및 컨설팅 니즈 - "노후 준비는 스스로", "연금, 예금을 통한 준비"
Relation	·기존 관계를 중심으로 사회 활동 강화 ·종교·친목·취미 모임 증가 ·가족 관계 중시 - "종교 모임에 꼭 참석", "카메라, 등산 등 동호회 활동에 적극적"
Active	·적극적이고 자기중심적인 성향 ·꾸준한 건강관리 ·평생교육, 여가 활동, 자원 봉사 참여 활발 - "노인복지관에서 영어와 일어 배우는 게 낙이다", "등산, 산책을 자주함"
Value consumption	·가치 소비 성향 ·여행, 등산, 골프 등 여가 활동 소비 증가 ·고급적 성향, 디자인 중시, 외모에 투자 - "그동안 못 간 해외여행 간다", "등산복은 비싸도 좋은 걸로 산다"
Occupation	·지속적 근로 활동 희망 ·경력과 유관한 직업 선호 ·창업에 대한 정보·교육 니즈가 강함 - "임금이 낮더라도 일하고 싶다", "창업하고 싶다"

자료: 이승우·이선미·오정은, 『액티브시니어가 이끄는 실버시장의 변화와 준비』(KT경제경영연구소, 2010).

특히 산업화·도시화로 인해 웰빙 및 윤리적 관광 수요가 증가함에 따라 전문 코디네이터가 필요해질 것으로 예상된다. 전문성을 갖춘 윤리적 관광 코디네이터는 로하스족LOHAS, 알파 그린족Alpha Green 등 기업의 사회적 책임 등에 관심이 많은 소비층을 타깃으로 환경 친화 녹색 관광 및 공정거래, 로컬 푸드와 관련된 관광 상품을 개발해 품질 좋은 체험 관광의 기회를 제공하고 소비자가 가치를 실현할 수 있도록 도울 것이다.

또한 문화예술과 교육적 관광에 대한 관심이 증대됨에 따라 국내외 방문객들에게 한국의 문화유산과 풍습 등을 설명할 문화관광해설사의 필요성이 높아져 그 수가 꾸준히 증가하는 추세다.

그 밖에도 유아를 동반한 가족 관광과 1인 관광이 늘어나면서 전자 태그

▌표 6-9▌ 2001~2012년 문화관광해설사 활동 현황(단위: 명)

지역	2001~2007	2008	2009	2010	2011	2012
서울	147	189	207	207	177	153
부산	66	68	76	105	99	116
대구	79	88	123	104	100	123
인천	40	35	109	105	123	122
광주	54	48	124	58	64	74
대전	70	74	40	50	50	50
울산	39	38	38	41	40	40
세종	-	-	-	-	-	2
경기	374	420	460	471	476	573
강원	97	123	121	137	153	162
충북	48	76	98	162	172	158
충남	130	126	126	146	150	138
전북	103	156	177	192	190	219
전남	66	56	175	174	195	230
경북	180	283	315	314	337	338
경남	136	140	157	181	185	229
제주	143	145	135	135	101	128
합계	1,772	2,065	2,481	2,582	2,612	2,855

자료: 문화체육관광부, 『2012년 기준 관광동향에 관한 연차보고서』.

radio frequency identification: RFID 기술을 이용한 실시간 위치 확인 및 각종 유사시 도움을 제공하는 관광 안전 도우미의 필요성과 잠재력이 부각되고 있어 관광객 안전 관리를 위한 산업군의 발전도 예상된다.

(2) 국제화 및 기술 발전으로 관광 자원 및 관광 산업의 틀 확장

그 외에도 국제화와 다문화에서 야기된 타 문화에 대한 관심과 호기심을 충족시켜줄 수 있는 전문적인 인력 생산이 예상된다. 특히 미국, 일본, 프랑스 등 상대적으로 잘 알려진 문화권 외에 아직 생소한 남미나 아프리카, 또는 동유럽 문화권에 대한 전문가의 필요성이 여느 때보다 높아질 수 있다. 이들은 타 문화 및 언어를 폭넓게 이해함으로써 새로운 것과 실제 체

| 표 6-10 | 2009~2012년 관광통역안내사 교육 현황

연도	접수 건수(건)	교육생(명)
2009	6	750
2010	22	1,045
2011	25	1,315
2012	35	2,578

자료: (사)한국관광통역안내사협회 홈페이지(http://www.kotga.or.kr/).

험을 추구하는 이들의 니즈와 궁금증을 충족시킬 수 있는 차별된 관광 상품을 마련해 제공할 수 있다.

또한 '관광진흥법' 개정(2009.3.25)으로 외국인 관광객 안내 시 자격증을 취득한 관광통역안내사의 고용이 의무화됨에 따라 관광통역안내사도 꾸준히 증가하리라 예상된다. 그 외에도 멀티 컬처·코스모폴리탄 체험을 원하는 내국인과 외국인 관광객을 위한 다양한 국제/전통 음식점 요리사 등의 수요 증가도 예측된다. 이와 더불어 다양한 테마의 소형 숙박 시설 개발, 대안 숙박 시설(예를 들면, 2009년 OECD로부터 한국 문화를 대표하는 세계적인 관광 상품으로 선정[6]된 템플 스테이 등) 및 전통 한옥의 고급 숙박 자원화와 같은 숙박 시설 개발 및 이용 증가도 계속 이어질 전망이다.

국제적으로는 UNWTO, 아시아태평양관광협회PATA, 미주여행업협회ASTA 등 각종 국제기구와의 협업을 추진하면서 정보 교류 및 한국 마케팅을 주도할 전문가의 필요성이 두드러지며, 국내 MICE 산업 성장(국제협회연합UIA 기준 우리나라는 2012년 세계 국제회의 개최 순위가 세계 5위임[7])에 따른 국제적 이벤트 코디네이터의 수요 증가도 예측된다. 이들은 한국 홍보 및 국제회의 유치·개최를 기획해 진행하고 외국인 참가자의 방한 답사도 도

6 문화체육관광부, 『2012년 기준 관광동향에 관한 연차보고서』(문화체육관광부, 2013).

7 같은 책.

▌표 6-11▌ 유형별 호텔업 객실의 수입 실적

구분		외국인 소비			내국인 소비		
		2011 (백만 원)	2012 (백만 원)	증가율 (%)	2011 (백만 원)	2012 (백만 원)	증가율 (%)
관광 호텔	특1등급	657,453	766,799	16.6	405,076	431,929	6.6
	특2등급	226,318	266,676	17.8	98,677	96,209	-2.5
	1등급	124,436	152,510	22.6	89,076	93,068	4.5
	2등급	24,951	28,192	13	27,409	31,221	13.9
	3등급	23,575	20,300	-13.9	28,504	26,436	-7.26
	등급 미정	17,106	26,013	52.1	40,009	39,967	-0.105
	소계	1073,842	1,260,490	17.4	688,752	718,830	4.4
가족 호텔		35,767	50,848	42.2	63,554	83,848	31.9
전통 호텔		44	61	38.6	2,356	3,314	40.7
호스텔		-	10	-	-	129	-
합계		1,109,654	1,311,409	18.2	754,664	806,121	6.8

주: 이 통계치는 호텔업 운영 실적 집계 대상 업체에 한함.
자료: 관광지식정보시스템 홈페이지(http://tour.go.kr/)의 자료를 재정리.

울 것이다.

현재 MICE 산업 성장에 대한 관심은 세계적인 추세로, 미국 노동통계국 역시 각종 미팅, 회의 및 이벤트를 준비하는 이벤트 플래너의 성장 가치를 높게 예상하고 있다(2022년에는 2012년 대비 33.2% 고성장할 것으로 예측[8]). 그 밖에도 우주 산업 육성이 활성화됨에 따라 우주 역시 새로운 관광 장소로 부상해 색다른 체험을 원하고 모험심이 강한 부유층을 겨냥한 우주 관광 상품이 마련될 것이며, 세계 각국의 우주 관광 전문 에이전트를 통해 우주 관광 예약 판매가 계속 증가할 것이다.

이와 같은 흐름과 미래 전망에 따라 미래 관광 관련 유망 직업을 〈표 6-12〉와 같이 도출할 수 있다.

---

8 Bureau of Labor Statistics, *Employment Projections: 2012~2022*(Bureau of Labor Statistics, 2012).

❚ 표 6-12 ❚ 문화 관광 분야의 미래 직업

키워드		직업	설명 및 대상 업무	요구되는 능력 및 역량
사회 구조	고령화	실버/복지 관광 코디네이터	· 인구 고령화에 따라 접근과 편의성이 높은 관광 상품을 개발 및 제공 · 고객의 특성에 따라 다양한 관광 테마를 구성(예: 의료 관광 서비스, 액티브 시니어의 사회 활동 참여 욕구 등을 고려한 자원 봉사 관광 등)	· 관광 동향 파악 능력 · 개인의 특성 분석력 · 소통 능력 · 정보 수집 및 전달 능력 · 서비스 정신
	1인 가족	맞춤형 관광 컨설턴트	· 개인의 취미와 생활 방식을 중요시하는 개별 여행자를 위한 맞춤형 관광 컨설팅 및 서비스 제공	· 관광 동향 파악 능력 · 개인의 특성 분석력 · 소통 능력 · 정보 수집 및 전달 능력 · 서비스 정신
		개별 여행자를 위한 소형 숙박 시설업	· 개별 여행자를 위한 다양한 테마의 소형 숙박 시설 개발 및 운영	· 서비스 정신 · 창의력 · 외국어 · 유연성
		맞춤형 관광 안전 도우미	· 1인 관광이 늘어나면서 관광지에서의 안전 보장을 위한 기반 서비스 필요 · 실시간 위치 추적, 통합상황실 등을 활용해 관광객을 위한 귀가 안내 서비스 등의 안전 서비스 제공	· 보안성 · 논리력과 추리력 · 소통 능력 · 철저한 시간 관리 · 정보 주문 능력 · 위기 대처 능력 · 결정적 사고 능력 · 침착성
	다문화/국제화	실시간 통·번역가	· 한류의 영향을 받아 한국을 방문한 외국인 관광객을 위해 실시간으로 통·번역을 하며 폭넓은 정보와 서비스를 제공	· 외국어 능력 · 폭넓은 문화권의 이해 · 서비스정신
		국제적인 음식점 요리사	· 국내외로 다문화적·국제적 라이프스타일의 비중이 커지면서 내국인과 외국 관광객을 겨냥한 다양한 문화권의 음식점에 대한 수요가 늘어날 것으로 사료됨	· 요리 능력 · 타 문화에 대한 관심 · 협업 능력 · 철저한 시간 관리 능력 · 서비스 정신 · 유연성
		이벤트 코디네이터	· MICE 산업이 성장함에 따라 그에 걸맞은 각종 이벤트를 담당·개최·추진하는 역량 있는 전문가에 대한 수요가 증가할 것으로 사료됨	· 창의력 · 의사소통 능력 · 외국어 능력 · 타 문화에 대한 관심과 이해 능력 · 정보 수집 및 전달 능력 · 협업 능력 · 유연성
기술 발전	디지털 시대	디지털 시대	· 스마트 관광 DTI(destination travel information) 시스템 개발자	· 스마트 관광 정보를 제공하기 위해 여행지의 다양한 정보를 모아놓은 플랫폼을 개발·구축 · 현재 분산되어 있는 관광지 관

키워드		직업	설명 및 대상 업무	요구되는 능력 및 역량
				련 복합 정보(스토리텔링 소재, 위치 서비스, 날씨, 입장료, 예약 정보, 주위 편의시설 등)를 연계한 플랫폼 개발·구축 및 꾸준한 업데이트
		RFID 개발자	· RFID 기술을 관광 산업에 접목시켜 안전 시스템 등을 강화	· RFID 기술 · 창의력 · 분석력
		온라인 여행 및 사진작가	· 블로그 및 SNS를 통해 사진과 글로 여행지를 전문적으로 안내 및 소개	· 문화에 대한 관심 · 정보 수집 및 전달 능력 · 관광 동향 파악 능력
가치	윤리적 관광	윤리적 관광 코디네이터	· 환경오염, 자원 고갈 등의 문제의 심각성을 고려한 라이프스타일과 가치관이 성장함에 따라 관광 산업에서도 윤리적 면모를 접목해 실천함 · 공정거래 및 환경 친화적인 관광 상품을 개발해 대중에게 어필하고 의식을 함양함	· 사회적 기업에 대한 관심 · 소통 능력 · 정보 전달력 · 폭넓은 문화권의 이해 · 서비스 정신
가치	전통/웰빙	전통문화 관광안내원	· 전통적인 문화유산을 소개하고 직접 체험하게 함으로써 잊혀져가는 전통문화유산에 대한 관심을 증진시키고, 옛것에 대한 그리움과 소중함을 구현함 · 고유한 가치와 생활 방식 전달을 통해 웰빙을 추구함 · 팝컬처적인 면모 외의 전통 한국적인 문화를 소개해 한류의 패러다임을 확대함	· 전통에 대한 관심과 이해 · 창의력 · 외국어 · 정보 전달 능력 · 유연성 · 서비스 정신
가치	역동적 라이프 스타일	체험 관광 인솔자	· 역동적인 라이프스타일을 추구하는 모험심 많은 이들이 증가함에 따라 다양한 체험적 관광객을 인솔함(예: 캠핑, 트레킹, 대륙 횡단이나 시베리아 관광)	· 활동성 · 소통 능력 · 외국어 · 결정적 사고 능력 · 적응력 · 협업 능력
가치	역동적 라이프 스타일	지역 전문가	· 새로운 경험과 장소를 원하는 관광객에게 아직 상대적으로 소개되지 않은 지역(예: 아프리카, 남미 등)의 다양하고 희소성 있는 정보를 제공	· 타 문화에 대한 관심과 이해 · 외국어 · 정보 수집 및 전달 능력
가치	역동적 라이프 스타일	우주 관광 에이전트	· 우주 관광 상품 안내 및 판매	· 외국어 · 서비스 정신 · 정보 수집 및 전달 능력
창조 관광	분야 간 융복합화	융합 관광 관리사	· 분야 간 융복합화가 가속되면서 종합 서비스 산업인 관광 산업에서 관광 우산(tourism umbrella)의 범위가 확대됨 · 전통적인 관광자원(건축물, 자연환경 등) 외에 독특한 생활 방식, 스포츠 등의 다양한 요소도 관광 상품으로 발굴·개발 · 다양한 분야에서 관광 상품을 개발할 가능성을 도출해 새로운 관광 상품 아이디어를 제공하고 구체적인 사업 및 협업 기관 등을 조사함	· 폭넓은 관심사 · 융합적인 사고 능력 · 외국어 · 창의력 · 협업 능력

3) 미래 관광 관련 직업 변화가 직장 · 직무 · 일자리에 미치는 영향

이와 같이 사회 변화와 기술 및 교통의 발전으로 직업군의 환경이 빠르게 변화하고 있다. 세계화가 급진전되고 사회의 이동성이 높아짐에 따라 평생직장이라는 개념은 붕괴되고 어디에서나 일할 수 있는 환경이 쉽게 조성되어 원격 근무telecommuting나 특정한 장소에 머물지 않고 일에 따라 세계를 무대로 여러 곳을 유랑하는 직업인, 즉 잡 노마드도 늘어나고 있다.

또한 우주 탐사와 관련된 개발 사업이 끊임없이 이어짐에 따라 직장의 영역은 우주를 포함한 범위로 더욱더 넓어질 것으로 사료된다. 그뿐만 아니라 기술의 발전에서 비롯된 기계 · 로봇의 출현으로 인해 인간이 행하던 많은 직무(예를 들면, 길 및 관광지 정보 안내, 관광 예약 서비스 등)를 기계와 로봇이 수행하게 되었고, 그에 따라 기계가 대체할 수 없는 지적 자산의 중요성이 관광 분야에서도 강화되었다. 따라서 지적 활동에 의해 창출되는 아이디어, 브랜드 등의 무형 자산이 정보화 시대 들어 더욱 각광받고 있으며, 직무 역시 일관성 있는 업무보다는 다양하고 광범위한 융합적 프로젝트 위주의 일이 늘어나 다방면에 걸친 지식과 유연성이 요구되고 있다.

이러한 변화 속에서 현대인은 평생 고용이나 고용 안정보다는 유연하게 상황에 대처하며 개인의 능력을 개발하기를 원하며, 단지 생계를 이어나가기 위한 수단의 범위에서 벗어나 일을 통해 자아실현을 추구하려는 추세가 점점 강해지고 있다. 따라서 전통적인 직업과 달리 기존의 기업 고용인의 형태에서 벗어나 좋아하는 일이나 특기를 살려 독창적인 직업 활동을 펼치는 프리에이전트나 프리랜서 역시 증가하는 추세이며, 일과 취미 생활 간의 경계가 조금씩 모호해지는 경향도 보이고 있다. 이에 따라 관광 관련 직업도 개인의 특기도 살리고 자신이 즐기는 일도 하면서 돈을 벌 수 있는 프리랜서(예를 들면, 자신의 관심거리를 살려 관광 상품을 기획 · 제공하는 워킹투어 가이드, 블로그에 여행기 등을 올려 정보를 제공하고 이익을 창출하는 파워 블로거) 등이 많아지면서 창조 관광 활동 사업이 다양해지고 있다.

4) 미래 관광 관련 직업 변화가 사회의 타 영역에 미치는 영향

보건 의료 산업과 관광 산업이 결합한 의료 관광 및 음식 관광을 포함한 목적·테마 관광의 수요가 증가하는 데서도 알 수 있듯, 관광 산업에서도 전통적인 관광 산업 영역을 벗어나 타 분야와 융복합하는 시대가 도래해 관광 우산tourism umbrella[9]이 확대되고 있다. 이에 따라 창조적인 융복합 아이

▌그림 6-5▐ 융합을 통한 관광 정책 영역의 확대

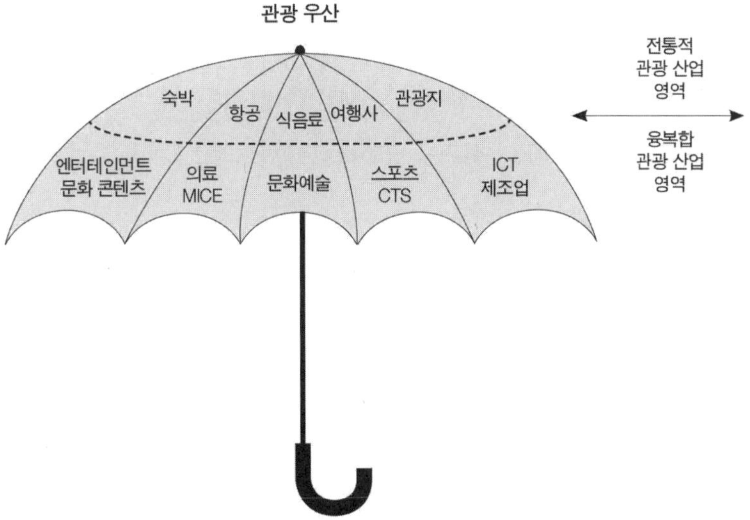

자료: 심원섭, 『미래 관광환경 변화 전망과 신관광정책 방향』(한국문화관광연구원, 2012).

---

9 관광 우산이란 관광 산업에 포함된 구성요소에 지속적으로 이익을 줄 수 있는 시스템을 말한다. 심원섭, 『미래 관광환경 변화 전망과 신관광정책 방향』(한국문화관광연구원, 2012).

❚ 표 6-13 ❚ 2008~2012년 융합 관광 분야에 대한 관광진흥개발기금 세출 예산(단위: 백만 원)

사업명	2008	2009	2010	2011	2012
한국 음식 관광 산업화	2,595	2,300	3,450	1,500	1,350
MICE 산업 육성 지원	4,500	8,000	12,100	13,947	16,625
한(韓)스타일 육성 지원	3,400	3,400	1,899	720	2,000
공연 예술 활용 관광 자원화	6,300	9,360	10,354	11,147	15,567
의료 관광 육성	-	-	3,896	3,500	3,860
관광 산업 활성화를 위한 영화 로케이션 지원	-	-	-	3,000	2,000
산업 관광 육성	-	-	-	-	1,400
창조 관광 사업 발굴 및 육성	-	-	-	-	4,300

자료: 안희자·심원섭, 『창조경제시대 산업간 융합을 통한 관광산업 발전방안』(한국문화관광연구원, 2013).

디어 창출과 양질의 인력 개발을 위해 여러 분야 간의 소통과 전략적 제휴를 적극적으로 추진하는 한편 이에 부합하도록 예산을 지원해야 한다.

현재로서는 미래에 고부가가치를 창출할 융복합 산업으로 예상되는 MICE 시장 및 의료 관광, 공연 관광 확대에 노력이 가중되고 있으며, 그 외 창조 관광 사업 발굴 및 육성 영역도 새로 확대되고 있다. 앞으로 시너지 효과를 도모하는 부처 간 협력을 강화하기 위한 노력도 계속 증진될 것으로 예상된다.

4 정책 제언

미래 사회에는 현명한 소비자들의 세심한 니즈를 채워줄 창의적인 형태의 관광이 부상할 것으로 예상되므로 그에 걸맞은 잠재력 발굴 및 활발한 육성 사업의 필요성이 시사된다. 또한 다양한 분야의 융복합 속에서 새롭게 창출되는 산업과 직업을 사회적인 기반과 제도를 통해 장려하는 것이 중요하며, 생계를 위한 수단으로서의 활동에서 벗어나 개개인이 가치를 구현하고 참신한 유·무형 자산을 창출할 수 있도록 긴 안목을 가지고 새로운 시도와 변화를 받아들일 필요가 있다. 이와 더불어 바쁜 현대 생활과 기술의 발전 속에서 휴식처 역할을 해줄 감성 기반의 힐링 활동이 필요할 것으로 사료된다. 이에 따라 느림과 옛것의 미학 및 인간적 가치를 전달하는 문화유산과 자연의 중요성이 높아질 것이므로 이를 적절히 이해 및 보존, 활용할 필요가 있다. 이에 정책적으로 다음과 같은 사항을 제언한다.

첫째, 관광품질 인증, 통합적 추진을 통해 공식적인 관광품질관리제도를 마련해야 한다. 기술 정보화에 따라 소비자들 간의 정보가 전 세계적으로 실시간으로 교환되므로 다양한 정보를 습득한 소비자들의 기대 수준이 높아지고 있다. 관광을 포함한 서비스 산업에서는 소비자의 역할과 영향이 증대되고 소비자의 편의성과 만족의 중요성이 극대화되고 있으므로 품질 인증을 통해 소비자들의 안심 소비를 이끌어내고 관광 소비자의 요구에 미리 대응해야 한다. 또한 품질 관리를 지속적으로 실시한다면 관광 산업에서 경쟁력을 갖추고 국내외에 한국 관광 브랜드에 대한 이미지를 제고할 수 있을 것이다.

현재는 여행업(우수 상품 인증제)과 숙박업(등급제도, 코리아 스테이, 굿 스테이 등)을 통해 관리 제도를 시행하고 있으나 부처별·업종별·지역별로 개별적으로 인증함에 따라 중복 지정 등의 문제가 생기고 있으며, 대부분 서비스 공급업체의 품질이 아닌 종사원의 역량 평가로 방문객의 만족도 조사가 이뤄지고 있어[10] 신뢰성이 저하될 수 있다고 사료된다.

따라서 공식 기관을 통합함으로써 품질관리제도를 설립하고, 품질 인증에 방문객의 만족도 현황 조사를 포함시키고 고객 피드백 관리 시스템을

---

10 오훈성·김향자, 『한국관광의 질적 발전을 위한 관광품질 관리 정책추진 방안』(한국문화관광연구원, 2013).

▌표 6-14▌ 국내 사례 평가 항목 비교

구분		인적 서비스				시설 서비스			상품 서비스					기타
		공급자 측면			수요자 측면									
		접객태도	외국어	친절도	만족도 조사	메인	부대	위생	소방 안전	안전성	이용성	접근성	가격	운영 관리
출입국	세계 공항 서비스 평가	○		○	○					○	○			
숙박	관광호텔 등급제	○	○	○	○	○	○	○	○	○	○	○		○
	굿 스테이	○	○			○	○	○	○	○	○			
	코리아 스테이	○	○	○		○	○	○		○	○	○		
식당 음식	모범 음식업소	○		○	○	○	○	○	○	○	○	○	○	○
관광지	농어촌 관광 사업 등급 제도	○		○		○	○	○	○	○	○	○		
	문화 관광 축제	○	○	○	○	○	○	○	○	○	○	○	○	○
	화장실 품질 인증제	○		○		○	○	○	○		○			
안내 정보	문화관광해설사 양성 교육	○	○	○										
	전국 관광 안내소 모니터링	○	○	○										
관광 교통	외국인 택시 서비스	○	○	○	○					○	○		○	
쇼핑 및 기념품	한국 관광 명품 인증 마크										○			
	우수 쇼핑점 (퍼스트) 인증	○	○	○	○			○	○	○	○	○	○	
여행 상품	우수 여행 상품 인증제				○					○	○	○	○	

자료: 오훈성·김향자, 『한국관광의 질적 발전을 위한 관광품질 관리 정책추진 방안』(한국문화관광연구원, 2013).

구축하며, 다양한 제도의 중복을 줄이고 일원화시킬 필요가 있다. 품질관리제도를 구축할 경우 방문객의 선택과 안심 소비를 도울 것이며, 더불어 서비스 제공업체는 품질 기준에 상응하기 위해 품질 개선 및 효율성 향상 노력을 도모할 것이다. 품질관리제도의 예로는 뉴질랜드의 퀄마크Qualmark, 홍콩의 관광품질인증제도Quality Tourism Services: QTS, 독일의 품질인증제도Service Qualität Deutschland, 영국의 관광품질인증제Quality in Tourism: QIT, 프랑스의 장애인 이용가능시설 인증제Tourisme et Handicap를 들 수 있다.

둘째, 창조 관광 산업 기회를 도모 및 증진하기 위해 중소기업small and medium enterprise: SME 및 1인 창조 기업에 대해 정부가 지원을 강화하고 예산을 확대해야 한다. 독일 정부는 관광업과 미래 인력 개발의 중요성을 인식하고 지역별로 관광과 관련된 중소기업 사업을 지원하고 있으며, 자격을 갖춘 전문 관광 서비스 인력을 지속적으로 창출하기 위해 잡스타터Jobstarter라는 이름하에 미래를 위한 교육Training for the Future, 서비스 품질을 위한 Q2 교육 사업Q2-Training Initiative for Service Quality 등과 같은 홍보 및 교육 프로그램과 시설을 온·오프라인으로 제공하고 있다.[11] 이러한 교육 및 트레이닝 프로그램(예를 들면, 트레이닝 메이드 인 저머니Training made in Germany)은 우수성을 인정받아 중국, 인도, 터키, 러시아, 미국 등으로 수출되어 관광 발전을 위한 정부 노력의 일환 자체가 경쟁력 있는 수출 상품이 되었다.

현재 중소기업청에서는 1인 창조 기업 비즈니스 센터를 운영하는 한편(사무 공간, 세무 등 전문가 상담, 경영 교육 등을 지원하며, 2014년 지원 규모는 60억 원임), 글로벌 청년 창업 활성화 사업을 추진하고 있다(창업 연수 및 교육 프로그램을 제공하며, 2014년 지원 규모는 50억 원임). 한국관광공사와 문화체육관광부에서도 창조 관광 사업 공모전 등을 통해 혁신적인 아이디어와 우수 인재를 발굴·지원하고 관광형 벤처 기업을 육성하려 노력하고 있다. 이는 전문가 조사에 따른 과제별 중요성과 시급성 분석에서 '창조형 관광 벤처 기업의 지속적인 육성'이 우선순위 정책 과제로 나타난 것에 부합하는 노력이다.[12] 이러한 지원은 지속적으로 이뤄져야 하며, 또 단계별 발전

---

11 Germany: Federal Ministry of Economics and Technology, *Federal Government Report on Tourism Policy*(2013).

12 안희자·심원섭, 『창조경제시대 산업간 융합을 통한 관광산업 발전방안』(한국문화관광연구원, 2013).

▮그림 6-6▮ 관광 품질 관리 대상 및 방법

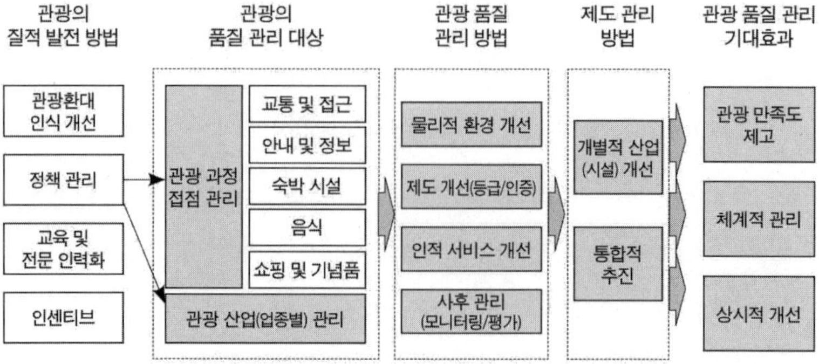

자료: 오훈성·김향자, 『한국관광의 질적 발전을 위한 관광품질 관리 정책추진 방안』(한국문화관광연구원, 2013).

및 결과물도 꾸준히 모니터링해야 한다.

이러한 정부의 지원은 고용 및 직업의 형태가 달라지는 사회 변화 속에서 고무적일 뿐만 아니라, 개인의 역량과 특기를 살린 차별화된 소프트 관광 상품 개발의 기회를 늘리며 국내 중소기업의 성장에도 도움이 될 것으로 사료된다.

셋째, 우주 관광을 위한 장기적인 미래 전략 사업을 구축해야 한다. 현재 우주 산업과 관련된 국내 법령으로는 항공기 생산 등을 포함해 항공 우주 산업 개발을 지원하고 육성하는 '항공우주산업개발촉진법'이 있으며, 미래창조과학부 소관으로 체계적인 우주 개발 진흥과 우주 공간의 평화적 이용 및 과학적 탐사를 도모하는 '우주개발진흥법'도 공포되었다. 이에 따라 우주 개발 추진이 활성화되며, 우주 개발 사업 관리 및 평가를 위한 국가우주위원회 역시 설립되었다. 이밖에도 '우주손해배상법'(2013년 3월 23일 공포)이 수립되어 우주 물체로 인해 손해가 발생할 시 피해자를 보호하고 있다.

세계적으로는 러시아, 미국, 독일, 일본, 캐나다, 남아공 등 다수의 국가가 우주 활동 및 우주 기관과 관련된 법령이나(예를 들면, 러시아의 '러시아연

방우주국 법령Regulations of the Russian Space Agency'), 우주 항공 인프라 설립 보조금과 관련된 법령(예를 들면, 미국의 '우주수송인프라 보조금Space Transportation Infrastructure Matching Grants') 등 우주에 관한 법령을 규정해 우주 탐험과 활용을 적극적으로 장려하고 있으며 국제적으로 영향력을 넓히려 하고 있다. 이와 같이 우주는 더 이상 현실과 동떨어진 생소한 공간이 아니라 점점 사회 다방면에 걸쳐 개발 가능성과 관심이 높아지고 있는 공간이다. 현재까지 전 세계적으로 545명(미국 공군 기준)이 우주에 다녀왔고, 한국에서도 2008년 4월 이소연이 최초로 우주에 다녀왔다. 우주의 무한한 잠재성을 예측해 세계 각처에서는 우주 항공과 관련된 산업의 육성이 왕성하게 추진되고 있는데, 한국은 첫 우주인을 배출한 이후 아직 유인 우주 개발에서 소극적이라는 평가를 받고 있다.

갈수록 이색적이고 고급화되어가는 관광 분야에서도 일반인의 우주 여행에 대한 관심이 점점 커지고 있다. 실제로 우주는 새로운 영역 및 실질적인 수요를 창출하기 위한 상품으로 부상 중이며, 한국을 포함한 세계 각국에서는 우주 관광 에이전트들이 우주 관광 상품을 예약 판매하고 있다. 이와 같은 세계적인 흐름에 맞춰 우주 관광 산업을 위한 인프라 마련(예를 들면, 트레이닝 공간 및 전문가 육성)의 필요성이 두드러지고 있으므로 정부 차원에서 일회성이나 이벤트성이 아닌 장기 전략 사업으로 추진해야 할 것으로 사료된다.

07

미래의 산업과 직업
의료 분야

김형진

1 트렌드 분석

지금까지 한국에서는 의료 산업이라 하면 병원과 제약을 떠올렸다. 이들 분야가 의료 산업의 대부분을 차지해왔기 때문이다. 하지만 병원과 제약 분야에 이른바 HT healthcare technology라는 개념이 더해지고 첨단 의료 장비와 바이오의 역할이 커짐에 따라 기존의 시각으로는 더 이상 의료 산업을 정의할 수 없게 되었다.

또한 의료 산업은 2000년 이후로 연평균 10% 이상의 성장을 지속해오고 있으며, 식품과 화장품 영역까지 포함하면 2012년 기준 127조 원 규모인 것으로 나타났다.[1] 최근 의료 산업은 병원, 제약, 의료 기기를 넘어 바이오는 물론이고 화장품, IT, 금융 그리고 건축 분야에 이르기까지 영향력을 넓히고 있다. 글로벌 헬스 케어가 화두로 떠오르면서 병원을 중심으로 건

1 보건산업진흥원, 『보건산업동향』(보건산업진흥원, 2014).

▌그림 7-1▐ 보건 의료 산업의 시장 규모(2012년 기준)(단위: 십억 달러)

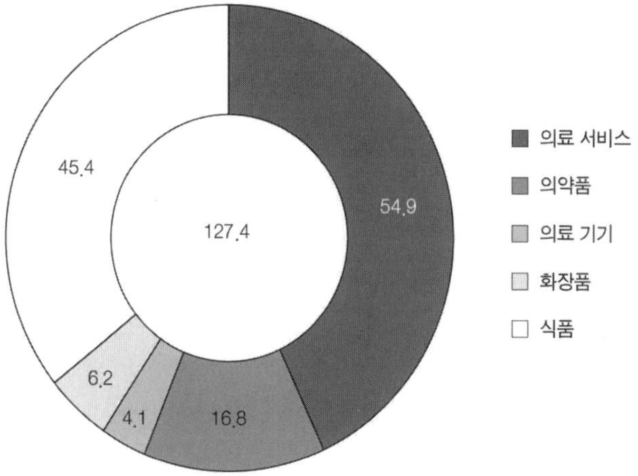

자료: 보건산업진흥원, 『보건산업 동향』(보건산업진흥원, 2014).

설 회사, 자금을 지원하는 금융기관, IT를 담당하는 시스템 회사가 전략적 협업 방식으로 프로젝트를 진행하는 사례도 빈번해지고 있다. 특히 바이오, ICT, 나노 부문의 융합 방식 진화가 두드러진다.

1) 융합의 초입에 선 의료 산업

10여 년 전만 해도 의료 산업이라는 용어를 쓸 계제가 아니었다. 의료에서 가장 큰 비중을 차지하는 병원에 대해 산업이라는 말은 일종의 금기어에 해당했다. 그다음으로 규모가 큰 제약은 제네릭(복제약) 위주로 생산하고 있었으므로 화학 업종이나 유통 회사의 성격이 짙었다. 의료 기기는 대부분 수입에 의존했을 뿐 아니라 대부분의 국내 업체는 규모가 작았으며, 취급하는 분야도 의료 보조 기구를 포함해 간단한 기기와 재료 중심이었다. 의료에서 가장 중요한 비중을 차지하지만 비영리로 운영되는 병원을 비롯해 제약 및 관련 부문은 산업으로 보기에 한계가 있었다.

▌그림 7-2▌ 국민 의료비 중장기 전망(2012년 기준)(단위: 조 원)

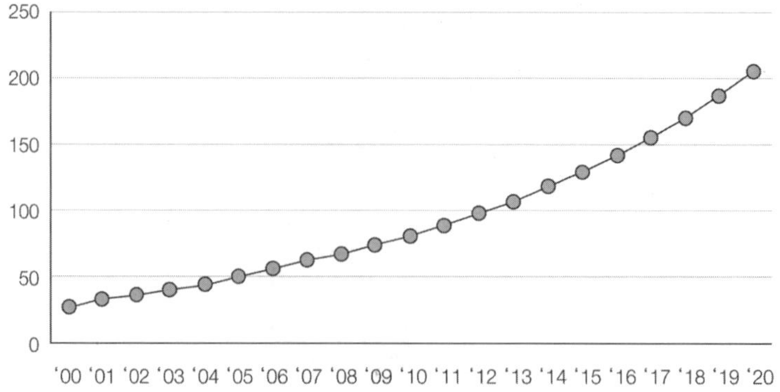

주: 2014년 이후는 추정치임.
자료: 보건산업진흥원, 『보건산업 동향』.

최근 의료 산업에 대한 긍정적인 전망이 쏟아져 나오고 있지만, 아직 구체적인 지표 차원에서는 이를 뒷받침할 만한 성과가 나오지 못하고 있다. 예를 들어 2013년 한국의 전체 수출은 5596억 달러에 달했지만, 이 중 의료 산업은 77억 달러에 머물러 전체 수출에서 차지하는 비중이 1%대에 불과한 실정이다. 1%대라는 수출 비중은 GDP에서 차지하는 비중이 11%를 넘어선 의료 산업의 위상과 상당히 큰 차이를 보인다. 주식 시장의 시가 총액 기준으로 보더라도 2014년 7월 기준 전체 산업은 1370조 원인 데 비해 의료 산업은 3%대인 47조 원에 머물러 있는 상황이다. 즉, 규모는 커졌지만 이에 걸맞은 위상은 갖추지 못하고 있다는 것이다.

그러면 미래의 의료 산업은 어떻게 될까? 인구 노령화와 소득수준 향상으로 인해 의료 산업은 폭발적인 증가세를 보이고 있으며, 의료 전문가와 정책 기관은 2020년 기준 의료 시장 규모를 200조 원 이상으로 전망하고 있다. 200조 원을 넘어서는 산업이 경쟁력을 갖지 못한다면 이는 국가 전체의 경제에 치명적이다. 그렇기에 의료는 신성장 동력을 넘어 국가의 미래를 좌우하는 핵심 산업으로 자리매김해야 한다. 여기에서 더 나아가 의

❙그림 7-3❙ 미래의 스마트 병원 모델

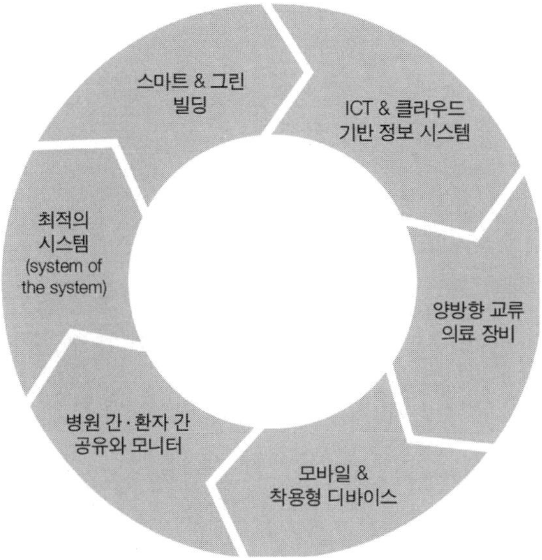

료 산업 자체를 더 넓게 재정의해야 한다는 목소리가 높아지고 있는데, 이는 산업 간 그리고 산업 내 융합 트렌드를 근거로 한다.

치료를 중심으로 하는 의료 경제health economy 시대에는 의료만의 독자적인 생존과 성장이 가능했지만, 예방과 건강성 유지를 중심으로 하는 의료 사회health society 시대에는 이러한 모델이 더 이상 가능하지 않다. 건강성을 유지하기 위해서는 의료뿐 아니라 엔터테인먼트, 피트니스 등 다양한 분야가 접목되어야 하고, 이러한 융합은 확장과 성장을 지속적으로 이끌어낼 것이기 때문이다. 예를 들어 줄기세포를 이용한 피부 재생, 안티에이징 화장품은 의약품의 영역으로 넘어오고 있다. 이러한 융합 움직임은 병원 밖뿐만 아니라 병원 내의 공간 측면에서도 환자 중심의 미래형 병원을 위한 스마트 커넥티드smart-connected에 가치를 부여하고 있다. 치료의 공간에서 치유의 공간으로 전환한다는 녹색 병원green hospital의 개념에 첨단 기술을 접목시킨 미래형 병원은 건설과 시스템 부문까지도 산업의 중요한 축으로 포함시키고 있다.

2) 생존과 번영을 위한 플레이어의 노력

의료 산업에서 전통적으로 가장 활발하게 융합된 분야는 병원-제약-바이오가 연계된 HT 융합 연구다. 하지만 최근 ICT를 기반으로 하는 융합의 형태는 전통적인 사례보다 훨씬 더 파격적이고 더 전면적이다. 전통적으로 의료 장비 부문의 메이저 기업은 GE, 지멘스, 필립스 등과 같은 기계 및 전자 계통의 강자였으나 최근에는 구글, 애플 등과 같은 ICT의 강자로 전환되고 있다. 최근 드라마틱하게 변하고 있는 환경하에서 의료의 핵심을 담당하는 병원, 제약-바이오 기업, 전통적인 의료 장비업체, 그리고 ICT 기반의 신흥 기업이 헬스 케어 산업의 미래를 놓고 각자의 영역을 구축하고 있는 중이다.

이들은 각자의 영역을 중심으로 융합하고 있지만 최근에는 영역을 넘어선 분야로 확대해나가고 있다. 애플은 2014년 미국의 시사 주간지 ≪US 뉴스 앤 월드 리포트US News & World Report≫에서 1위에 랭크된 메이요 클리닉Mayo Clinic을 포함한 미국의 주요 병원들과 전략적 제휴를 맺고 있다. 나아가 최근에 보험사와 협력을 추진하는 것도 이와 맥을 같이한다. 애플은 헬스 킷Health kit 사업에 병원뿐 아니라 착용형 디바이스업체, 보험사와도 생태계를 구축하고 있는 것이다.

이러한 합종연횡을 통해 이미 한계 상황에 이른 기존 영역에서 경쟁력을 잃지 않고 나아가 새로운 성장 동력을 찾으려 노력하고 있다.

▌그림 7-4▌ 헬스케어 산업의 주요 그룹

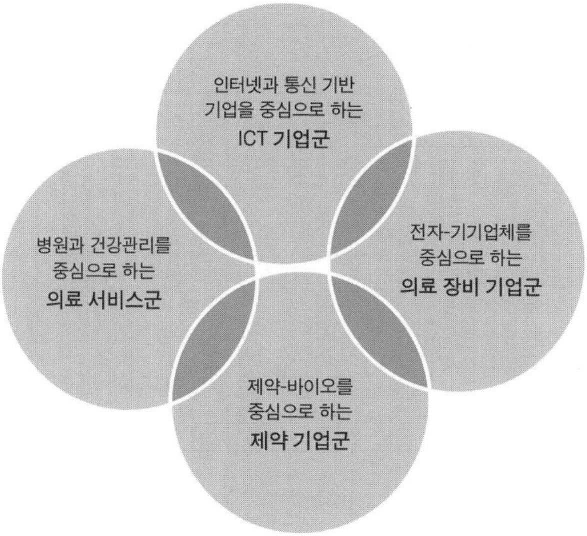

2 | 의료 산업 플레이어의 전략 변화

경계가 사라지고 있는 의료 산업에서 전통 플레이어와 신흥 플레이어는 각각의 강점과 기회를 기반으로 전략을 수립하고 있다. 이들의 전략은 크게 네 가지 특징을 보인다. 특히 이들의 전략 대안에서 빠지지 않는 특징이 바로 융합이다.

1) 바이오에서 길 찾기

첫 번째 전략 대안은 레드 바이오Red Bio라 불리는 바이오 의약품이다. 기존의 합성 의약품은 신물질 개발에서 바닥을 드러내고 있지만, 바이오 의약품은 미개척 분야로서 한계에 부닥친 합성 신약을 대체할 성장 엔진으로

▌표 7-1▐ 글로벌 매출 상위 10개 의약품(단위: 억 달러)

순위	2000년		2012년	
	제품 명	매출액	제품 명	매출액
1	로섹/프릴로섹(Losec/Prilosec)	63	휴미라(Humira)*	93
2	조코(Zocor)	53	레미케이드(Remicade)*	82
3	리피토(Lipitor)	52	엔브렐(Enbrel)*	80
4	에포젠/프로크리트 (Epogen/Procrit)*	47	세레타이드(Seretide)	73
5	노바스크(Norvasc)	34	리툭산(Rituxan)*	73
6	프라바콜(Pravachol)	29	란투스(Lantus)*	66
7	프로작(Prozac)	26	허셉틴(Herceptin)*	64
8	자이프렉사(Zyprexa)	24	크레스토(Crestor)	63
9	세로자트/파시 IR (Seroxat/Paxi IR)	23	아바스틴(Avastin)*	63
10	클라리틴(Claritin)	22	심발타(Cymbalta)	50

주: *는 바이오 의약품임.
자료: 박정태, 『바이오의약품의 이해 및 동향』(보건산업진흥원 한국바이오의약품협회, 2013).

주목받고 있다. 바이오 의약품은 최근 세포 치료제 개발 등이 가시적인 성과를 내면서 위상이 높아지고 있으며, 바이오 의약품의 제네릭이라고 할 수 있는 바이오시밀러biosimilar(바이오 복제약)도 각광받고 있다.

보건산업진흥원에 따르면 2015년이면 바이오 의약품과 바이오시밀러의 세계 시장이 각각 2090억 달러와 600억 달러에 이를 것으로 예상된다.[2] 한국에서도 바이오시밀러 1세대라 할 수 있는 셀트리온에 이어 삼성그룹, 한화그룹을 비롯한 주요 기업이 이 영역에 진출해 있다.

2010년 기준 전 세계 의약품 시장 7200억 달러 중 바이오 의약품은 1300억 달러로, 전체의 18% 수준에 머물고 있다. 하지만 매출액 기준 상위 10대 품목을 보면 바이오 의약품은 대표적인 유방암 치료제인 허셉틴을 포함해 2000년 1개 품목에서 2012년 7개 품목으로 급증했다(〈표 7-1〉 참조). 이미

2 박정태, 『바이오의약품의 이해 및 동향』(보건산업진흥원 한국바이오의약품협회, 2013).

시장의 주류가 바이오 의약품 중심으로 재편되고 있는 것이다. 이밸류에이트 파마Evaluate Pharma 사는 전 세계 상위 100대 의약품 매출액 중 바이오 의약품의 매출액 비율이 2011년 4%에서 2018년 49%로 급증할 것으로 예측하기도 했다.

2) 임상 연구과 기초 연구를 연결한 중개 연구

합성 신약이건 바이오 신약이건 연구 개발에 막대한 자원이 투입되어야 할 뿐만 아니라 연구 방식도 전환되어야 한다. 한국의 경우 2010년 이전까지 병원은 임상 연구를, 제약사는 기초 연구와 상용화를 위한 임상 연구를 주로 분담해 맡아왔다. 제약사는 제네릭에 집중했으므로 오리지널을 복제한 후 임상 효과를 인정받으면 그만이었고, 병원은 환자 치료 과정을 기초로 진행하는 교수 개인의 논문을 작성하기 위한 임상 연구를 하는 것으로 족했기 때문이다. 그러나 신약 영역에서는 기초 연구와 임상 연구 못지않게 중개 연구translational research도 중요하다. 이학박사 중심인 기초 연구를 의사 중심의 임상 연구와 접목하기 위해서는 효율적인 중개 연구가 필수적이다. 중개 연구가 가교 역할을 수행해야 '기초 연구의 임상 활용bench to bed side'과 신약 개발이 가능해지기 때문이다.

사업화를 전제로 하면 의학 연구에서 중개 연구는 징검다리가 아닌 핵심 프로세스 역할을 하게 된다. 초기 단계의 기초 연구나 3상, 4상의 임상 연구도 협력 연구가 필요하지만 중개 연구에서는 협력 연구가 필수적이다. 기능 차원에서는 기초 연구에서 임상 연구까지 일관된 연계가 필요하며, 기관 차원에서는 대학과 연구소, 병원, 제약 또는 장비업체 등 가치사슬을 구성하는 전체 기관의 참여가 요구된다. 물론 이전에도 협력 연구의 중요성은 강조되었지만 최근의 트렌드에서는 협력 연구가 더욱 강력하고 실질적이다. 특히 줄기세포와 게놈 영역의 경우 아예 소스를 공개해서 협력 연구 기반을 제공하는, 이른바 '오픈 플랫폼open platform' 방식의 연구 생태계도 조성되고 있다.

3) 의료 복합 기업

우리나라의 몇몇 기업은 헬스 케어를 미래의 신수종 사업으로 선정하고 전략과 자원을 과감하게 투자하고 있다. 병원과 제약 부문을 넘어 바이오, 보험, 반도체, 금융, IT 및 건설 등 관련 기능을 엮는다면 미래를 준비하기 위한 그룹 차원의 고유 가치사슬을 마련할 수 있다고 판단하기 때문이다. 하지만 국내 기업의 이런 행보는 전 세계 굴지의 기업이 보이는 행보에 비하면 찻잔 속의 태풍 정도에 불과하다.

인터넷을 기반으로 한 구글의 예를 보자. 구글은 성공과 실패를 거듭하긴 했지만 2010년 이전부터 헬스 케어 사업을 추진해왔다. 현재 구글의 대표적인 사업 모델로는, 일상적인 건강 정보를 분석하고 관리하는 '구글 핏Google fit', 질병 위험을 분석해 대응하는 '베이스라인 스터디Baseline Study', 병원 내에서 정보를 관리할 수 있는 '구글 글래스', 그리고 인간의 수명을 150세까지 연장시키기 위한 '캘리코Calico' 프로젝트를 들 수 있다.

구글 글래스의 병원 연계 모델은 응급실, 수술실, 중환자실, 그리고 외래 진료 공간까지 역할을 확대해가고 있다. 베이스라인 스터디 프로젝트는 인간의 유전자와 분자 정보를 분석해 건강한 신체의 조건을 알아내는 것이다. 게노믹스도 방대한 데이터가 필요하지만 이 프로젝트는 분자 정보를 기반으로 한 특정 패턴과 바이오마커를 개발하는 분야까지 영역을 확대하므로 훨씬 더 방대한 데이터베이스가 요구된다. 구글은 이를 위해 의사뿐 아니라 생리학, 생화학, 분자생물학을 전공한 100명 가까운 전문가들로 팀을 꾸렸고, 이를 통해 암과 심장병 등의 질병 가능성을 탐지하고 예방하는 방안을 찾는 것을 목표로 하고 있다. 캘리코는 구글의 문 샷Moon Shot 프로젝트의 하나로, 향후 15년간 연구를 통해 노화의 원인을 규명하고 이를 통해 인간의 평균 수명을 늘리는 신약을 개발하기 위한 사업이다. 구글은 이러한 담대한 도전을 이미 강력하게 추진해나가고 있다.

4) 의료 가치사슬의 연계

질병이 발생했을 때 제대로 치료하는 것은 의료가 담당해야 하는 가장 중요한 역할이다. 하지만 여기에 더해 건강할 때 건강을 유지하도록 관리하고 발병 가능성을 보이는 신호가 감지되었을 때 이를 예방하는 헬시 케어healthy care의 중요성도 커지고 있다. 또한 치료 후 회복을 위한 역할도 재활에서 재생으로 고도화되고 있다.

이에 따라 의료는 '건강성 유지 – 예방 – 치료 – 회복 – 복귀'로 기능을 확대해나가고 있다. 물론 이들 기능에서 단계별 벽은 여전히 존재하지만 결이 없는 서비스seamless service를 지향하고 있으므로 그 벽은 점차 낮아지고 있다. 과거에는 병원이 치료와 점검 차원에서 건강 검진을 수행했지만 이제 예방과 치료가 하나의 프로그램으로 연결되기 때문이다. 이러한 전주기적 관리total life care는 병원을 포함해 특정 기관이 단독으로 수행하기 어렵다. 그렇기에 병원을 중심으로 전후방 서비스를 전략적으로 연계하는 방식의 제휴가 이뤄지고 있다. 특히 미국의 경우 많은 선도적인 대학 병원은 지역을 기반으로 네트워크를 연결하는 라이프 케어life care 생태계를 구축하고 있다.

ICT를 기반으로 하는 모바일 헬스는 이러한 움직임을 더욱 가속화시키고 있다. 한국에서는 아직 지지부진하지만 미국을 포함한 선진국에서 활성

▌그림 7-5▌ 라이프 케어 체인

화되고 있는 모바일 헬스에서는 치료 영역보다 일상적인 건강관리와 예방의 역할이 강조되고 있다. 모바일이라는 무기를 장착한 전 주기적인 케어 모델은 제조를 기반으로 하는 제약과 의료 장비 부문뿐 아니라 서비스를 기반으로 하는 케어 부문에서도 새로운 차원의 융합 촉매제가 되고 있다.

3 | 의료에서의 고용 창출

의료 산업이 중요한 이유 중 하나는 전문성 있는 창조직업군이 활약할 수 있는 분야로서 양질의 일자리를 창출할 수 있는 기회가 크기 때문이다. 여기서는 의료에서 창출되는 고용에 대해 알아보려 한다.

1) 인재 양성과 고용 창출의 보고

인구가 노화하는 데 따른 성장의 정체도 쟁점이지만, 노인 인구를 부양하기 위해 요구되는 막대한 사회적 비용을 어떻게 감내할지를 논의하는 것자체가 미래에 대한 전망, 특히 고용과 관련된 전망을 더욱 무겁게 만들고 있다. 하지만 이를 의료 산업의 관점에서 바라보면 다른 세상이 펼쳐진다. 병원과 제약 중심으로만 접근했던 의료 경제 시대에서 고령화 시대에 삶의 질 전반을 대상으로 하는 의료 사회 시대로 급속하게 체계가 재편되고 있기 때문이다. 의료 산업은 대한민국의 산업 중에서 가장 빠른 성장세를 보이고 있으며, 해외로 진출해 신시장을 개척할 수도 있다.

지금까지 한국은 성장을 통해 일자리를 창출하고, 창출된 일자리가 소비를 늘리고, 늘어난 소비가 성장을 견인하는 순환 구조를 보여왔다. 그러나 산업 구조와 생산 원천의 패러다임이 근본적으로 전환되면서 성장이 더 이상 일자리 창출을 보장하지 못하는 시대로 접어들고 있다. 이러한 때에 의료 산업은 청년 실업을 비롯해 일자리로 인해 발생하는 사회적 문제를 해결하기 위한 대안으로 인정받고 있다.

이쯤에서 우리는 고용 창출과 인재 양성 측면에서 왜 의료 산업이 중요한지를 짚어볼 필요가 있다. 한국 근대의 경제를 크게 3단계로 구분하면, 첫 번째 단계는 중화학공업을 근간으로 하는 산업 경제 시대다. 당시의 대표적인 산업은 노동 집약적 생산의 전형인 자동차, 조선, 철강으로, 이때를 일컫는 대표적인 용어는 '한강의 기적'이다. 두 번째 단계는 IT 산업을 근간으로 하는 지식경제 시대다. 기술과 지식 집약적인 생산 특성을 지닌 가전, 반도체 및 정보 통신, 즉 IT가 대표적인 산업이다. 이때 한국은 IT 강국이라는 맹위를 세계에 떨치기도 했다. 세 번째 단계는 감성과 체험을 근간으로 하는 창조경제 시대다. 창조경제 시대는 프로슈머, 즉 생산자와 소비자의 관계가 쌍방향으로 작용하는 특징을 보이며, 문화, 콘텐츠 및 서비스를 망라한다.

한국은 아직까지 이 3단계 분류 중 2단계인 지식경제 시대에 속해 있다. 지식 기반 산업이라 함은 고도의 기술력에 집중하는 것으로, 드러커가 '토지

▮표 7-2▮ 1970~2000년대 고용탄성치 변화

시기	제조업	서비스업	산업 전체
1970년대	0.56	0.75	0.42
1980년대	0.43	0.63	0.29
1990년대	-0.16	0.72	0.24
2000년대	-0.10	0.65	0.29

자료: 황수경, 『창조경제에서 서비스산업의 역할』(한국개발연구원, 2013).

– 노동 – 자본'과 같은 1단계의 생산요소는 더 이상 경쟁 우위의 원천이 될 수 없다고 지적한 것과 맥락을 같이한다. 가장 대표적인 사례가 반도체와 정보 통신 영역이다. 지식경제를 기반으로 한 산업의 공통된 특징은, 성장은 하되 고용은 없는, 이른바 '고용 없는 성장' 방식으로 진행된다는 것이다.

지식경제 이후의 시대는 창조경제 시대라 일컫는다. 창조경제 또는 창조 산업은 지적 자본을 투입해 생산하는 전반적인 활동 영역, 즉 상상하는 활동을 포함해 생산 또는 서비스를 제공하는 모든 활동이라고 볼 수 있다. 창조 산업에서는 지식을 대규모 자본이나 최첨단 기술뿐 아니라 다양한 산업 요소와도 결합할 수 있다. 이처럼 창조 산업은 문화와 콘텐츠 영역에서의 다양한 서비스를 근간으로 하므로 고용 창출에 유리하다.

고용이라는 측면에서 지식경제의 근간이라 할 수 있는 제조업과 창조경제의 근간이라 할 수 있는 서비스업의 고용탄성치(취업자 증가율÷실질GDP 증가율로, 경제성장이 고용 증가에 미치는 영향)를 비교해보자. 1970년대 0.56이던 제조업의 고용탄성치는 2000년대에 이르자 −0.10으로 떨어졌다. 즉, 1970년대에는 GDP가 1% 증가할 때 고용이 0.56% 증가했지만, 2000년대에는 GDP가 1% 증가할 때 고용은 오히려 0.1% 감소했다. 반면 서비스업은 지난 40년간 0.75에서 0.65로 큰 변화를 보이지 않고 있다.[3]

3 황수경, 『창조경제에서 서비스산업의 역할』(한국개발연구원, 2013).

첨단 장비화로 인해 이미 고용 창출 잠재력을 거의 상실해버린 지식경제와 달리 인적·지적 자원을 활용하는 창조경제는 여전히 왕성한 고용 창출 역량을 과시하고 있다. 같은 맥락에서 2010년 기준 매출이 10억 원 증가할 때 제조업은 취업 유발 효과가 8.9명에 불과했지만 서비스 산업은 18.5명으로 제조업에 비해 절대적으로 높았다.[4] 좀 더 구체적인 사례를 들어보자. 2013년 11월 28일 열린 제3차 국민경제자문회의의 보고에 따르면, 삼성전자와 현대자동차의 매출 10억 원당 고용 효과는 각각 0.6명과 0.7명에 불과한 데 비해 서울대학교병원은 7.7명에 이른다고 한다. 이에 비춰볼 때 서비스업, 특히 병원을 포함한 의료 산업은 고용 창출 효과가 매우 크다는 사실을 알 수 있다.

새로운 경제성장 방향은 서비스업을 근간으로 하는데, 서비스업의 대표적인 분야가 의료다. 향후 성장 가능성뿐 아니라 창조적인 양질의 고용 창출 잠재력도 풍부하다는 점에서 의료는 저성장 시대의 핵심이자 대표 산업이라 할 수 있다.

2) 창조 직업군에서 의료의 위상

2000년대 초반 리처드 플로리다Richard Florida는 창조 계급creative class이라는 다소 도전적인 직업군에 대해 이미 "새로운 시대에는 새로운 가치가 탄생하며, 창조라는 새로운 가치는 새로운 창조 직업군에 의해 창출된다"라고 정의한 바 있다.[5] 플로리다는 창조 직업군을 창조 전문 직업, 핵심 창조 직업, 보헤미안 직업으로 분류했다.

---

4 박정수 외, 『창조경제 실현을 위한 서비스산업 전략과제』(산업연구원, 2013).

5 Richard Florida, *The rise of the Creative Class*(Perseus Book Group, 2002).

❙ 표 7-3 ❙ 리처드 플로리다의 정의에 따른 국내 창조 직업 분류

직업 분류	분야	직업 예시
창조 전문 직업	의료, 경영, 법률, 금융 등	의사, 간호사, 보건·의료 전문가, 비즈니스 전문가
핵심 창조 직업	컴퓨터, 연구, 디자인, 교육 등	컴퓨터 전문가, 생명공학자, 사회과학자, 교육자
보헤미안 직업	예술, 문화, 연예, 미디어 등	사진작가, 시청각 장비 전문가, 아티스트, 패션 및 모델

자료: 현대경제연구원, 『지속가능 성장을 위한 VIP 리포트』(현대경제연구원, 2013).

현대경제연구원이 2013년 발표한 『지속가능 성장을 위한 VIP 리포트』에 따르면 국내 전체 직업의 개수는 총 1만 1242개이며, 이 중 창조 직업의 수는 4254개로 37.8%를 차지하는 반면, 창조 직업 종사자 수는 443만 명으로 18.4%에 불과하다. 이는 미국의 2010년 기준 창조 직업 종사자 비중인 27.4%에 비해 낮은 수준인데, 미국은 의료가 포함된 창조 전문 직업군의 비중이 16.5%로 한국의 9.1%에 비해 2배 가까이 높기 때문이다.

한국은 2008년에서 2010년 사이에 창조 전문 직업 종사자 수가 오히려 13만 5000여 명 감소한 것으로 나타났으며, 특히 관리직, 영업직, 판매직의 감소가 컸다. 하지만 주목할 점은 이러한 추세에도 창조 전문 직업군 가운데 의료와 사회복지 분야의 인력은 무려 14만 4000여 명 증가하는 등 헬스 케어 분야의 인력 증가가 두드러진다는 점이다.

이런 면을 고려할 때 의료 산업이 창조경제에 미치는 영향은 매우 크다고 할 수 있다. 창조경제의 중요성은 점점 커지는 데 반해 창조경제의 전체적인 비중은 오히려 감소하고 있는 현실에서 이러한 비중 감소를 막아내는 분야가 바로 의료 산업이기 때문이다. 80조 원을 넘어선 산업의 규모와 50만 명을 넘어선 종사자 수, 대한민국 최고 우수 인력의 집합, 그리고 매년 10%에 가까운 성장률을 근거로 할 때 의료 산업이 창조경제를 이끌고 있다고 해도 과언이 아니다.

3) 양질의 일자리 창출의 중요성

의료 산업 근로자의 평균 임금은 243.8만 원으로 창조 직업 근로자의 평균 임금인 280.6만 원의 86.9% 수준에 불과하다. 의사까지 포함된 통계이므로 일반적인 임금 근로자의 실제 소득은 더 낮을 것으로 추정된다.[6] 부가가치 증가율(6.2%), 취업자 증가율(13.5%) 및 고용탄성치(2.18)의 3대 지표에서 의료 및 복지 분야는 한국 산업 전체를 통틀어 최고 수준이지만 의료 산업 내 종사자들은 낮은 위상에서 벗어나지 못하고 있는 실정이다.

그러므로 고용탄성치가 높은 것에 머물지 않고 양질의 근로를 실현하기 위해서는 산업 인력에 대한 연구 개발과 교육이 필요하다. 이는 곧 의료 산업 분야가 전문성과 부가가치를 높이는 방향으로 진화해야 함을 의미한다. 이를 위해서는 의료 산업 직업군이 창조경제에 부합하는 역량을 키울 수 있도록 인력을 육성해야 하며, 나아가 의료 자체의 가치를 증대시키기 위해 다음과 같은 노력을 기울여야 한다.

첫째, 융합과 다학제 기반 교육이 필요하다. 지금까지는 병원이 의료 산업의 주를 이루었다. 범위를 넓히면 제약, 바이오, 의료 장비까지 확대할 수 있었으며, 단순히 통계적으로만 분류한다면 식품과 화장품을 포함시킬 수 있었다. 하지만 의료 사회 시대에는 영역에 대한 시각이 바뀌어야 한다.

산업의 범위로 본다면 의료 부문뿐 아니라 ICT, 서비스 디자인 및 산업공학까지 아우르는 범산업계를 의료로 해석할 수 있는 통합 교육과정을 개발해야 한다. 단기간에 대학의 학과 과정을 개설할 수 없다면 병원협회를 비롯한 공공기관에서라도 역할을 담당해야 한다.

---

6 김필수 외, 「창조직업의 고용확대가 창조경제의 관건이다!: 한국의 창조직업 현황과 시사점」(현대경제연구원, 2013).

❙ 표 7-4 ❙ 2008~2012년 서비스업 업종별 부가가치 및 취업자 증가율과 고용탄성치

업종	부가가치 증가율	취업자 증가율	고용탄성치
서비스업 평균	2.6	1.8	0.70
보건복지	6.2	13.5	2.18
숙박음식점	0.2	-1.7	-7.55
금융보험	3.0	0.6	0.21
통신	3.9	-6.3	-1.63
교육	0.6	-0.6	-0.97
문화·오락	2.2	-0.6	-0.26

자료: 황수경, 『창조경제에서 서비스산업의 역할』.

둘째, 의료 산업의 핵심 영역별로 고도화·규모화해야 한다. 의료 산업의 핵심은 서비스다. 하지만 서비스 가치를 뒷받침하려면 차별적인 경쟁력과 지속적인 기술 개발을 통해 산업을 고도화시켜야 한다. 이를 위한 첫 번째 트리거링 이벤트는 연구 개발이다. 특히 병원 차원에서 진행되는 연구 중심 병원 사업과 제약사 차원에서 진행되는 혁신형 제약 기업을 정책적으로 연계해야 한다. 이를 통해 산업화 관점에서 R&BD를 활성화할 수 있다.

한국 제약업계와 장비업계의 영세성은 의료 산업 전체의 가치와 위상을 높이는 데 걸림돌이 되고 있다. 규모와 기술 선도성으로 산업을 이끌어나갈 수 있는 기업이 없는 상황에서 영세한 다수의 한계 기업이 경쟁하는 구도는 산업의 건전한 발전을 저해할 수 있다. 그렇기에 글로벌 경쟁력을 갖추도록 선도 제약 기업 및 의료 장비 기업이 M&A를 통해 경쟁력을 강화하는 방향으로 제도를 보완해야 한다.

4 | 의료 산업에서 답을 찾다

옥스퍼드대학교의 프레이 교수팀은 2013년 발표한 고용의 미래와 관련된 보고서에서 컴퓨터의 확산에 따라 현재의 직업 중 47%는 20년 이내에 사라질 가능성이 높다고 했다. 총 702개의 직업군을 대상으로 사라질 가능성이 높은 직업을 조사했는데, 1위는 텔레마케터(99%)였으며, 그 외에 시계 수선공(99%), 자동차 엔지니어(96%), 보험 판매원(92%), 버스와 택시 기사(89%) 등도 사라질 가능성이 높은 직업으로 분류되었다. 이들 직업의 특성은 기술의 발전으로 기능을 대체할 수 있다는 것과, 서비스 제공자가 기계이든 로봇이든 컴퓨터이든 사람이든 간에 서비스를 받는 이들은 크게 개의치 않는다는 것이다.

반면 사라질 직업에서 가장 낮은 점수를 받은 직업은 레크리에이션을 활용한 치료 전문가(0.28%)였으며, 그 외에 헬스 케어 부문 사회복지사(0.35%), 악안면 외과 의사(0.36%), 영양사(0.39%). 외과/내과 의사(0.42%) 등의 의료 관련 직업군이 뒤를 이었다. 미래가 아무리 전자화되고 로봇과 인간이 전쟁을 치르더라도 기계가 대체할 수 없는 인간의 영역이 바로 헬스 케어인 것이다. 이러한 관점에서 보면 헬스 케어는 현재도 고용 창출의 보고이지만 미래에는 그 역할이 더욱 강화될 것으로 전망된다.

1) 의료 산업 성장에서 투자의 중요성

투자 없는 성장은 허상이다. 건강관리 서비스, 바이오 메디컬 연구 개발, 그리고 글로벌 헬스 케어는 미래형이라는 특성과 글로벌 경쟁이라는 특성을 동시에 가지고 있다. 미래에 대비하겠다면서 자원을 투자하지 않는 것은 높은 성적을 받기를 바라면서 공부를 게을리하는 것과 같으며, 해외에서 글로벌 경쟁을 하겠다면서 내부 역량을 키우지 않는 것은 전쟁에 승리하겠다면서 훈련을 게을리하는 것과도 같다. 의료 산업이 신성장 동력이며 의료 산업을 통해 양질의 고용 창출을 이룰 수 있다는 것은 사실이다.

단, 이는 이에 걸맞은 투자가 선행될 때 가능한 일이다.

공공재로서의 의료 서비스의 가치는 아무리 강조해도 지나치지 않다. 그러나 2020년이면 GDP의 10%를 넘어서고 가장 많은 고용이 이뤄질 성장 산업으로서의 가치도 그 못지않게 중요하다. 의료 서비스를 공공재나 산업으로만 보지 않는 균형 잡힌 시각과 접근이 필요한 때다.

2) 의료 산업 미래에 대한 준비

아직 한국은 의료 산업화의 초입에 접어든 상황이며 그 행보도 힘차지 못하다. 하지만 눈을 돌려 세계를 보면 의료 산업을 향한 거대한 트렌드가 강력하게 부상하고 있다. 세계 굴지의 기업들이 문 샷과 같은 담대한 계획을 세우고 '전부 아니면 전무all or nothing' 또는 '승자 독식winner takes it all' 시장을 선점하기 위해 뛰어들고 있다.

돌이켜보자. 불과 15년 전만 하더라도 한국이 세계적인 IT 강국이 될 것이라고 누가 생각했던가. 한국의 전자 제품이 시장을 석권하고 한국의 자동차가 세계 시장 점유율을 다툴 것이라고 누가 상상했던가. 변화를 읽어내는 자, 현재의 경쟁뿐 아니라 미래를 희망하고 준비하고 두드리는 자만이 다가올 의료 사회 시대의 의료 산업을 향유할 자격을 얻을 것이다.

5 | 정책 제언

성장과 고용이라는 측면에서 효자로 인정받고 있는 의료 산업이지만 현실적인 상황은 그리 녹록치 않다. 의료 서비스에 공공성과 복지라는 가치를 지나치게 강조하다 보니 평균성이라는 논리에 묶여 성장 동력과 경쟁력이 떨어지고 있다. 공공재로서 의료가 갖는 복지 측면의 가치와 신성장 동력으로서 경쟁력을 갖춘 산업 측면의 가치는 우리가 함께 밀어야 할 양대 축이다. 이를 위해 우리가 더욱 해결하고 집중해야 할 정책 과제를 제시하려 한다.

첫째, 연구 개발을 통해 의료 산업의 규모와 질을 함께 키워야 한다. 비단 연구 중심 병원뿐 아니라 첨단 의료 복합 단지를 비롯한 의료 클러스터, 전 주기적 신약 개발, 천연물 신약 개발 등 정부의 주요 바이오 메디컬 부문 연구 개발 육성 사업은 대부분 업계에 큰 반향을 일으켜왔다. 의료 산업계가 이처럼 정부의 연구 개발 사업에 관심을 기울이는 이유는, 규모의 성장에 걸맞은 경쟁력을 갖추기 위해서는 지속적인 연구 개발 투자가 필수적이기 때문이다.

미래형 지식 산업인 헬스 케어 부문의 연구 개발은 고용 창출 측면에서도 중요한 역할을 할 수 있다. 최근 들어 사회적 이슈가 되고 있는 고학력자의 취업난 문제를 해결할 수 있는 어젠다이기 때문이다. 바이오 메디컬 연구 개발은 특성상 의사와 이학박사 간 협력이 필수적이며, 이공계뿐 아니라 심리학을 포함한 인문 사회 계열의 참여도 필요하다. 따라서 바이오 메디컬 연구 개발이 활성화되면 양질의 일자리를 창출함으로써 사회적 이슈를 해결하는 활로를 찾을 수 있을 것이다.

둘째, 해외로 눈을 돌려야 한다. 한국이 의료 관광과 해외 환자 유치라는 영역으로 관심을 집중한 지 불과 5년 만인 2013년 말 의료 관광객 수가 20만 명을 넘어섰다. 태국, 싱가포르 등 의료 관광 선도 국가들과 비교하면 아직 규모가 크지 않지만 한류를 선도하는 콘텐츠 산업으로서의 성장세를 고려할 때 향후 전망은 긍정적이다. 이와 더불어 병원 수출도 활기를 띠고 있다. 2013년 말 현재 110개 이상의 병원이 해외에 진출하고 있는데, 이러한 흐름은 더욱 활발해지고 있다. 특히 2014년 중반을 지나면서 중동을 중심으로 국내 선도 병원과 시스템 회사들의 진출 낭보가 계속되고 있다. 또한 진료를 넘어 연구 개발 자체를 모델로 사우디에 수출하는 선진형 사업까지 진행되고 있어 전망은 더욱 밝다.

해외 환자 유치를 포함한 의료 관광 부문과 의료 서비스를 중심축으로 하는 병원 수출 부문에 더욱 중요한 의미를 두는 이유는 이러한 글로벌 헬스 케어가 고용 창출의 보고이기 때문이다. 의료 관광이든 병원 수출이든 기존에 한국에 없던 시장을 개척하는 것이므로 이로 인해 늘어나는 일자리의 가치도 그만큼 높아질 것이다. 한류 3.0까지는 문화 산업을 기초로 했다면 한류 4.0은 인프라의 속성까지 갖춘 콘텐츠 산업으로 진화해야 하는데, 글로벌 헬스 케어가 대표적인 아이콘 역할을 할 수 있다.

명실상부한 선진국 대열에 들어서기 위해서는 의료 산업이 반드시 경쟁력을 갖춰야 한다. 연구 개발을 통한 산업화와 글로벌 진출을 통한 신규 시장 개척 과정을 거치면서 의료 산업은 '핵심 성장 동력'을 넘어 한국 미래 경제의 '핵심 축' 역할을 맡을 것이다. 의료 산업화와 이를 통한 미래형 고용 창출 정책을 강하고 신속하게 추진해야 하는 이유다.

08 미래의 산업과 직업 교육 분야

하봉운

1 | 교육 변화의 배경

1) 저출산에 따른 학령인구 및 학급당 학생 수 감소

김대중 정부 시절 의욕적으로 추진된 학급당 학생 수 감축 이후 중앙정부 차원에서는 학급당 학생 수 감축 사업이 거의 이뤄지지 않았다. 2011년도 통계에 따르면 한국의 학급당 학생 수는 초등학교 26.3명, 중학교 34.0명으로, OECD 평균(초등학교 21.2명, 중학교 23.3명)보다 많은 과밀 학급으로 나타났다.

학급당 학생 수를 감축하기 위해서는 근본적으로 중앙정부 차원에서 더 많은 교육 재정을 투여해 학교와 교원을 확충해야 하는데, 저출산으로 학령인구가 감소하고 있는 추세라서 학급당 학생 수를 감축하기에 더욱 유리한 조건이 형성되고 있다.

2013년 초등학교에서 대학교까지의 학령인구(6~21세)는 936만 3000명

‖ 표 8-1 ‖ 학령인구 변화 추이(단위: 천 명, %)

	총인구	총 학령인구 (6~21세)	초등학교 (6~11세)	중학교 (12~14세)	고등학교 (15~17세)	대학교 (18~21세)
1970	32,241(100.0)	12,604(39.1)	5,711(17.7)	2,574(8.0)	2,101(6.5)	2,218(6.9)
1980	38,124(100.0)	14,401(37.8)	5,499(14.4)	2,599(6.8)	2,671(7.0)	3,632(9.5)
1990	42,869(100.0)	13,361(31.2)	4,786(11.2)	2,317(5.4)	2,595(6.1)	3,663(8.5)
2000	47,008(100.0)	11,383(24.2)	4,073(8.7)	1,869(4.0)	2,166(4.6)	3,275(7.0)
2010	49,410(100.0)	10,012(20.3)	3,276(6.6)	1,974(4.0)	2,090(4.2)	2,672(5.4)
2013	50,220(100.0)	9,363(18.6)	2,788(5.6)	1,808(3.6)	1,962(3.9)	2,805(5.6)
2020	51,435(100.0)	7,757(15.1)	2,719(5.3)	1,359(2.6)	1,370(2.7)	2,308(4.5)
2040	51,091(100.0)	6,698(13.1)	2,378(4.7)	1,271(2.5)	1,298(2.5)	1,751(3.4)
2060	43,959(100.0)	4,884(11.1)	1,805(4.1)	906(2.1)	910(2.1)	1,264(2.9)

자료: 통계청, 장래인구추계 데이터베이스(www.kosis.kr)(2014).

으로 2010년(1001만 2000명)에 비해 64만 9000명 감소했으며, 향후에도 계속 줄어들 것으로 전망된다. 출생아 수의 급격한 감소로 학령인구 또한 지속적으로 감소해 2060년에는 학령인구가 총인구의 11.1%에 불과할 것으로 전망된다.

박근혜 정부 또한 대선 공약으로 학급당 학생 수 감축을 약속했으며, 2013년 초반 교육부는 2020년까지 OECD 국가 상위 수준인 초등학교 21명, 중고등학교 23명 수준으로 학급당 학생 수를 감축하겠다는 계획을 발표한 바 있다.

2) 고령화에 따른 노동시장 유연화 및 여성과 노인의 경제활동 참여 증대

과거 일부 선진국의 일이던 고령화 현상이 전 세계로 확산됨으로써 고령화는 21세기를 주도하는 메가트렌드로 자리 잡았다. 특히 한국의 고령화 속도는 세계 최고 수준으로, 서구 선진 국가에서는 고령화 사회에서 고령 사회로의 이동이 한 세기에 걸쳐 진행되었으나 한국에서는 급속하게 진행될 것으로 예측된다. 2013년 현재 노인 인구 비중은 12.2%인데, 2026년

▌표 8-2▌ 고령화 사회에서 고령 사회로 도달하기까지 소요된 각국의 기간

구분	고령화 사회(7%)	고령 사회(14%)	소요 연수(년)
일본	1970	1994	24
미국	1942	2013	71
영국	1929	1976	47
프랑스	1864	1979	115
독일	1932	1972	40
스웨덴	1887	1972	85
한국	2000	2019	19

주: 1) 괄호의 %는 65세 이상 인구가 총인구에서 차지하는 비율을 의미함.
2) 통계청 추정에 따르면 한국은 2024년에 초고령 사회(20%)에 진입할 것으로 예상됨.
자료: 이현승·김현진, 『늙어가는 대한민국』(SERI 정책에세이 003)(2003).

20%, 2040년 32.3%, 2060년 40.1%로 늘어날 것으로 전망된다.

또한 기혼 여성을 포함한 여성의 사회 진출이 가속화되면서 맞벌이 가구는 2012년 43.5%로, 거의 두 집 중 한 집은 부모 양쪽이 직업을 갖고 있다. 향후 여성은 더 이상 가정에 남아 있지 않고 더욱 많은 영역에서 남성의 역할을 대신할 것이며, 산업이 지식경제로 이행하는 과정에서 여성 노동은 기존의 저임금 서비스 업종에서 벗어나 고차 서비스 분야로 더욱 확대될 것이다.

평균수명이 늘어나면서 노령화지수[1]가 2010년 68에서 2030년 214까지 치솟을 것으로 예상됨에 따라 국가나 사회는 여성에게 사회적 진출을 더욱 거세게 요구할 것이다. 이에 따라 이혼의 증가 등으로 전통적인 가족 관계가 변화함은 물론, 시장이 가사 노동을 대신할 것이며, 육아, 보육 등과 관련된 사회복지 수요도 더욱 증가할 것이다. 따라서 고령 사회에 적합한 사회 인프라 공급과 도시 정비에 더 많은 비용이 요구될 것이다. 한편 늘어난

1 65세 이상의 고령 인구를 14세 이하의 유소년 인구로 나눈 값에 100을 곱한 수치로서, 세계 평균은 51, 선진국 평균은 148이다.

시간만큼 고용 관계는 더욱 탄력적으로 변화할 것이며, 노인 세대의 경제적 격차에 따라 여가 시장이 확대되고 사회복지 수요가 증가할 것이다.

3) 지식 창출과 공유 체제에 대한 압력 증가 및 지식 수명의 단축

NBICS[2] 등 첨단 기술이 미래 산업을 이끌어가면서 생활 및 교육 공간에서 폭넓게 활용될 것으로 예상된다. 일례로 가상 이미지와 정보를 이용해 관찰 대상과 연계한 학습 경험을 제공하는 증강 현실(또는 혼합 현실), 전자교과서(디지털 교과서), 동작 기반 컴퓨터의 발달에 따른 시뮬레이션 같은 학습 형태가 일상화되고 있다.

소셜 러닝social learning, MOOC,[3] 집단 지성[4] 프로젝트를 통해 누구든지 시간과 장소의 제약 없이 다양한 방법을 통해 세계의 최신 정보와 지식에 수시로 접근하고 공유하며 협업할 수 있게 되었다. 일례로 인간의 재능을 테스트하고 보완해주는 인터페이스나 시뮬레이션이 개발되어 개별 학습자에게 최적화된 교육이 가능하며, 사이버나우CyberNow(인체에 부착하는 컴퓨

---

2 NBICS란 나노 기술(NT), 바이오 기술(BT), 정보 기술(IT), 인지과학(CT), 그리고 합성생물학(Synthetic Bio Technology)을 지칭한다.

3 2001년 미국 MIT대가 온라인으로 대학 강좌의 콘텐츠 일부를 무료로 들을 수 있도록 대학 강의 공개(open course ware: OCW)를 도입하자 교육콘텐츠 공개운동(open educational resources: OER)이 일어났는데, MOOC(massive open online course)는 이 운동에서 시작되었다.

4 다수의 개체가 서로 협력하거나 경쟁하면서 얻은 집단의 지적 능력을 의미한다. 미국의 곤충학자 윌리엄 모턴 휠러(William Morton Wheeler)는 한 개체로는 매우 미미한 흰개미가 협업을 통해 과학적으로 뛰어나고 규모도 거대한 개미집을 만드는 과정을 관찰하면서 처음 제시한 개념으로, 개개인의 지식과 창의력이 모이면 훨씬 더 큰 성과를 창출할 수 있다는 의미다. 호기심 있는 대중의 자발적 참여, 자율성, 개방성, 수평적 관계에서의 협업 등을 주요 특징으로 하며, 오늘날에는 다양한 웹사이트를 링크함으로써 수많은 사람들이 생산하는 지식을 지능적으로 활용할 수 있다.

▌그림 8-1▐ 지식량의 2배 증가 속도(knowledge doubling curve)

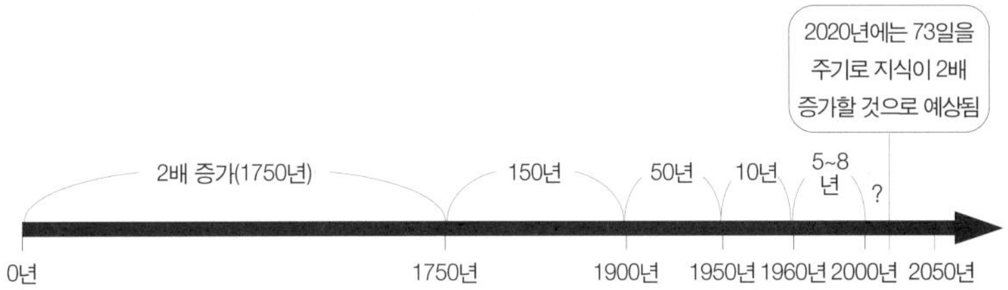

자료: Buckminster Fuller, *Critical Path, St Martins Press*(United States, 1982); 문관룡, 『통합교과 지도론』(교육과학사, 1995).

터) 작용으로 학습 능력과 작업 능력이 극적으로 향상되고 있다.

다른 한편으로 지식은 고정불변이 아니며 하루가 다르게 양이 폭발적으로 증가하면서 지식의 소멸 주기가 매우 빨라지고 있어 2020년이면 지식의 양이 73일을 주기로 2배씩 증가할 것으로 예상된다. 일례로 인류의 지식이 최초로 배증하는 데는 1750년이 걸렸으나, 제2의 배증은 1900년(150년), 제3의 배증은 1950년(50년), 제4의 배증은 1960년(10년)에 이뤄졌으며, 그 후로는 5년마다 지식과 기술이 2배로 증가하고 있다.[5]

한편 논문 인용 통계, 도서관 대출 통계 등을 통해 각 분야 전문 서적의 반감기[6]를 측정한 결과에 따르면, 물리학은 13.07년, 경제학은 9.38년, 수학은 9.17년, 심리학은 7.15년 등으로, 지식의 생성 및 소멸 시기가 예측 불가능할 만큼 빠른 속도로 변화하고 있다.[7] 일례로 경제학 책이 출간된 지 9년 반 정도 지나면 절반은 쓸모없는 지식이 되므로 자신에게 필요한 지식은 정기 연수 등에 참여해 철저히 업데이트해야 하며, 그렇지 않은 지식에

5 Buckminster Fuller, *Critical Path, St Martins Press*(United States, 1982); 문관룡, 『통합교과 지도론』(교육과학사, 1995).

6 반감기란 특정 방사성 핵종(核種)의 원자 수가 원래 수의 반으로 줄어드는 데 걸리는 시간을 뜻하지만, 여기서는 우리가 알고 있는 지식의 절반이 틀린 것으로 드러나는 데 걸리는 시간을 뜻한다.

7 새뮤얼 아브스만, 『지식의 반감기』, 이창희 옮김(책읽는수요일, 2014).

도 관심을 열어두고 주기적으로 확인할 필요가 있다.

2 | 교육 변화의 방향

1) 학교의 사회적 기능 강화

학교는 사회적 과정을 거쳐 사회적 목적을 달성하기 위해 사회적 자원을 투여한 사회적 기구다. 근대사회 이후 학교는 개인의 사적인 요구를 만족시키기보다 국민국가와 산업사회의 성원이 되는 데 필요한 지식과 기술 및 태도를 익히는 곳으로 만들어졌다. 즉, 학교는 사회의 지속 가능한 발전을 위해 반드시 필요한 사회적 기관이자 제도인 것이다.

사회 집단(가정, 직장, 지역사회, 동호회 등), 행정(지방, 국가), 지역 및 세계 공동체에 참여·기여하고 정보화·세계화·다원화된 사회에 부응하는 성원을 기른다는 학교교육의 사회적 기능은 더욱 증진될 필요가 있다. 특히 맞벌이 가정은 물론, 한부모 가정, 조손 가정, 다문화 가정, 새터민 가정, 소년소녀 가장 등[8]에 대해 학교가 제공하는 서비스의 영역을 확대해 학교는 교육 외에도 문화, 환경, 심리, 돌봄, 평생교육 등 복지 차원의 다양한 역할을 수행해야 한다.

따라서 교육 내외적인 여건 변화에 적극 대응하고 국민 개개인의 성장과 안전, 복지, 삶의 질 향상을 구현하는 성장 방향 및 장기적인 발전 방향을 정립해야 한다.

---

8 급속한 산업화와 서구화로 대가족이 해체되었으며, 이혼의 증가로 한부모 가구의 비율이 9.3%에 이르고 있다. 2012년 기준 다문화가정은 26만 6000여 가구로, 전체 가구의 1.47%를 차지한다.

표 8-3 교육제도상 교육 구분 준거

구분 기준	기초·기본·의무 교육	심화·특수·전문 교육
학제	단선형(일관)	복선형(진학계, 직업계)
책임 사항	기초·기본에 대한 책임 교육	진로 맞춤형 교육
교육 연계	초등학교와 중학교의 일관 교육	고교와 대학/사회(직업) 간 학습 연계
학교 설립	국·공립 주축	한국은 상대적으로 사립 다수
거버넌스	중앙정부 주도형	지역 또는 학교의 자율화·분권화 강조
주 협력체	가정 ↔ 학교	학교 ↔ 기관(기업, 대학)
교육비	사회적 자본 형성기로 의무교육(무상, 저비용)	개인적 자본 형성기로 유상, 고비용
교육 복지	건강 및 학습 지원 중심	진로 및 사회생활 능력 지원
학교 선택	거주지와 가까운 근거리 배정	학교 선택의 제한적 허용(기숙사 등)

자료: 홍후조·권혜정, 「헌법 제31조 1항의 비판과 개정 방향」, ≪교육법학연구≫, 25권 2호(2013), 163~194쪽.

2) 교육 체제의 분권화와 유연화를 통한 다양성·창의성 교육 강화

지식경제사회에서는 문제 해결 능력이 없는 노동이 더 이상 존립할 수 없을 것이다. 일방통행의 주입식 교육은 창조적 능력을 배양하고 교육자와 피교육자가 상호작용하는 학습 과정으로 대체되어야 한다.

산업경제 시대에는 정체된 지식을 전달하는 데 그쳤던 학교가 이제 기업의 특성을 수용하는 벤치마킹 학교로 전환될 것이며, 단순노동이 점차 감소하고 새로운 노동 수요가 증가함에 따라 노동 혁신을 위한 교육 프로그램 시장이 급격하게 성장할 것이다.

지식경제 시대의 노동에 대한 새로운 수요는 가사 산업, 실버산업, 건강 산업을 비롯해 상징 분석, 마케팅에 이르는 서비스 분야에서 폭발적으로 증가할 것이며, 문제 해결 능력으로부터 지식경제의 부가가치가 창출될 것이다.

미래 기업은 고용의 질곡에서 벗어나기 위해 아웃소싱을 통해 혁신적인 인력을 더욱 많이 조달할 것이며, 노동은 불안하면서도 자유로운 유연성이

▌표 8-4▌ 교육 패러다임의 변화

구분 기준	기존의 교육 체제	새로운 교육 체제
교육의 성격	폐쇄적	개방적
교육 개념	학교교육	평생교육
교육 대상	학령기 학생	모든 국민
교육 장소	학교	모든 교육 사회
교육 방법	획일적 집단 수업(오프라인 중심)	개별화 수업, 원격(온·오프라인 연계 학습)
교육 내용	전통적 교과 내용(지식 중심)	다원적 교육 내용(핵심 역량 중심)
운영 주체	교육 공급자 중심	교육 소비자 중심
교육 통제	획일적·위계적 통제	수평적·자율적 통제

자료: 허운나, 「평생학습시대의 학교평생교육시설 특화전략」, 한국교육시설학회 춘계학술 발표자료(2009)를 수정·보완.

라는 존립의 조건을 감수해야 할 것이다.

따라서 교육 거버넌스의 변화 및 과감한 교육 규제 혁파가 요구된다. 지금은 중앙집권적인 교육 행정 시스템 운영으로 인한 다양성 결여, 광역 중심의 교육 행정 운영으로 인한 주민 참여 미흡, 관료주의적 교육 행정으로 인한 단위 학교의 자율성 부족, 지방 교육 행정기관과 일반 행정기관의 분리·운영으로 인한 종합성 결여 등의 단점이 나타나고 있으므로 현행 교육 공급자 우선 행정 체계에서 벗어나 지역 특성에 따라 초·중등교육에 대한 주민 수요를 반영해 지역 인재를 육성하는 데 기여토록 변화해야 한다.

또한 학습 내용이 사이버화·오픈 소스화·무료화되어 학교 학습의 비중은 축소되고 학교 밖 학습의 비중이 확대됨에 따라 교수 – 학습의 과정은 온라인과 오프라인의 무수한 하이퍼링크를 통해 복합적인 네트워크의 속성을 지니게 되었다.

IT의 고도 정보처리 능력을 활용해 교사 한 명(또는 하나의 교육기관)이 담당할 수 있는 용량을 크게 증대시키고 U-러닝 시스템을 통해 '대량 맞춤형 교육'을 실현할 필요가 있다. 또한 지식 정보 기기를 학교 시험에도 활용해 암기력 중심의 지필 검사에서 벗어나 문제 해결 능력 중심의 평가 체제를 구축하는 한편, 과학기술의 부작용을 완화하고 인간성을 회복하기 위한 감성 교육, 체험 교육, 공동체 교육, 환경 교육을 강화할 필요가 있다.

3) 산업구조 변화에 대한 선제적 대응 체제 구축

향후 산업이 지속적으로 성장하기 위해서는 저출산 고령화에 대한 장단기 대응에 적극적으로 관심을 가져야 할 뿐만 아니라 향후 산업의 구조 변화에 따라 공급되는 인력을 질적으로 향상시킴으로써 생산성도 향상해야 한다. 이를 위해서는 교육·훈련 등 인적 자원 개발에 투입되는 시간 증대와 질적 수준 향상이 필수적이다.

제조업의 비중이 2020년에도 25% 수준을 유지하고 주력 산업의 수출 비중이 여전히 높은 수준을 유지한다는 전망하에[9] 살펴보자면, 산업구조의 고도화에 따른 국제적인 분업 구도에서 향후 한국의 제조업이 생산 기지 위주의 기능에서 벗어나 가치사슬 구조상 연구·개발 등 더욱 고부가가치를 지닌 기능으로 전환하기 위해서는 산업구조의 변화에 따라 변하는 인력 수요를 민감하게 반영해 인적 자원 개발 전략을 수립할 필요가 있다. 그뿐만 아니라 필요한 분야에 인력이 공급될 수 있도록 하는 양적 접근과 함께 질적 접근도 이뤄져야 하며 향후 인적 자원 개발 정책도 질적인 분야, 고기능·고기술 인력에 초점을 맞춰야 한다.

무엇보다도 이를 위해서는 지식경제 시대의 부를 창출하는 근본 요소인 창조적인 노동력을 확보해야 하는데, 이는 교육 시스템의 창조성과 다양성 제고 및 법률·사회·문화·도덕 등 인문 사회 전반에 걸친 세계화를 필요

9 송병준, 「한국산업의 구조변화와 2020 유망산업」, '미래사회 변화 전망과 학제' 제1회 학제 연구 정책토론회(한국교육개발원, 2006), 129~146쪽.

로 한다. 특히 학벌을 중시하는 사회 풍토와 교육열 등으로 대학 교육이 보편화되고 있지만, 대졸 근로자들은 대학 교육의 성과를 긍정적으로 인식하지 않고 있다. 따라서 대학이 수요자인 기업과 학생의 요구를 반영해 대학 경쟁력을 높이고 인적 자원의 불일치를 해소하는 일이 시급한 과제로 대두되고 있으므로 산·관·학·연 연계 교육을 강화해야 한다. 이러한 산업 집적을 통해 경제 공동체를 형성하고 산업 현장과 교육 현장 간의 협력 관계를 활성화함으로써 산업 인력 양성 시스템을 구축해야 한다. 또한 지역사회가 보유한 인적·물적 자원을 교육을 위해 지원하고 활용할 수 있는 방안을 강구해야 한다.

4) 지역 평생학습 지원 체제 구축

평생교육을 활성화하기 위해서는 전 생애에 걸친 지속적인 변화 과정으로서의 은퇴자의 특성과, 직장과 가정, 일과 여가, 봉사와 직업이 구분될 수 없는 노년기 삶의 통합적인 특성을 함께 고려한 정책이 요구된다. 따라서 급속한 고령화 사회에 대비해 지역 평생학습 지원 체제를 구축하는 일이 시급하다. 이에 따라 교육부는 1차 베이비부머(5563세대)의 소득·일자리 보장 및 여가 활동을 통한 삶의 질 제고 등 적극적인 노령화active aging 대책으로 지역 수준에서 지역 문제 해결과 지역의 혁신을 위한 평생학습 도시 개념을 채택했다.[10]

지역사회의 평생학습은 학습의 시기와 공간을 확대하는 데 의의가 있다. 평생학습의 중요한 목적 중 하나는 지속적으로 변화·발전하는 지식과 정보를 일생에 걸쳐 습득하도록 하는 것이다. 따라서 평생학습을 위한 총체

---

10 교육과학기술부, 「제2차 평생학습진흥기본계획(2008~2012)」(교육과학기술부, 2008).

적인 지원 체제를 구축하는 일은 개인뿐 아니라 기업, 지역, 국가의 생존 및 번영을 위한 긴박한 과제로 등장하고 있다. 무엇보다 지역사회의 교육·고용·복지·문화·보건과 관련된 공공 및 민간 기관과 주체들이 지역 주민과 사회의 문제를 공유하고 해결하는 상호 협력 활동이 요구되는데도 현재는 개별적 활동과 성과에 전념함으로써 단기적·일회적 사업만 추진하고 있는 실정이다.

따라서 지역 혁신 역량을 강화함으로써 지역 토착·전략 산업과 연계하고 지역 산업의 일자리를 창출하기 위해서는 기업과의 협력 체계를 구축하는 일이 중요하다. 즉, 지역 학습 공동체(지역 인적 자원 개발이나 지역 혁신 체계)를 구축함으로써 지역 실정에 맞는 창의적인 교육 정책을 수립하는 방향으로 제도를 개선하고 나아가 평생교육의 기회를 강화해서 지식 격차knowledge gap 및 정보 격차digital divide로 발생하는 계층 간·세대 간 격차를 해소하도록 노력해야 한다.

3 | 교육 변화의 범위 및 내용

1) 영유아 교육: 유보 통합을 통한 취학 전 교육의 공교육화

(1) 유아 교육과 보육의 통합(유보 통합) 배경

그동안 여러 문헌에서 유아 교육 및 보육(이하 보육으로 통일해서 칭함)[11]

11 유치원은 교육부 소관이라서 '유아교육법'에 의한 학교로 규정되어 있는 반면, 어린이집은 보건복지부 소관이라서 '영유아보육법'에 의한 시설로 규정되어 있다. 2004년 1월 '유아교육법' 제정 당시 유치원이 학교로 정의되면서 유치원과 어린이집 간의 갈등이 이어지고 있긴 하지만, 두 기관은 관련법과 주무부처가 다를 뿐 유아 교육과 보육 기능을 동시에

❙그림 8-2❙ 각 연령별 인적 자본 투자 대비 교육 시기별 회수 비율(투자비용 동등 환산)

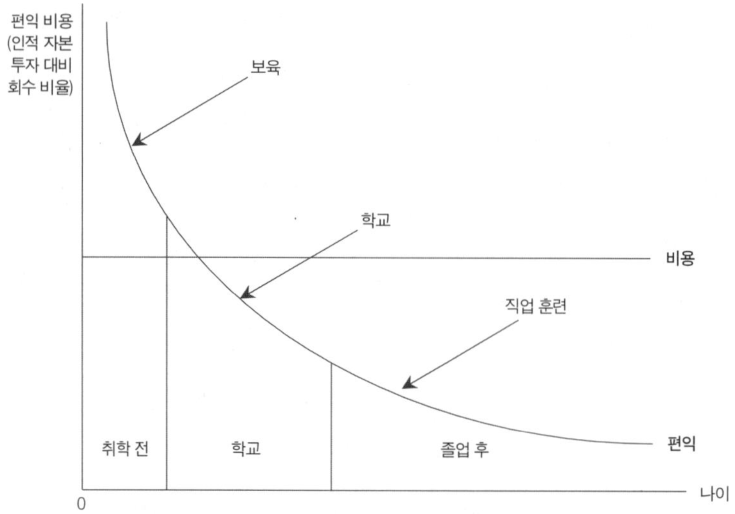

자료: J. Heckman et al., "Interpreting the evidence of life cycle formation," IZA Discussion paper n. 1575(Institute for the study of labor, Bonn, Germany, 2005).

의 중요성이 꾸준히 제기되어왔다. 고든 클리블랜드Gordon Cleveland와 마이클 크라신스키Michael Krashinsky는 OECD 국가들의 자료를 이용해 취학 이전 아동에 대한 보육은 비용 이상의 편익을 사회에 제공한다는 점을 지적하고 있으며,[12] 제임스 헤크먼 등James Heckman et al은 이를 〈그림 8-2〉처럼 일목요연하게 정리해 보여준다.[13] 특히 노벨경제학상 수상자인 헤크먼은 "유치원 때 투자한 1달러가 나중에 8달러의 소득으로 되돌아온다"라는 이론을 주창했다. 헤크먼 등은 각 교육 단계, 즉 연령별 교육 투자 비용을 동등하게

수행하고 있다. 이는 의무교육 대상을 기관별이 아닌 연령별로 정하고 있기 때문이다.

12 Gordon Cleveland and Michael Krashinsky, *Financing ECEC Services in OECD countries*(OECD, 2004).

13 J. Heckman et al., "Interpreting the evidence of life cycle formation," IZA Discussion paper n. 1575(Institute for the study of labor, Bonn, Germany, 2005).

환산해 전 인생을 통해 투자 대비 교육 시기별 회수 비용을 산출한 연구를 진행함으로써 교육 대상의 연령이 높아짐에 따라 단위 비용당 형성되는 인적 자본의 양이 감소하며 특히 취학 전 아동의 경우 단위 비용당 형성되는 인적 자본의 양이 가장 크다는 사실을 입증했다. 즉, 〈그림 8-2〉는 인적 자본의 형성에서 취학 이전의 아동에 대한 보육이 다른 어떤 나이에서의 교육보다 더 중요하다는 사실을 나타낸다.

또한 켈리 베다드Kelly Bedard와 엘리자베스 듀이Elizabeth Dhuey는 "유아 교육에 대한 교육 투자가 사회경제 비용 및 노동의 질과 양, 사회복지 비용의 감소, 정보와 지식의 생산성 측면에서 경제적 효율성이 가장 높다"라고 주장했다.[14] 따라서 만약 교육 투자 비용 대비 효과가 가장 큰 영유아기에 투자를 소홀히 한다면 투자 및 인적 자원 개발의 비효율성을 자초한다는 결론을 내릴 수 있다. 그러므로 보육은 아동이 사회의 한 구성원으로 성장할 수 있도록 준비시킨다는 의미에서 중요할 뿐만 아니라 인적 자본의 축적을 통해 비용을 상회하는 편익을 사회에 제공한다는 의미에서도 중요하다고 할 수 있다.

(2) 영유아 교육 방향: 유보 통합을 통한 양질의 교육서비스 제공

2011년 누리과정이 도입되어 유아 교육과 보육이 일부 통합되면서 유보 통합에 관한 논의가 급속도로 확산되고 있다. 유보 통합의 방법에 대해서는 이견이 있지만 통합의 필요성에 대해서는 공감대가 형성되었으므로 이제는 정책적 결정이 필요한 시기라 할 것이다. 2014년 2월 국무총리 소속으로 '영유아 교육·보육 통합추진단'이 공식적으로 출범해 이원화된 유아

---

14 K. Bedard and E. Dhuey, "The persistence of early childhood maturity: International evidence of long-run age effects," Working paper, Department of Economics, University of California, Santa Barbara, *Quarterly Journal of Economics*(2006).

▌그림 8-3▌ 유보 통합 서비스 체계 개선(안)

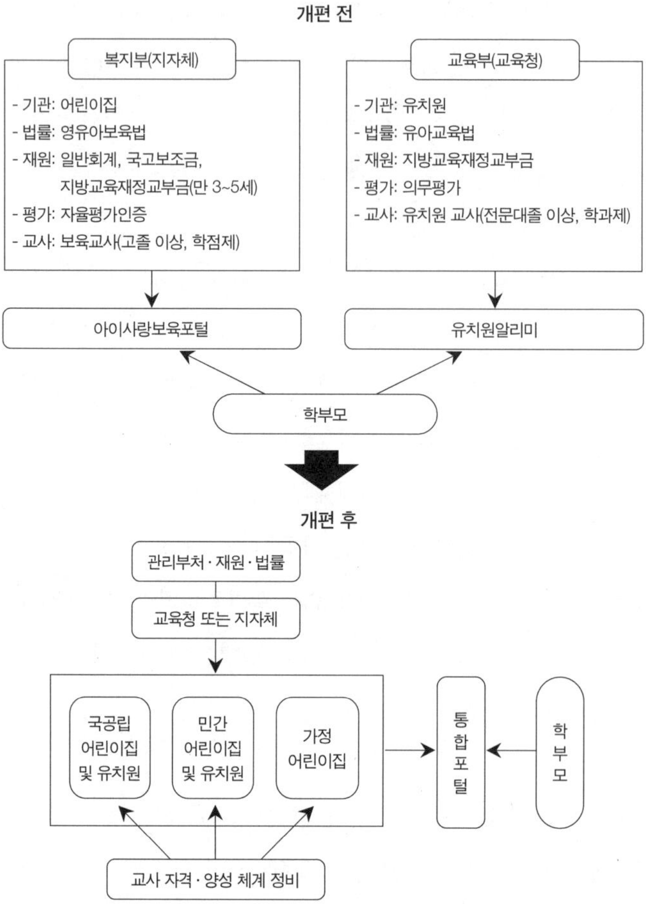

자료: 국무조정실 유보통합추진위원회, 「유보통합 추진방안(안)」(2013).

교육과 보육 서비스 체계에 대한 개선안을 제시했다.

유보 통합의 궁극적인 목적은 "교육과 보육의 질을 개선하고 다양성을 살리는 등 학부모의 요구를 최대한 수용해 선택의 폭은 넓히고 불편은 최소화"하는 데 있다. 유보 통합이 논의된 가장 큰 원인 중 하나는 어린이집과 유치원을 관장하는 부처가 보건복지부와 교육부로 이원화되어 있어 정책 추진의 비효율성, 서비스 질의 차이, 부모 부담 및 재정 지원에의 차이 등의 문제가 발생했고, 연령별로 어린이집과 유치원으로 분리됨에 따라 부모가 기관을 선택하고 결제하는 데 불편함이 야기되었으며, 정보 공시의 부재·미비로 부모가 기관을 선택하는 데에도 정보 불균형이 발생했기 때문이다.[15]

따라서 현 보육 정책에서 문제점으로 지적된 맞벌이 등 실수요자를 중심으로 운영 기준(일수, 시간), 통합된 정보 공시 시스템 등이 개선될 예정이다. 또한 현재는 통합을 담당할 부처가 결정되지 않았기 때문에 하위 전달 체계로 교육청과 지자체가 함께 제시되어 있지만, 정부가 유보 통합의 정책 목표를 인적 자원 개발과 복지 서비스 중 어느 쪽에 무게를 두느냐에 따라 향후 통합 부처 및 주무부처가 결정될 것으로 예상된다. 현재 정부가 택한 유보 통합 방안은 부처 일원화는 후순위로 두고 국무조정실을 중심으로 관련 부처가 협업하는 방식이다.

2) 초·중등교육: 지역사회와 함께하는 열린 학교(교육)

(1) 열린 학교의 배경

① 학교 시설을 둘러싼 환경의 변화

계속 증가 추세였던 취학 연령 아동의 수가 출산율 저하로 인해 1990년대 중반부터 계속 줄어듦에 따라 유휴 교실이 증가하고 있다. 즉, 1970년도에는 출생아 수가 100만 명이 넘었으나 2002년에는 50만 명도 채 되지 않아 법정 학교 시설 기준 대비 실제 교실 수를 추산하면 유휴 교실이 다수

15 장명림, 「유보통합모형 탐색과 통합 추진 현황」, 한국유아교육학회 추계정기학술대회 (2013).

발생하고 있다.[16] 특히 농어촌 지역에서는 인구의 도시 유출로 인해 폐교가 많이 발생했으며, 유휴 교실은 병설 유치원이나 양로 시설 등으로 재활용되고 있다.

최근 도시와 농촌을 막론하고 지역사회에서는 여가 활용 및 지역 공동체 의식 발전을 위해 학교 시설을 활용하려는 요구가 증가하고 있다. 실제로 학교 시설 외에는 지역의 다양한 활동을 수행할 수 있는 적절한 물리적 장소가 없는 지역도 있다. 특히 초등학교는 입지적인 측면에서도 지역사회의 중심이지만, 기능적인 측면에서는 유세장, 운동회, 재해재난의 피난처 등의 행사 중심지 역할을 하면서 지역사회의 결속체 역할을 담당하고 있으며, 상징적인 측면에서는 지역사회의 랜드마크 같은 중심을 차지하고 있다.[17] 이러한 상황에서 지역사회의 학교 시설을 이용하려는 요구가 지속적으로 증대하고 있다.

이에 따라 단위 학교 또한 물리적인 운동장, 체육관, 도서관, 강당, 학습센터, 특별교실 등을 지역사회와 지역 주민에 개방함으로써 학교 시설의 복합화와 인텔리젠트화를 통해 본격적인 개방을 시도하고 있으며, 학교 담장 허물기, 학교 숲 조성 사업 등을 통해 학교 시설을 지역사회에 개방하는 새로운 방식을 시도하고 있다. 또한 정규 수업 후의 학생 돌봄을 통해 사교육비 경감 등의 요구에도 적극적으로 대응하고 있다.

② 지역사회와의 관계를 통한 열린 학교로의 변화 필요성 대두

학교 시설은 교육적 기능 외에 지역사회 기능도 가지고 있다. 지역사회

---

16 임준희, 「학교의 지역센터 기능 강화를 위한 학교시설 복합화 방안」, ≪육아정책포럼≫, 5호(2007), 41~45쪽.

17 오병욱·이재훈, 「학교시설 복합화를 위한 제도개선 방안에 대한 연구」, ≪대한건축학회 논문집≫, 24(4)(2008), 117~124쪽.

기능이란 교육이 사회의 분화와 통합, 유지와 혁신에서 중요성을 가짐으로써 학교 시설이 이에 준하는 기능을 갖는 것을 의미한다. 즉, 학교 시설은 사회에서 중요한 역할을 담당할 뿐만 아니라 지역사회의 중심적인 시설로서 지역사회와 유기적인 관계를 갖는 것이다.[18]

학교는 지역사회의 학습 환경을 향상시키고 지역 주민의 이해를 넓히기 위해 학교의 교사와 지역사회 자원을 연결시키고, 모든 연령의 지역사회 주민에게 광범위한 교육 프로그램을 제공하며, 지역 주민이 학교 건물을 더 자주 실질적으로 사용하도록 만드는, 지역사회의 핵심 센터 역할을 담당할 필요가 있다.[19]

또한 학교가 지역 평생교육센터로서의 역할을 담당할 필요성도 제기되고 있다. 즉, 학교 평생학습 프로그램을 통해 지역 주민의 여가·오락·교양 증진·직업 교육·지역 커뮤니티에 기여하게끔 양성된 인력을 자원 봉사자로, 학교 가꿈이로, 청소년 보호자로, 학습 활동 보조자로 다시 학교에서 활용하는 시스템이야말로 평생교육의 생산성과 효용성은 물론 높은 부가가치까지 지닌 사회의 문화 패러다임으로 자리매김할 수 있는데, 이를 가능하게 만드는 공간이 바로 학교라는 것이다.[20]

학교의 개념은 전통적인 칠판 위주의 학습 공간에서 열린 학습 공간 및 지역사회 속의 학교로 변화 중이다. 최근 평생학습 개념의 도입, 지역사회 학교, 방과 후 학교 정책 등은 기존의 교육 체제에 변화를 가져왔다. 이에 따라 학교는 누구나 일상생활 속에서 접근 가능한 공공 영역으로 인식되고

---

18 황성혜·박수빈, 「학교시설 복합화를 위한 지역주민의 요구에 관한 연구」, ≪Journal of the Korean Housing Association≫, 21(5)(2010), 125~135쪽.

19 이화룡, 「학교시설의 지역사회 참여적 계획에 관한 연구」, ≪대한건축학회논문집≫, 22(11)(2006), 37~46쪽.

20 김숙정, 「학교시설 복합화를 통한 학교의 사회적 역할 제고」, ≪한국교육시설학회지≫, 15(1)(2008), 92~96쪽.

‖표 8-5‖ 학교 시설 복합화의 효과

구분	내용	효과
항목별	커뮤니티 중심 기능	지역사회가 필요로 하는 기반 시설 확보를 통해 커뮤니티 중심 기능 수행
	토지 이용	학생 및 주민들의 공동 활용 및 입체·복합화를 통한 효율성 증진
	예산 투자	부지 확보를 위한 시간 및 예산 절감 가능
주체별	지역 주민	학교 시설 이용률 증진 및 주민들의 자기 계발, 평생학습의 장으로 활용 가능
	학교 및 교육청	외부 재원 투입에 따른 다양한 교과과정 지원 및 방과 후 학교 운영 가능
	지방자치단체	지역 주민을 위한 통합 서비스 제공 및 효율적인 예산 투자 가능

자료: 이성룡·이외희·이동훈, 『지역공동체 활성화를 위한 학교시설 복합화 방안』(경기개발연구원, 2011), 14쪽.

있으며, 학교 시설의 주인은 행정가나 학교가 아니라 지역 주민이라는 소유 의식 또한 높아지고 있다. 이에 학교 시설은 학생만을 위한 학습 공간이라는 기존의 개념을 넘어 지역 주민을 위한 커뮤니티로서 주민의 복지, 문화, 교육 등의 시설로 변모하도록 요구받고 있다.[21]

(2) 열린 학교의 방향

① 학교 시설 복합화

학교 시설의 조성 주체는 교육청이지만 실질적으로 학교 시설은 지역에 기반을 두고 있고 지역사회의 움직임과 활동에 영향을 받기 때문에 운영과 관리는 지방정부와 밀접한 관련이 있으며, 학교 시설의 수요 주체는 학생, 학부모, 교사 등이지만 학교가 커뮤니티 시설로서의 역할을 담당하면 수요자 층이 지역 주민 전체로 확대된다.[22]

학교 시설 복합화란 학교와 지역사회가 학교 부지 내에 교육, 체육, 문

21 신화경·조인숙·이준민, 「공동체 복합지원시설로서 학교시설의 복합화 시설 및 프로그램 실태에 관한 연구: 서울시 초등학교시설복합화 사례를 중심으로」, ≪한국가정관리학회지≫, 28(2)(2010), 39~50쪽.

22 이성룡·이외희·이동훈, 『지역공동체 활성화를 위한 학교시설 복합화 방안』(경기개발연구원, 2011).

▌그림 8-4▌ 학교 시설 복합화 개념도

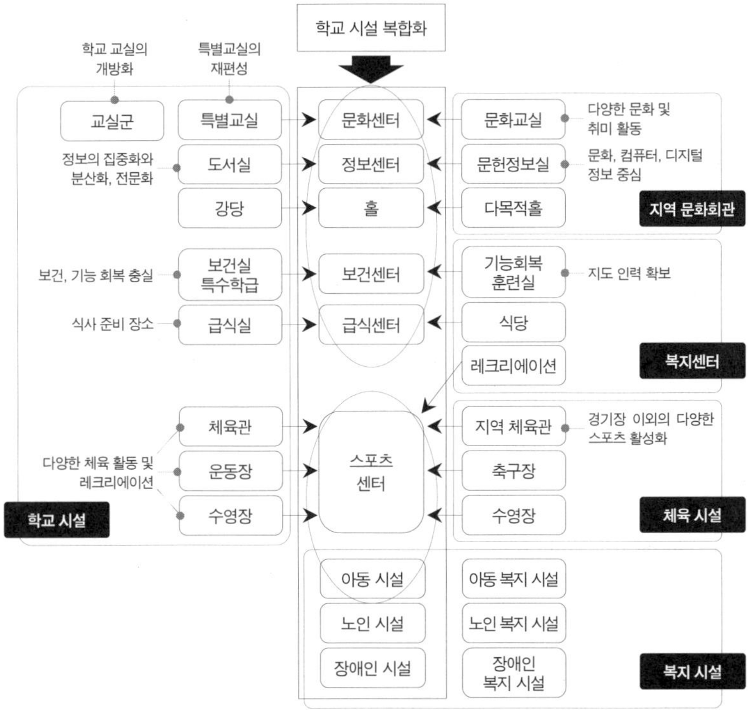

자료: 이성룡·이외희·이동훈, 『지역공동체 활성화를 위한 학교시설 복합화 방안』, 13쪽.

화, 녹지, 보육, 복지와 같은 공공과 관련된 시설을 복합적·입체적으로 설치 및 운영하는 것으로, 궁극적으로 학교와 지역사회가 유기적인 관계를 맺고 공존하는 것을 목적으로 개발된 학교 시설 모델의 새로운 유형이다.[23]

기존의 학교 시설이나 공간을 지역 주민이 필요에 따라 방과 후 또는 수업 시간 중에 활용하는 학교 개방과 달리, 학교 복합화는 학교교육과 평생교육 또는 주민 복지의 각기 다른 기능을 모두 수행할 수 있는 환경을 하나의 공간에 만드는 것이다. 예를 들면, 1~2층에는 지역 주민의 평생교육을

23 오병욱·이상신·최병관, 『학교시설 복합화 실행모델 개발 연구』(한국교육개발원, 2009).

▌표 8-6▌ 방과 후 학교의 추진 방향

구분	기존 방과 후 교육 활동	방과 후 학교
운영 주체	학교장 중심	학교장, 대학, 비영리법인(단체) 등에 운영 주체의 개방성 확대
지도 강사	현직 교원 중심	현직 교원, 전문가, 학원 강사, 지역사회 인사 등으로 다양화
교육 대상	본교 재학생 위주	타교 학생이나 지역사회 성인으로까지 점진적으로 확대
교육 장소	본교 시설 위주	인근 학교 및 지역사회의 다양한 시설 활용을 극대화
프로그램	공급자 중심	수요자인 학생 개개인의 선택권 최대 보장

자료: 교육과학기술부, 「방과후학교 운영 현황」(교육과학기술부, 2011), 5쪽.

위한 세미나실, 다목적실, 돌봄교실 등을 배치하고 3~5층에는 학생 전용 교실을 마련해 평생교육과 학교교육을 한 건물에서 실시하는 것보다 발전된 개념으로, 학교교육과 평생교육 또는 주민 복지의 각기 다른 기능을 모두 수행할 수 있는 환경을 하나의 공간에 만드는 것을 뜻한다.[24]

② 방과 후 학교 활성화

2005년 3월 신학기부터 전국의 모든 초·중·고등학교에서 주 5일 수업을 월 1회 실시하는 방안을 도입한 이후 2012년부터는 주 5일 수업제가 전면적으로 확대·시행되고 있다. 주 5일 수업제가 추구하는 자기 주도적인 학습 능력 신장과 올바른 인성 함양을 위해서는 휴업일에 학생의 학교 밖 다양한 여가 및 체험 활동을 위한 사회적 기반, 즉 사회적 교육 인프라를 구축하는 것이 매우 중요한 과제다.

또한 2004년 사교육비 경감 정책의 일환으로 기존의 방과 후 교실, 특기·적성 교육에 방과 후 수준별 보충수업을 포함시켜 방과 후 학교로 통칭해 방과 후 학교 프로그램을 도입·운영 중이다. 방과 후 학교 프로그램은 다양한 프로그램 운영을 통해 학생과 학부모, 지역민의 학습과 취미 및 특기

24 하봉운, 「평생학습시대의 학교와 지역사회 연계 강화 방안: 학교시설 복합화를 중심으로」, ≪시민인문학≫, 23(2012), 215~241쪽.

신장을 지원하고 건전한 여가 선용의 기회를 제공함으로써 사교육비를 절감하고 소득 간 교육 격차를 해소해 실질적인 교육 기회의 평등을 구현하는 데 목적을 두고 있다. 또한 수요자의 요구에 부응하는 맞춤·선택형 방과 후 학교교육 프로그램을 운영함으로써 양질의 교육 서비스를 제공하고 있으며, 지역사회 유관 기관과 연계된 평생교육 프로그램을 운영함으로써 학교의 지역사회화 정책을 추진하고 있다.

3) 고등교육: 대학 구조조정 및 특성화

(1) 대학 구조조정 및 특성화 배경

구조조정downsizing은 양적 감축 및 질적 개선을 의미하는 것으로 대학의 특성화 발전을 유도해 대학 경쟁력을 강화하려는 것이다.

대학의 총 입학 자원은 〈그림 8-5〉와 같이 매년 감소할 것이며, 많은 대학이 입학 정원을 채우지 못함에 따라 정원을 충족하지 못하는 대학은 결국 폐교 등의 절차를 밟을 것이다. 이에 따라 정부에서는 고강도의 대학 구조조정을 추진하고 있으며, 대학도 스스로 생존할 방법을 모색할 수밖에 없는 실정이다.

(2) 대학 구조조정 및 특성화 방향

정부가 추진하는 대학 구조조정의 핵심은 향후 2023년까지 16만 명의 대학 정원을 감축하겠다는 것으로, 교육부의 대학구조개혁 추진(안)에 따르면 대학을 5개 그룹으로 평가해 정원 감축을 차등적으로 추진할 예정이다. 따라서 대학은 캠퍼스 간 동일학과 통폐합, 정원 감축, 과다한 개설 강좌 수 축소, 학부제 도입, 실효적인 학과 평가 도입, 특성화 추진, 행정 조직 개선 등 대학 운영의 효율을 높여 경쟁력을 키워야 하는 과제에 당면했다.

▌그림 8-5▌ 대학 입학 자원 규모 전망

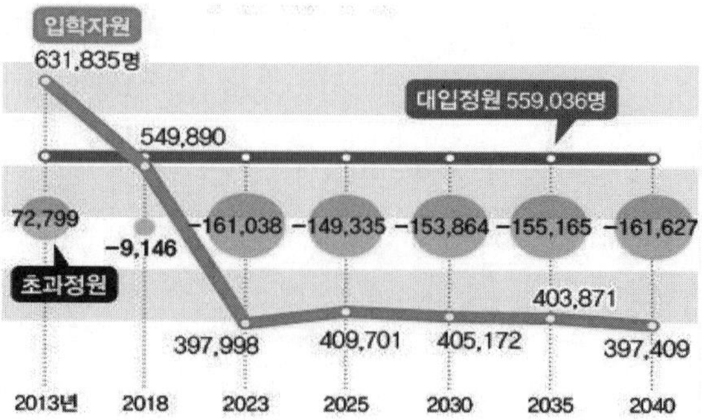

주: 2013년부터 대입 정원이 동결됨. 대학 입학 자원은 교육부의 전망치를 활용함.
자료: "대학 입학자원 규모 전망", 연합뉴스, 2013년 10월 17일.

▌그림 8-6▌ 대학 평가에 의한 구조 개혁 및 대학 특성화 지원

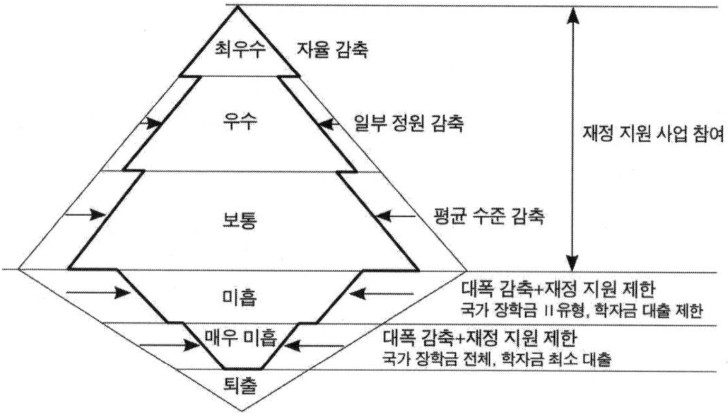

자료: 교육부 대학구조개혁 정책연구팀(2013).

4) 평생교육: 전 생애에 걸친 평생학습 지원 강화

(1) 생애학습 제도화의 배경: 신자유주의 확대 및 평생교육의 빈익빈 부익부 현상 발생

창조화·정보화 사회로 진입하면서 인간의 수명보다 지식의 수명이 짧아지고 급속한 사회 변화 및 지식·정보의 양의 폭증으로 학교교육 후 과정으로서 성인교육의 중요성이 증대됨에 따라 e-러닝이나 경험 학습 결과를 인증하는 다양한 능력 인정 체제가 확대 구축되고 있으며, 정규교육과정을 이수한 이후 수행한 다양한 학습의 결과를 체계적으로 누적·기록하고 학력·자격 등으로 인정하는 '평생학습계좌제' 등도 도입되고 있다.

그러나 평생교육 수요가 증가하는데도 대학의 평생학습 제도나 성인을 위한 대학 진학 제도는 매우 미흡하며, 직업 기술 등 공공 재정 투자와 아울러 기업에 제공되던 성인 공교육 제도가 세계화와 신자유주의적 원리에 따라 교육 비용 부담을 개인에게 전가하고 있는 실정이다.

시간·장소·비용 장벽에 따라 평생교육이 상업화되고 있을 뿐 아니라 교육의 혜택이 중산층에 치우침으로써 성별·연령별·학력별·취업 형태별 특성에 따라 평생학습 격차가 심각해지고 있다. 이로 인해 저소득층, 장애자, 학교 부적응자, 노인 등 사회적 약자 집단은 평생학습의 기회를 박탈당하는 등 불평등이 심화되고 있다.

(2) 생애 학습의 방향: 평생학습의 제도화

주요 생산요소로서 지식이 대두하고 관련 산업이 성장함에 따라 학교교육 이후의 교육과정이 점차 중요해지고 있으며, 경쟁으로 인한 고용 구조의 변화로 직업과 고용의 불안정성이 심화되고 경력 이동이 확산됨에 따라 이직과 전직에 대한 부정적인 인식은 점차 사라지고 경력 이동 및 전환을 당연시하는 경력 중시 사회로 변모하고 있다.

따라서 세계화와 기술 변화 등 대내외적 환경 변화에 선제적으로 대처하고 중·고령자 층의 교육 수요에 효과적으로 대응하는 생애 단계별 교육 지원이 무엇보다 중요하다. 이에 따라 전 국민의 평생학습권과 직업능력 개발권을 보장하기 위해 성인 학습자를 대상으로 하는 신·편입학 기회의

| 그림 8-7 | 평생학습 이력 관리 및 학습 설계 서비스 모형

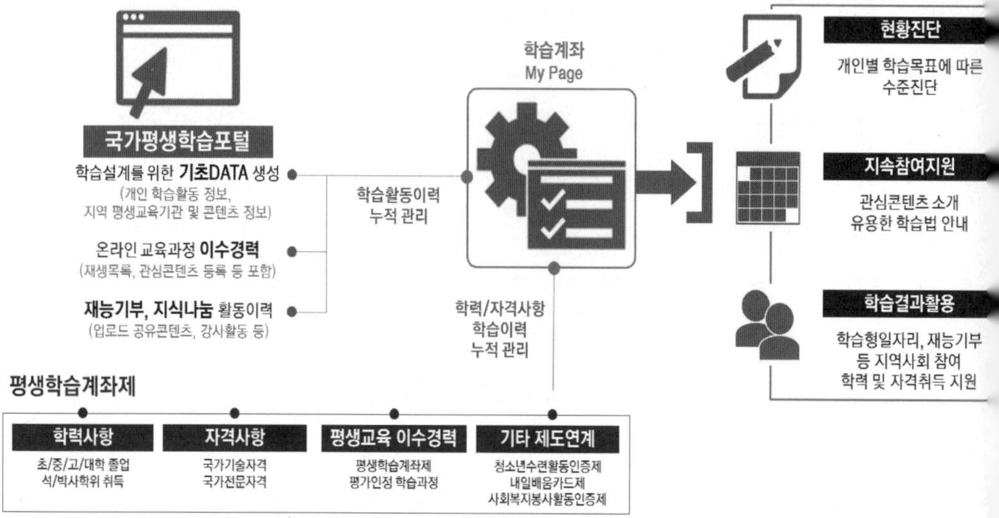

자료: 국가평생교육진흥원, 「100세 시대 국가평생학습체계 구축을 위한 온라인 평생학습 지원체제 구축 실행계획」(국가평생교육진흥원, 2013).

확대, 지역사회 요구를 반영한 교육과정 개설, 산업체와의 계약학과 도입, 학점은행제 도입 등 사회의 다양한 교육적 요구가 제도적으로 활성화되고 있으며, 학습 – 일 – 학습 간의 원활한 교류 및 산업과 교육 간의 연계성이 강화되고 있다. 특히 학습자의 학습 효과를 높이고 지속적인 평생교육 참여를 유도하기 위해 평생학습계좌제와 연계·통합해 학습 이력을 누적·관리하고 있으며, 학습 진단, 맞춤형 정보 제공 등 다양한 학습자 서비스를 통해 이용자의 체계적인 학습 설계 및 경력 개발 지원을 강화하고 있다.

4 | 교육 변화와 미래 직업

시대가 변천함에 따라 교육에 대한 사회적 요구가 변화하면서 교육은 끊임없이 형태가 변화해왔다. 지금은 정보화와 과학화의 지식 기반 사회, 개성화와 다양화의 국제화 사회, 저출산·고령화의 평생학습 사회로, 기존 교육 체제와는 다른 새로운 개방형·창조형·디지털형·다원형 교육으로의 변화가 요청되고 있다.

저출산에 따른 학령인구의 급격한 감소, 학교 조직의 규모 변화, 학급당 학생 수 감소와 대학과 학문의 구조조정에 따라 향후 관련 교사와 교수 인력 수요가 감소할 것으로 예상된다. 따라서 미래의 직업에 부응하는 미래형 인재를 길러내는 교육 정책이 시급하다.

이에 미래에 수요가 급증할 것으로 예상되는 교육 관련 인력을 살펴보면 다음과 같다.

1) 지역사회 청소년 체험 활동 및 프로그램 인력

현대사회에서 교육은 학교에서만 일어나는 것이 아니라 가정, 교회, 놀이터, 박물관과 미술관, 사회복지관, 매스컴, 학원 등 다양한 분야에서 이뤄진다. 이에 따라 학교 밖에서 이뤄지는 다양한 교육 활동에 대한 관심을 증폭시키고 이를 종합적이고 일관성 있게 기획·지원하는 활동이 요구된다. 즉, 가르치는 사람 위주의 교육에서 배우는 사람의 요구가 반영된 교육으로 바뀔 필요가 있다.

단위 학교 또한 물리적인 운동장, 체육관, 도서관, 강당, 학습센터, 특별교실 등의 지역사회와 지역 주민에게 개방되기 시작함으로써 학교 시설의 복합화와 인텔리젠트화를 통한 본격적인 개방을 시도하고 있으며, 학교 담장 허물기, 학교 숲 조성 사업 등 새로운 방식으로 학교 시설을 지역사회에 개방하는 작업을 시도하고 있다. 또한 정규 수업 후의 학생 돌봄, 사교육비 경감 등의 요구도 높아지고 있다.

▌표 8-7▐ 청소년 시설 현황(2012년 12월 31일 기준)

구분	수련관	문화의집	수련원	특화시설	야영장	유스호스텔	총계
계	181	219	173	8	45	127	753
공공	177	215	42	8	27	16	485
민간	4	4	131	0	18	111	268

자료: 여성가족부, 『2013 청소년백서』(여성가족부, 2013), 403쪽.

학교의 창의적 체험 활동, 방과 후 학교, 주 5일 수업제에 따른 주말 활동, 그리고 자유학기제 등을 통해 지역사회 자원과 학교를 연계할 필요성이 증대되고 있다. 이에 따라 향후 학교 밖의 다양한 인적 및 물적 자원과 프로그램 자원을 활용해 청소년에게 다양한 체험 활동의 기회를 제공하는 청소년 시설이 확대되고 관련 인력 양성이 증대할 것으로 예상된다.

지역사회 청소년 시설의 유형은 청소년 수련관, 청소년 수련원, 청소년 문화의집, 청소년 특화시설, 청소년 야영장, 유스호스텔로 구분되며, 1992년 이전에는 수련 시설이 150여 개에 불과했지만 해마다 지속적으로 증가해 2012년 12월 기준으로 753개 시설이 설치·운영되고 있다.

특히 청소년 수련관과 청소년 문화의집은 지역사회 청소년 전용 시설로서, 청소년들이 쉽게 이용할 수 있도록 청소년의 일상적인 생활 권역에 위치하고 있다. '청소년활동진흥법' 제11조에는 시·도지사 및 시장·군수·구청장이 청소년 수련관을 1개 이상 설치하고, 청소년 문화의집은 읍·면·동에 1개소 이상 설치·운영하도록 규정하고 있다. 이 법적 근거에 따라 2012년 현재 전국에 청소년 수련관이 181개소, 청소년 문화의집이 219개소 설치·운영되고 있다.

2) 정보화시대 원격 교육용 우수한 콘텐츠 개발 및 지원 인력

앞으로는 가상공간, 가상 학교, 가상 사회, 가상 국가 등 지리적·공간적 여건을 극복한 새로운 형태의 정보화 사회가 도래할 것으로 예상된다. 따라서 ICT 교육이 활성화되어 우수한 교육 콘텐츠를 개발하고 교육하는 인력이 증가할 것으로 예상된다.

e-러닝, 스마트 러닝이 활성화됨에 따라 인터넷을 이용한 교육 콘텐츠, 학생과 학부모에게 제공할 학습 패키지, 지구상에 존재하는 다양한 코스나 교육과정 모듈 등을 개발하는 전문가 수요가 증대할 것으로 예상된다.

IT의 발달은 각종 시설, 장비, 기구 등이 결합해 사용자의 요구나 필요에 맞춰 차별화된 기능을 구현하고 과거에 체험하기 힘들었던 경험을 가상공간을 통해 체험하게 해줌으로써 학습자 경험의 범위를 확대시킬 것이다. 예를 들어 사회 교과목에서는 실세계 환경에 문자와 그래픽 같은 부가 정보를 실시간으로 합성해 보여줌으로써 사용자에게 더욱 향상된 현실감을 제공하는 기술인 증강 현실과 디지털 작업대가 접목됨으로써 학습자가 동일한 장소에 모여야만 가능했던 실험·실습이 원격으로 진행될 것이며, 이로써 원거리 협동 연구 및 협동 학습이 실용화될 것이다. IT를 통한 다양한 체험은 그 자체로 학생들에게 교육 내용을 제공해주고 교육과정을 구성토록 할 것이다.[25]

인구의 감소에 따른 학급당 학생 수의 감소 또한 체험 중심의 교육과정을 더욱 실효성 있게 만들 것이다. 지금까지는 과밀 학급으로 일정한 교실 공간에 학생 수가 많아 체험 중심 교육과정을 전개할 수 없었다. 하지만 미래에는 학급당 학생 수가 현재에 비해 현격히 감소할 것이므로 교실 내 공간을 능동적으로 사용할 수 있을 것이며, 이러한 능동적인 교실 사용은 체험 중심 교육과정을 활성화시킬 것이다.

---

25 손병길, 「정보화 추세 전망과 학제」, '미래사회 변화 전망과 학제' 제1회 학제 연구 정책토론회(한국교육개발원, 2006), 233~260쪽.

▌표 8-8▐ MOOC 서비스를 제공하는 미국의 주요 기관(2013년 9월 30일 기준)

구분	코세라	에덱스	유다시티
웹사이트	www.coursera.org	www.edx.org	www.udacity.com
출자금	2200만 달러(242억 원) 이상	6000만 달러(660억 원) 이상	1억 5600만 3000달러(168.3억 원) 이상
출범 시기	2012년 4월	2012년 5월	2012년 2월
설립지	스탠퍼드대 (캘리포니아 주 실리콘밸리)	하버드대, MIT대 (매사추세츠 주 케임브리지 시)	스탠퍼드대 (캘리포니아 주 실리콘밸리)
설립 유형	영리 기업	비영리 기업	영리 기업
주제 분야	모든 분야	모든 분야	컴퓨터과학
언어	영어+10개 언어	영어	영어+5개 언어
강좌	240개 대학 560개 강좌 (스탠퍼드대, 예일대, 시카고대, 도쿄대, KAIST 등 참여)	40개 대학 127개 강좌 (MIT대, 하버드대, 버클리대, 코넬대, 베이징대, 서울대 등 참여)	7개 대학 34개 강좌 (스탠퍼드대, 버지니아대, 조지아 공대 등 참여)
수강생	597만 명 (평균 학습자 1만 6000명)	192개국 약 100만 명 (평균 학습자 2만 1000명)	203개국 74만 명 (평균 학습자 2만 2000명)
강의 구성	- 강의 차시 다양(10주 내외) - 비디오 강의(15~20분) - 퀴즈(강의 중·후 부여) - 과제(매주) - 시험(복수 응시) - 완전 학습 추구	- 강의 차시 다양(12~17주) - 비디오 강의(30분) - 퀴즈(강의 중 부여) - 과제(2개 내외) - 시험(1회) - 자기 진도 위주(self-paced)	- 강의 차시 일정(7주) - 비디오 강의(비디오당 여러 단락, 단락당 1~3분) - 퀴즈(단락별 부여) - 과제, 시험(학생 선택) - 자기 진도 위주
학습 기간	시작 및 완료일 엄수	학습 기간이 정해져 있지 않은 오픈(open)과 학습 기간이 정해져 있는 클로즈드(closed)가 혼용(강좌별로 다름)	오픈
수료증	- 시험 통과자에 한해 수료증 발급(강좌 제공 대학 명의) - 시험 감독관 시험 응시 시 별도 수료증 발급	- 시험 통과자에 한해 수료증 발급(강좌 제공 대학 명의) - 시험 감독관 시험 응시 시 별도 수료증 발급	- 무시험자에게도 수료증 발급(교수 명의) - 온라인 시험 감독관 시험 응시 시 별도 수료증 발급
채점 방식	평가 기준에 따른 자동 평가(auto-grading), 동료 평가(peer review)	평가 기준에 따른 자동 평가	평가 기준에 따른 자동 평가

특히 고등교육 이후 분야에서는 단순히 대학 강의실에서 진행하던 수업을 동영상으로 촬영해 재생하는 수준에서 벗어나 온라인 교육에 최적화된 강의 콘텐츠를 제공할 것이며, 학습 관리에서부터 학점 인정에 이르기까지 실질적인 온라인 교육이 제도화될 것이다.

| 표 8-9 | 국외 OER(open educational resources) 콘텐츠 관련 현황

OER	내용
MIT대와 예일대의 OCW (open course ware)	실제 강의 현장을 녹화해 제공하며, 강의안, 강의 노트, 스크립트, 강의 계획서, 과제, 강독, 시험 개요, 수업 자료 등도 공개함
에덱스	하버드대와 MIT대가 공동 추진하는 온라인 대학으로, 퀴즈를 통해 학습자와 교수자 간 인터랙션이 가능하며 '수강, 과제 제출 및 시험'을 통해 수료증 제공
칸아카데미 (Khan Academy)	1인이 운영하는 비영리 교육 단체로, 수학, 과학, 컴퓨터공학의 기본 원리 등에 대해 10~15분 분량의 동영상 제공
기타	TED, BBC gallery, 영국 개방대학교(Openlearn), MIT OCW, China Open Resource for Education(중국 10개 대학), Japan OCW(일본 6개 대학), Universitas(남미, 스페인, 포르투갈 720개 대학)

이에 따라 한국방송통신대학교 프라임칼리지, 한국교육학술정보원, KOCW Korea Open Course Ware, 한국교육방송공사의 공개 교육 자료와, 코세라 Coursera, 에덱스 edX, 유다시티 Udacity 등 미국 대학 MOOC, 칸아카데미 Khan Academy 등의 국내외 공개 교육 자료 콘텐츠가 상호 연계[26]해 제공되고 있으며, 일반 오프라인 강좌의 디지털 변환이 가속화됨에 따라 콘텐츠 공동 개발, 촬영·편집·동영상 보수, 학습 이력 관리 및 학습 설계 서비스 등에 대한 수요도 늘어날 전망이다.

정보 통신의 발달에 따라 학습자 스스로 자료를 탑재·공유하고 다양한 전문 지식을 나누는 온라인 학습의 장이 마련되어 웹 회원 누구나 주제, 수준, 내용 등에 구애받지 않고 강의를 개설하고 누구나 수강 신청을 통해 원하는 강의를 들을 수 있도록 매칭함으로써 이웃이 서로 가르치고 배우는 시민 학교가 활성화될 것이다.

---

26 연계방식으로는 실제 동영상 파일을 서비스 시스템에 탑재하는 파일 인코딩, URL 주소를 공유하는 딥링크 서비스, 스트리밍 주소를 공유하는 웹 스트리밍, 콘텐츠에 대한 정보를 안내하는 메타데이터 정보 공유 등이 있다.

3) 학교 내외 교육 복지 관련 인력

가정의 교육과 보호 기능이 취약해지고 가정을 대신해 교육과 보호 서비스를 제공할 대체 장치의 필요성이 점차 증대됨에 따라 취학 전 보육의 공교육화에 따른 보육 관련 교사, 특수교육의 유·초·중·고 의무교육에 따른 특수교사, 학교의 교육 복지 기능 강화에 따른 돌봄교사, 사회복지사, 심리상담사, 진로진학지도사 등의 수요가 증대될 것으로 예상된다.

특히 더욱 체계적인 시스템이 요구되는 초·중·고의 진로진학 상담교사, 방과 후 학교에서 진로 관련 프로그램을 운영하는 학습지도사, 아동센터나 청소년 교육센터에서 근무하는 교육 업무 담당자 등의 수요가 지속적으로 증가할 것으로 예상된다.

4) 평생교육 관련 평생교육사 등의 인력

생애사적으로 볼 때 교육은 학교 재학 기간에만 받는 것이 아니다. 졸업 후 일을 하거나 가정생활을 할 때에도 각 시점에 따라 교육에 대한 수요가 다양하게 발생하고 있다.

베이비부머가 은퇴함에 따라 조직 내에서 인력 채용과 직원의 직업 능력 개발 및 훈련을 담당하는 인력 개발 전문가, 중·노년층의 2년제 기술학교·직업학교·평생교육 관련 대학원이 증가하는 데 따른 학교 행정 전문가의 수요가 증대될 것으로 예상된다.

지금도 자격증을 취득한 평생교육사가 초·중·고등학교 등의 교육 담당 기관과 평생교육 프로그램을 운영 중인 여러 기관에서 일하고 있는데, 평균 수명 연장으로 노인 일자리, 정년퇴직 후의 일자리 등 평생교육에 대한 관심이 높아지고 평생교육 시설도 앞으로 점차 늘어날 것으로 예상됨에 따

❙그림 8-8❙ 평생학습 전달 및 실행 체계

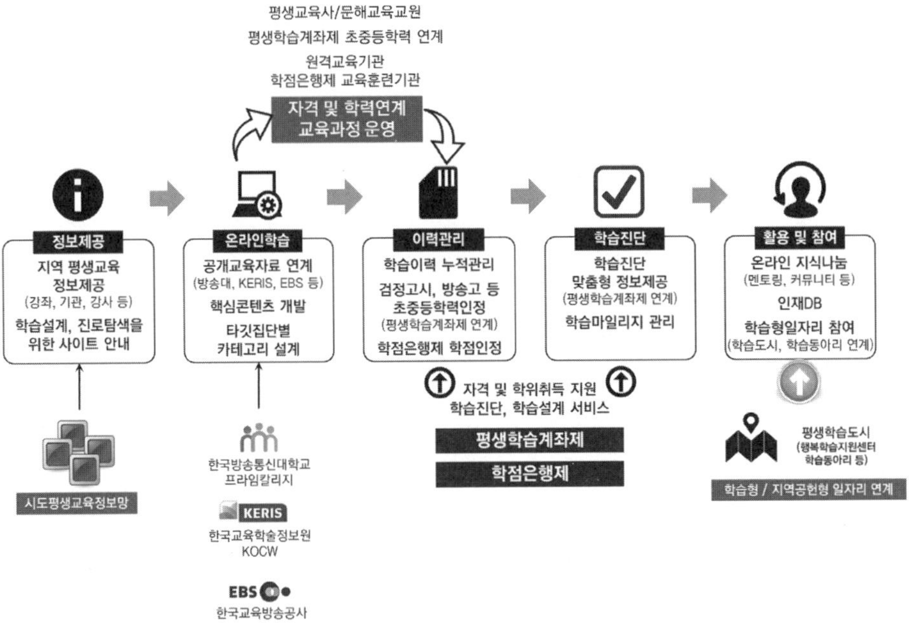

자료: 국가평생교육진흥원(2013), 「100세 시대 국가평생학습체계 구축을 위한 온라인 평생학습 지원 체제 구축 실행계획」.

라 향후 평생교육사에 대한 수요도 증가할 것으로 예상된다.

특히 공개 교육 자료, 시스템 및 제도 간 연계를 통한 온라인 학습, 이력 관리, 학습 진단 등 세대별·특성별 맞춤형 서비스를 제공하는 평생교육 콘텐츠 연계·개발 전문가나, 포털·모바일·SNS 등 온라인 전달 체제를 다각적으로 활용해 평생학습 활성화 지원 시스템을 구동하는 정보 체제 표준화·정보 유통 시스템 전문가, 온라인 지식 나눔 및 재능 기부·지역 학습형 일자리 연계 등 지역 기반 학습 공동체를 조성하기 위한 인적·물적 인프라 구축 전문가, 산재된 평생교육 정보 및 콘텐츠에 대한 정보를 축적함으로써 정부 3.0을 실현하기 위한 빅데이터 DB를 양성하는 평생학습 포털 전문가의 수요가 증가할 것으로 예상된다.

5 | 정책 제언

미래 사회에는 저출산에 따른 학령인구 및 학급당 학생 수 감소, 급속한 고령화에 따른 노동시장의 유연화, 여성·노인의 경제활동 참여 증대, 과학기술 및 정보 통신의 교육 활용 증가, 지식 수명의 단축과 불확실성의 증가 등으로 인해 교육의 내용, 질, 역할, 규모, 장소 등이 전반적으로 변화할 것으로 예상된다.

사회의 지속 가능한 발전을 위해 반드시 필요한 사회적 기관이자 제도로서 현재의 초·중등학교 시스템은 유지되겠지만, 정보화·세계화·다원화된 사회에 부응하는 취학 전 교육의 공교육화(영유아 교육)와 지역사회와 함께하는 열린 학교(초·중등교육) 같은 학교교육의 사회적 기능은 더욱 증진될 필요가 있다. 양적 팽창을 거듭해온 대학은 학령인구 감소에 따른 생존 전략으로서 구조조정 및 특성화를 지속적으로 추진할 수밖에 없으므로 향후 역할과 기능을 재규정해야 하며, 향후 산업의 구조 변화에 따라 교육·훈련 등 인적 자원 개발에 투입하는 시간을 증대시킴으로써 인력의 질적 수준을 향상시켜야 한다. 또한 창조화·정보화 사회로 진입함에 따라 인간의 수명보다 지식의 수명이 짧아지고 급속한 사회 변화 및 지식·정보의 양의 폭증으로 학교교육 후 과정으로서 성인교육의 중요성이 증대되고 있으므로 중·고령자 층의 교육 수요에 효과적으로 대응하는 생애 단계별 평생교육을 지원하는 일이 무엇보다 중요하다.

미래의 교육 발전을 위한 정책적 제언은 다음과 같다.

첫째, 지방자치단체와 교육청 간 제도적 협력 거버넌스를 구축해야 한다. 유보 통합을 통한 취학 전 교육의 공교육화(영유아 교육)와 지역사회와 함께하는 열린 학교(초·중등교육) 정책을 원활하게 추진하기 위해서는 무엇보다 지방자치단체와 교육청 간의 상호 협력 체계를 구축해야 한다.

그동안 지방자치단체와 교육청 간의 교육 연계 협력 방안으로 지방교육행정협의회, 교육협력관제, 교육지원조례 등이 도입·운영되어왔다. 지방교육행정협의회는 양 기관에서 공식적으로 책임 있는 자리에 있는 사람들이 함께 모여 협의를 진행할 수 있도록 협의체를 구성·운영하는 것으로, 2006년 12월 '지방교육자치에 관한 법률'이 개정되면서 설치가 법제화되었고, 교육감과 시·도지사가 협의해 조례를 제정함으로써 도입되었다. 하지만 현재까지 운영 실적이 미미한 실정이다. 또한 양 기관 간 교육에 관한 상호 협력을 추진하고 의견을 조정하기 위해 시·도교육청 소속 공무원이 교육협력관 또는 교육기획관이라는 이름으로 시·도청에 파견 근무하는 교육협력관제가 2003년 6월 전국에서 처음으로 경기도에 한시 기구로 설치된 후 전국으로 확대·도입되었으나, 현재는 대부분 폐지되거나 유명무실해졌다.

지방자치단체가 교육 지원을 위한 조례를 제정해 교육 협력 사업의 근거를 마련하는 광역자치단체의 교육 지원 조례는 2005년 12월 경기도에서 처음 제정되었으며, 2006년 서울과 충북으로 확대되었다. 한편 기초자치단체의 교육 경비에 관한 지원 조례로는 1996년 '시·군 및 자치구의 교육경비보조에 관한 규정'이 공포되었는데, 이로써 기초자치단체장이 지역의 교육 여건을 개선하기 위해 재정적으로 지원할 수 있는 제도적 여건이 마련되었다. 2002년 이후 기초자치단체의 교육 경비 지원 조례 및 교육 경비 지원이 급격히 증가하기 시작해 현재 전국 대부분의 시·군·구에서는 '교육경비지원조례'를 제정했으며, 매년 큰 폭으로 예산이 증가하고 있다.

향후 지방자치단체에 교육 예산을 반영하기 위해서는 전략적 소통의 장을 마련해야 한다. 또한 교육 사업 추진 방향을 공유하고 업무 담당 부서의 관심을 제고하며 교육 사업 추진 상황을 다각적으로 분석·협의·발굴하기 위해서는 교육행정협의회 구성·운영 및 교육과 관련한 조례를 제·개정해

| 표 8-10 | 협의회의 유형 및 기능

협의회 유형	구성과 기능
교육정책협의회	· 지자체 장, 교육청 장, 관련 기관 장으로 구성 · 기능: 지역교육 관련 정책 및 조례 결정
지역교육 실무협의회	· 지자체와 교육청의 담당 부서 실무자 간 협의회 · 기능: 지역 교육정책협의회에서 나온 안건에 대해 실무자를 행·재정적으로 지원하기 위한 협의회
지역교육 기관·단체협의회	· 기능: 분야별 협의회를 결성해 지역교육의 과제를 수행함으로써 지역교육 체제의 완성도를 높이고 지역교육이 전면적으로 전개될 수 있도록 사업체 단위별로 지역교육 네트워크를 구축 - 주민자치센터, 사업소, 지역사회단체, 지역사회학교협의회 등 - 초등학교 협의회, 중학교협의회, 고등학교협의회 - 대학협의회, 평생교육기관협의회 - 도서관협의회, 박물관협의회, 문화체험관협의회 등

이미 구축된 지방자치단체와 교육청 간 상호 협력 체제를 최대한 활용할 필요가 있다. 무엇보다 시·도별로 지역 교육 정책 개발을 담당하는 교육정책협의회, 실무적인 차원의 광역자치단체·기초자치단체·교육청 간 업무 담당자 실무협의회, 지역교육 관련 기관·단체협의회 등이 협력할 수 있도록 상호 협력 체제를 구축하고 협력을 증진하기 위한 노력을 강화해야 한다.

특히 지역 교육 관련 협의회를 운영할 때에는 각 협의회의 기능을 구분함으로써 각 수준의 협의회 구성 범위를 명확히 해야 한다. 지역 교육 협의회 중 자치단체장, 교육감, 의회의장, 교육기관 협의회 회장, 시민 사회 단체 대표, 각 공공기관장 등으로 구성된 최상급 수준의 협의회인 교육정책협의회는 지역 내의 관련 단체와 기관의 최고 의사 결정자의 협의회로서, 지역교육의 전체 기획과 관련해 발의 및 의견을 교류토록 한다. 실무협의회는 지역교육 관련 기관과 단체의 실무자가 모여 구성하는 협의회로서, 기관 간에 구체적인 협력 사업이 추진될 때 실무 수준에서 구체적인 사업 방향을 세우고 추진 전략을 수행토록 한다. 기관·단체협의회는 지역 내 교육 사업과 관련된 문화원, 여성문화회관, 복지관, 도서관, 각종 센터, 직업학교, 주민자치센터, 각급 학교 등의 기관장들이 함께 참여해 지역교육의 주요 사업 방향과 사업 내용에 대한 협의를 진행토록 한다.

둘째, 대학의 구조조정 및 특성화를 지원하고 전 생애에 걸친 평생학습사회를 건설하기 위해 지역 인적 자원 개발 시스템을 구축해야 한다.

1995년 본격적으로 지방자치제가 실시된 이후 지역 발전을 위한 고등교육의 역할에 대한 논의가 활발하게 진행되어왔다. 이러한 논의의 저변에는 무한 경쟁의 지식 기반 사회로 특징되는 오늘날의 현실을 고려할 때 궁극적으로 지역 또는 국가 경쟁력을 제고하기 위해서는 능력 있는 인적 자원을 확보하는 것이 무엇보다도 중요하다는 인식이 깔려 있다.

그동안 중앙정부는 지역의 중요성을 인식해 지역을 활성화시키기 위한 여러 정책을 추진해오고 있다. 특히 교육 분야에서는 (지방)대학의 혁신, 지역 산업과의 연계 강화, 지역 경제에 이바지할 수 있는 경쟁력 있는 인력 양성을 중심으로 지역 관련 정책을 실시해왔다. 교육부의 (지방)대학 특성화 사업, (구)과학기술부의 지역협력연구센터 사업, (구)산업자원부의 테크노파크, 신기술 창업 보육, 지역기술혁신센터 사업 등은 지역과 대학을 연계하기 위해 추진해온 대표적인 사업이다. 그러나 정부가 학제 개편을 통한 대학 기능의 재정립, 공급 확대 중심의 대학 정책 수정·폐기, 대학 구조조정 정책, 다양화·특성화 정책 등을 일방적으로 주도하는 바람에 지역 내 산·학·연·관의 유기적인 협조 체제가 구축되지 못했으며 사회경제적 파급효과가 미미하다는 문제점이 대두되었다.

무엇보다 지방자치단체는 단순히 대학을 유치·재배치하는 관점에서 벗어나 대학의 경쟁력을 확보하기 위한 대학의 특성화 사업을 활발히 강구해야 한다. 특히 일부 지방자치단체는, 지역 특화 제조업의 기술혁신 및 연구개발을 담당할 연구 중심 대학과 현장 적합성이 극대화된 특성화 공과대학의 신설 및 유치, 산·학·연이 연계된 지역 혁신 체계를 구축하기 위한 연구 개발 단지 조성 및 선도 사업 인력 양성, 지역 기능 인력의 수요 증대에 대비한 산·학·관 맞춤형 기능 인력 양성 기관 건립, 산·학·연·관 협력단의 조직 및 기업의 요구를 반영한 주문식 교육과정 도입 및 고용 계약형 학과제 도입, 지자체 및 인근의 대학·전문대·특성화고/지역 대표 기업 등이 참여하는 지역 혁신형 클러스터 육성과 같은 사업을 추진하고 있는데, 이러한 사업은 고등교육의 현장 적합성 및 경쟁력을 제고하고 산업 생산 현장에 필요한 인력을 적기에 양성·공급할 수 있으므로 주요 프로그램으로 확산해야 한다.

나아가 우수 인재를 유치하고 양성하기 위해서는 지역에 소재한 지역 대학 졸업자의 고용을 촉진하는 방안도 함께 마련해야 한다. 한편 지역사회와 밀착된 인적 자원을 개발하기 위해서는 지역사회와 밀착된 교육과정을 개발해야 하며 직업 현장을 지향하는 실용 교육을 강화해야 한다. 또한 지역 기업과 대학이 협약해 설치·운영하는 이른바 '특약학과'에 대한 지원을 확대하고 지역 대학을 지원하는 지역 기업에 대해서는 특별 지원을 실시해야 한다.

이러한 대학 특성화 사업과 지역 인재 육성 사업은 정보 체계의 인프라를 구축함으로써 평생학습과 효율적으로 연계될 수 있다. 21세기는 지식 기반 사회이므로 정보를 효율적으로 수집하고 활용할 수 있는 체계를 구축하는 일이 필수적으로 요구되기 때문이다. 지역 과학기술 정보 체계를 효과적으로 구축하는 방안으로는, 대학의 학술 정보 유통 체제를 조기에 구축(도서관 자료의 DB화, 학술 정보의 연계 시스템 강화)하는 사업 실시, 대학 간 교수가 교류 및 협동하는 프로그램 개발·운영, 도서·실험 실습 기자재의 공동 사용을 지원하는 사업 실시, 지역 주민에 대한 시설 개방 및 지역 주민을 위한 평생교육 프로그램 강화, 대학 전산망을 통해 지역사회 정보화를 지원하는 활동 강화, 지역 주민의 대학 수강 허용 등을 통해 지역 내

주민과 대학을 연계하는 교육 프로그램 운영, 지역 대학 학생을 지역 내 평생교육 기관의 보조 강사로 활용함으로써 지역 평생교육 기관에 대한 사회봉사 활동 강화 등이 있다.

특히 산업 생산 현장에 필요한 인력을 적기에 양성·공급하기 위해서는 제도적 차원에서 교육·훈련과 노동시장을 연결하는 지역 인적 자원 정보 시스템을 구축해야 하며, 지방자치단체 및 지역 내 기관, 기업, 교육기관이 대표로 참가한 인력 수급 협의체인 인적 자원 협의체를 구성해야 한다. 또한 지역의 인적 자원 개발 정책을 실행하기 위해 인적 자원 개발 센터 등도 설치해야 한다.

09

미래의 산업과 직업

교통 분야

지우석

1 | 미래 교통 논의의 방향

1) 통행의 의미

인간은 풍요로운 삶을 영위하기 위해 자신을 다양한 공간으로 이동시킨다. 원시시대부터 현대에 이르기까지 잠을 자고 식량을 얻고 놀이를 하기 위해 인간은 각기 다른 특징의 장소(공간)로 이동해왔고 이동 과정에서 소요되는 시간, 비용, 노력, 위험 등을 최소화하기 위해 노력해왔다.

이 때문에 통행을 목적 수요를 달성하기 위해 불가피하게 발생되는 유발 수요derived demand라고 정의하기도 한다. 물론 데이트, 드라이브같이 단순히 통행 자체가 목적인 경우도 있지만, 대개는 통행의 시간과 비용을 가능한 한 최소화하려는 것이 일반적이다. 예를 들어 집에서 일자리까지 통행하는 출근 통행 시간은 세계적으로 대부분의 도시에서 평균 30~40분 할애되고 있으며, 오래 걸려도 한 시간은 넘기지 않으려는 경향이 뚜렷이 나타난다. 서울만 보더라도 사대문 안과 밖이 구분되던 시절부터 지금까지 평균 출근 시간은 그다지 크게 변화되지 않았다. 대신 출근 공간 범위는 사대문 안에서 강북 지역, 강남 지역 등으로 점차 확대되었고, 지금은 서울시청을 중심으로 30km 권역까지 서울시의 출근 가능 권역으로 인식되고 있다. 이와 같은 공간적 확대는 교통수단과 교통 시설의 발달에 기인한다.

교통수단의 발달은 승용차, 버스, 전철 등이 더욱 빠르고 안전하게 향상되었음을 뜻하며, 교통 시설의 발달은 도로, 버스 전용차로, 철도 등의 기능이 더욱 향상되거나 새로운 시스템이 도입되었음을 의미한다. 첨단 정보 통신의 발달로 교통량, 교통 속도, 교통안전 등과 관련된 교통 운영이 첨단화되고 있다. 더불어 교통수단과 교통 시설 간에 실시간으로 정보를 교환 및 소통하게 됨에 따라 도로 이용자는 이동의 안전성과 효율성을 확보하게 되었다.

미래 교통에 대한 논의도 큰 틀에서는 결국 이동 비용을 줄이기 위해 교통수단과 교통 시설을 혁신하는 데 초점이 맞춰질 것이다. 이동 비용을 줄이는 궁극적인 방법은 SF 영화에서 나오는 것처럼 공간·순간 이동을 하는 방법일 것이다. 현실적으로 공간·순간 이동이 가능해질지는 미지수다. 하지만 현재 이와 유사한 효과가 기대되는 방안으로 가상현실 기술과 3D 프린터 등을 통해 이동의 필요성을 없애주는 기술이 등장하고 있으며, 교통 수요 관리 차원에서는 인터넷을 비롯한 개인용 사무 장비의 개선으로 재택근무가 확산되고 있다.

2) 미래 교통수단의 영역

(1) 연료의 미래

이동 수단으로 동물의 힘을 이용하다가 내연기관의 발명으로 자동차를 이용한 지 벌써 100여 년이 지났지만 아직까지 자동차 연료는 화석연료인 석유와 경유를 벗어나지 못하고 있다. 화석연료는 근본적으로 두 가지 문제를 안고 있다. 하나는 대기 환경을 오염시키는 물질을 배출한다는 것이고, 다른 하나는 자원이 유한하다는 것이다. 두 가지 중 어떤 것이 더 절박한 사유가 될지는 분명치 않지만, 결국 미래의 자동차는 화석연료가 아닌 친환경 연료를 사용하게 될 것이다. 현재 대체 연료 중 상용화의 선두를 달리는 것으로는 전기 자동차, 수소 자동차 등이 있으며, 태양열 자동차의 연구도 활발히 진행되고 있다.

교통수단 연료의 미래는 단순히 경제성만으로 결정되지 않을 것이다. 미래에는 범지구적 환경 보호에 전 인류가 동참할 것이며 이에 따라 교통수단뿐 아니라 생활 전반에 필요한 에너지가 친환경에너지로 전환될 것으로 기대된다.

(2) 교통 공간의 미래

현재 교통수단은 지상 교통수단이 대부분이며, 항공과 해상 교통수단은 일부를 차지하고 있다. 하지만 앞으로는 도시화의 진전과 함께 초고층 빌딩이 일반화되면서 지금과 같은 수준의 엘리베이터가 아닌 수직 이동을 위한 교통수단의 혁신과 함께 PRT personal rapid transit 같은 교통수단을 이용한 초고층 건물 간 이동 수단도 개발될 것으로 기대된다. 또한 기술의 발달로 현재에는 사용이 불가능하거나 불편한 공간, 예를 들면 해저 도시, 지중화 도시, 우주 도시 등이 미래에는 새로운 공간으로 등장할 수 있으며, 이들 도시와의 연결을 위한 다양한 교통수단이 소개될 것이다.

도로의 교통 혼잡에서 벗어나 하늘을 날아 목적지까지 갈 수 있으면 좋겠다는 생각을 누구나 해봤을 것이다. 이러한 바람이 개인용 항공기 personal air vehicle: PAV의 현실화를 앞당기고 있다. 아직까지는 항공기가 공항에서 이

❙그림 9-1❙ 하늘을 나는 자동차 TF-X

자료: "자동차가 하늘을 난다: 미(美)서 공개 시험비행 성공", 연합뉴스, 2013년 8월 22일.

착륙하지만 미래 개인용 항공기는 자기 집과 목적지에서 바로 이착륙할 것이다. 이를 위해 활주로가 필요 없이 헬리콥처럼 수직 이착륙하는 기술을 적용할 것이다.

개인용 항공기가 항공기를 기반으로 개발되고 있다면, 자동차를 날게 하자는 개념에서 접근하는 시도도 활발하다. 이 기술이 상용화되면 현재 도로를 이용해 통행해야만 하는 자동차가 앞으로 하늘 길을 이용할 날도 멀지 않았다. 하늘 길을 이용할 수 있는 자동차는 '플라잉 카Flying Car'라 불리기도 하고 '로더블 에어크래프트Roadable Aircraft'라 불리기도 한다. 전자는 하늘을 나는 자동차라는 뜻이고, 후자는 거꾸로 도로를 이용하는 비행기라는 뜻이다. 대표적인 예로 테라푸지아Terrafugia 사가 개발한 트랜지션Transition은 하늘을 나는 자동차로서 미 교통부의 승인을 받아 고속도로에서 주행할 수 있으며, 2015년 일반에 판매할 예정이다.

우주여행도 더 이상 SF 영화의 소재가 아닌 현실이 되고 있다. 전기 자

‖그림 9-2‖ 유인 우주 왕복선 '드래건 V2' 시제품

자료: "미국 민간제작 7인용 우주선 공개", 연합뉴스, 2014년 5월 30일.

동차로 유명한 테슬라 모터스Tesla Motors의 CEO인 엘론 머스크Elon Musk는 우주 운송업체 '스페이스 X'를 창업해 2016년경에는 유인 우주 왕복선을 상용화하겠다는 계획을 발표했다. 스페이스 X는 이미 2012년부터 최근까지 우주 왕복선 '드래건'을 이용해 국제 우주정거장에 화물을 운송해왔다.

우주 엘리베이터에 대한 아이디어도 현실화를 위해 차근차근 연구가 진행되고 있다. 국제우주항행학회International Academy of Astronautics: IAA 연구팀은 2060년을 목표로 우주 엘리베이터를 계획하고 있다. 우주 엘리베이터의 핵심 기술은 운송 케이블로, 신소재인 탄소 나노 튜브를 사용한 케이블을 이용한다는 계획이다. 승강기에 해당하는 '클라이머'는 태양열을 이용할 예정이다. 또 다른 우주 엘리베이터 계획은 일본의 건설업체인 오바야시가 2050년을 목표로 추진하고 있다.

교통수단은 땅속으로도 진화하고 있다. 단순히 지하 40m 이상의 깊이에서 통행하는 대심도大深度 철도GTX 수준이 아니다. 지구의 중심부(지구 핵)

❚ 그림 9-3 ❚ 우주 엘리베이터 구상도

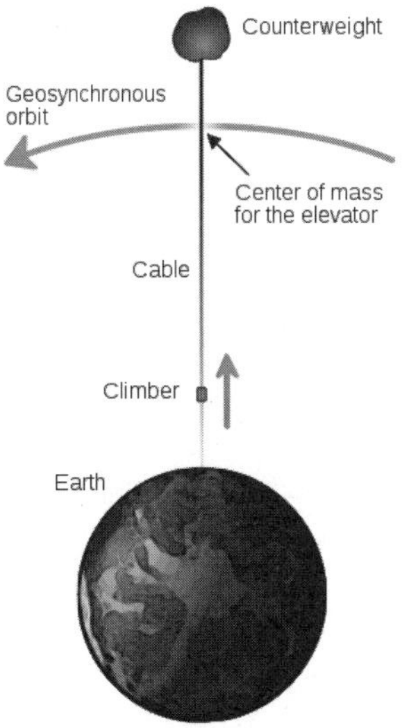

자료: 위키미디어 커먼즈(http://commons.wikimedia.org/wiki/File:Space_elevator_structural_diagram.svg?uselang=ko)

를 관통해 지구 반대편까지 순식간에 이동하는 교통수단도 상상할 수 있다. 이 아이디어는 이미 17세기 영국 과학자 로버트 후크Robert Hooke가 아이작 뉴턴Isaac Newton에게 제안한 바 있다. 아직까지는 2012년 개봉한 SF 영화 〈토탈리콜〉에 나오는 것처럼 중력 열차gravity train 같은 아이디어 차원이지만, 지금까지 그래왔던 것처럼 과학 기술의 발달로 상상이 현실화될 수도 있다.

(3) 속도의 미래

교통수단의 고속화 경쟁은 이제 초고속화 경쟁이라는 말이 어울리게 되었다. 머스크가 구상하고 있는 하이퍼루프Hyperloop는 목적지까지 진공관으로 연결한 뒤 태양광 에너지를 사용하는 캡슐을 통해서 비행기보다 빠른 1300km/h의 속도로 운행하는 방식이다. 뉴욕에서 도쿄까지 1시간 만에 주

▌그림 9-4▐ 하이퍼루프 구상도

자료: "LA~SF가 단 30분, 하이퍼루프 내년 선보인다", ≪중앙일보≫, 2015년 5월 26일 자.

파하는 초고도 항공기도 구상되고 있다. 과거에는 서울과 부산을 오가는 데 서울과 뉴욕을 오가는 만큼의 시간이 소요되었으나 이제는 KTX가 도입되어 빨대 효과를 우려할 만큼 서울과 부산 두 도시가 동일 생활권이 되어 가고 있다. 마찬가지로 초고속 교통수단이 상용화되면 어쩌면 서울과 뉴욕 간에 빨대 효과를 이야기할 날이 올지도 모른다.

(4) 자동차 소유의 미래

최근 공유 경제sharing economy에 대한 관심이 뜨겁다. 서울시는 공유 도시를 지향해 많은 분야에서 공유 사업을 지원하고 있다. 공유 경제란 2008년 하버드대학교 교수인 로렌스 레시그Lawrence Lessig가 제시한 것으로, 소유보다는 소비에 경제활동의 초점을 맞춘 개념이다. 여기서 소비는 '협력적 소비collaborative consumption'를 바탕으로 하는데, 개인 간 참여와 신뢰를 바탕으로 서로 필요한 시점에 필요한 것을 공유할 수 있는 체계를 만드는 것이다.

한국에서도 주택, 자동차, 숙박 시설 등에서 활발하게 공유 개념이 도입되고 있다.

미래에는 자동차도 소유의 개념보다 필요한 시점과 장소에서만 사용하고 소유하지 않는 시스템이 구축될 가능성이 크다. 서울시, 고양시, 창원시 등에서는 공유 자전거 시스템을 도입해 자전거로 목적지까지 간 후 바로 다른 사람이 이용할 수 있도록 하고 있는데, 이와 같이 자동차도 소유할 필요가 없는 시대가 올 수 있다. 영국의 밀턴 케인스Milton Keynes에서는 어반 트랜스포트 포즈Urban Transport Pods의 실용화를 계획하고 있다. 이 교통수단의 이용자는 직접 운전을 하는 대신 목적지만 입력하면 된다. 그런 후 신문 읽기, 이메일 작성 등 개인 업무를 보면 되는 것이다. 이 교통 시스템은 제한적인 공간에 한하긴 하지만 이미 아부다비의 마스다르 시나 영국 히드로 공항에서 상용화된 시스템이다. 한 걸음 더 나아가면 일회용 자동차가 개발될 수도 있다.

(5) 교통수단 자동화의 미래

운전을 하면서 즐거움을 느끼기도 하지만 이동이 목적이라면 운전은 노동에 가깝다. 운전 중 조작 실수, 판단 실수, 졸음 등으로 인해 교통사고가 빈번하게 발생하고 있으므로 교통사고는 인재라고도 할 수 있다. 자동차 운전이 자동화되면 이 두 가지 문제, 즉 운전으로 인한 노동과 운전으로 인한 위험에서 크게 벗어날 전망이다. 자동차 운전의 자동화는 차량의 자동화 기능과 도로의 첨단 정보 처리 기술이 향상되면 가능한 일이다.

이미 미국의 캘리포니아 주에서는 2012년 자율 주행 자동차의 운행을 합법화해 자율 주행 자동차의 상용화가 멀지 않았음을 보여주었다. 이 법안이 통과된 배경은, 사람의 실수로 인해 매년 수천 명이 캘리포니아에서 자동차 사고로 목숨을 잃고 있는데 자율 주행 자동차는 안전한 주행이 가

▌그림 9-5▌ 구글에서 개발 중인 자율 주행 자동차

자료: "무인자동차, 구글: 5년 내 상용화하겠다", ≪매일신문≫, 2015년 3월 21일 자.

능하므로 교통사고를 크게 감소시킬 것으로 기대되기 때문이다.

구글에서는 2009년 문 샷 프로젝트로 자율 주행 자동차 개발을 시작해 무인 도심 주행 능력을 향상시켰다. 자동차업계에서는 메르세데츠 벤츠, 니산, BMW 등이 자율 주행 자동차 개발에 박차를 가하고 있다. 반면 자율 주행 자동차에 대한 우려도 있다. 가장 크게 대두되는 우려는, GPS를 이용하므로 컴퓨터와 다름없는 자율 주행 자동차에 대한 해킹이다. 최근에는 미국의 전기차인 테슬라, 도요타의 프리우스, 포드의 이스케이프 등이 미국, 중국 등의 외부 연구 기관에 의해 해킹되어 운전대, 브레이크, 헤드라이트, 문 등을 조작할 수 있게 되었다는 소식이 전해졌다.

또 다른 우려는 미국 연방수사국FBI에서 제기한 것으로, 자율 주행 자동차가 치명적인 무기로 사용될 수도 있다는 것이다. 무인 운전 기술로 범죄자들의 두 손이 자유로워지면 총격을 비롯한 각종 범죄 행위가 더 수월해질 수 있다는 것이다.

2 | 미래 교통 관련 직업의 특징

1) 자동화

우리는 1970~1980년대 버스 안내원(차장)이 요금을 받고 거스름돈을 주던 시절을 기억하고 있다. 매우 오래된 일 같지만 불과 20여 년 전의 일이다. 지금이야 승객 대부분이 교통카드나 신용카드로 계산을 하고, 승차 기록도 모두 전산화되어 승객 수요 관리, 노선 계획, 운송 수익 관리 등의 자료로 활용되고 있다. 하루가 달리 발전하는 정보 통신 산업은 머지않아 재미 삼아 운전을 하려는 일부 수요를 제외하고는 모든 교통수단을 자동화할 것으로 기대된다. 그렇게 되면 정해진 노선을 운행하는 공공 교통수단부터 시작해 나중에는 맞춤형 교통수단인 택시까지 모두 자동화 운행이 가능해질 것이다.

도로에 비해 무인 운행이 훨씬 수월한 전철의 경우 수도권의 신분당선, 용인 경전철, 의정부 경전철, 부산 지하철 4호선, 부산 – 김해 경전철 등은 이미 무인 운행을 실시하고 있다. 이 노선을 이용하는 승객들은 열차를 운전하는 기관사가 없다는 사실에 불안해하지 않는다. 운행 예정인 인천 2호선, 대구 3호선, 김포 도시철도 등도 무인 운행 시스템으로 계획되고 있다. 앞으로는 대용량 철도뿐만 아니라 4~6인승 또는 그 이하의 소형 운송 수단에서도 자동화가 더욱 일반화될 전망이다. 대표적인 예가 PRT인데, PRT는 이미 한국에서도 2014년 4월부터 순천시에서 운영 중이다.

레일 위를 운행하는 교통수단뿐 아니라 버스, 택시, 화물 트럭, 여객선, 그리고 비행기에 이르기까지 사람보다 자동화가 더 안전하고 효율적이라고 판단되는 시점에서는 운송 분야의 거대한 변화가 불가피하다. 과거 버스를 운영하기 위해서는 기사와 버스 안내원이 꼭 있어야 했던 시절이 있

▮그림 9-6▮ 과거 버스 안내원

자료: "승차지옥 이대로 좋은가, 고달픈 안내양", ≪동아일보≫, 1978년 6월 27일 자, 6면.

었다. 요금 체계의 자동화와 전산화로 버스 안내원이 과거의 추억으로만 기억되듯, 운행 자동화의 발달로 수동 운전과 관련된 운송 서비스 직업군, 다시 말해 대중교통은 물론, 택시와 개인 승용차까지도 직접적인 영향을 받을 것이다. 반대로 자동화와 관련해 더욱 효율적이고 안전한 기술 및 프로그래밍을 개발하는 인력에 대한 수요와 자동화 시스템을 운영하고 관제하는 인력에 대한 수요가 증가할 것이다.

2) 친환경 내연기관의 현실화

현재 화석연료를 사용하는 내연기관과 관련된 직업의 종류와 수는 엄청나다. 자동차가 발명된 이후 연구, 개발, 생산, 그리고 수리에 이르기까지 전 세계 수많은 사람들이 다양한 관련 직종에 종사하고 있다. 최근에는 화석연료에서 벗어나 완전히 새로운 내연기관의 출현을 앞두고 있다. 대표

▌그림 9-7▌ 포항시 전기버스 배터리 무인 자동 교환 시스템

자료: 포항시청, 「포항시 창조경제, 전기버스가 이끈다!」(2014.7.15), 포항시청 홈페이지 보도자료.

적으로 세계 여러 자동차 회사가 전기 자동차의 상용화를 앞다투고 있다. 한국에서도 최근 국내외 양산형 전기 자동차가 속속 소개되고 있다. 이런 분위기에서 청정 지역을 표방하는 제주도는 2030년까지 제주도 내 모든 차량을 전기 자동차로 대체할 계획을 가지고 있다. 전기 자동차 외에도 온라인 전기 자동차, 연료전지 자동차 등을 상용화하기 위한 연구가 활발하다. 온라인 전기 자동차는 직접 배터리를 장착하고 운행하는 전기 자동차와는 다르게 차량에 집전장치를 설치해 도로에 설치된 급전 라인에서 전력을 공급받는 방식이다. 따라서 온라인 전기 자동차는 개별 승용차보다는 버스와 같이 운행 노선이 일정한 대용량 수송 수단에 더 적합한 방식이다. 연료전지 자동차의 핵심 기술은 수소 저장 기술로, 압축 수소 기술, 액화 수소 기술, 메탈 하이브리드 기술 등 다양한 방법이 연구되고 있다.

어떤 방식이 궁극적으로 시장을 재편할지는 아직 미지수이지만, 수소나 전기를 사용하는 자동차가 화석연료 자동차를 대체하면 기존 내연기관과

관련된 기술은 점차 무용지물이 될 전망이다. 대신 새로운 내연기관과 관련된 첨단 기술 및 지식을 필요로 하는 직업군이 생길 것이다.

자동차를 진화시키기 위한 연구 개발도 새로운 연료, 즉 태양열, 수소, 전기 등을 저렴하고 효율적으로 활용할 수 있는 기술 개발에 집중될 것이다. 우리 주변의 주유소도 다른 연료 또는 전기 배터리를 교환해주는 곳으로 변하고, 자동차 수리업체도 새로운 시설과 새로운 기술을 습득한 인력으로 교체될 것이다.

3) 융합 스마트/IT 기술

컴퓨터 프로그램, 기계 부품, GPS 관련 기술 등 자동차에 필요한 IT 분야의 수요는 다양한 방면에서 지속적으로 증가할 것이다. 머지않은 장래에 스마트 도로에서 스마트 자동차가 달릴 것이다. 스마트 자동차는 기계적 부품의 조합이라기보다는 전자 부품의 조합으로 그 성격이 바뀔 것이다. 즉, 사람을 태우고 달리는 컴퓨터라고 보는 것이 더 타당해질 것이다. 스마트 자동차는 전기 전자와 정보 통신 기술을 탑재한 첨단 융합 생산품으로, 관련 기술을 융합적으로 묶어서 창조적인 서비스를 개발해내는 것이 자동차 산업의 새로운 트렌드가 될 것이다.

스마트 도로 역시 지속적으로 첨단 IT의 집합체가 될 전망이다. 도로를 주행하는 자동차의 주행 특성을 파악해 안전하게 주행하도록 유도하며, 기상 상황에 따라 차량의 속도를 제어하고 조명을 조절하는 등의 역할을 할 것이다. 사고가 발생할 경우 이 사실을 다른 운전자에게 실시간으로 알려 2차 사고를 예방하며, 신속한 응급 구조 활동을 위해 지원할 것이다. 또한 태양열이나 주행하는 차량의 운동 에너지를 이용해 스마트 도로를 운영하는 데 필요한 에너지를 자체적으로 생산하는 시스템을 갖출 것이다.

스마트 자동차와 스마트 도로가 실현되면 전자, 전기, 정보처리 등과 관련된 신기술, 효율화 기술 등에 많은 일자리가 창출될 것이다. 몇 가지 사례를 살펴보면, 우선 정보 통신 분야에서 지속적으로 기술이 혁신됨으로써 일자리가 창출될 것이다. 더욱 효율적인 원격 통신을 위한 송수신 장치, 인터페이스 장치, 통신망 등과 관련된 신기술이 소개될 것이다. 통신 방법으로는 유선보다는 무선 쪽에 더 기회가 많을 것인데, 마이크로웨이브, 레이더, 인공위성 등의 분야가 대표적이다. 인공위성을 이용한 위치 기반 서비스는 앞으로 활용 범위가 더욱 넓어지고 정밀해질 것으로 기대된다. 교통 분야의 대표적인 사례는 내비게이션인데, 위치 기반 서비스는 추가적으로 안전 운전, 대중교통 관리, 안심 귀가 서비스와 같이 치안 수준을 제고하고 화물 운송을 추적 관리하는 분야에도 쓰이고 있다. 이 과정에서 GPS를 비롯한 위치 기반 서비스 기술 개발, 단말기 개발, 정보 제공 방식, 경로 탐색 프로그래밍 분야에서의 고급 인력 수요가 지속적으로 증가할 것이다.

지금은 정보 통신 기술의 비약적인 발달로 인해 필연적으로 수많은 종류의 데이터가 대량으로 양산되고 있다. 도로에 장착된 각종 감지 시설, 자동차에 장착된 각종 정보 통신 시설, 그리고 운전자 및 여행객이 스스로 양산하는 각종 정보를 수집하고 가공한다면 지금으로서는 상상도 할 수 없는 빅데이터가 생산될 것이다. 이 데이터를 효과적으로 모으고 효율적으로 활용할 수 있는 능력과 아이디어를 지닌 사람은 앞으로 엄청난 기회를 잡을 것이다. 교통적인 측면에서는 이러한 데이터를 분석 및 공유함으로써 교통 정책과 교통 운영의 과학화·합리화를 기대할 수 있다.

4) 교통 운영 및 관제의 첨단화

예전에는 개인 교통수단에 대한 교통 운영 및 관제를 단순히 신호등이

나 수신호에 의존했으나, 최근에는 CCTV, 루프 디텍터(차량 검지기) 등을 통해 수집한 정보를 종합적으로 활용하고 있다. 이로 인해 사고에 신속하게 대응하고 혼잡한 도로를 우회해 교통류를 전환시킬 수 있어 더욱 안전하고 효율적으로 도로 교통 시설을 이용할 수 있게 되었다. 이러한 방식은 첨단 IT과 빅데이터의 활용 방안이 발전할수록 더욱 정교해질 것으로 예상된다. 지금까지의 교통 운영과 관제는 도로에 국한된 2차원적인 관리였지만, 미래에 개인 항공기 및 하늘 운행이 가능한 개인 차량이 등장하면 항공기 관제와 유사한 3차원적인 관리 기법이 필요해질 것으로 전망된다.

하늘 길은 아직까지 개인 교통수단이 이용하는 영역은 아니지만, 머지않아 개인도 소형 항공기, 하늘을 나는 자동차, 개인용 헬리콥터 등의 교통수단을 이용해 하늘 길을 사용하게 될 것이다. 그러려면 우선 하늘 길을 운영하고 관제하는 작업이 필요하다. 지상의 도로와 마찬가지로 교통수단별·속도별·목적지별로 하늘 길을 디자인하고 운영해야 한다. 이 분야는 지상 도로와는 전혀 다른 분야이므로 기존의 교통 계획이나 교통 운영 방식과는 차별화된 전문 지식과 아이디어가 필요할 것이다.

하늘 길을 이용하기 위해서는 항공 운항 자격이 필수적이다. 지금의 자동차 운전면허 교육업체와 같이 항공 운항 기술 및 자격증 취득을 위한 교육과 훈련을 제공하는 업체의 필요성이 높아질 것이다. 더불어 자동차와는 완전히 다른 항공기 관련 수리 및 정비 기술의 수요가 증가할 것이다.

5) 교통안전 중요성 증대

자동차, 항공기, 선박 등 좀 더 빠르고 편리하게 이동하기 위한 교통수단이 개발되었지만, 아이러니하게도 이들 교통수단으로 인해 전 세계적으로 매년 수많은 사람들이 사망하거나 부상당하고 있다. 한국 역시 매년 5000

여 명이 자동차 교통사고로 사망하고 있으며 100만여 명이 크고 작은 부상을 당하고 있는 실정이다. 이러한 상황을 개선하기 위해 자동차 안전 관련 기술이 크게 발전하고 있는데, 현재는 주로 스마트 도로, 스마트 자동차 기술과 접목된 전자 정보 관련 기술 방향으로 초점이 모이고 있다.

교통사고 대응 기술은 크게 두 가지로 나눌 수 있다. 첫째는 사고 예방을 위한 기술인데, 예를 들면 사전에 주변 사고를 감지해 대응한다거나 운전자가 대응할 수 없는 사고 상황을 차량이 자동으로 감지해 차량을 스스로 조작함으로써 사고를 회피하는 자동화 관련 기술이 큰 관심을 받고 있다. 차량용 블랙박스도 자동차 사고 예방에 효과가 있는 것으로 나타나고 있다. 독일의 경우 차량용 블랙박스 설치로 충돌 사고가 20% 감소했으며, 연간 15만km를 주행하는 택시에 블랙박스를 장착하자 사고가 약 66% 감소하기도 했다.[1] 차량용 블랙박스의 개발도 현재와 같이 단순한 영상 기록 장치를 넘어 미래에는 인공위성이나 응급 구조 시스템과 연계될 것이며, 더 나아가 기존 사고 영상 데이터를 기반으로 사고 예측 기능을 탑재해 운전자에게 경고를 보낼 수도 있다. 또한 운전 중 기록되는 모든 정보가 경찰청과 연계되어 신호 위반, 과속 등 교통 법규 위반 차량을 실시간 자동으로 신고할 수도 있다. 더불어 수배 차량, 과태료 미납 차량을 비롯해 법적으로 문제가 있는 차량의 위치를 파악해서 자동으로 전송하는 기술도 탑재하게 될 것이다. 이러한 기술은 도로와 도시를 한층 더 안전한 환경으로 만드는 데 일조할 것으로 기대되며, 일반 운전자와 공공 양쪽에서 사용하려는 욕구가 큰 분야이므로 경제 창출의 기회가 지속적으로 주어질 것이다.

둘째는 불가피하게 사고가 났을 경우 운전자나 보행자를 최대한 보호하는 기술이다. 이와 관련해서는 자동차의 재질, 충격 완화 장치, 운전자 보

1 김영호 외, 『미래 교통시스템의 융합적 구상』(한국교통연구원, 2011).

▌표 9-1▐ 예방 안전 기술

기술 명	기술 내용
UWS (ultrasonic warning system)	초음파 센서를 이용해 사방 근거리의 물체를 검지하고 경고하는 시스템
SOWS (side obstacle warning system)	차선 변경 시 접근 차량 유무를 경고하는 시스템
LDWS (lane departure warning system)	전방 영상으로 차량의 차선 이탈 여부를 판단해 이탈 시 이를 운전자에게 경고하는 시스템
졸음 운전 방지 시스템 (drowsiness warning system)	핸들 조작 및 차량 운행 상태 등에서 변동을 파악해 음성이나 향기, 진동 등으로 경고하는 시스템
차량 위험 상태 모니터 시스템	타이어의 공기압 부족이나 엔진 룸 화재 발생 등 주행 중 차량의 이상 상태를 감지해 경고하는 시스템
운전 시계 확보 시스템 (vision enhancement system)	악천후 시나 야간에 운전 시계를 확보함으로써 인지도를 높여 사고를 예방하는 시스템

자료: 황기연, 「무인자동차 시대의 개막과 교통부문의 대응과제」, 대한지방행정공제회, ≪도시문제≫, 49권 542호(2014).

▌표 9-2▐ 사고 회피 기술

기술 명	기술 내용
PCS (pre-crash safety)	영상 장치나 감지 장치를 이용해 전후방 교통 상황을 판단한 뒤 사고 위험을 운전자에게 경고하거나 에어백, 시트 등이 자동으로 제어됨으로써 능동적으로 대처하는 시스템
LKS (lane keeping support)	LDWS와 유사한 개념이지만 경고에서 그치지 않고 능동적으로 주행 차선을 유지하는 시스템
CAS (collision avoidance system)	차량 주변의 레이더나 카메라를 통해 주변 차량의 상태나 교통 상황을 검지하고 능동적으로 충돌을 회피하는 시스템
ACC (advanced cruise control)	차량 전방의 레이더를 이용해 차량의 속도를 일정하게 유지하고 긴급 상황 시 자동으로 비상 제동이 걸리는 시스템

자료: 황기연, 「무인자동차 시대의 개막과 교통부문의 대응과제」.

호 장치 등의 기술이 개발되고 있다. 예를 들면, 운전자 보호 장치는 현재로서는 안전벨트와 에어백 정도가 최선이지만, 미래에는 SF 영화에서처럼 충격 시 신체를 보호하기 위해 부드러운 재질이 거품 형태로 차 내에 뿜어져 나오면서 큰 사고에도 운전자가 전혀 다치지 않게 보호하는 기술이 개발될 수도 있다. 상상의 나래를 더 펼치면, 자석의 N극과 S극이 서로 밀쳐내듯이 운행 중인 차량 간에는 어떠한 경우에도 충돌이 불가능한 자동차가 개발될 수도 있다.

6) 우주 항공 기술 발달

우주는 인류에게 여전히 미지의 세계다. 달나라와 화성으로 여행하는 일은 아직 요원해 보이지만 2050년경에는 더 이상 영화 속 이야기가 아닐 듯 싶다. 우주로의 여행을 위해서는 일반 항공 기술과는 또 다른 차원의 첨단 기술과 전문 인력이 필요하다. 한국의 경우 우주 항공 기술은 아직 다른 나라 일이라고 여기는 경향이 있어 주요 대학에 관련 학과조차 개설되어 있지 않다. 하지만 우주 항공 관련 기술을 개발하고 선점하기 위해서는 국가적인 관심과 지원이 필요하다.

7) 가상현실 관련 수요 증가

통행은 수요자가 특정한 장소에 가서 자기가 원하는 활동을 하기 위한 행위다. 그런데 장소가 수요자에게 온다면 굳이 이동을 할 필요가 없다. 지금의 가상현실은 게임이나 모의 훈련을 하는 정도의 수준이지만, 이 기술이 비약적으로 발달하면 정말로 현실과 가상현실 간의 차이를 구분하기 어려운 수준까지 도달할 수 있다. 그렇게 되면 이동을 하지 않아도 특정한 장소의 효과를 그대로 재현할 수 있으므로 이동할 필요성이 없어진다.

예를 들어 여행도 가상현실 프로그램을 통해 원하는 곳으로 갈 수 있다. 이런 수요를 충족하기 위해서는 다양하고 정교한 가상현실을 묘사할 수 있는 프로그래머의 가치가 높아질 것이다. 그리고 지금의 TV가 선명도와 자연 색상을 놓고 경쟁하듯이, 가상현실을 구현하는 기기는 얼마나 현실적인 경험을 제공하는지를 놓고 경쟁할 것이다. 또한 이 과정에서 소프트웨어적·하드웨어적 기술 개발 인력에 대한 수요가 높아질 것이다.

8) 로봇 기술의 발달

로봇 기술은 미래의 다양한 분야에서 역할이 기대된다. 도로 교통 분야에서도 로봇 기술은 여러 상황에서 응용될 것이다. 대표적으로 도로의 유지 관리 분야를 생각할 수 있다. 도로상의 로봇이 제설 작업, 청소, 가로수 정비, 도로 보수 등의 작업을 즉시 처리할 수 있는 미래가 멀지 않았다. 교통사고 시에도 응급 구조, 응급 처치, 그리고 긴급 수송에 로봇이 사용될 것으로 기대된다. 미래에는 여러 분야에서 로봇 기술이 진화하겠지만, 도로, 교통, 수송, 그리고 교통사고 응급 대응 분야에서도 특화된 로봇 기술과 관련된 직종과 인력이 필요할 것이다.

9) 녹색 교통수단에 대한 인식 변화

한국을 비롯해 세계 각국 교통수단의 역사적 변천을 살펴보면, 순수하게 사람의 동력으로 보행하거나 우마와 같이 동물의 힘을 빌려 이동하던 시절을 거쳐 증기, 전기, 석유 등을 사용하는 내연기관을 활용한 교통수단으로 발달해왔다. 하지만 선진화될수록 다시 역순으로 교통수단이 변화하고 있다. 유럽의 네덜란드, 벨기에, 독일, 프랑스 등의 선진국에서는 자동차보다는 보행과 자전거 이용이 편리한 도시로 변화되고 있으며, 한때 자동차 천국이라고 알려졌던 미국에서도 최근에는 보행과 자전거가 도시의 중심 교통수단으로 거듭나도록 많은 노력을 기울이고 있다. 대표적인 사례로는 뉴욕의 하이 라인The High Line과 보스턴의 빅 딕The Big Dig 등을 비롯해 여러 도시에서 보행 전용로, 산책로 등을 새로 조성하는 붐이 일고 있는 것

▌그림 9-8▌ 보행도로로 개방된 서울역 고가도로

자료: "44년만에 개방된 서울역 고가…나들이객들로 '북적'", 연합뉴스, 2014년 10월 12일.

을 들 수 있다. 특히 뉴욕의 하이 라인은 최근 서울시가 서울역 고가도로를 보행 전용화하기 위해 세운 공원화 계획의 벤치마킹 사례이기도 하다.

한국에서도 몇 년 전부터 제주도의 둘레길이 선풍적인 관심과 인기를 모으면서 걷기 열풍이 불고 있다. 이러한 경향은 최근 도심으로 옮겨지고 있다. 우선 도심 내 산들에 둘레길이 조성되고 있으며, 광주시의 푸른길 공원이나 서울시의 경의선 숲길과 같이 폐철도 부지를 활용하거나 고가도로를 공중 공원화하는 사례도 늘고 있다. 이러한 경향은 마치 예전에는 아파트 단지의 지상부가 자동차 주차장으로 우선적으로 할애되었으나 최근에는 지상부에 차 없는 아파트 단지가 아니면 주거 환경으로서의 경쟁력이 없는 것으로 받아들여지는 것과 같은 맥락으로 이해할 수 있다. 아파트 단지의 사례처럼 결국 미래에는 지금과 같이 자동차가 점령한 도시는 점차 경쟁력을 잃고 쇠락할 것이며, 도시의 지상부에 녹색 교통과 대중교통이 중심인 도시만 살아남을 것이다. 이런 환경에서는 보행에 편리한 신발에서부터 자전거와 유사하면서 건강에도 도움이 되고 재미도 있는 다양한 녹색 교통 수단이 발명될 것으로 전망된다. 자전거의 경우 고속 주행이 가능

▮그림 9-9▮ 경의선 숲길 조성 사례

자료: “서울 새창고개 · 연남동 폐철로 ‘숲길공원’ 첫 삽”, ≪한국일보≫, 2013년 10월 8일 자.

하므로 지금의 자동차 전용도로처럼 고속 주행 전용도로가 만들어질 수도 있다. 이런 관점에서 본다면 건강과 이동을 접목한 분야에서 새로운 창업 및 발명의 기회가 발생할 것이다.

10) 운송 산업의 변화

이메일의 일상화로 인해 종이로 내용을 전달하는 우편물이 없어져가는 것과 마찬가지로 화물 운송 산업과 물건 배달 산업 역시 새로운 운송 시스템의 개발과 3D 프린터의 개발로 심각한 변화를 겪을 것으로 전망된다.

아마존은 소형 무인 비행체인 ‘에어드론’을 이용해 배달하는 ‘아마존 프라임 에어’ 시스템을 시범적으로 선보였다. 이 배달 시스템은 복잡한 도로를 이용하지 않고 무인 비행을 하는데, GPS 시스템을 이용해 30분 이내에 고객에게 물품을 전달하는 것을 목표로 개발 중이다. 아마존뿐 아니라 도미노피자, DHL 등도 유사한 배달 시스템을 개발 중이다.

드론의 역할은 운송 분야를 포함해 실로 무궁무진하게 증대되고 있다. 군과 경찰에서는 정찰 및 위험 임무를 수행하기 위한 드론 개발이 활발한데, 응급 재난 지점에 대한 정찰 및 구조 수행 임무용 드론도 개발되고 있다. 최근 많이 사용되는 헬리캠과 같이 드론은 조명과 음향 분야에서도 다양한 각도와 지점에서 조명과 음향을 조절하는 용도로 사용될 것으로 예상된다. 태풍 조사를 비롯한 일기 관측에도 드론이 사용되고 있다. 이런 관점에서 다양한 드론을 프로그램하고 조종하는 드론 디스패처drone dispatcher가 미래의 유망 직업으로 전망되고 있다.

이보다 더 혁명적인 변화는 3D 프린터로 인해 발생할 것으로 기대된다. 집에서 이메일이나 팩스를 받는 것과 같이 주문한 물건은 물론 음식까지 바로 받는 일이 이미 기술적으로는 가능한 수준에 이르렀다. 이런 기술이 상용화되는 시점에서는 화물 운송 산업 및 택배 관련 산업에 근본적인 변화가 요구될 것이다.

10 미래의 산업과 직업 사이버 리스크 분야

이명수

1 | 서론

멀지 않은 미래에는 지금의 인터넷이 초인터넷Ubernet으로 진화하면서 70억 명 이상의 인간을 서로 연결할 것으로 전망된다. 초인터넷은 글로벌 연결성을 확장하면서 전 지구적인 관계를 더욱 촘촘하게 연결하고 무지를 덜어주는 순기능의 역할을 기대할 수 있다. 반면 초인터넷의 확산은 국경의 의미를 약화시켜 지리적인 경계 안에 있는 모든 인간을 통제하는 국민국가의 권력이 약화될 것이며, 공통의 관심을 가진 사람들이 건설한 새로운 나라가 등장해 현재 국민국가의 역량을 넘어설 것이라는 예측이 나오기도 한다. 국민국가가 사람들의 삶에 행사하던 권력이 약화되면서 지구상의 모든 사람들은 어느 누구와도 양방향으로 다가갈 수 있고 소통할 수 있게 될 것이다.

전기가 20세기 인간의 생활을 뒤바꿔놓았듯, 21세기에는 인터넷이 인류의 모든 시스템을 혁신할 것이며 인류에 새로운 기회를 제공할 것이다. 전기와 같이 힘들이지 않고 인터넷에 항시 접속해always-on 정보를 쉽게 이용하는 정보 환경이 전개될 것이다. 모바일, 착용형 및 내재형 컴퓨팅은 사물인터넷과 결합될 것이고, 사람들과 주변 환경은 클라우드 기반으로 확장되어 인공지능을 이용할 수 있게 될 것이다.

인터넷상에서 정보를 공유하는 일은 일상의 삶은 물론 심지어 기계 사이에서도 손쉽게 파고 들어갈 것이다. 디바이스는 점점 더 고유한 통신 패턴을 가질 것이며, 정보를 공유하고 모아서 자동 제어하거나 작동하도록 하는 자신만의 소셜 네트워크를 가질 것이다. 이처럼 인터넷과 디지털 기술은 도시와 지역사회의 우리 주변 생활공간에 스며들어 미래의 라이프스타일에 많은 영향을 미칠 것이다.

이 절에서는 새로운 디지털 시대의 라이프스타일 및 도시 공간의 변화로 인한 순기능과 역기능에 대해 간략하게 살펴본다. 2절에서는 사이버 리스크의 진화 방향을 예상해보고, 3절에서는 사이버 리스크로 조명할 수 있는 산업과 직업을 들여다본다. 마지막 4절에서는 사이버 리스크 정책을 제언한다.

1) 디지털 라이프스타일 변화

진화를 거듭하는 디지털 기술은 미래 사회에서 인간의 삶에 지대한 영향을 미쳐 인간과 기계 간의 간극을 줄이거나 없애는 역할을 할 것이다. 즉, 현실세계와 가상세계가 서로 스며들어 많은 변화가 일어날 것으로 예고되고 있다. 이미 영화 〈아이언맨〉에서 보듯 증강 현실이나 홀로그램 기술을 통해 현실과 가상세계를 연결해 인간과 기기를 하나로 만드는 디바이스가 선을 보였다.

최근의 착용형 디바이스[1]나 원격 진료 및 비침습 건강 센서와 같은 ICT

기반의 바이오 메카트로닉스bio-mechatronics[2]는 인간의 신체적 능력을 확장시켜 인간의 생활에 많은 변화를 가져다줄 것이다. 또한 증강 현실과 착용형 디바이스가 결합해 일상생활 중에서도 특히 개인의 건강을 모니터하고 빠르게 대응하는 데 사용될 것이다. 말 그대로 하루 단위로, 심지어는 시간 단위로 약물 치료를 하거나 라이프스타일 변화를 조절할 수 있을 것이다. 이는 현재 인력 부족에 시달리는 의료 서비스 제공 시스템의 효과를 어마어마하게 증대시킬 수 있다.

몇 년 전부터 주목을 받고 있는 빅데이터는 인공지능과 결합해 두뇌 연구와 같은 인간의 지적 능력을 확장하는 분야에서 변화를 보일 것으로 전망되고 있다. 아울러 언어적 소통은 물론 비언어적 소통에 의한 감성 교류나 감정 인지도 미래의 비즈니스에 커다란 변화를 끼칠 전망이다. 연인끼리 데이트하고 일자리를 위해 면접하고 전문가끼리 연결해주는 네트워킹이 발달할 것으로 보이며, 게임은 물론 정책 수립과 스파이 활동 같은 분야에서도 많은 변화가 예상된다. 이는 사람에 대해 생각하는 방식을 변화시키고 신뢰를 구축하는 방식을 변화시켜 변화, 실패 그리고 성공을 이루는 방식을 변화시킬 것이다. 클라우드 소싱,[3] 클라우드 펀딩,[4] 공유 경제[5] 같

---

1 안경, 시계, 의복 등과 같이 착용할 수 있는 형태라서 사용자가 신체의 일부처럼 거부감 없이 항상 사용할 수 있는 기기를 말한다.

2 바이오 기술(bio technology), 기계공학(mechanical engineering), 전자공학(electronics)의 합성어로, 인체를 포함한 동물, 식물, 미생물 등 생명체의 진단, 생산, 복제, 배양, 합성, 가공 등에 필요한 기계·전자 장비의 개발에 필요한 사항을 연구한다.

3 군중(crowd)과 아웃소싱(outsourcing)의 합성어로, 인터넷을 통해 아이디어를 얻고 이를 기업 활동에 활용하는 방식을 뜻한다.

4 '대중으로부터 자금을 모은다'는 뜻으로, 소셜 미디어나 인터넷 등의 매체를 활용해 자금을 모으는 투자 방식을 뜻한다.

5 한 번 생산된 제품을 여럿이 공유해 쓰는 협업 소비를 기본으로 한 경제를 의미한다. 2008년 미국발 경제위기의 충격 이후 새롭게 탄생한 개념으로, 레시그 하버드대 법대 교수가 처음 사용한 말이다.

은 새로운 비즈니스 기회가 등장할 전망이며, 사회는 개인화 및 원자화되는 특징이 부각되면서 인간 자체에 대한 리스크는 새로운 사회 문제로 대두될 전망이다.

이렇듯 미래의 새로운 디지털 기술은 인간과 사회를 변화시키면서 미래의 산업 지도를 바꿀 와해성 기술disruptive technology임에는 틀림없다. 아울러 운용 최적화를 통해 민간 부문은 물론 공공 부문에서도 비용을 절감시킬 것이며, 복지와 안전 분야에서도 필수적인 사회 기술이 될 것이다. 디지털 기술에 따른 사회 변화가 순기능이든 역기능이든 간에 그 자체로 커다란 산업을 형성할 전망이며 이에 따라 예기치 못한 직업도 다양하게 등장할 것이다. 디지털 기술로 변화되는 미래 디지털 시대의 사회상을 그려보고 거기서 예상할 수 있는 미래의 산업과 직업에 대한 그림을 그리는 것은 흥미로운 일 중 하나임이 틀림없다.

2) 도시 공간을 바꾸는 디지털 기술

한편 세계화가 급속히 진행되면서 도시는 기술, 재무 및 다른 서비스 분야에서 혁신의 역할을 하는 글로벌 경제의 중심 허브가 되었고, 이는 세계 도시들 간의 우열을 생성하는 결과를 만들기도 한다. 2010년에서 2025년 기간 중 세계 600개의 대도시는 세계 GDP 성장의 65%를 담당할 것으로 전망하기도 한다.[6] 그 결과 자연 자원과 숙련된 근로자를 확보한 도시가 경쟁력을 갖게 되었다. 이제 도시는 전통적인 고용 기회를 창출하는 것은 물론이고 새로운 산업을 유인하고 창출하는 데 도움을 줘야 하는 것으로 평

6 "Urban World: Cities and the Rise of the consuming class," McKinsey Global Institute, June 2012. Booz & Co. 보고서 재인용.

가받는다. 즉, 기후 변화, 세계화 및 지속 가능성 등의 당면 과제를 해결해야 함은 물론, 도시의 인구가 증가함에 따라 기존의 인프라를 지속적으로 업그레이드하고 다양한 서비스를 효과적으로 전달해야 한다.

특히 ICT를 중심으로 하는 디지털 기술은, 비즈니스는 물론 도시 공간의 모습까지 변화시키고 있다. 교통 혼잡, 이산화탄소 방출 및 절전 등의 문제에 직면한 지역사회와 도시는 디지털 인프라가 구축됨으로써 당면 문제를 저비용으로 해결할 수 있는 새로운 선택권을 갖게 되었다. 기술과 기존 환경의 결합으로 사회 인프라를 더욱 효율적이고 유기적으로 건설 및 관리할 수 있을 것이며, 이는 개인과 공공의 행위가 좋은 방향으로 변하도록 잠재력을 제공할 것이다. 2008년 GeSIGlobal e-Sustanability Initaitives가 발표한「SMART 2020」보고서에서는 도시 환경과 디지털 인프라가 융합하면서 발생하는 다양한 현상을 조명한다. 보고서에서는 디지털 기술의 역할을 통해 2020년까지 7.8기가 톤의 가스 배출이 줄어들 것으로 전망하고 있으며, ICT 기반의 에너지 관리를 통해 공공과 민간 분야에서 6000억 유로의 비용이 절감될 것으로 전망한다.

기존 도시와 디지털 인프라가 융합된 가장 적합한 사례인 이른바 스마트 시티 프로젝트는 현재 세계 각국 주요 도시의 핵심 사업이다. 스마트 시티 프로젝트는 디지털 기술로 도시의 효율성을 높이고 그 과정에서 발생하는 데이터를 활용해 새로운 가치를 창출한다는 점에서 큰 의미를 갖는다. 2008년 20개였던 스마트 시티 프로젝트가 2012년에는 140여 개로 늘어났으며, 현재 400여 개 이상의 도시에서 활발히 추진 중이다. 세계 주요 IT 선도 기업인 IBM, 시스코, 마이크로소프트 사를 중심으로 지멘스, 히타치, 엑센추어 등도 이러한 추세에 동참하기 위해 데이터 분석, 사물 인터넷 등을 통해 스마트 시티 프로젝트에 사활을 걸고 있는 실정이다.

스마트 도시 건설에서 디지털 기술을 적용할 경우 도시에서 발생하는 안전과 관련한 다양한 리스크를 완화할 수 있다. 도시 운용과 인프라에 대한 정보가 많을수록 도시 리스크의 확인과 관리가 용이하다. 물리적인 리스크를 완화하는 것 외에 스마트 기술이 제공하는 측정과 보고 역량은 채권 발행자, 보험회사 및 기업 투자자에게도 확신을 줄 수 있다. 이는 다시 보험료를 줄이고 투자 확신을 높이는 계기가 된다.

3) 디지털 사회의 그림자

하지만 디지털 기술로 인한 혜택만큼 역기능 또한 그 어느 때보다 핵심 이슈로 부각되고 있다. 해킹으로 교통 체계를 무너뜨리고 금융 시스템을 장악하며 정전으로 사회를 더욱 혼란에 빠뜨리는 장면을 담은 영화 〈다이하드4〉가 현실의 한 장면이 된 지는 이미 오래다. 영화에서 해커의 이미지는 매우 명석해 기술에 통달하며 조직의 방어막을 뚫는 데 필요한 정보가 무엇인지를 꿰뚫고 있다. 하지만 현실에서는 영화 속의 해커보다 더 치밀하고 조직화된 집단이 충분한 자금을 뒷받침받으며 활동하고 있는데도 온라인 사업자의 IT 시스템은 계속 작동하고 있으며, 고객과 소비자는 계속해서 소통하고 정보를 공유하면서 온라인으로 쇼핑을 하고 있다.

가히 속도전이라 할 만큼 빠르게 발전하는 ICT가 미래 사회에 미치는 영향력은 우리 사회의 기술 의존성과 결합도를 더욱 심화시키고 있다. 사회 인프라 속의 ICT 기술은 활용도가 높아졌을 뿐만 아니라 사람과 사람을 연결하고 사람과 사물, 그리고 사물과 사물을 연결해 우리 사회를 초연결성의 사회로 급속하게 변모시키고 있다. 이와 함께 미래 사회는 사이버 리스크 사회로 수렴될 가능성이 점점 커졌다.

사이버 리스크가 내재한 미래의 사이버 사회는 이제 가능성이 아닌 우리 앞에 놓인 현실이 되었고 앞으로 더욱 심화될 전망이다. 더욱이 운용 최적화와 효율성 제고를 목표로 ICT 기술이 사회의 모든 인프라에 적용되고 사회 인프라 간의 상호 의존성이 높아지고 있기 때문에 이를 정교하게 관리하지 않을 경우 사이버 위협이 인프라 간에 확장될 개연성을 배제하기 어려운 상황에 놓일 것이다.

미래에 닥칠 위협의 가능성과 영향을 명확하게 판단하기 위해서는 현재 해킹 공격의 속성과 더불어 기술 발전에 따라 위협이 어떻게 진화할 것인지를 파악해야 한다. 이는 사이버 위협을 평가하고 관리할 수 있어야 함을 의미한다. 아울러 사이버 위협이 조직에 어떠한 영향을 미치고 사이버 위협을 완화하기 위해서는 무엇을 해야 하는가를 이해할 필요가 있다. 특히 새로운 기술을 채택해야 하는 상황이라면 새롭게 발생할 수 있는 위협에 추가적으로 대응하는 방안을 더욱 적극적으로 모색해야 한다.

사이버 위협에 따른 사이버 리스크는 데이터센터와 통신 인프라에 발생할 수 있는 자연재난을 비롯해 시스템 장애, 온라인 뱅킹을 훔치는 행위나 사이버 범죄, 그리고 기업과 국가의 기밀 유출 등 스파이 행위에 해당하는 사이버 전쟁, 사이버 테러 및 사이버 핵티비즘[7]에 이르는 모든 행위의 결과다. 따라서 사이버 위협으로 인한 리스크의 유형 중 비즈니스 운용상의 리스크가 가장 대표적이며, 재정 리스크, 지적 재산권 리스크, 법 및 제도 리스크, 평판 리스크 등도 사회 전반에 걸쳐 다양하게 확산될 것이다. 이러한 다양한 리스크는 보안 산업을 형성해 다양하고 전문화된 보안 일자리를 창출할 것이다.

---

7 해커(hacker)와 행동주의(activism)의 합성어다. 인터넷이 일반화되면서 나타난 새로운 유형의 정치적·사회적 행동주의를 뜻하는 것으로, 정치·사회적인 목적을 위해 자신과 노선을 달리하는 정부나 기업·단체 등의 인터넷 웹사이트를 해킹하는 행위를 일컫는다.

2 | 산업화되는 사이버 리스크

1) 통계로 보는 사이버 리스크

2013년 미국에서 발표된 「노턴 사이버 범죄 보고서」에 따르면 사이버 해킹으로 발생한 연간 피해액은 2012년 한 해 약 1130억 달러(약 120조 원)에 달하며, 사이버 범죄로 인한 피해자는 일평균 100만 명 이상, 초당 12명꼴인 것으로 집계되었다. 사이버 범죄로 인한 1인당 평균 손실비용은 298달러(전년 197달러)인 것으로 조사되었다. 또한 모바일 기기와 SNS 이용자의 63%가 사이버 범죄를 경험한 것으로 나타났다. 국가별로 사이버 위협 순위는 미국, 한국, 중국, 러시아, 우크라이나 순이었다. 한편 보안 전문 기업인 파이어아이FireEye의 조사에 따르면 전 세계 190개 이상의 국가에서 스파이 행위에 악용되는 명령 및 제어 서버command and control server: C&C[8]가 존재하는 것으로 나타났다.

미국 국가 사이버 보안 교육 프로그램NICE 조사에서는 2011년에 미국 연방정부를 대상으로 한 사이버 해킹 횟수가 2006년 대비 680% 증가한 것으로 밝혀졌다. 일례로 일리노이 주에서는 상수도 제어 시스템이 해킹당해 펌프 시설이 파괴되었고(2011. 11), 미국 에너지부 해킹으로 인해 직원과 외주업체 관계자의 개인 정보도 유출된 바 있다(2013. 2). 국내에서는 돌잔치 스미싱smishing[9]이나 법원 등기 스미싱 등 다양한 형태의 스미싱 사례가 발

---

8 악성 프로그램에 감염된 컴퓨터에 스팸메일 전송이나 대용량 트래픽 공격을 수행하도록 원격으로 명령을 내리는 서버로, 주로 해커가 운영한다.

9 문자 메시지(SMS)와 피싱(phishing)의 합성어로, '무료쿠폰 제공', '돌잔치 초대장' 등의 내용이 담긴 문자 메시지 내 인터넷 주소를 클릭하면 악성코드가 설치되어 피해자가 모르는 사이에 소액 결제 피해가 발생하거나 개인·금융 정보가 탈취되는 수법을 뜻한다.

생하고 있음은 물론, 방송과 금융 등 6개사를 대상으로 한 사이버 테러로 4만 8700여 대의 PC, 서버 및 통신 장비의 장애가 발생하는(2013.3.20) 등 다양한 피해 사례가 속출하고 있다.

1970년대 이전에는 사이버 공격의 목적 또는 동기가 학구적 탐구나 기술적 호기심이었으나, 1980년대 이후에는 불법 침입을 통한 자료 열람이나 자료 유출 등을 목적으로 하면서 점차 개인적인 이익을 추구하고 자기 실력을 과시하는 형태로 변했다. 2000년대 이후에는 공격의 목적과 동기가 개인에서 조직과 국가로 확산되었고 공격의 범위도 단일 시스템에서 광범위한 대상으로 확대되었다. 따라서 정치적 의도와 경제적 이익을 획득하기 위해 국가 기밀, 금융 및 회사 기밀을 탈취하고 불법과 사기를 위한 해킹이 산업화되고 있다고 해도 과장된 표현이 아니다.

특히 정치적 이유로 기업, 정부 및 개인을 대상으로 해킹을 시도하는, 조직화되고 은밀한 해커 그룹이 등장하기에 이르렀다. 어나니머스Anonymous나 룰즈섹LulzSec이 대표적이다. 최근 위키리크스Wikileaks라는 웹사이트에서는 정부나 기업 등의 비윤리적 행위와 관련된 비밀 문서를 폭로했다. 또한 핵티비즘hactivism이 이슈화되어 역사 왜곡이나 국가 간 현안이 발생할 경우 국가 간 해킹 사고도 증가하고 있다. 중국과 미국 간의 정치 및 경제 이슈가 발생하거나 독도 문제로 한국과 일본 사이에 분쟁이 발생하면 양국 간 사이버 전쟁으로까지 발전하기도 한다. 최근 국내에서는 정치적·경제적 신념이 서로 다른 조직 간에 선거를 방해할 목적으로 홈페이지를 해킹하는 사고도 발생했다.

2) 사이버 리스크의 진화

몇 년 전만 해도 사이버 공격을 일으키는 바이러스와 웜 등의 악성 프로그램은 이메일이나 취약한 소프트웨어와 같은 단순한 메커니즘을 통해 전파되었다. 이런 방식으로 네트워크를 통해 돌아다니는 바이러스는 예기치 않게 서비스를 중단시키거나 시스템 장애를 유발하는 정도였다. 문제는, 오늘날의 악성 프로그램은 다양한 메커니즘을 악용해 확산되고 있으며 강력한 보안 시스템마저 우회해서 작동한다는 점이다. 대표적인 예가 2008년에 출현한 컨피커Conficker[10]라는 웜이다. 역대 최악의 웜 바이러스 가운데 하나인 컨피커는 전 세계 650만 대의 PC를 감염시켰다. 또한 컨피커는 언제든지 해커의 조정으로 또 다른 사이버 공격에 악용될 수 있는 매우 복잡한 구조의 웜으로, 전력 계통의 프로세스 제어 시스템에 침투해 통제권을 장악하는 것을 목적으로 했다.

사이버 공격자인 해커의 방식도 진화하고 있어 데이터를 탈취하기 위해 수개월 동안 악성 프로그램을 이용하기도 한다. 때로는 목적을 달성하기 위해 사회 공학적인 방법social engineering과 악성 프로그램을 결합하기도 한다. 가장 복잡한 지능형 공격인 ATP는 공격 대상 탐색, 초기 침투, 백도어 프로그램[11] 설치, 다른 시스템으로의 전파, 데이터 유출에 이르는 전 과정을 천천히 그리고 표시 나지 않는slow and low 방식으로 장기간에 걸쳐 진행하기 때문에 방어하는 입장에는 사이버 공격 자체를 인식하는 데 수개월에서 수년이 걸리기도 한다. 물론 공격 대상은 특정 개인이나 정보일 수도 있고 정부와 방위 산업체일 수도 있다.

사이버 범죄 행위도 극도로 복잡해지고 있다. 피싱phishing[12] 같은 온라인

---

10 윈도 환경의 취약점을 이용해 전파되며, 불특정한 개인의 컴퓨터는 해커가 원격조종할 수 있는 좀비 PC로 변해 다른 해킹 공격에 악용되기도 한다. USB로도 전파가 가능하며 현재 다양한 변종이 존재한다.

11 해커가 만들어놓은 시스템의 보안 구멍.

12 개인정보(private data)와 낚시(fishing)의 합성어로, 금융기관 등의 메일로 위장해 개인의 인증 번호나 신용카드 번호, 계좌 정보 등을 빼내고 이를 불법적으로 이용하는 사기 수법.

은행 사기에서는 은행의 웹사이트를 복제해 피해자를 유도한다. 이어서 피해자의 컴퓨터에 트로이 목마 프로그램Trojan[13]을 설치해 컴퓨터 소유자가 입력하는 로그인 정보(아이디와 패스워드)와 계좌 정보를 탈취한 뒤 범죄에 이용한다. 트로이 목마 프로그램은 피해자 컴퓨터에 숨어 피해자 정보를 공격자에게 전달하는 역할을 하기 때문이다.

여기서 사이버 침해 환경 변화가 주는 의미를 되새겨 볼 필요가 있다. 우선, 사이버 공격자의 방법과 동기가 매우 다양하다. 경쟁사 쇼핑몰 홈페이지에 대해 디도스 공격을 청부하는 것은 오래된 사례다. 둘째, 공격 자체가 매우 복잡해지고 있으며 자금 지원이 원활해 장기적인 공격이 가능하다. 셋째, 사이버 범죄는 사이버 공격이 가능한 악성 프로그램을 개발하기 위해 돈을 쓰고 있다. IT에 대한 의존도가 심화되는 미래의 디지털 사회에서는 사이버 침해에 대한 인식과 대응이 지금과는 달라야 할 것이며, 이는 산업과 직업에도 많은 영향을 미칠 것으로 전망된다.

(1) 도시 인프라 속 사이버 리스크

세계경제포럼World Economic Forum: WEF에서 매년 전 지구적 위험을 발굴하고 평가해 발간하는 보고서인 「글로벌 리스크 2014」의 발표 결과에 따르면 31개의 전 지구적인 위험 가운데 일어날 가능성이 높은 상위 5개의 위험에 '사이버 공격'(5위)이 포함되었고, 아울러 일어날 파급력이 큰 위험으로 '주요 정보 인프라 붕괴'가 5위에 포함되었다. 이는 초연결성이 일반화된 미래의 사이버스페이스에서는 사회 재난의 일종으로서 네트워크를 장

---

13 그리스 신화의 트로이 목마에서 유래한 용어로, 시스템에 불법적인 행위를 수행하기 위해 다른 프로그램의 코드로 위장해 특정 프로그램을 침투시키는 행위를 말한다. 실제 목적은 사용자의 합법적인 권한을 활용해 시스템의 방어 체제를 침해한 뒤 접근이 허락되지 않은 정보를 획득하는 것이다.

악하고 붕괴하려는 시도가 더욱 늘어나고 피해도 커질 것으로 예상하는 것과 맥락을 같이한다. 사이버스페이스에서의 컴퓨터 시스템은 인터넷을 통해 서로 연결되어 있기 때문에 피해가 걷잡을 수 없는 속도와 규모로 확산될 가능성이 있다. 사이버스페이스를 구성하는 컴퓨터 시스템과 인터넷 자체에 대한 안전은 다가오는 디지털 사회에서 새로운 가치를 지닐 것이다. 실제 과거 대형 사이버 사고로 발생한 재산 피해 규모가 자연 재난보다 큰 것으로 집계된 사례도 많다. 한 예로 2003년 1월 25일 발발한 인터넷 대란 당시 전 세계 재산 피해액은 1조 원으로, 이는 2004년 인도네시아 쓰나미 발생 당시의 재산 피해액 1조 원과 맞먹는 규모다. 또한 2006년 발생한 전 세계 사이버 침해 사고의 피해액은 13조 원으로, 매년 10번 이상의 쓰나미가 발생한 피해와 같다고 비교되면서 심각성이 강조되기도 한다.

이와 같은 사실은 해킹으로 개인 정보를 유출하거나 홈페이지 마비를 유발하는 단계를 넘어 사이버 공격이 사회 인프라에 가해질 경우 개인의 피해는 물론 국가 기간 시설의 파괴 등 사회적 혼란을 유발하는 복합 재난으로 발전할 수 있음을 시사한다. 사회의 초연결성[14]이 확대됨에 따라 ICT가 금융, 교통, 전력 등 국가 기간 인프라에 융합되면서 사이버 공격은 사회 안전에 직접적인 영향을 미치는 커다란 위협이 되고 있으며, 미래에는 이러한 위협이 더욱 심화될 전망이다.

(2) 사이버 범죄와 사이버 전쟁의 심화

최초의 사이버 전쟁으로는 에스토니아 정부가 소비에트전 기념 동상을

14 미래 사회는 사물 인터넷을 기반으로 전개될 것으로 예측된다. 시스코 추산에 따르면 2000년에는 인터넷에 연결된 센서 수가 2억 개였지만 2012년에는 그 수가 100억 개로 증가했고, 오늘날에는 연결 가능한 인터넷 기반의 센서 수가 사람당 약 200개, 전 세계적으로는 1조 5000억 개에 달한다. 미래에는 이 수가 더욱 증가할 것으로 보인다.

철거한 일을 계기로 2007년 4~5월 사이에 러시아가 에스토니아의 의회, 은행, 정부 부처 및 언론사 등을 디도스distributed denial of service: DDoS[15] 공격한 사건을 들 수 있다. 국내에서는 2009년 7월 7일 북한에 의한 디도스 사건을 시작으로 2011년에는 북한의 GPS 교란 공격으로 수도권 일대 이동통신에 이상이 발생하기도 했다. 심지어 북한은 금융 인프라인 NH농협 전산망에 커다란 피해를 일으킨 사이버 공격도 지속적으로 감행했다. 따라서 해킹으로 인한 피해와 위협을 국가가 인지하고 이를 선제적으로 대응하기 위해 국가 수준의 사이버 전력을 양성한다는 것은 공공연하게 알려진 사실이다. 미국, 중국, 이스라엘, 북한 등 세계 각국은 사이버 전쟁을 대비해 정예의 인력을 양성하고 보유하고 있다. 최근 알려진 바에 따르면 북한의 경우 1000명 이상의 해킹 부대를 운용하고 있다고 한다.

사이버 전력은 대개 비대칭 전력이라서 상대적 우위를 쉽게 점할 수 있으며 결과가 효과적인 것으로 인식되고 있다. 따라서 사이버 전력은 방어형보다는 공격형 전략이므로 실전에 바로 사용할 수 있되 알려지지는 않은, 최신의 고도화된 해킹 기법을 개발하기 마련이다. 따라서 공격을 당하는 일방은 대응하기가 어렵기 때문에 미국의 펜타곤도 사이버 공격을 전쟁으로 간주하고 선제적으로 대응하고 있다.

미국과 이스라엘은 이란의 핵 개발을 저지하기 위해 사이버 미사일이라 불리는 스턱스넷Stuxnet[16] 악성코드를 개발해 실제 배포한 것으로 알려져 있다. 스턱스넷은 2010년 당시로는 가장 정교하고 복잡한 악성코드였는데, SCADAsupervisory control and data acquisition(감시제어 및 데이터 취득)[17] 시스템을

15 분산 서비스 거부 공격으로, 한꺼번에 수많은 컴퓨터가 특정 웹사이트에 접속하는 비정상적인 트래픽으로 인해 해당 사이트의 서버를 마비시키는 해킹 방법.

16 발전소, 공항, 철도와 같은 국가 주요 기반 시설의 제어 시스템을 파괴할 목적을 지닌 최초의 악성코드.

공격할 목적으로 개발되고 실전에 사용할 수 있도록 충분한 테스트를 거친 후 배포했기에 실제로 이란 핵 시설 가동 중단 사태가 발생한 것으로 파악된다. 반대로 이란에서는 미국 CIA의 무인 정찰기 시스템을 해킹해 제어권을 획득함으로써 무인 정찰기 드론[18]을 추락시켰다고 주장하고 있다. 이것은 해킹이 실제 군사적 목적으로 사용될 가능성도 충분하다는 사실을 보여주는 사례라 할 수 있다.

스턱스넷에 이어 2011년 듀큐Duqu, 2012년 플레이머W32.Flamer 같은 변종 악성코드가 개발되어 국가 기간 시설에 침투해 주요 정보를 빼돌렸으며, APTadvanced persistent threat(지능형 해킹) 공격을 일삼는 악성코드도 지속적으로 발생했다. 이러한 악성코드는 갈수록 탐지 및 대응이 어려울뿐더러 스마트 그리드,[19] 클라우드 컴퓨팅, 사물 인터넷 등과 같은 미래의 디지털 인프라에도 심각한 영향을 미칠 수 있다는 점에서 미래의 디지털 사회가 가져다주는 혜택의 이면에 숨겨져 있는 역기능을 해소할 수 있는 대응 방안에 대한 노력이 필요하다. 이러한 노력은 새로운 산업과 일자리를 제공하는 기반이 되기에 충분할 것이다.

3) 사이버 리스크의 산업적 의의

사이버상의 위협은 보안 시장을 확장하며 새로운 산업 형성의 기회로 작용한다. 특히 사이버 보안 산업은 자주 보안, 신성장 동력, 고용 창출, 미

---

17 생산 공정을 감시하고 제어하는 데 사용되는 대규모 소프트웨어 패키지 또는 플랜트 상태를 감시하고 제어하기 위해 산업체에서 사용되는 시스템.

18 조종사 없이 무선 전파의 유도에 따라 비행 및 조종이 가능한 비행기나 헬리콥터 모양의 군사용 무인 항공기.

19 기존의 전력망에 IT를 접목해 전력 공급자와 소비자가 양방향으로 실시간 정보를 교환함으로써 에너지 효율을 최적화하는 차세대 지능형 전력망.

래 두뇌 확보 차원에서 육성 대상이기도 하다. 미래의 국가 안보 대상에는 기존 육·해·공·우주 영역과 더불어 사이버 영토도 포함된다. 예를 들어, 미 국방부는 2010년 5월 사이버 사령부를 창설해 전문 병력 5000여 명을 포함해 8만 8000여 명의 IT 전문가로 구성된 육군, 해군, 해병대 사이버사령부 및 예하 부대를 갖추고 있다고 한다. 신성장 동력 차원에서 사이버 보안이 중요한 이유는 보안 영역 확장이 고속으로 성장하고 있기 때문이다. 이 시장의 취업유발계수는 10억 원당 25명으로, 고용 창출 효과가 전 산업 평균의 2.5배에 해당한다. 그뿐만 아니라 미래의 세계 경쟁에서 중요한 위치를 차지하는 브레인웨어brainware를 확보하는 차원에서도 사이버 보안 인재를 키우는 일은 절대적으로 필요하다.

아울러 사이버 보안 산업의 전 세계 시장 규모는 2012년 기준 1900억 달러(약 190조 원)로 추정된다. 이는 메모리 반도체 시장(66조 원)의 약 3배에 해당하는 규모다. 사이버 보안 산업은 향후 사이버전의 확산 등에 따라 2017년에는 314조 원으로 성장할 것으로 전망된다. 한국 사이버 보안 시장의 규모는 2012년 기준 5조 9000억 원으로 전 세계 시장의 3.2% 수준이다. 또한 2012년부터 2018년까지 연평균 14.6%의 고속 성장이 기대되는 시장이기도 하다.

한편 사이버 해킹이 범죄와 연계되고 그에 따른 피해가 감당하기 어려운 규모로 확대되면서 최근 미국을 중심으로 사이버 보험이 성장하고 있다. 기업들의 사이버 보안 의식이 높아진 결과다. 사이버 위협 자체가 예측 가능하지 않고 사이버 위협을 정량적으로 평가하는 리스크 분석 기법이 아직 뒷받침되고 있지 않아 사이버 보안 보험을 설계하는 일은 어려움을 겪고 있다. 하지만 사회 인프라의 모든 분야에서 ICT 기반의 디지털 기술 적용이 확대될 전망이고 기업의 사이버 보안에 대한 보험 수요가 커질 전망이라서 사이버 보안 보험은 사이버 보안의 파생 산업으로 자리 잡을 것이다.

3 | 사이버 리스크 산업과 직업

새로운 디지털 시대가 전개되면서 재난이 될 수도 있는 사이버 리스크에 대비하기 위해서는 디지털 기술 발전의 트렌드를 명확하게 인식할 필요가 있다. 특히 ICT 기반의 디지털 기술에 대한 의존도가 높아지고 ICT를 활용하는 방법도 시대에 따라 변하기 때문에 디지털 기술 발전 트렌드는 사이버 위협과 밀접한 연관성을 갖는다. 사이버 위협 환경의 진화 과정 및 영향을 제대로 파악하는 일이 중요해지고 있으며, 이러한 일에서 성공적인 성과를 내는 전문가의 역할 또한 점점 중요한 위치를 차지하고 있다.

따라서 구체적인 기술 트렌드를 파헤침으로써 어떤 사이버 리스크가 우리를 당황하게 할지, 새로운 대응과 도전 속에서 어떤 산업과 직업이 새롭게 부상할지에 대해 좀 더 알아보려 한다.

1) 사이버 보안의 진화와 직업 변화

직업으로서의 정보 보호는 진화하는 과정에 있다. 일반적으로 정보 보호 전문가는 주로 중요한 정보 자산을 보호하는 기술 기반의 역할을 담당하지만 현재 정보 보호 직업은 조직의 전략을 고려하고 통합하는 방향으로 나아가고 있다. 무엇을 언제 보호해야 하는지의 복잡성, 비즈니스 측면의 보안에 대한 심층 이해와 중요도에 대한 우선순위 매김, 규제와 규정 준수 이행에 대한 숙련도, 보안 전문가가 고위 관리자에게 제공해야 할 비즈니스 리스크 이해, 새로운 사기에 능숙하게 대처하고 컴퓨터 공격을 예방 및 탐지하며 데이터 유출 사고로부터 회복할 수 있는 과학 수사 등이 미래 보안 관련 직업의 주요 이슈다.

따라서 사이버 보안의 미래를 이해하기 위해서는 미래의 디지털 라이프가 사이버 공간을 어떻게 변화시킬 것인지를 이해하는 일이 중요하다. 불확실한 미래로 옮겨감에 따라 사이버 공간은 신뢰할 수 있고 리스크로부터 회복력이 있으며 안전이 보장되도록 근본적인 변화를 추구할 것이며 이로 인해 새로운 보안 일자리가 창출될 것으로 예상된다. 이러한 변화의 중심축에는 사람, 디바이스, 데이터 및 클라우드가 중요한 역할을 하고 있다. 이용자인 사람을 둘러싼 변화, 사람과 사람, 사람과 기계, 기계와 기계를 연결하는 디바이스의 변화, 쏟아져 나오는 정형 및 비정형의 데이터의 변화, 그리고 클라우드 서비스의 활성화에 따라 사이버 공간 보안의 미래는 근본적으로 변화할 것이며 새로운 사이버 보안 일자리가 창출될 것으로 전망된다.

(1) 소셜 네트워크와 해킹 산업 대두

사이버 보안 관점에서 볼 때 새로 늘어나는 수십억 명의 인터넷 이용자는 두 가지 방향에서 영향을 미칠 것으로 전망된다. 우선 인터넷 이용자는 인구학적 특성의 영향으로 인해 더욱 젊어지고, 더욱 많은 시간을 온라인에 소비하며, 더욱 모바일 중심적으로 일상을 보내고, 소셜 미디어와 앱을 통해 세상을 보며, 자연 인터페이스natural interface를 더욱 많이 이용하면서 많은 변화를 경험할 것이다. 다른 한편으로는 새로운 인터넷 이용자의 데이터, 소셜 네트워크, 디바이스는 이를 악용하려는 사이버 범죄가 횡행하기 좋은 환경을 조성할 것이다. 다양한 취약점의 노출 또는 사회 공학적 기법과 연계된 더욱 지능화된 사이버 공격 수법의 진화로 인해 사이버 리스크를 관리하는 데 많은 어려움이 있을 것으로 예상된다. '경찰 열 명이 도둑 한 명 잡기 어렵다'라는 말처럼 진화하는 위협과 방어 기술 간의 생태적 공방은 지속될 전망이며 이런 가운데 새로운 비즈니스 기회도 지속적으로 창출될 것이다.

① 소셜 네트워크와 평판 리스크 관리사

이메일이나 메신저를 통한 소통이 일상화됨에 따라 자신과 다른 사람 간의 콘텐츠 상호 교류는 물론 소셜 네트워크를 이용한 관계 생성 및 관리가 손쉬워졌다. 이러한 경향은 사무실 환경과 근무 역량에 크게 영향을 미쳐 긍정적인 비즈니스 결과를 만들어냈다. 그러나 잠재적인 리스크는 도처에서 발견되고 있다. 소셜 네트워크는 정보 유출, 악성 프로그램 전파 및 기업의 평판 손상reputational damage이라는 리스크를 내재하고 있기 때문이다.

일례로 리쿠르트 전문 회사의 한 직원이 경쟁사로 자리를 옮겼는데, 이직한 후 이전 직장에서 수집한 자신의 비즈니스 연락처를 소셜 네트워크 사이트인 링크드인Linkedin에 올려놓은 사건이 있었다. 이 직원은 이전 직장의 동의를 구한 상태였고 자신의 초대를 수용한 사람들의 정보는 다른 사람들도 접속할 수 있기 때문에 더 이상 기밀 정보가 아니라고 주장했다. 그러나 법정의 판단은 달랐고 이런 주장을 기각했다. 이 판례는 정보가 비밀로 유지되지 않을 때, 특히 정보가 외부의 개인적인 사이트에 게시되었을 때 어떻게 할 것인가에 대한 쟁점을 일으키는 계기가 되었다. 일반적으로 사이버 범죄는 악성 프로그램을 퍼트리기 위해 소셜 네트워크 사이트를 이용하면서 시작된다. 스팸이나 피싱 공격과 달리, 알고 있거나 연결되어 있다고 느끼는 사람에게서 메시지가 오면 더욱 신뢰할 수 있기 때문에 이런 사실을 악용하면 악성 프로그램에 감염시키는 데 매우 효과적이다.

한편으로 소셜 네트워크와 블로그는 기업과 제품을 홍보하는 데 좋은 방법인 반면, 회사의 평판에 손상을 끼칠 수도 있다는 사실을 인지해야 한다. 따라서 기업에서는 온라인에서 벌어지는 일에 대한 모니터링을 강화해 평판 리스크를 완화해야 하며, 위기가 닥쳤을 경우에 대비해 대책을 개발해야 한다. 앞으로 기업의 홍보부서는 물론 다양한 부서의 전문적인 리스크 관리자는 지금보다 훨씬 핵심적인 지위를 차지할 것으로 전망된다.

② 해킹의 산업화와 화이트 해커 활성화

오늘날의 해킹 위협은 10년 전과는 사뭇 다르다. 홈페이지 접속 방해같이 단순한 손상을 유발하던 공격은 점차 사이버 범죄로 진화하면서 조직적으로 자금을 충분히 지원받고 있으며, 공격 방식도 더욱 복잡해졌을 뿐만 아니라 조직과 국가 인프라에 재난 수준의 손상을 입히거나 장애를 유발하는 수준으로까지 발전했다. 특히 오늘날에는 오랜 시간 동안 네트워크에 숨어 있으면서 많은 네트워크 자원을 일시에 동원해 공격할 수 있기 때문에 공격 이전에 징후를 알아내기 어려우며, 공격이 진행되는 와중에도 근원지를 추적하기가 힘들어졌다. 공격을 인식하는 데 전적으로 의존하고 차단 조치로 시스템을 보호하는 형태의 전통적인 대응 방식은 더 이상 유효하지 않다. 공격 이전, 공격 진행, 공격 이후의 모든 과정을 고려한 새로운 보안 대응 모델이 필요해졌다. 즉, 보안 기능이 항상 해킹 기술을 뒤쫓을 수밖에 없는 생태적인 특성으로 인해 해킹이 자연스레 산업화될 수 있는 생태계가 형성된 것이다.

또 하나 해킹이 산업화되는 배경 중 하나는 IT 인프라에 대한 공격을 통해 더욱 빠르고 효과적이고 효율적으로 경제적 이득을 취할 수 있기 때문이다. 공격 방식을 조직적으로 교환하는 일이 일반화되고 공격이 자료 유출, 장애, 파손 등의 행위로 이어짐에 따라 수익성은 더욱 좋아졌다. 사이버 범죄가 일반화되면서 많은 돈을 벌자 사이버 범죄 행위도 표준화되었으며 기계화된 프로세스로 진행할 수 있게 된 것이다.

공격자는 기본적으로 방어자의 보안 장비가 지닌 다양한 종류의 취약점을 이해하고 있다. 새롭고 강력한 기능을 지닌 보안 장비가 출시되더라도 공격자는 그 보안 장비의 취약점을 찾아 공격을 시도하기 때문에 보안 장비는 해킹 방식을 뒤쫓기 마련이다. 아울러 비밀 유지에는 커다란 금전적 인센티브가 있기 때문에 많은 해커들은 경제적 이득이나 정치적 이득을 노린 공격에 매력을 느낀다. 해커는 기존의 다양한 방어 기법을 우회해 방어자가 공격을 인식하기 어려운 지능형 방식을 사용하는데, 이러한 방식이 해커 사이에서 쉽게 공유되면서 공격에 드는 비용은 점점 낮아지고 있다. 이로 인해 해킹은 수익성을 갖추면서 나름 빠르게 산업화가 진행되고 있다. 해킹에 이용되는 해킹 툴을 판매하거나 사이버 해킹 자체를 돈을 주고 청부하는 일이 비즈니스화된 것은 어제오늘 일이 아니다. 사이버 범죄가 산업화되리라는 전망하에 이러한 과정을 살펴보면 무척 흥미롭다.

우선 화이트 해커의 영역으로, 연구research-as-a-service 유형의 해킹 비즈니스다. 공개되지 않은 이른바 '제로 데이zero-day 취약성'이나 이를 이용한 공격 수법에 대한 연구 결과를 판매하는 것이다. 이는 소프트웨어나 시스템의 새로운 취약점을 찾아내어 무료로 공개하거나 상업적으로 판매하는 경우에 해당한다. 전문 브로커도 존재한다. 사실 공적 기관이나 벤더에서는 사이버 공격을 사전에 예방하기 위한 방편으로 자신들의 취약점을 찾아 신고하면 소정의 사례를 하고 있다. 결제 전문 기업인 페이팔PayPal에서 운용하는 버그 바운티Bug Bounty 제도가 대표적이다. 이는 정상적인 비즈니스로, 합법적이다. 하지만 범죄 사용을 전제로 거래할 때에는 범죄 행위와 직결된 해킹이 산업화되는 단초가 될 수 있다.

다음은 화이트 해커에서 크래커의 영역으로 넘어가는 단계다. 해킹 툴을 판매하거나 빌려주는 유형crimeware-as-a-service의 해킹 비즈니스로, 이미 성행하고 있다. 사이버 범죄에 사용되는 특수 목적의 툴, 악성 프로그램 제작 판매, 공격 수법을 판매하는 행위가 이러한 범주에 포함된다. 이런 유형의 해킹 비즈니스는 해킹 강도가 셀수록 당연히 금액이 높아진다.

사이버 공격 인프라를 제공하는 유형cybercrime infrastructure-as-a-service의 해킹 비즈니스도 일반화되었다고 볼 수 있다. 디도스 공격과 같은 사이버 범죄를 실행할 때 사용되는 봇넷Botnet[20]을 제공하는 서비스로, 동원되는 좀비

PC 대수에 따라 비용을 달리하기도 하고 공격 성공에 따라 성과금을 받기도 한다. 스팸 발신용의 메일 중계 서비스 등도 있다.

이러한 유형과는 다르게 사이버 해킹을 통째로 요구하는 청부 해킹 유형hacking-as-a-service도 있다. 특정 이메일의 패스워드 파괴를 청구하거나 특정 사이트를 대상으로 디도스 공격 자체를 청부하는 비즈니스다. 국내의 한 쇼핑 사이트가 중국의 해커에게 돈을 주고(2011년 당시 2000만 원) 경쟁사인 다른 쇼핑 사이트에 대한 디도스 공격을 청부한 사건도 있었다.

사이버 해킹 자체가 미래의 직업이 될 수는 없지만 이러한 해킹 비즈니스는 해킹 자체와 관련한 기술적·가치적 사슬 관계를 보여준다. 수많은 장비와 소프트웨어가 시장에 출시되면서 새로운 취약점이 발견되었고 발견된 취약점을 보완하는 과정에서 그 틈새를 노린 해커와의 전쟁을 치르고 있기 때문이다. 앞으로는 이러한 과정에 대응하는 더욱 전문화된 화이트 해커가 더욱 필요해질 것이다. 이른바 사이버 공격자라는 크래커의 공격 방식이 점점 더 지능적으로 발전하기 때문에 이에 대응할 수 있는 세분화되고 전문화된 화이트 해커가 미래에는 선망의 대상인 직업이 될 것이다.

(2) 디바이스 관련 모바일 보안 관리사

기업과 조직 환경에서 직원 소유의 디바이스를 활용함에 따라 발생할 수 있는 잠재적 보안 리스크의 두 가지 요인으로는 개인과 기업에서 이용하는 휴대용 저장 장치universal serial bus: USB와 소셜 네트워크 사이트를 들 수 있다. 기업 IT 환경에서는 랩톱, 스마트폰 및 이동형 저장 장치에 이르기까지 모든 기기가 기업 네트워크에 연결되도록 발전되어온 반면, 사람들은 증가된

20 스팸 메일 등을 전파하는 악성코드에 감염되어 해커가 마음대로 제어할 수 있는 좀비 PC들로 구성된 네트워크를 말한다. 좀비 PC가 되면 실제 PC 사용자들은 그 사실을 인지하지 못하는 가운데 다른 해킹 공격에 악용되어 피해자이자 가해자가 된다.

이동성과 연결성을 중요하게 생각했다. 하지만 이는 사람과 더불어 데이터가 기업 외부로 이동한다는 것을 의미한다. 즉, 가정에서, 호텔에서, 공항에서, 커피숍 등에서 모바일 디바이스를 통해 네트워크에 접속하는 행위는 보호되지 않은 환경과 사이버 공격의 리스크에 노출됨을 의미한다.

또한 개인용 디바이스가 작아지고 이동성이 강화되면서 분실 가능성도 높아졌다. 동시에 저장 공간이 커지고 연결성도 증가했다. 데이터의 손실 및 기업 네트워크로 인가되지 않은 접속은 리스크로 연결된다. 한 예로 2006년 5월 미국 재향군인회의 한 직원은 랩톱을 도난당했는데, 랩톱에는 2650만 명의 재향군인과 가족의 이름, 생년월일, 사회보장번호와 함께 군에서의 활동 내역이 상세하게 들어 있었고, 이로 인해 1억~5억 달러의 손실이 발생한 것으로 추산되었다. 스턱스넷이라는 트로이 목마 프로그램에서 보듯이 USB도 컴퓨터 간의 악성 프로그램을 전파하는 매개체 역할을 한다. 기업은 백신을 사용해 악성 프로그램으로부터 직원 컴퓨터를 보호하고 소프트웨어 취약점을 보안하려고 노력하고 있지만 이는 최소한의 대응일 뿐이다.

즉, 기업에서 고용자의 개인 장치를 업무에 활용하는 개념인 BYOD bring your own device[21]를 도입하고 확대하는 것만큼이나 보안 조치도 함께 요구된다. 이 개념은 이미 공공에서 모바일 전자정부라는 프로젝트를 통해 중앙정부와 지자체별로 추진되고 있다. 아울러 대민 서비스를 강화하는 차원에서 공공의 데이터를 주민의 모바일 기기로 직접 전달하는 다양한 서비스도 늘어나고 있다. 초연결성을 바탕으로 민간과 공공이 유용하고 편리한 서비스를 경쟁적으로 제공하고 있는 것이다. 심지어 복지 바우처를 스마트폰으로 전달해 성과를 거둔 해외의 지자체 사례도 세계적으로 확대될 전

21 개인 소유의 노트북, 태블릿 PC, 스마트폰 같은 단말기를 업무에 활용하는 것을 말한다. 장점이 많지만 보안이 유지되지 않을 경우 기업의 리스크가 될 수 있다는 단점도 있다.

망이다.

해커는 다양한 기기의 허점을 찾는 데 많은 노력과 시간을 투자하기 때문에 보안 프로세스의 범위는 점점 증가할 수밖에 없다. 하지만 초연결성이 확대되는 만큼 보안 프로세스의 정밀도와 범위를 확장하지 않으면 신뢰가 담보되지 않기 때문에 디바이스를 둘러싼 모바일 보안 비즈니스가 새롭게 부상하고 있다. 모바일 보안 비즈니스가 유망 직종으로 떠오르고 있는 것이다. 미래의 디지털 사회에서는 디바이스 자체는 물론 디바이스 기반의 디지털 라이프스타일에 영향을 주는 서비스로 인해 발생 가능한 리스크를 관리해주는 개인화된 모바일 보안사가 필요할 수도 있다. 현재 솔루션 기반으로 제공되는 MDMmobile device management이나 MAMmobile application management의 기능을 넘어 디지털 라이프에서 모바일 리스크 관리사 역할까지 주기적으로 대행해주는 직업이 필요해질 것이다. 이는 마치 세무사가 중소기업이나 개인 사업자를 대상으로 정기적으로 세무 업무를 대행해주는 것과 같은 맥락이다.

(3) 데이터 관련 보안 산업과 직업 등장

이용자와 디바이스의 수가 급증하면서 대량의 데이터에 대한 빅데이터 분석은 경쟁력, 생산성 향상, 혁신, 소비자 잉여를 만들어내는 핵심 근간이 되겠지만 이러한 데이터는 조직적인 사이버 범죄나 사이버 위협 행위자에게도 매력적인 대상이다. 보안 관점에서 이처럼 방대한 데이터와 더불어 프라이버시와 무결성을 보호하기 위해서는 정부와 민간 부문 및 이용자 사이의 협업을 요구하는 노력이 필요할 것이다.

① 데이터의 분류와 데이터 거버넌스

보안 분야 베테랑은 데이터 분야에서의 효과적인 정보 보호와 분류를 강조하기도 한다. 보안 전문가는 데이터 보호와 관련한 비즈니스의 중요성을 이해해야 하며, 조직 내에서의 비즈니스를 위해 데이터와 연관된 비즈니스 프로세스 및 방법도 이해할 필요가 있다. 데이터가 분류되는 기준에 초점을 둘 필요가 있는 것이다. 보안 전문가는 데이터 자체가 무엇인지보다는 보안 전문가가 속한 조직에서 데이터가 비즈니스에 어떤 역할을 하는지를 이해하는 것이 중요하다.

결국 데이터를 보호하는 일은 기본으로 돌아가 주요 데이터가 어디에 있는가, 데이터는 어떻게 보호해야 하는가, 데이터는 어떻게 공유되는가, 어떤 데이터가 조직 바깥으로 나가는가, 도난이나 손실 데이터에 대한 책임은 누가 지는가, 데이터가 손실·도난 또는 유출되었을 경우 비즈니스에 미칠 리스크는 무엇인가, 데이터 유출에 대한 규제 영향은 무엇인가, 누가 최근 버전의 데이터를 통제하는가, 어떻게 누가 데이터를 접근하고 처리하고 저장하고 전송하고 처리하고 배치하는가와 관련해서 예상되는 프로세스가 무엇인가, 비즈니스 파트너는 데이터를 어떻게 보호하는가 등과 같은 질문에 대한 해결을 고민하는 데서 시작되며, 이러한 질문은 비즈니스 사활과 직결된 사항으로 많은 주의와 정책이 요구된다.

데이터를 분류하고 가공하고 분석하고 관리하면서 준수해야 하는 데이터 보호 관련 민감한 이슈(개인정보보호 등)에 따라 업무 프로세스는 세분화 영역으로 발전할 수 있다.

② 데이터 폭증과 데이터 최고 임원

데이터는 더욱더 폭발적으로 증가할 것이다. 또한 데이터를 저장하고 결합하고 분석하는 방법도 지금보다 더욱 다양해질 것이다. 데이터는 비즈니스를 혁신하고 비즈니스를 더욱 효율적으로 만들며 더욱 나은 서비스를 창출할 것이다. 하지만 여러 채널에서 수집된 개인에 대한 정보 간의 상관성을 찾는 능력이 함께 발전하면서 프라이버시 문제가 발생한다. 특히 비즈니스에서는 데이터 관리에 대한 정책을 결정하는 데 많은 옵션이 뒤따른다. 데이터를 분석하기 쉽게 만들고 데이터를 이용해 프로세스를 최적화하는 일은 혜택이 될 수 있지만 리스크 또한 함께 존재하기 때문이다.

공공 부문과 민간 부문에서 설치한 CCTV는 사람들의 이동을 추적할 수 있고, 스마트 계기는 가정에서의 전기 사용량을 모니터링하며, RFID[22] 태그는 물품의 이동 경로를 모니터링한다. 따라서 CCTV, 스마트 계기 및 다양한 센서 등의 확산되면서 이 과정에서 발생하는 데이터가 누구의 데이터인지, 그 데이터를 보는 사람은 누구이며 출처는 어디인지 등의 문제가 발생한다. CCTV 확대로 인해 교통 체증이 완화되고 에너지 소모가 줄어드는 혜택이 주어지고 있지만 감시에 따른 사회적 우려도 뒤따르고 있는 실정이다. 따라서 프라이버시 침해 우려를 고려한 혁신 정책이 전제되지 않고서는 관련 산업과 일자리가 활성화되기 어렵다는 것을 의미한다. 개인 정보에 치중하면 빅데이터 관련 산업이 설 자리를 잃을 뿐 아니라 사물 인터넷이 확장되는 데에도 걸림돌이 되기 때문이다.

데이터 폭증과 함께 빅데이터가 일반화됨에 따라 미래의 디지털 사회에서는 데이터가 세상을 변화시키는 재료 역할을 할 것임을 어렵지 않게 예상할 수 있다. 세상을 변화시키는 데이터는 마치 권력과도 같아서 반드시 리더를 필요로 할 것이다. 그 리더는 현재 등장하기 시작한 데이터 총괄 임원인 CDOchief data officer의 미래상일 것이다. CDO의 조직 아래에는 현재와는 다르게 매우 세분화되고 다양한 유형의 데이터 관련 직무가 대두할 것으로 예상된다. 데이터를 모으고 분석해 활용하는 분야에서부터 다양한

22 IC칩과 무선을 통해 식품, 동물, 사물 등 다양한 개체의 정보를 관리할 수 있는 인식 기술로, 전자 태그 또는 스마트 태그, 전자 라벨, 무선 식별 등으로 불린다. 바코드를 대체할 차세대 인식 기술로 이미 널리 보급되어 활용되고 있다.

유형의 데이터를 결합해 효용도를 높이는 분야, 데이터로부터 가치를 창출해 수익과 성과를 도출하는 분야, 데이터 손실로부터 발생하는 리스크를 방지하는 데이터 보호 분야, 그리고 데이터의 관리 체계 분야에 이르기까지 데이터와 관련된 다양한 직종이 새로 각광을 받을 것으로 보인다. 데이터를 수집·관리·분류·공유하는 과정에서 발생하는 데이터 품질과 프라이버시, 보안성과 관련된 정책을 수립하고 집행하는 비즈니스 프로세스는 점점 더 기업의 핵심 업무로 부각되고 있다. 특히 분류된 데이터의 흐름을 추적해 관리하는 일은 새로운 법과 기술의 뒷받침이 필요한 분야이기에 더욱 각광받는 핵심 비즈니스가 되고 있다.

(4) 클라우드 생태계 존재의 근간은 보안

모바일 이용자의 커뮤니티가 급증함에 따라 클라우드 컴퓨팅의 역할 또한 중요해졌다. 클라우드 컴퓨팅은 근본적으로 비즈니스 운용 방법을 변화시키고 서비스 전달 방식을 변화시키며 살아가는 방식도 변화시킬 것으로 예측되지만, 새로운 보안 이슈도 내재하고 있다.

클라우드 환경에서는 모든 IT 서비스가 인터넷상에서 온디맨드on-demand로 제공된다. 기업 자체가 독립적인 IT 시스템을 직접 운영하면서 많은 비용을 지출하는 구조와는 대조적인 상황이다. 이처럼 공유 개념의 빌려 쓰는 클라우드를 사용하면 비용을 상당히 절감할 수 있다. 그러나 클라우드 서비스를 이용하는 기업의 정보 책임자는 클라우드 환경의 보안성에 대해 민감한 우려를 표명하고 있다. 클라우드 환경이 중요한 비즈니스 서비스를 제공하는 신뢰성 있는 플랫폼이 되기 위해서는 모든 디지털 비즈니스 프로세스상에서 발생할 수 있는 법 및 제도적 리스크를 포함해 다양한 분야의 대응 방안을 마련해야 한다. 클라우드 서비스 제공자와 파트너 관계인 제3자 사업자 간에는 투명성 및 의존성과 관련한 광범위한 리스크가 존재하기 때문이다. 실제로 대응 방안이 포함된 법제화(2015년 9월 28일 '클라우드 컴퓨팅 발전과 이용자 보호에 관한 법률' 시행)에서도 리스크 관리의 내용이 포함되었다. 다음으로 우려되는 사항은 거버넌스에 대한 것으로, 많은 기업에서는 보안과 계정 관리를 통합하고 있다. 클라우드 서비스는 때때로 전체적인 통제와 준수를 악화시킬 수 있는 다른 유형의 보안 및 접근 프로세스와 연계되어 있기 때문이다. 끝으로 우려되는 것은 재정적인 문제로, 수익이 악화될 경우 서비스 제공자는 서비스를 접거나 중단할 위험이 존재한다. 이는 운용 리스크로 귀결되고 서비스 중단과 함께 주요 데이터를 잃어버릴 수도 있다. 데이터를 복구하더라도 다시 사용할 수 있는 형태로 전환하려면 비용이 발생할 것이다. 클라우드 서비스 제공자의 자산이 팔릴 경우에는 잠재적으로 데이터가 유출되는 더 치명적인 상황도 발생할 수 있다.

클라우드 플랫폼과 인프라 제공자 입장에서는 대규모의 시스템을 운용하면서 클라우드 이용 고객 사이에서 자원을 공유하거나 재사용하는 데 의존할 것이다. 이러한 상황은 보안상 특별한 요구 사항을 만든다. 고객은 자신의 데이터에 대해 적절한 격리 상태가 보장될 수 있는 프로세스, 아키텍처 및 스태프를 요구할 것이다. 즉, 정보 자원에 대한 비밀성과 가용성을 담보하기를 희망할 것이다. 데이터는 몇몇 서비스 제공자에게 집중될 것이며 사이버 공격자는 많은 기업의 데이터에 접근할 수 있도록 클라우드 서비스를 뚫고 들어가기 위해 많은 노력을 할 것이다. 소프트웨어 서비스 제공자가 클라우드 플랫폼이나 인프라를 이용해 서비스를 공급할 경우에는 더욱 복잡한 문제가 발생한다. 소프트웨어 서비스 제공자에 따라서는 제3자 서비스를 이용해 자신의 제품을 만들 수도 있다. 이는 IT 거버넌스를 더욱 어렵게 만들 것이다. 서비스를 공급하는 주계약자는 물론 제품 공급 체인에 엮인 다른 서비스, 플랫폼 및 인프라 공급자까지 들여다봐야 하기 때문이다. 이러한 환경에서는 모든 이해 관계자는 일련의 조사와 분석을 해야 하고 적절한 보증 정보를 공유해야 한다. 아마도 미래의 디지털 환경에서는 현재의 보안 담당자나 시스템 운용자와는 독립적으로 마치 기업의 회계 감사와 같은 역할을 하는 IT 건강 감사관이 새롭게 조명되리라 예상된다.

2) 고소득을 보장하는 사이버 안보 전문가

오늘날 많은 나라에서는 국가와 국민을 보호하려는 정부의 책임 가운데 가장 위협도가 높은 세 가지 현안으로 핵무기 테러, 생물학 무기 테러, 그리고 사이버 공격을 지목한다. 그렇기 때문에, 역설적이긴 하지만, 이 세 분야와 연계된 직업 기회는 앞으로 확대될 것으로 전망된다.

사이버 안보 분야는 네트워크, 인프라 시장, 그리고 정부와 산업의 기능에 종속적인 다른 정보 기술을 보호하는 데 필요하다. 상대국이 사이버 공격을 감행한다면 자국을 위해 사이버 전쟁을 수행할 수 있어야 하기 때문이다. 방대한 데이터를 관리하고 분석할 수 있는 빅데이터 보안 전문가에 대한 수요도 매우 높아질 것이다. 이와 함께 데이터 마이닝, 고도의 컴퓨팅, 데이터 결합을 수행해 데이터가 하려는 이야기가 무엇인가를 시각적으로 이해하기 쉽게 표현하는 시각 분석가의 수요도 함께 발생할 것이다.

미국 NSANational Security Agency는 정보 보호와 프라이버시에 대한 강력한 필요성을 충족시키기 위해 국토안보부Department of Homeland Security: DHS와 합동으로 2002년 국가가 운영하는 정보보증교육센터National Centers of Academic Excellence in Information Assurance Education: CAE를 설립했다. CAE의 설립 목적은 정보 보증 분야의 전문적인 교육을 촉진해 다양한 지식 영역에서 정보 보증 전문성을 지닌 직업을 대거 창출함으로써 국가 정보 인프라의 취약점을 줄이는 데 있었다. 프로그램 초기에는 CAE에서 운용하는 아카데미가 10여 개에 불과했지만 10년이 지나자 CAE가 인정하는 관련 아카데미가 100여 개로 늘어났다. 최근 정보 보호 교육과정에서는 비즈니스 측면과 기술 측면을 모두 염두에 두고 정보 보증에 대해 통합되고 여러 전문 분야에 걸친 관점을 갖도록 교육생을 훈련하고 있다.

미국의 사례가 정보 보호의 진화라는 맥락에서 더욱 발전할지 아니면 뒤떨어져 역사로만 남을지는 지켜볼 일이지만, 이는 사이버 안보 분야의 노동력이 지속적으로 확대될 것이라는 전망을 뒷받침한다.

구글 회장인 에릭 슈미트Eric Schmidt가 자신의 저서 『새로운 디지털 시대』에서 언급한 바와 같이 디지털 연결성의 확대는 개개인의 생활이나 기업의 비즈니스 활동을 변화시키는 것은 물론, 국내외 정치와 국가 간 테러 활동에도 커다란 변화를 예고하고 있다. 이는 반드시 많은 수의 사이버 안보 전문가가 필요해질 것이며 관련 산업과 직업이 확대될 것임을 예고하는 것이라 할 수 있다.

3) 융합 보안의 재조명

20세기 유명한 심리학자인 에이브러햄 매슬로Abraham Maslow는 인간 욕구 단계 이론에서 보안을 생리적 욕구 위에 두었다. 2001년 9월 11일 뉴욕의 세계무역센터에 가해진 테러는 글로벌 보안 산업에 커다란 경종을 울렸다. 위기가 닥칠 때 데이터를 분석해 의사 결정하는 속도와 정확성이 높을수록 더욱 많은 생명을 구하고 부정적인 결과를 피할 수 있음이 입증되었던 것이다. 대응에서의 일관성 및 이질적인 시스템의 통합에 대한 필요성은 새로운 융합 보안 기술의 개발을 촉발했다.

융합 보안 기술의 목적에는 비단 더욱 빠르고 정확하게 의사 결정 및 대응을 하는 것뿐만 아니라 전체적인 통합 시스템의 수명 기간 동안 운용 비용을 절감하는 것도 포함된다. 융합 보안 기술은 대형 도시에서 사고가 발생할 경우 최초 대응자에게 더욱 효과적으로 비상 대응을 하는 수단으로 환영을 받았다. 2004년 3월 스페인 마드리드 시에서 출근 기차 폭탄 테러 사건이 발생한 후 사고 대응 기관 간 협력 체계의 필요성을 절감해 통합비상대응센터Integrated Security & Emergency for Madrid: CISEM를 구축한 것이 좋은 사례다.

또한 최근 확산되고 있는 클라우드 컴퓨팅은 IT 세계의 전유물에서 물리 보안 응용으로 확산되면서 이러한 트렌드를 가속화하고 있으며, 이를 바탕으로 융합 보안 산업에서는 정보 출처를 폭넓게 통합하게 되었고 그 정보를 근간으로 빠르게 조치를 취할 수 있게 되었다. 특히 물리 보안 인프라가 경보 모니터링, 액세스 제어, 비디오 감시 및 분석, 신원 관리, RFID, HVAC, GIS, 통신 시스템, 자동 차단기, 생체 스캐너, 공유 데이터베이스, 엘리베이터 제어, CBRN[23] 센서 등의 다수의 보안 및 안전 응용으로 구성될 경우 더욱 그렇다. 융합 보안 기술에 적용된 소프트웨어는, 리스크를 줄이고 보안성을 강화하며 응급 상황에 신속하게 대응하고 표준 정책과 운용 절차를 더욱 잘 준수하며 책임을 개선하고 운용 비용을 절감하는 이점이 있다.

이것이 왜 보안 산업의 미래에 중요할까? 위협과 복잡성이 점점 증가하고 있는 복잡한 세계에서는 시의성 있는 정보 제공과 효과적인 대응이 보안과 리스크 관리의 핵심이기 때문이다. 주요 데이터와 정보를 획득하고 전송하는 것은 오늘날 보안업계가 빅데이터를 활용하는 추세임을 감안할 때 경쟁력 있는 장점이므로 매우 중요한 위치를 차지한다. 융합 보안 솔루션은 정부, 대기업 및 개개인을 위해 최상의 소프트웨어를 사용하는 보안 시스템을 효과적으로 통합함으로써 가격 대비 성능과 안전성을 높일 수 있

23 화학(chemical), 생물(bacteriological), 방사능(radiological), 핵(nuclear)의 합성어다.

다. 이러한 도전에 응답하는 기업은 오늘은 물론 내일의 보안 산업에서도 자신의 위치를 확보할 수 있을 것이다.

4 | 소결론 및 정책 제언

1) 소결론

혁신적인 디지털 기술의 확대를 통해 새로운 디지털 사회라는 생태계를 조성하기 위해서는 피할 수 없는 단서 조항이 전제되어야 한다. 디지털 사회에 내재되어 있고 인터넷 기술에 생태적이며 연결성 기반의 확대에 필연적인 요소, 즉 사이버 위협을 관리하는 일이다. 사이버 위협을 안전하게 담보하지 않는 한 미래의 디지털 사회는 말 그대로 사상누각에 불과하다. 사이버 위협을 담보하는 과정인 사이버 위협 관리는 디지털 시대의 새로운 핵심 가치다. 특히 도시를 중심으로 경제 규모가 확대되면서 스마트 도시화는 도시 경쟁력의 척도가 되었고, 이에 따라 도시 인프라에서 사이버 리스크 관리는 더욱 중요한 핵심적인 가치로 떠올랐다. 따라서 사이버 리스크 관리는 미래 디지털 사회의 핵심적인 산업 중 하나이자 새로운 일자리를 창조하는 새로운 사회 동력원으로 자리 잡을 것이다.

2) 정책 방향 및 과제

(1) ICT 업무의 통합으로 시너지 제고

① 부서 통합

ICT 관련 업무는 현재 해당 부서에서 개별적으로 추진하기 때문에 예산의 효율성이 낮은 실정이며 부서별로 구축한 장비 간에 호환성이 결여되는 문제 등이 발생해 불필요한 예산 낭비를 초래하고 있다. 또한 부서별로 소단위 시스템이 구축되어 호환성은 물론 데이터 공유에도 어려움을 겪고 있으며, 불필요한 한시적 시스템 구축으로 예산 낭비 등의 문제도 발생하고 있다. 따라서 클라우드 서비스 기반의 통합 플랫폼 구축 방안을 검토할 시기다.

② 업무 통합

도시 인프라 구축에 필요한 ICT 투자와 ICT 시설 자체에 대한 관리 및 보안 업무도 개별적으로 진행되고 있어 불필요한 예산이 낭비되는 것은 물론 예산 집행 시너지도 결여되고 있는 실정이다. 따라서 ICT 관련 투자를 시작하는 시점에서 순기능과 역기능을 함께 고려할 수 있도록 부서와 업무를 통합하는 조직 체계 정비가 필요하다.

(2) 사이버 리스크를 창조 산업으로 육성

사이버 보안 장비는 새로운 디지털 기술이 출현한 뒤 뒤따라 등장할 수밖에 없다는 태생적인 한계를 지니고 있다. 따라서 사이버 보안은 장비의 문제라기보다는 사람과 프로세스의 문제로 귀결된다. 앞에서도 언급했지만, 이는 미국 NSA가 정보 보호와 프라이버시에 대한 강력한 필요성을 충족시키기 위해 2002년 CAE를 설립한 배경이자 사이버 보안에 대한 중요성과 관심이 반영된 결과라 할 수 있다.

새로운 산업은 저절로 생겨나기 어렵다. 이에 걸맞은 시장이 형성되어야 하기 때문이다. 한국인터넷진흥원에서 운영하는 정보보호아카데미에서는 정보 보호와 관련된 인력을 양성해 자격을 부여하고 있지만 적은 예산 범위 내에서 제한적인 역할을 할 뿐이다. 지금은 공공 주도와 민간 참여를 유도하는 사이버 보안에 대한 교육 투자가 필요한 시점이다. 사이버 보안에 대한 교육 투자는 디지털 리스크를 창조 산업으로 육성하는 첫 단계이기 때문이다. 사이버 보안 교육을 통해 기업체와 조직에서 확보한 전문 인력은 국가 정책 추진에 필수적인 요소다. 따라서 사이버 보안과 관련된 학과를 신설하거나 교육 이수자에 대한 혜택을 확대하는 등 보안 인력 양성을 활성화하는 지원 체계가 필요하다. 즉, 사이버 보안 인력에 대한 경력 개발 및 관리를 위한 제도적 뒷받침이 지속적으로 이뤄져야 한다.

아울러 공공이나 민간 부문은 현재 5%대인 IT 투자 대비 정보 보호 예산 비율을 10% 이상으로 확대함으로써 사이버 보안 시장의 규모가 확대되도록 함께 노력해야 한다. 정부 부처에서는 IT 투자와 사이버 보안을 통합 추진함으로써 사이버 보안의 예산 비중을 높이는 효과도 고려해야 한다. 예산의 중복을 배제한다는 것은 새로운 예산의 발생을 의미하기 때문이다.

사이버 보안 관련 법령을 정비하는 일도 사이버 리스크를 창조 산업으로 육성하는 데 중요한 역할을 할 것이다. 정부 3.0 프로젝트에서는 공공데이터 개방을 통해 일자리를 창출할 것이라고 밝히고 있는데, 관련 법령을 정비한다면 새로운 일자리를 창출하는 계기가 될 수 있을 것이다. 지금은 데이터 개방 생태계가 활성화될 수 있도록 개인 정보 보호와 관련된 법령을 정비해야 할 시점이기 때문이다. 이 역시 데이터와 관련한 법령의 정비가 전제되어야 가능한 일이다.

11 미래의 산업과 직업
음식 분야

송승현 · 유영성

1 | 미래 식량 환경 변화

1) 사회 영역

(1) 가치관과 라이프스타일의 변화

글로벌 차원에서의 인구구조 변화와 더불어 인간의 가치관과 라이프스타일에도 변화가 예상된다. 가격과 성능이 물품 구매의 주요 기준이던 과거와 달리, 소비자들은 상품과 서비스를 구입할 때 구입하려는 상품이 얼마나 친환경적인지, 아동이나 장애인의 노동력을 착취하는 비윤리적인 행위는 없었는지, 공정한 무역의 절차를 거쳐 만들어진 제품인지를 면밀히 따지기 시작했다.[1] 소비자들의 이러한 행태는 시간이 지날수록 더욱 가속화되고 확대될 것이다.

---

1 황혜신 외 편, 『한국의 미래모습과 정책과제』, 제3권(법문사, 2009).

❙그림 11-1❙ 인구 증가 현황 및 예측

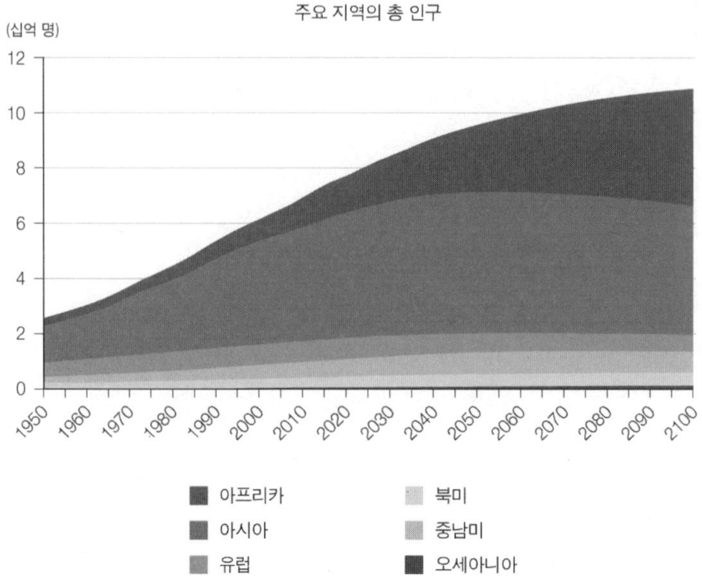

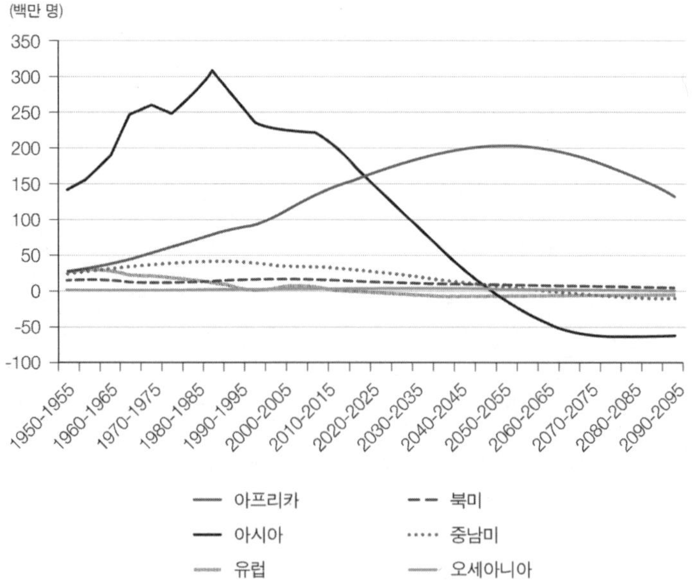

자료: UN, "WORLD POPULATION 2012 Wall Chart," www. unpopulation.org.

(2) NGO의 영향력 증대

국제사면위원회Amnesty International, 그린피스Greenpeace, 세계자연기금Worldwide Fund for Nature, 국제투명성기구Transparency International, 인권감시Human Rights Watch, 옥스팜Oxfam 같은 국제적인 NGO는 지속적으로 자신들의 영향력을 확대해갈 것으로 전망된다.[2] 비영리 기구는 영향력을 확대시키면서 여러 분야에서 지속적으로 문제를 제기해나갈 것이다. NGO는 선진 지역뿐 아니라 개발 지역에서도 중요한 역할을 할 것이며, 향후 NGO의 양적인 성장은 주로 개발도상국 지역에서 두드러질 것으로 전망된다.[3]

2) 기술 영역

(1) 과학기술의 융복합 가속화

기술 변화 속도가 점차 빨라지면서 세계는 최근 20년 동안 더욱 빠르게 변화했다. 특히 21세기 과학기술의 발전은 IT, 바이오 등의 융복합 기술에 의해 더욱 가속화될 전망이다. 과학기술의 융복합화는 신산업 창출로 인한 기존 산업의 구조 변화와 새로운 직종의 창출 등 경제·사회에 혁명적인 변화를 초래할 것으로 예상된다.[4] 과학기술의 융복합화는 인간의 능력 범위를 넓히고, 수명 연장, 경제적 효율성 향상을 가능하게 할 것으로 예상된다.

(2) 나노, 바이오, 유전자 등 생명과학 기술의 발전

다음 세대를 이끌 혁신으로 생명과학이 부상하고 있다. 지금까지의 기

---

2 박기열 외, 『미래의 직업 연구』(한국고용정보원, 2013).

3 Union of International Association, "Yearbook of International Organization"(2012).

4 임현 외, 「미래비전과 정책과제: 과학기술」, 황혜신 외 편, 『한국의 미래모습과 정책과제』, 제3권(법문사, 2009).

술이 주로 정보 통신 기술이었다면, 향후 20년간의 혁신은 BT 의료 등이 중심일 것으로 전망된다.

이러한 기술은 고령화에 대응해 수명을 연장하거나 질병을 극복하도록 만드는 한편, 삶의 질을 향상시킬 것이다. 의료 환경은 지속적으로 향상될 것이며, 생명과학의 발전은 선진국보다 개발도상국에 더 큰 영향을 미칠 것으로 전망된다.[5]

3) 자원 · 환경 영역

(1) 환경보호주의 강화

기후 변화 현상이 심화되면서 환경 규제에 대한 관심과 대응이 강화되고 있다. 한편으로는 친환경 산업이 미래의 신성장 동력이라는 인식이 세계적으로 확산되면서 이러한 경향은 더욱 강화되고 있다.[6]

환경 관련 이슈가 새로운 통상 의제의 핵심 사항으로 부상하면서 환경보호주의는 환경과 관련된 표준, 기술 규정, 적합성 평가 절차 등 무역 기술에 장벽이 되는 형태로 나타나고 있으며, 자국의 기술 우위를 이용해 자국 산업을 보호하려는 의도로 활용될 전망이다.

(2) 온실가스의 지속적인 증가

2030년까지 화석연료의 연소로 인한 전 세계의 탄소 배출량은 현재보다 16% 증가할 것으로 전망된다. 이는 지난 20년간의 탄소 배출량 증가율인 44%와 비교할 때 감소된 수치다. 개발도상국의 탄소 배출량은 향후 20년

---

5 박기열 외, 『미래의 직업 연구』.

6 이지훈, 「기상이변의 경제학」, SERI 경제포커스(삼성경제연구소, 2010).

간 38% 정도 증가할 것으로 예측되는 반면, 선진국의 탄소 배출량은 14% 정도 감소할 것으로 전망된다. 비OECD 국가들은 전 세계 탄소 배출량의 68%를 차지하고 있으며, 이 수치는 향후에도 연간 1.6% 정도씩 증가할 것으로 전망된다.[7]

(3) 자원 고갈 가속화

식량 수요는 2050년까지 현재보다 70% 가까이 증가할 것으로 전망된다. 식량의 수요 급증은 인구의 증가와 함께 1인당 음식 소비량의 증가에 기인한다. 2030년에는 전 세계적으로 평균 한 사람이 하루에 소비하는 칼로리가 현재보다 6.6% 증가한 2960칼로리에 달할 것으로 전망된다.[8] 곡물을 포함해 몇몇 식량의 가격은 2030년까지 현재보다 2배 이상 오를 것으로 전망된다. 현재 전 세계적으로 약 9억 명에 가까운 사람들이 굶주리고 있으나 식량 문제에 대한 대책을 세우지 않는다면 이 수치는 앞으로 더욱 증가할 것이다.[9]

(4) 자원 활용의 저효율화

전 세계 많은 지역에서는 농작물이 식품이 아닌 용도로 사용되고 있다. 바이오 연료가 가축의 사료로 사용되면서 식량 부족이 가중되고 있는 것이다. 미네소타대학교 환경연구소에서 발표한 자료에 따르면 농작물을 바이오 연료나 사료로 활용하지 않는다면 토지를 추가로 개발하거나 숲을 태워서 개간할 필요가 없다고 한다.

이 연구는 동물 사료와 바이오 연료를 생산하는 데 사용되는 토지의 일

---

7 Roland Berger Strategy Consultants, "Trend Compendium 2030"(2012).

8 박기열 외, 『미래의 직업 연구』.

9 Roland Berger Strategy Consultants, "Trend Compendium 2030"(2012).

▌그림 11-2▌ 농업이 차지하는 땅의 면적

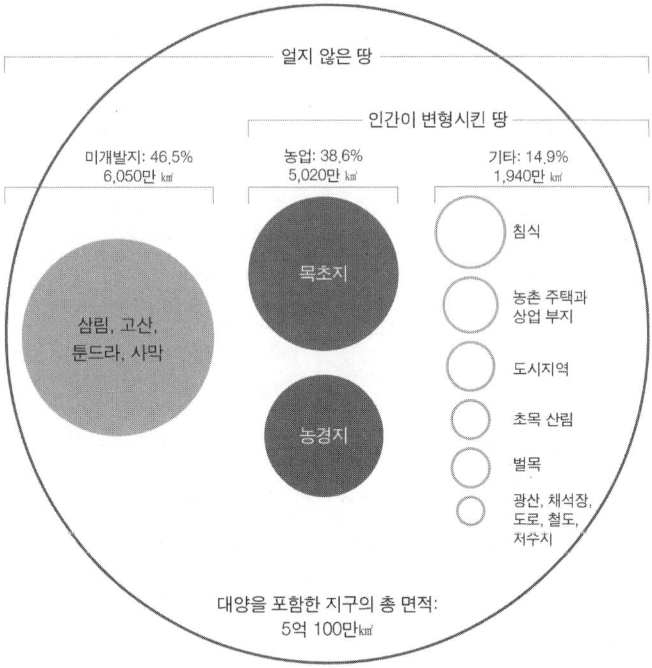

자료: 조너선 폴리, "세계를 먹여 살리기 위한 5단계 계획", ≪내셔널 지오그래픽≫(한국판), 5월호 (2014).

부 또는 전부를 인간을 위한 식량 생산에만 전념할 경우 발생할 식량 안보 이익을 정량화했고, 동물 사료에 사용되는 작물 칼로리 중 인간이 소비하는 열량(육류나 유제품 등)은 12%밖에 되지 않는다는 결론을 도출했다. 농작물을 다른 용도로 활용하지 않고 직접 인간에게 식량을 제공하는 용도로 생산하면 현재의 농지만으로도 전 세계 인구의 약 70%에게 충분한 식량을 제공할 수 있다는 이야기다.

농작물에 대한 수요는 인구 증가와 고기 소비 증대로 지속적으로 상승할 예정이다.

2 | 미래 식량 및 음식 관련 고용 환경 변화

1) 기후 변화로 새롭게 성장하는 산업과 직업

기후 변화로 인해 다양한 산업이 등장하고 동시에 새로운 일자리가 생겨날 것이다. 에너지 절약에 대한 인식이 높아짐에 따라 에너지를 최소화하기 위한 수요가 늘어날 것이다. 지금도 제품의 질을 떨어뜨리지 않으면서 제품 제작과 공정에 들어가는 재료를 절감할 수 있도록 제품의 기획 및 설계 단계부터 자원 절약형 디자인이 요구되고 있다.

2) 기계와의 일자리 경쟁

오늘날 대부분의 공장 노동자는 기계로 대체되었고 ITC와 소프트웨어가 더욱 다양한 분야에서 인간이 하던 일을 대체해나가고 있다. 산업통상자원부의 최근 통계에 따르면 2001년부터 2012년까지 한국의 생산성은 연평균 2.92%(제조업 7%)씩 향상되었으나 같은 기간 총 고용자 수는 2.5% 하락했다. 10억 원을 투자했을 때 생기는 일자리 계수를 의미하는 취업유발계수도 같은 기간 1.1% 감소했다.

지난 10여 년간 기업은 임금을 올리기보다는 장비와 소프트웨어 구입에 지출을 늘리고 있으며, 이는 곧 기업의 고용 창출 능력 저하로 연결되고 있다. 중요한 것은 기계화의 속도와 범위가 지난 세기와는 비교할 수 없을 정도로 빨라지고 넓어지고 있다는 것이다. 기술의 발전, 특히 ICT와 타 기술의 융복합적 발전은 지금까지 인간이 해왔던 일을 급속히 대체해나가고 있다. 더욱 빠르고 저렴해진 다양한 유형의 스마트 기기와 똑똑해진 소프트웨어가 인간의 영역으로만 여겨졌던 여러 능력을 대신하고 있는 것이다.

기계와의 일자리 경쟁은 제조업에서 서비스업으로 빠르게 이동하고 있다. 고도의 전문가 손길이 필요하던 진단과 수술, 회계 업무나 법률 서비스 영역도 기계가 빠르게 잠식하고 있다. 이는 가까운 미래에 화이트칼라 직업이 없어질 수도 있음을 의미한다.

3) 기존 음식 산업 관련 직업의 전망 약세

미국 노동부가 발표한 직업군 가운데 887가지 직업의 향후 성장성과 연봉 자료를 입수해 분석한 결과,[10] 음식 서비스나 식품 가공 관련 직업군과 농/어업, 해양 관련 직업군의 고용 성장률은 타 직업군에 비해 낮으며, 연봉도 최고 연봉인 18만 6000달러에 비해 많게는 10배나 적은 것으로 나타났다. 그럼에도 음식은 인간이 살아가는 데 없어서는 안 될 필수불가결한 요소이므로 인구와 환경, 자원과 기술의 변화에 대응하는 새로운 직업을 발굴해야 할 필요가 크다.

3 | 음식 산업 미래상

1) 녹색 문명 시대에 부상하는 그린칼라

(1) 고층 빌딩에서 생산하는 유기농 식품[11]

사막화, 기상 이변 등으로 경작지의 면적이 급감할 것으로 예측되며, 이

10 미국 노동부(US Department of Labor: USDOL)와 연방정부 노동부(Employment and Training Administration: ETA)가 발표한 자료를 근거로 분석했다.

11 중앙일보 중앙SUNDAY 미래탐사팀, 『10년 후 세상』(청림출판, 2012).

▌표 11-1▐ 음식 서비스 및 식품 가공·농/어업·해양 관련 직업군의 고용 성장률과 연봉

직업 명	성장 지표(2010~2020)	연봉(달러)
식품 과학자 및 전문가	저성장(3~9%)	60,180
영양사	다소 성장(20~28%)	53,250
식당 경영자	다소 감소(-3~-9%)	48,130
주방장	정체(-2~2%)	40,630
음식 준비 및 서빙 종사자의 첫 책임자	평균(10~19%)	29,560
개인 가정 조리사	평균(10~19%)	25,570
식품 가공 관련직	정체(-2~2%)	24,640
제빵사	정체(-2~2%)	23,450
교육기관 및 구내 식당 요리사	평균(10~19%)	22,730
레스토랑 요리사	평균(10~19%)	22,140
음식 준비 종사자	평균(10~19%)	19,100
바텐더	저성장(3~9%)	18,680
레스토랑 및 라운지, 커피숍 주인	저성장(3~9%)	18,450
바리스타, 식품 할인점 및 커피숍 계산원	저성장(3~9%)	18,370
식당 종업원	저성장(3~9%)	18,330
식당 도우미 및 바텐더 도우미	저성장(3~9%)	18,190
식당 설거지 담당자	저성장(3~9%)	18,150
패스트푸드 요리사	다소 감소(-3~-9%)	18,100
수경 재배 관리자	다소 감소(-3~-9%)	60,750
농장 및 목장 관리자	다소 감소(-3~-9%)	60,750
농부, 목장 주인 및 기타 농업 관리자	다소 감소(-3~-9%)	60,750
온실 관리자	다소 감소(-3~-9%)	60,750
수목 관리원	저성장(3~9%)	54,540
농장과 가정 경영 조언자	평균(10~19%)	45,520
농장 및 주택 관리 자문가	평균(10~19%)	45,520
농업감독관	정체(-2~2%)	41,670
선원 및 해양 주유원	다소 성장(20~28%)	36,260
산불 감시관 및 예방 전문가	저성장(3~9%)	34,910
벌목수	저성장(3~9%)	34,470
농장 장비 역학 및 서비스 기술자	평균(10~19%)	33,640
산림 보호 기술자	정체(-2~2%)	33,390
식품 과학 기술자	저성장(3~9%)	32,760
농업 및 식품 과학 기술자	저성장(3~9%)	32,760
통나무 선별자 및 저울로 재는 사람	평균(10~19%)	32,430
벌목 장비 조작원	저성장(3~9%)	32,390
동물 통제원	평균(10~19%	32,050
동물 사육사	다소 감소(-3~-9%)	31,340
초목 식물 농약 뿌리는 사람	평균(10~19%)	29,890
조련사	저성장(3~9%)	26,580
동물 조련사	저성장(3~9%)	26,580

자료: KRG, 『미래 직업 Keyword 'IT, Green, Healthcare'』(KRG, 2012).

에 따라 식량 문제는 더 악화될 것이다. 유전자 변형GMO 농산물 및 가축에 대한 연구 개발이 늘어나 이에 대한 전문 인력 수요가 늘어나는 것과 반대급부로 유기농 식품을 더 선호하는 사람들도 늘어날 것이다. 따라서 고층 빌딩 형태의 수직 농장을 만들어 유기농 식품을 생산·판매하는 생산자들이 늘어날 것이다.

(2) 기후 변화와 건강을 모두 지켜주는 미래 식재료

미세 조류의 종류는 수십만 종이며 학계에 등록된 조류만 해도 6000여 종이다. 35억 년 전 출현한 청록 미세 조류는 다른 생명체가 진화할 수 있는 대기를 만들었고 이후 지금까지 지구의 생물권을 조절하고 있다.

미세 조류는 각종 영양소와 항바이러스 활동을 돕고 노화를 방지하며 신경을 보호하고 상처를 치유한다. 또한 항생·항암 효과까지 있어 미 국립과학아카데미와 국립암연구소, 미국 심장협회 등은 지구에 있는 수천 종류의 미세 조류를 이용해 식품, 사료, 약품, 생화학물질, 비료, 바이오 연료를 생산하기 위해 노력하고 있다.

2) 첨단 기술이 만들어내는 음식

(1) 배양육으로 고기 섭취

배양육은 영어로 'cultured meat', 'in vitro meat', 'lab grown meat'라고 하며, 네덜란드어로는 'kweekvlees'(grown meat)라고 불린다. 살아 있는 동물의 세포에서 줄기세포를 채취한 뒤 실험실에서 배양해 소고기의 근육, 지방, 기름, 뼈 등을 생산하는 방식으로, 동물의 실제 살에서 나온 고기라는 점에서 콩단백질로 만든 인조고기와는 다르다.

배양육은 육류 생산에 소모되는 에너지와 식량을 절약하고 늘어나는 인구를 먹일 미래 식량으로 주목받고 있다. 영국 옥스퍼드대학교와 네덜란드 암스테르담대학교의 연구진이 실험한 결과, 배양육으로 육류를 생산하면 현재 방식보다 온실가스 배출량이 78~96%나 줄어들며, 에너지 사용량은 7~45%, 물은 82~96%, 토지는 99%나 줄일 수 있는 것으로 나타났다. BBC는 2012년 "미래 식품: 20년 후 우리는 무엇을 먹게 될까?Future foods: What will we be eating in 20 years' time?"라는 기사에서 미래 식품으로 곤충, 조류algea와 더불어 배양육을 꼽았다.

배양육 개발에 성공할 경우 축산업계에 큰 영향을 미칠 것으로 전망된다. 대체품의 등장에 따라 기존 축산 방식에 따른 육류 제품의 수요가 감소될 것으로 예상되며, 자연산 육류가 배양육보다 고급으로 인식되면서 그에 맞춰 축산 방식에도 변화가 일어날 것으로 전망된다.

(2) 음식도 프린트하는 세상

세계 인구가 정점에 도달하면, 즉 100억 명 또는 그 이상이 되면 인류에게 음식은 더 이상 맛보고 즐기는 것이 아닌, 단지 생존을 위해 칼로리를 제공하는 수단으로 더 절실하게 다가올 수도 있다.

지금은 사람의 식량이라는 측면보다 기능성 식품이라는 측면에서 음식 3D 프린터를 개발하고 있다. 미국 항공우주국은 장기간의 우주여행에서 음식을 프린트해서 우주인들에게 제공하기 위한 연구를 시작했다. 이 연구를 진행하는 기업 중 하나인 SMRC는 일반적인 음식을 프린트하는 3D 프린터의 프로토 타입을 만들기 위해 미국 항공우주국으로부터 12만 5000 달러를 지원받았다. 음식의 레시피는 인터넷에서 얼마든지 구할 수 있는 오픈 소스 레시피로 구성했다.

음식 3D 프린터가 완성되면 필요한 음식을 원하는 만큼 간단하게 프린트해서 먹을 수 있어 음식물 쓰레기가 획기적으로 줄어들 것이다. 자신의

▌그림 11-3▌ 음식 3D 프린터의 제조 원리

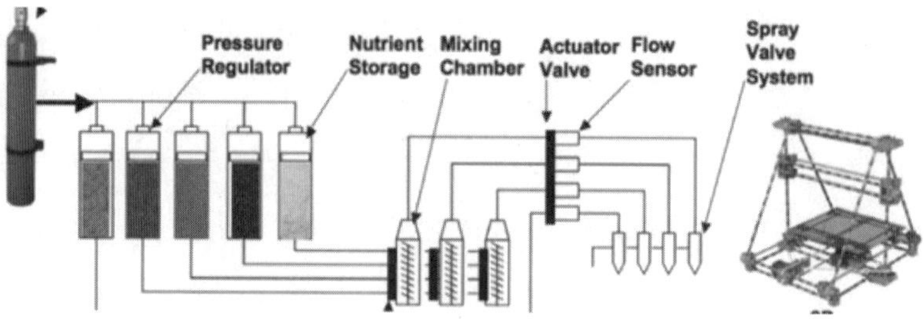

자료: http://powderkegwebdesign.com/3d-food-printer-funded-by-nasa/

입맛에 맞지 않는 음식을 먹기 위해 식당에 갈 일도 없기 때문에 요리사라는 직종이 소멸될 수도 있다.

한편 SMRC의 관계자는 3D 프린터의 가장 큰 장점 중 하나로 개인에게 맞춤 영양을 공급하는 기능을 꼽았다. 3D 프린터에는 개인의 병력 등 다양한 데이터가 저장되어 있어 칼로리와 건강 밸런스를 개인에게 맞춘 음식을 공급할 수 있다. 이렇게 개발된 음식 3D 프린터는 단지 우주인뿐 아니라 고령 사회에도 꼭 필요한 상품이 될 것이다.[12]

(3) 대체 식품 부상

1973년 개봉한 〈소이렌트 그린Soylent Green〉은 과일이나 채소, 고기 같은 천연 식품이 사라진 2022년의 지구를 다룬 영화다. 이 영화에서는 인구 과잉 현상으로 인해 사람들이 굶주림과 병에 시달리는데, 유일한 식료품은 배급받은 물과 소이렌트라 불리는 알 수 없는 음식뿐이다. 어느 날 소이렌트의 사장이 살해당하고 그 사건을 조사하는 형사가 소이렌트 그린 성분의 실체를 파헤치면서 사람들이 혼란에 빠진다는 내용이다.

---

12 박영숙 외, 『유엔미래보고서 2040』(교보문고, 2013).

소이렌트란 가루 형태로 제공되는 콩 대체 식품이다. 물을 혼합해서 섭취하는 것만으로 다른 영양을 공급할 필요 없이 균형 잡힌 식생활이 가능하다. 따라서 가축 사육으로 인한 동물 학대 및 환경오염에 대한 논란을 일소시킬 것이며, 장기간 보관이 가능하므로 음식 쓰레기도 획기적으로 줄여줄 것이다. 소이렌트를 섭취하면 채식을 따로 할 필요가 없으며 당이 첨가되지 않아 당뇨병을 걱정할 필요도 없다. 현재 미국, 캐나다, 영국, 멕시코에서 제품이 제공되고 있으며, 대량 생산은 2022년경으로 예상하고 있다.[13]

3) 신기술을 활용한 음식 산업의 변화

(1) 미래 레스토랑

영국 런던에 위치한 한 레스토랑에는 식당 천장에 빔 프로젝터가, 식탁에는 원형 스크린과 터치패드가 설치되어 있다. 손님은 빔 프로젝터 영상을 통해 실제 요리처럼 확인한 뒤 터치패드를 통해 원하는 메뉴를 선택해 주문할 수 있다. 즉석에서 요리 주문에서부터 결제까지 동시에 이뤄지는 것이다. 또한 조리까지 걸리는 시간을 알려주며, 앉은 자리에서 콜택시를 부를 수도 있고, 주방 내 CCTV를 통해 자리에서 주방의 청결함도 직접 확인할 수 있다. 특히 생일이나 기념일을 위한 이벤트도 식탁 위에서 모두 펼쳐진다. 미래에는 이런 레스토랑이 보편화될 전망이다.

이는 증강 현실을 이용한 레스토랑으로, 그 자리에서 주방과 직접 연결해 음식을 주문하는 것은 물론, 개인 맞춤형 메뉴에 환경까지 선택할 수 있다. 이로 인해 필요한 종업원의 수가 감소되므로 이 비용을 서비스나 음식의 질을 향상시키는 데 사용할 수 있다.

---

13 같은 책.

(2) 미래 주방

세계 최대의 미국 전자기업체 제너럴 일렉트릭GE은 디자이너를 초청해 2025년에 사용할 것으로 예상되는 주방 제품의 구상을 요청했다. 여기에는 제품의 디자인뿐 아니라 인구 고령화, 소형 주택 증가, 유기농 식품 수요 증가, 문화적·인구학적 변화까지 고려하도록 했다. 2014년 7월부터 8월까지 루이빌에 있는 크레스맨센터에서 공개된 제품을 살펴보면, 보관된 음식을 확인하는 냉장고, 유해·질병 세균을 감지하는 주방 기구, 문 없는 냉장고 등등이 소개되었다. 냉장고와 지역 식품 가게 간에 배달망이 구축되어 냉장고가 스스로 재고품을 점검한 뒤 직접 배달을 주문하는 시스템도 공개되었다.

미래 주방의 또 다른 혁신은 지속 가능성이다. 주방에서 사용한 물을 가정의 다른 곳에서 재사용할 수 있으며, 싱크대에 장착된 통합 센서를 통해 과일이나 채소를 씻으면서 오염 물질이 얼마나 제거됐는지도 확인할 수 있게 될 것이다.

(3) 식량을 해결해주는 로봇

스페인의 마드리드 폴리테크니카대학교는 작물을 해치지 않으면서 농장의 지형 데이터 등을 수집해 모든 유형의 정보를 관찰하고 이동할 수 있는 로스피어Rosphere라는 로봇을 개발했다. 로스피어는 작물 수확량을 개선하고 농민을 돕기 위해 토양 수분 함량, 온도, 화학비료 등을 측정하는 여러 센서를 갖춘 로봇이다.[14] 또한 호주에서는 인간이 하던 대부분의 농사일을 로봇 시스템이 대신하는 대규모 농촌 자동화가 시작되고 있다.

사람들은 현재와 같은 음식이 아닌 알약 등으로 식사를 대신하게 될 수

14 같은 책.

도 있다. 미래학자들은 이를 음식 대체 나노봇 시스템이라고 일컫는다. 로버트 프레이타스Robert Freitas 박사가 쓴 책에 따르면 알약에는 매우 작은 크기로 제작된 수천 개의 나노봇이 담겨 있다. 이 나노봇은 원자력을 동력으로 하며, 동위 가돌리늄 원소를 인간이 활동하는 데 필요한 에너지로 변환시켜 몸에 공급한다. 프레이타스 박사는 이 동위 가돌리늄 원소가 75년 동안 효력을 발휘할 것으로 예측하고 있다. 이는 곧 미래에는 한 끼를 먹는 것만으로 100세까지 음식을 섭취하지 않을 수도 있게 된다는 것을 의미한다. 한편 이 나노봇은 음식 중에서 개인의 몸에 좋지 않은 영양소나 살찌는 영양소의 흡수를 막아 건강을 유지하게 만드는 기능도 한다.

(4) 식용 포장

지난 몇 년간 발생한 대중적인 대안 중 하나는 식용 코팅으로, 음식을 습도와 산소로부터 보호하는 투명한 필름을 이용한 기술이다. 현재는 우유 혈청(유장 단백질을 분리시킨 것)이나, 콩과 식물의 일종인 실리콘 껌 및 전분에서 추출한 단백질을 활용해 과일의 전면을 코팅하는 식용 코팅 등이 이뤄지고 있다.

또한 바이오 메디컬 엔지니어인 데이비드 에드워즈David Edwards는 위키펄Wikipearl이라는 식용 포장을 발명해 음식뿐 아니라 음식을 담는 그릇, 포장 용기까지 섭취할 수 있는 과학기술을 발명했다. 연구에 따르면 포장은 칼슘 이온에 의해 식품에 고정되며, 견과류, 씨앗, 초콜릿이 포장에 함유될 수도 있다.[15]

---

15 http://edition.cnn.com/2013/08/13/tech/innovation/this-edible-wrapping-tastes-good/index.html?iid=article_sidebar

▍그림 11-4▍ 식용 포장 사례

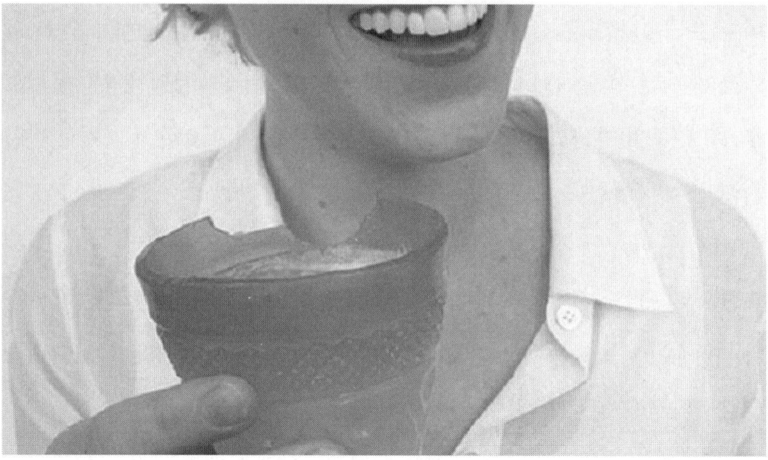

자료: "This edible wrapping tastes as good as the food it's protecting," CNN, 2013년 8월 13일.

4) 음식 산업의 미래상

앞서 다룬 미래 레스토랑의 사례는 더 이상 미래의 모습이 아닌 현실로 다가오고 있다. 미국의 유명 식음료 잡지인 ≪네이션스 레스토랑 뉴스 Nation's Restaurant News: NRN≫에서는 2020년 음식 서비스업이 레스토랑, 소비자, 그리고 메뉴의 세 가지 관점에서 크게 변화할 것으로 예상했다.

(1) 레스토랑

2020년의 레스토랑은 건축적·디자인적 측면에서 첨단 기술을 구현함과 동시에 인간적인 측면에서 아날로그적인 감성을 구현하는 것을 목표로 하게 될 것이다. 즉, 프랜차이즈업체와 같은 비교적 큰 규모의 고급 장식과 패스트푸드점과 같은 빠른 서비스를 추구하는 동시에 전통 있는 레스토랑과 같은 서비스를 조화시키려 할 것이다.

또한 빌드아웃 비용과 폐기물을 절감시키려는 노력이 요구되며, 건축물에서의 녹색 인증처럼 증명을 강화하기 위한 움직임도 필요하다. 이와 같은 트렌드의 변화에는 기술의 발전과 더불어 건물 및 장비의 에너지 효율성이 뒷받침되어야 하는데, 이를 위해서는 앞으로 식재료 유통의 효율성 향상 등을 위한 많은 투자가 요구된다.

한편 요리 기구 및 장비는 소규모화되어 환기가 필요 없는 소규모 고속 오븐과 싱크대 등이 생산될 것이며, 이는 주방의 규모를 획기적으로 줄여 레스토랑에서 주방이 차지하는 공간을 감소시킴과 동시에 좌석을 추가로 확보할 수 있는 공간을 만들어낼 것으로 예측된다.

그리고 프랜차이즈업체도 획일적인 외관에서 벗어나 점차 지역성을 반영할 것이다. 로컬 푸드local food의 트렌드[16] 때문이 아니더라도 지역 예술과 지역의 장소성을 강조하는 방향으로 변화할 것으로 예측된다. 즉, 독특함과 다양성을 추구하는 소비자 취향의 변화에 부합해 음식 서비스업계의 큰 손인 프랜차이즈업체 역시 변화할 것으로 예상되는 것이다.

또한 기술의 사용이 증가함에 따라 미래에는 단순히 관람만 하는 디스플레이로서의 장치에 그치지 않고 멀리 떨어져 있는 가족이나 친구와 함께 간담을 나누며 식사할 수 있는 레스토랑이 생겨날 것이다. 또는 식사를 하면서 특별한 게임을 할 수 있거나 휴식의 기능까지 제공하는 레스토랑으로 발전할 것이다.

마지막으로 기술의 발전은 청결과 식품 안전에 대해 레스토랑 직원에게 경고 또는 그 이상의 정보를 제공할 것으로 기대된다. 메뉴판, 냅킨 디스펜서, 조미료를 제공하는 데 그치지 않고 소비자들의 주된 이용 행태까지 분

16 농산물을 50km 이내의 지역에서 생산해 당일 소비하는 먹을거리로, 착한 소비운동의 일환이다.

석해 적절한 때에 적절한 정보를 제공하게 될 것이다.

(2) 소비자

현재의 음식업계는 과거의 베이비부머 세대, 밀레니엄 세대의 소비 습관에 많은 관심을 갖고 있다. 현재의 소비자들은 미래에도 음식 산업에 영향력을 행사할 것이다. 따라서 먼저 중·단기적인 관점에서 인구구조의 변화에 주목할 필요가 있다.

≪네이션스 레스토랑 뉴스≫는 미국의 경우 2020년에 경제력을 갖춘 히스패닉 등 다인종·노인 인구의 비율이 지속적으로 증가할 것으로 예상했다. 일정 소득 이상 노인층 인구의 증가는 외식 인구의 증가를 지속시킬 것이며, 마찬가지로 다인종 인구의 증가는 음식 문화의 다양성 증가로 연결될 것이다. 따라서 노인 인구 및 히스패닉, 아프리카인, 아시아인 등이 증가함에 따라 음식의 소비 행태가 변화할 것으로 예상했다.

이러한 접근은 비단 미국뿐 아니라 오늘날 한국에도 동일하게 적용된다. 2012년 기준으로 국민소득 2만 달러, 인구 5000만 명의 국가로 성장한 한국은 2030년이면 5216만 명으로 인구가 정점에 이를 전망이다.[17] 또한 2020년께에는 노인 인구가 약 20%에 다다르고 2026년에는 초고령 사회에 도달할 것으로 예상된다.

더불어 한국은 1980년대 말부터 시작된 결혼 이민자의 증가로 인구학적으로 다인종 국가로 변모 중이다. 2013년에 국내에 체류한 외국인 수는 150만 명을 넘어섰으며, 결혼 이민자는 약 15만 명으로 집계되었다.[18] 현재는 결혼 이민자의 증가세가 다소 둔화되었지만 취업 등의 유입 요인이 다양해

17 통계청.

18 법무부 출입국·외국인정책본부 통계(2013).

❙그림 11-5❙ 결혼 이민자의 증감률 변화

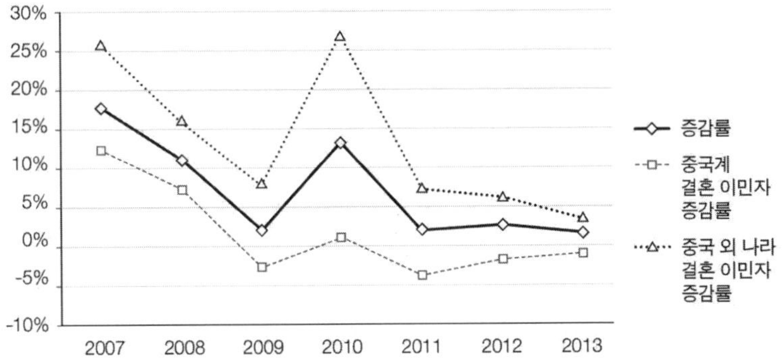

자료: e-나라지표, 결혼 이민자 현황을 참고해 작성(www.index.go.kr).

지고 있다. 과거에는 중국계 결혼 이민자가 대다수였으나 동남아시아 출신의 결혼 이민자 또는 방문 취업자의 수가 지속적으로 증가하는 추세다.[19]

특히 경기도는 국내 거주 외국인이 가장 많이 분포하는 지역이므로 이러한 추세에 지속적인 관심을 기울일 필요가 있다(〈그림 11-6〉 참조). 따라서 중·단기적인 관점에서 노인 인구 및 외국인의 음식 소비 행태까지 고려해 음식업계가 대처할 필요가 있다. 이미 ≪네이션스 레스토랑 뉴스≫에서는 가나 치킨 - 피넛 커리(가나), 탄두리 치킨(인도), 아시안 카프 세비체(페루) 등의 음식을 미국의 라스베이거스 스트립 스테이크 및 햄버거와 함께 2020년에 인기 있을 음식 트렌트로 나란히 선정했다. 우리나라에서도 중국, 베트남, 필리핀 등지의 고유 음식이 대중화될 가능성이 충분히 있는 것이다.

한편 장기적인 관점에서 보면, 미래 식산업에서의 기술 발달, 자원·환경 및 가치관의 변화 등을 이유로 소비자는 윤리적 소비, 자연 환경의 보호 및 자원의 효율적 이용에 더욱 관심을 기울이는 동시에 건강한 유기농 식품을 원하게 될 것이다.

19 http://www.yonhapnews.co.kr/medialabs/special/multicultural/ 참고.

▌그림 11-6▐ 지역별 외국인 배우자 수(2010년 기준)

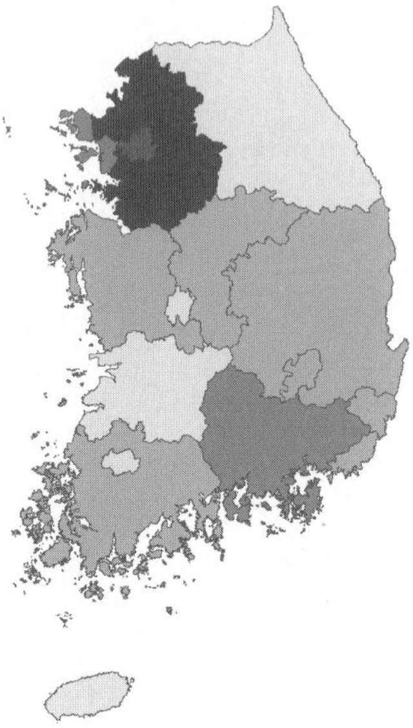

지역	외국인 배우자 수	비중
경기도	18,526명	33.6%
서울특별시	13,702명	24.9%
경상남도	4,422명	8.0%
인천광역시	2,796명	5.1%
충청남도	2,507명	4.5%
경상북도	2,052명	3.7%
부산광역시	1,967명	3.6%
충청북도	1,576명	2.9%
전라남도	1,362명	2.5%
울산광역시	1,235명	2.2%
대구광역시	1,172명	2.1%
전라북도	980명	1.8%
강원도	827명	1.5%
대전광역시	826명	1.5%
광주광역시	768명	1.4%
제주특별자치도	418명	0.8%
총계	55,136명	100.0%

자료: 통계청의 인구 총조사를 참고해 재작성.

(3) 메뉴

스마트폰과 태블릿 PC의 지속적인 발전으로 소비자가 음식을 주문하는 방식 역시 크게 변화할 것으로 예상된다. 현재 집이나 사무실 등에서 온라인으로 음식을 주문하는 방법이 이미 보편화되어 있지만, 음식점에서 또는 음식점을 방문하기 전에 영양적 가치 및 가격 등을 고려해 자신의 취향에 따라 메뉴를 비교하고 선택하려는 요구가 증가하고 있는 추세다. 따라서 핸드헬드 디바이스handheld devices로 대표되는 스마트 기기를 이용하는 주문 방법이 보편화될 것으로 보인다.

≪네이션스 레스토랑 뉴스≫에서는 〈그림 11-7〉과 같이 간단한 사례를 제시했다. 소비자의 취향 ― 키워드, 가격, 식이요법적 제한 등 ― 에 따라 선택할 수 있는 애피타이저 또는 메인 요리의 카테고리를 제시하고(첫 번째 그

❚그림 11-7❚ 스마트폰을 이용한 메뉴 주문 예시

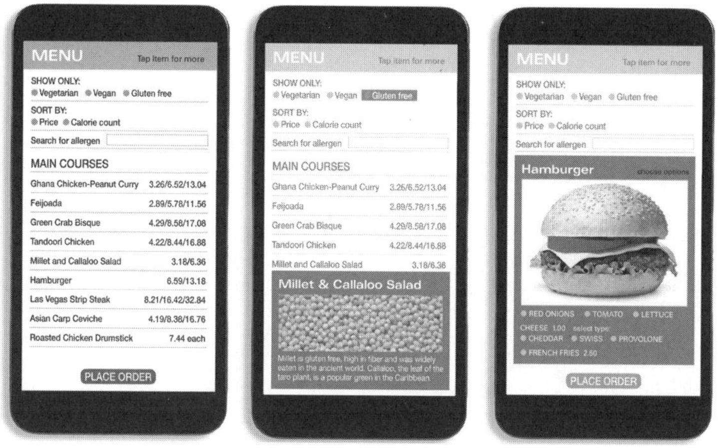

자료: http://nrn.com/2020-vision-future-menus

림), 소비자가 적당하다고 생각하는 대로 디저트의 크기, 메인 요리의 양과 곁들임 요리 등을 적절하게 혼합할 수 있도록 메뉴가 정렬된다(두 번째 그림). 그리고 레스토랑의 단골손님은 자신만의 메뉴를 '사용자정의'로 저장해 지속적으로 이용할 수도 있다(세 번째 그림).

소비자의 행태가 변화함에 따라 요리사 역시 변화를 맞을 전망이다. 즉, 많은 요리사가 자신의 아이디어가 들어간 메뉴를 요리하기 어려워질 것이다. 메인 요리 중심center-of-the-plate의 메뉴를 '창조'하기보다 일정 수준에서 획일화된 메뉴를 단품화해 '생산'하는 방식으로 단순화되기 때문이다.

한편 지가, 인건비 및 재료비의 지속적인 상승으로 레스토랑 역시 경영적인 측면에서 재고 유지의 중요성을 인식할 것이며, 따라서 간편하고 일반적cuisine-focused인 음식으로 변모할 소지가 많다. 더불어 음식점 간 경쟁이 더욱 치열해져 지금의 프랜차이즈 음식점과 같이 일부 메뉴를 아웃소싱하는 방식을 채택할 것으로 예상된다. 더불어 재료비 변동에 따라 실시간으로 메뉴의 가격을 조정할 수도 있다.

4 | 음식 산업 관련 미래 직업 전망 및 정책 제언

1) 음식 산업의 미래 직업

(1) 신규 창출 직업군

농림축산식품부[20]와 KISTEP 미래포럼[21]에서는 향후 식품 산업이 다섯 가지 요소에 따라 변화할 것으로 전망하면서 이에 대비해 신규 직업군 인력을 대응할 필요성을 강조했다. 신규 직업군에는 식품 위험 사고 전문 조사원, 식품 가공 검사원 및 등급원, 식품 성분 분석원, 티소믈리에, 푸드테라피스트, 푸드디렉터 등이 있다.

(2) 미래 식품 산업 관련 직업의 트렌드 예상

선진국을 포함한 한국 역시 저출산 고령화의 추세가 지속되어 경제활동 인구가 감소할 것이며, 이에 따라 공장 자동화, 정년 연장, 다문화 취업자 증가, 노동시간 증가 등의 현상이 나타날 것으로 예상된다. 따라서 고령화 인구를 대상으로 한 사업이 증대되면서 노인영양사, 개인 임상영양사 등의 직업에 대한 수요가 높아질 것으로 기대된다.

더불어 경제활동 인구의 감소와 비정규직 확대, 청년 실업 증가, 재택근무 요구의 증대 등 노동시장의 변화가 프로젝트별 고용, 글로벌 취업 경쟁 심화, 유연근무제 확산 등으로 이어질 것이다. 이에 따라 개인을 대상으로 하는 1인 전문 직종, 특히 티소믈리에, 마스터 바텐더와 같은 프리랜서 직업군이 활발해질 것으로 기대된다. 그뿐만 아니라 재택근무 요구 증대 및

---

20 전현곤 외, 『식품산업 인력수급 전망 및 교육수요 연구』(한국산업개발연구원, 2014).

21 제3회 KISTEP 미래포럼, 「식품의 미래: 전망과 안전」(한국과학기술기획평가원, 2013).

‖그림 11-8‖ 식품 산업 미래 직업군 전망

식품 산업 변화 요인

- 기능성
- 안전성
- 생산성
- 지속 가능성
- 편이성

식품 산업 발전 방향

- 개인 맞춤형 식품
- 기능성 식품 소재
- 식품 안전 검지 시스템
- 식품 유해 인자 저감
- 유전자 변형
- 극한 환경 생육
- 유기 식품
- 식품 상태 확인
- 간편 섭취

→

신규 창출 직업군

- 개인영양사, 임상영양사
- 미래 식품공학 연구원
- 식품 위험 사고 전문 조사원
- 식품 재활용 전문 인력
- 유기 식품 생산 및 가공 인력
- 식품 상태 관리사
- 우주 식품 개발 연구원

자료: 전현곤 외, 『식품산업 인력수급 전망 및 교육수요 연구』(한국산업개발연구원, 2014).

환경오염·기후 변화와 연관해 녹색 직업이 출현함에 따라 식품 안전에 대한 다양한 직업이 탄생할 것이다. 대표적인 직업으로는 식품 안전 검사원 및 관리원 등을 들 수 있다.

또한 기술의 융·복합, 교통·물류 산업의 발달, IT 및 과학기술의 발달은 거래 비용의 감소를 가져와 초대형 또는 1인 운영 형식의 기업이나 음식점의 출현을 예고하고 있다. NT·IT·CT와 식품 제조 및 식품 서비스업의 융합은 식품공학자, 식품가이드 등 새로운 형태의 직업을 발생시킬 것이다.

① 식품영양사

영양사는 질병 예방과 건강 증진을 위해 급식 관리 및 영양 서비스를 수행하는 전문가로, 향후 10년 동안 취업자 증가율이 높을 직업으로 평가되며, 최근 예방 의료의 한 영역으로 건강과 복지 증진에 기여하는 음식의 역할에 대한 관심이 증가함에 따라 활동 영역 및 역할이 증대되고 있다.

임상영양사는 일반적인 식품 영양이 아닌 임상 영양의 엄격한 과정과 자격을 갖춰야 하는 직업으로, 질병 예방 및 건강관리를 위해 영양 판정,

영양 상담, 영양소 모니터링 및 평가 등의 업무를 수행한다.

현재 한국에서는 의사들이 이 역할을 수행하는 경우가 많으나 대부분의 의대 교육과정에서는 영양학이 필수과목이 아닌 경우가 많다는 점을 감안할 때 향후 임상영양사의 역할이 증대될 것으로 전망된다.[22]

스포츠영양사는 스포츠영양학sports nutrition에 특화되어 운동선수의 경기력 향상은 물론 일반인의 경기력 증진을 위해서도 전문적인 영양 서비스를 제공하는 일을 담당한다. 하지만 현재 스포츠 관련 분야에서 활동하는 영양사는 대부분 일반 요리사나 영양사 자격으로 단체에 소속되어 활동 중이므로 이 분야의 전망은 밝다.

노인영양사는 노인의 영양 관리 및 질병 예방, 건강 유지 및 증진을 위해 전문적인 서비스를 제공하는 직업으로, 앞으로 고령화가 진행됨에 따라 전문 자격을 갖춘 영양사에 대한 수요가 늘어날 전망이다.

산업 보건 전문 영양사는 사업장에서 근로자의 건강을 유지·증진할 수 있도록 전문적인 영양 서비스를 제공하는 직업이다.

② 식품 안전 관리 전문가[23]

통계청의 『사회조사보고서 2012』에 따르면, 국민의 식품 안전 인식도는 2008년 31%에서 2012년 66.6%까지 높아졌지만 국민의 33%는 여전히 식품 안전에 불안을 느끼고 있는 것으로 나타났다. 따라서 식품 안전사고를 예방하기 위한 제도 보완과 식품 안전사고 발생 시 신속하게 대응할 수 있는 체계 구축이 필요하다.

식품 위험 사고 전문 조사원은 소비자가 신고한 식품 관련 민원 사항의

22 전현곤 외, 『식품산업 인력수급 전망 및 교육수요 연구』.

23 같은 책.

조사 여부를 결정하고, 조사 후 위해 발생 우려가 있는 사안에 대해 원인을 분석하고 조치 방안을 제시하는 직업이다. 현재 식품 감시 업무에 경험이 많은 식품직 공무원을 중심으로 '조사처리전담반'이 운영되고 있으나, 식품 안전사고의 유형이 복합적이고 다양하며 사회적으로 민감한 쟁점이라서 전문적 지식을 갖춘 조사원 양성이 요구된다.

식품 가공 검사원 및 등급원은 식품을 생산하고 조리하는 데 사용되는 원료와 최종 생산품의 표준 적합 여부를 검사하고 이에 대한 등급을 매기는 일을 담당하는 직업이다. 현재 각국의 식품 안전기준은 강화되는 추세로, 식품에 대한 잔류 농약 검사, 중금속 검사 등 다양한 검사가 진행 중이다. 따라서 신규 식품 안전기준 및 규제, 새로운 검사 방법 등에 대한 전문적인 교육도 요구된다.

③ 식품공학 전문가

식품공학 전문가는 과학 및 공학 원리를 이용한 식품 연구 및 생산기술 개발, 식품의 유해 성분 여부나 식품 첨가물의 적절성 여부에 대한 검사 및 분석과 품질 관리, 식품의 포장·가공·이용 등의 분야에서 활동하는 직업이다.[24]

최근 식품 안전 및 감염, 건강, 공공 영양의 중요성이 높아지고 BT, NT 등과의 기술 융합도 활발해짐에 따라 관련 일자리가 증대될 전망이다. 기대되는 주요 직업으로는 식품 성분 분석원, 유해 성분 검사원, 기능성 식품 전문가, 맞춤형 식품 컨설턴트, 식품기술사, 식품산업기사, 식품 유통 전문가 등이 있다.

24 같은 책.

④ 음료 제조 및 서비스 분야 전문가[25]

마스터 바텐더는 고객의 주문에 따라 각종 술에 향신료, 과일, 크림 등을 섞어 여러 가지 맛과 향을 내는 칵테일을 제조 및 제공하는 직업으로, 호텔이나 클래식 바와 같은 전통적인 바에서 근무하는 바텐더와 외식업체나 바 전문점에서 자신의 자질을 발휘하는 바텐더로 구분된다.

티소믈리에는 다양한 종류의 차를 테이스팅하고 차의 특징과 배경을 바탕으로 고객에게 알맞은 티를 추천하는 전문가로, 차에 대한 관심이 증가하는 데 따른 신규 직종이다.

⑤ 기타 식품 관련 신규 직업군[26]

다이어트 컨설턴트는 개개인의 체형과 체질을 고려해 올바른 다이어트 정보와 방법을 제시하는 컨설턴트로, 현재는 헬스 트레이너 등이 수행하는 경우가 많다.

노인식품 설계사는 노인을 위한 식품 개발 업무를 수행하는 직업이고, 푸드테라피스트는 의학적인 지식을 바탕으로 질병의 원인을 분석해 음식으로 질병을 예방하고 건강을 지키도록 도와주는 건강 음식 전문가다.

레스토랑 프로듀서는 레스토랑의 메뉴 개발, 이벤트 및 인테리어 기획 등 전반적인 업무를 기획·연출하는 직업이다.

푸드디렉터는 음식 산업 전반을 기획하는 것으로, 요리 대회, 박람회 및 전시회, 교육 강좌, 요리 방송 콘텐츠 및 영상물 제작, 이벤트, 기업 프로모션 등을 기획하는 직업이다.

푸드라이터는 잡지나 방송사에 음식에 관한 기사를 기고하거나 레시피

---

25 같은 책.

26 같은 책.

를 제공하고 외국의 음식 문화를 소개하는 직업으로, 음식에 대한 실제 경험과 뛰어난 글 솜씨가 요구된다.

2) 정책 제안

(1) 경기도 식품 산업의 혁신 기반 제공

우리나라 각 지자체는 그동안 지역 특화 품목을 기반으로 각 지역별로 〈표 11-2〉와 같이 다양한 연구·산업 기반을 조성해왔다.

경기도는 이제 다가오는 미래 식품 산업에 선제적으로 대응해 1차·2차·3차 산업을 융합한 식품 산업 관련 연구 클러스터를 조성할 필요가 있다. 단순히 단일 업종에 대한 소규모 연구센터 형태에서 벗어나 경기 남북권을 아우르는 광역 클러스터 및 3T 등 첨단 기술과 식품 산업이 융합된 복합 클러스터 형태의 사업을 선도적으로 추진해야 한다. 이를 통해 식품 관련 연구 개발 산업을 주도해 관련 기업 및 대학·연구기관을 적극적으로 유치하고, 나아가 중앙정부와 협력 체계를 구축함으로써 경기도의 식품 산업 역량을 더욱 활성화해야 한다.

또한 타 분야와 연계한 융합형 창업보육센터의 설치도 검토할 필요가 있다. 장기적으로 창업 보육 기능을 강화한다면 경기도의 식품 산업은 더욱 경쟁력을 갖출 것이다. 더불어 제도적으로 창업 프로세스 간소화 방안을 추진해 식품 관련 기업 등의 부담을 덜어주는 것도 시너지 효과를 기대할 수 있는 방안이다.

식품 산업 기반을 조성하려는 이 같은 노력은 장기적으로 민간 기업의 식품 산업 첨단 기술 역량을 강화하고 넓게는 3D 프린팅 개발, 배양육 연구·생산, 식품 관련 로봇 개발 및 식품 관련 IT 기술 확보의 초석이 되어 미래 경기도의 새로운 성장 동력이 될 것이다.

▌표 11-2▌ 지역별 식품 산업 관련 주요 혁신 기반 현황

지역	주요 센터	
부산광역시	· 해양생물산업육성센터	
대구광역시	· 전통 생물소재사업화센터 · 바이오헬스융합센터	· 한방산업지원센터 · 전통발효미생물연구센터
대전광역시	· 바이오산업지원센터 · 바이오의학연구센터	· 생물의약지역기술혁신센터 · 바이오의약지역협력연구센터
강원도	· 춘천바이오산업진흥원 · 메디칼허브자원산업화연구소 · 식의약품효능평가 및 기능성소재개발센터 · 강릉해양생물산업지원센터(강릉해양생물산업진흥원)	· 강원웰빙 특산물산업화 지역혁신센터 · 동해안해양생물자원연구센터(강릉대)
충청북도	· 전통의약품개발지원센터 · 바이오식의약연구센터 · 친환경바이오소재 및 식품센터(서원대)	· 한방바이오산업 임상지원센터 · 생물건강산업개발연구센터(충북대) · 생물(의약, 식품)지역기술센터(영동대)
충청남도	· 고부가생물소재산업지원지역혁신센터	· 충남동물자원센터
전라북도	· 전북생물산업진흥원 · 전주생물소재연구소 · 순창장류연구소	· 바이오식품소재개발 및 산업화연구센터 · 임실치즈과학연구소
전라남도	· 전남생물산업진흥재단 · 나노바이오연구원 · 해양바이오연구센터 · 생물방제연구원 · 장흥버섯연구소	· 식품산업연구원 · 천연자원연구원 · 한방산업진흥원 · 생물농업산학공동연구센터
경상북도	· 경북해양바이오산업연구원 · 해양바이오산업연구센터	· 한방생명자원연구센터 · 농산물저장 · 가공 및 산업화연구센터
경상남도	· 차세대의생명산업지원센터 · 하동녹차과학연구소	· 바이오헬스소재연구센터 · 남해마늘산업자원연구소
제주도	· 제주생물종다양성연구소(제주하이테크산업진흥원) · 바이오융합센터 · 기능성바이오첨가제 및 농업 · 해양 기능성 생물자원 지역혁신센터	

자료: 김영수 외, 『식품산업의 지역별 발전 현황과 산업생태계 육성 방안』(산업연구원, 2013).

(2) 전문 교육 프로그램 운영

현재 식품 산업과 관련된 우리나라의 연구 및 교육 현실을 살펴보자면, 대기업은 비교적 나은 편이지만 중소 식품 기업은 기술혁신 기반이 미약한 실정이다. 또한 전반적으로 고급 연구 개발 인력은 양적 · 질적 수급의 미스매칭이 심각한 상태다. 식품 산업 내에서는 여전히 기업의 역할이 불분명하고 산업에 즉시 투입되거나 단기간에 공급될 수 있는 인력 확보가 필

요한 실정이다. 따라서 경기도에서는 타 지자체에 비해 양적·질적으로 월등히 우수한 고등교육 자원을 적극적으로 활용할 필요가 있다. 대기업과 유명 대학이 다수 위치한 여건을 활용하고 기업과 대학의 수요를 충분히 반영해 연구 개발 인력을 양성하는 신모델을 구축·추진하고, 공급자(대학 등) 중심인 기존 인력 양성 사업의 고착화된 방식에서 벗어나 수요자(기업)의 투자 및 관심을 유발해야 한다. 또한 기업의 책임 의식을 강화하고 식품 관련 각종 연계 사업의 효율성을 제고시켜야 한다.

특히 미래 고부가가치 식품 연구 개발 분야를 선정해 지자체 차원에서 적극적으로 지원함으로써 식품 산업의 산·학·연 연계를 유도할 필요가 있다. 한 지자체에서는 이미 수요자와 공급자를 연계하는 연구인력중개센터 등의 정보망을 구축함으로써 대학원 연구진이 수요의 기업 연구 개발 과제에 참여할 수 있는 기회를 제공한 적이 있다. 이에 따라 MOU 등의 방법으로 연구를 공동으로 수행했으며, 이 기간 동안 대학원에는 이수 학점을 지원하고 기업체에는 고용 기회를 제공하는 등의 상생 방안이 사례로 제시된 바 있다. 더불어 식품 분야 우수 기술의 가치를 담보로 산업화 자금을 지원하는 기술금융제도를 도입 및 활성화함으로써 기업과 대학 등의 적극적인 참여를 장려하는 방안도 검토할 필요가 있다.

12

미래의 산업과 직업

스포츠 분야

천영석 · 유영성

1 | 스포츠 산업의 정의

1) 스포츠 산업화 과정

스포츠[1]는 문화와 깊은 관련을 가진 현상으로, 그 자체가 시장에서 거래할 수 있는 상품은 아니다. 스포츠에 참여하는 사람이 늘어나면서 남보다 뛰어난 재능을 가진 사람들이 출현하게 되었고 이들이 하는 행위를 관람하고 직접 참여하는 수요가 점차 커지게 되었다.

이처럼 스포츠에 참여하는 사람들이 늘면서 스포츠 문화는 단순한 관람과 참여에서 특정한 상품의 모습으로 비즈니스화되었고 이는 스포츠 산업으로 발전하게 되었다.

---

1 스포츠에 대한 정의는 크게 북미식과 유럽식으로 나눌 수 있다. 북미식은 제도화된 경쟁을 기반으로 한 신체 활동을 의미하며, 유럽식은 모든 형태의 신체 활동을 의미한다.

그림 12-1 스포츠의 산업화 과정

자료: 김화섭, 『스포츠시장 신분류 작성 원리와 활용 방안: 스포츠시장 가치망을 중심으로』(산업연구원, 2013).

2) 스포츠 산업의 특징

첫째, 스포츠 산업은 진정한 글로벌 산업이자 전 세계의 선수와 관객에게 깊은 열정을 부여하는 산업이다. 미디어 기술의 발전으로 전 세계인들은 지구촌 곳곳에서 행해지는 스포츠 시합을 언제 어디서든 관람할 수 있게 되었다. 구체적으로 디지털 TV 기록 장치DVRs를 통해 팬들은 자신의 스케줄에 따라 경기를 관람할 수 있게 되었으며, 모바일 기기를 통해 스포츠 뉴스와 경기 비디오가 실시간으로 전달되면서 스포츠의 관람 수요는 기하급수적으로 늘었다. 이러한 스포츠 관람의 수요 증가는 스포츠 산업을 천문학적인 가치를 지닌 산업으로 성장시켰다. 예를 들어 미국의 경우 빅 4(NFL, NBA, NHL, MLB)의 수입은 매년 약 230억 달러(약 23조 원)에 이른다. 하지만 이는 단지 빙산의 일각에 불과하다. 미국 정부의 수치에 따르면 매년 미국 스포츠 설비 소매 시장의 가치는 426억 달러(약 43조 원)다. 여기에다가 티켓 판매, 라이센스 상품, 스포츠 비디오 게임, 수집품, 스포츠 상품, 스포츠 관련 광고, 홍보endorsement 수입, 스타디움 명명에서 발생하는 수입, 시설 수입 등을 포함하면 연간 수입을 포괄하는 가치를 산출하기란 쉽지 않다. 이처럼 스포츠 산업은 사업가에게는 지속적으로 성장하는 시장으로서 커다란 수익을 가져올 매력적인 투자처이고 프로 스포츠 선수에게는 엄청난 부와 명성을 가져다주는 수입처로, 운동선수에게는 프로 선수들의 플레이를 따라 하고픈 개인적 성취를 이끄는 동기부여 역할을 하며, 스포츠 시설 개발자와 지방정부에는 관광객을 유치하고 지역 팬들로부터 수입을 창출하는 수입처 역할을 한다.

둘째, 스포츠 산업은 소비자에게 새로운 경험을 제공하고 눈을 떼지 못할 정도의 즐거움을 선사하는 전형적인 체험 산업이다. 세계적인 경영 컨설턴트인 제임스 길모어James Gilmore와 조지프 파인 2세B. Joseph Pine II는 인간이 만든 상품을 크게 4단계(생활필수품 생산 → 제품 생산 → 서비스 제공 → 체험 제공)로 나누었는데 앞에서 언급했듯이 스포츠 산업은 인간에게 체험을 통한 유희를 제공하는 산업으로, 가장 높은 차원의 상품을 제공한다. 이처럼 소비자에게 재미를 주는 산업이 각광을 받게 된 것은 인간의 변하지 않는 욕구, 즉 호모 루덴스homo ludens(놀이하는 인간)로서의 욕구를 만족시킴으로써 체험 비즈니스 모델을 성공시킨 것이 주요 요인이다. 이러한 비즈니스 모델은 오늘날과 같이 ICT 기술의 발달로 온·오프라인의 경계가 점차 모호해지며 급격히 변하는 사회에서도 개인의 취향과 재미있는 시합 및 기술적인 측면에서 지속적으로 진화하며 직간접적인 체험 서비스를 제공하고 있다.

셋째, 스포츠 산업은 문화 산업이다. 스포츠 산업은 관람 서비스와 체험 서비스를 제공하는 것으로 나뉘는데, 관람 서비스의 경우 서비스를 제공하는 선수를 일반적인 제조업체처럼 상품을 단시간에 생산할 수 없으며 선수를 육성하는 데 장시간이 필요하다. 또한 특정 스포츠 이벤트를 개최한다고 해도 이를 경험해보지 못한 소비자가 관련 스포츠의 팬이 되기란 쉬운 일이 아니다. 이는 피겨 스케이팅에 대한 관심이 거의 없던 시절에 김연아 선수가 주니어대회에 좋은 성적으로 입상하는 장면이 TV를 통해 중계되면서 점차 피겨 스케이팅에 대한 관심이 높아졌고 밴쿠버 동계올림픽에서 금

❙그림 12-2❙ 스포츠 시장 중 본원 시장 및 파생 시장의 가치망 개념도

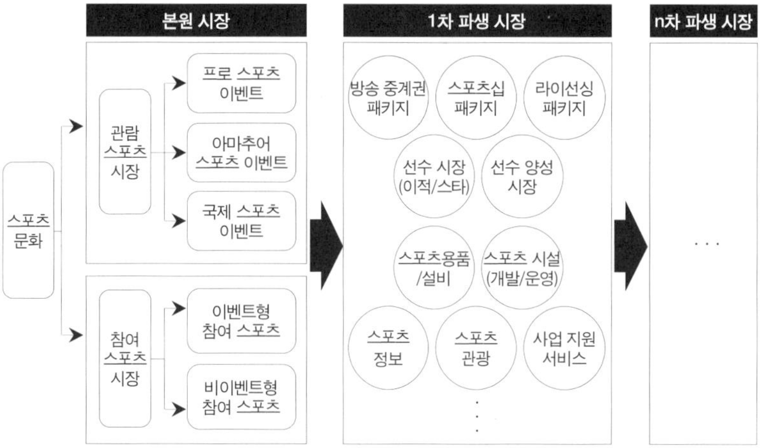

자료: 김화섭, 『스포츠시장 신분류 작성 원리와 활용 방안』.

메달을 따면서 이러한 관심이 최고조에 이른 데서도 알 수 있다. 피겨 불모지에서 피어난 한 명의 피겨 천재가 몰고 온 관심이 피겨 스케이팅 저변의 확대로까지 이어지기 위해서는 국가 제도 및 지원이 필요한 것이다. 선수의 육성과 저변 확대는 각 스포츠연맹의 행정력 수준에 달려 있다고 할 수 있다. 이를 통해 다양한 스포츠가 사회 구성원들의 생활과 문화의 일부로 자리 잡으면 스포츠 산업은 재능 있는 다양한 인재가 선사하는 양질의 스포츠 관람 서비스를 지속적으로 제공할 수 있을 것이다.

넷째, 스포츠 산업은 융·복합 산업이다. 스포츠 산업에서 시장은 크게 본원 시장과 파생 시장으로 나눌 수 있다. 본원 시장은 앞서 언급한 것처럼 소비자가 스포츠를 관람하느냐 또는 직접 참여하느냐에 따라 관람 시장과 체험 시장으로 나눌 수 있다. 스포츠 파생 시장은 본원 시장에서 파생되는 시장으로, 방송 중계권, 기업 스폰서십, 스포츠 에이전트 산업, 라이센싱 산업 등을 말한다. 이와 같은 파생 시장은 또 다른 파생 시장, 즉 2차 파생 시장이 형성되는 데 영향을 미친다. 예를 들어, 골프 인구가 늘어나면서 골

▌표 12-1▌ 국내 스포츠 산업의 시장 규모(단위: 조 원)

	2005	2007	2009	2011	연평균 증가율 (2005~2011)
GDP(A)	919.8	1,043.8	1,151.7	1,332.7	6.4%
스포츠 산업 규모(B)	19.7	23.3	33.5	36.5	10.8%
(B/A)×100(%)	2.1%	2.2%	2.9%	2.7%	-

자료: GDP는 국가통계포털(http://kosis.kr/)을, 스포츠 산업 규모는 문화체육관광부, 『2012 스포츠산업 실태조사』(2012) 자료를 활용.

프용품 시장과 골프장, 스크린골프와 골프 레슨 같은 파생 시장이 형성되는 것을 들 수 있다.

3) 스포츠 산업의 경제적 규모

국내 스포츠 산업의 경제적 규모는 2008년 글로벌 금융위기 가운데서도 2005년부터 2011년 사이 연평균 10.8%의 성장세를 나타내 2011년 36.5조 원에 달했다.[2] 이러한 성장세는 명목GDP보다 빠른 것으로 GDP에서 스포츠 산업이 차지하는 비중이 2005년 2.1%에서 2011년 2.7%로 증가되었다.

이와 같이 스포츠 산업이 타 산업 대비 빠른 성장이 가능한 이유는 국민의 소득 및 여가 시간이 증대되어 삶의 질에 대한 개인의 관심이 높아졌기 때문이다. 또한 웰빙, 힐링 같은 라이프스타일에 대한 관심이 증가하고 생활 스포츠 저변이 빠르게 확대된 데 기인한 것으로도 볼 수 있다. 또한 스포츠 산업의 융·복합적인 특성과 맞물려 IT 기술이 스포츠용품 및 시설, 서비스업에 접목되고 기술적 진보가 타 산업에 비해 빨라서 스포츠 산업이 시·공간의 제약을 넘어서서 체감형 가상 스포츠로까지 확대된 것도 하나

---

2 참고로 글로벌 스포츠 산업 역시 경기 불황에도 지속적으로 확대·발전해 전 세계 스포츠 시장의 규모는 2008년 1143억 달러에서 2012년 1406억 달러로 연평균 6.5% 성장했다.

Ⅰ그림 12-3Ⅰ 개정된 스포츠 산업 특수분류표

스포츠시설업

- 스포츠 시설 운영업
  - 경기장 운영업
    - 실내 경기장 운영업
    - 실외 경기장 운영업
    - 경주장 운영업
  - 참여 스포츠 시설
    - 종합 스포츠 시설 운영업
    - 체력 단련 시설 운영업
    - 수영장 운영업
    - 볼링장 운영업
    - 스포츠 무도장 운영업
    - 체육공원 운영업
    - 기원 운영업
  - 골프장 및 스키장 운영업
    - 골프장 운영업
    - 스키장 운영업
  - 수상 스포츠 시설
    - 낚시장 운영업
    - 기타 수상 스포츠 시설 운영업
  - 기타 스포츠 시설 운영업
    - 기타 스포츠 시설 운영업
- 스포츠 시설 건설업
  - 스포츠 시설 조경 건설업
  - 스포츠 토목 시설물 건설업

스포츠용품업

- 운동 및 경기용품업
  - 운동 및 경기용품 제조업
    - 운동 및 경기용 장비 제조업
    - 체력단련용 장비 제조업
    - 자전거 제조업
    - 낚시 및 수렵용 장비 제조업
    - 놀이터용 기구 제조업
    - 스포츠 응원용품 제조업
    - 기타 운동 및 경기용품 제조업
  - 스포츠 의류 및 관련 섬유제품 제조업
    - 스포츠 의류 제조업
    - 캠핑용 직물 제조 제조업
    - 스포츠 관련 직물 제조 제조업
    - 스포츠 관련 의류 부문품 제조업
  - 스포츠 가방 및 신발 제조업
    - 스포츠 가방 제조업
    - 스포츠 신발 제조업
    - 스포츠 관련 신발 부분품 제조업
- 운동 및 경기용품 유통 및 임대업
  - 운동 및 경기용품 도매업
    - 운동 및 경기용구 도매업
    - 자전거 도매업
    - 스포츠 의류 도매업
    - 스포츠 가방 도매업
    - 스포츠 신발 도매업
  - 운동 및 경기용품 소매업
    - 운동 및 경기용구 소매업
    - 자전거 소매업
    - 스포츠 의류 소매업
    - 스포츠 가방 소매업
    - 스포츠 신발 소매업
    - 스포츠 관련 무점포 소매업
  - 운동 및 경기용품 임대업
    - 운동 및 경기용품 임대업

스포츠서비스업

- 스포츠 경기 서비스업
  - 스포츠 경기업
    - 스포츠 경기업
  - 스포츠 배팅업
    - 스포츠 복권 발행 및 판매업
    - 기타 스포츠 배팅업
  - 스포츠 마케팅업
    - 스포츠 에이전트업
    - 회원권 대행판매업
    - 스포츠 마케팅 대행업
    - 기타 스포츠 마케팅업
- 스포츠 정보 서비스업
  - 스포츠 미디어업
    - 스포츠 신문 발행업
    - 스포츠 잡지 및 정기 간행물
    - 스포츠 관련 라디오방송업
    - 스포츠 관련 프로그램 공급업
    - 스포츠 관련 유선방송업
    - 스포츠 관련 위성 및 기타 방송업
  - 기타 스포츠 정보 서비스업
    - 기타 스포츠 정보 서비스업
- 스포츠 교육기관
  - 스포츠 교육기관
    - 스포츠 교육기관
    - 기타 스포츠 교육기관
- 기타 스포츠 서비스업
  - 스포츠 게임 개발 및 공급업
    - 온라인/모바일 스포츠 게임 개발 및 공급업
    - 기타 스포츠 게임 개발 및 공급업
  - 스포츠 여행업
    - 스포츠 여행업

자료: 박위진 외, 『2012체육백서』(문화체육관광부, 2013).

의 요인이다.

더 구체적으로 스포츠 산업을 분류해 스포츠 산업별 성장률을 알아보도록 하자. 2012년 12월 개정된 스포츠 산업 특수분류는 스포츠 산업을 스포츠시설업, 스포츠용품업, 스포츠서비스업 3개 대분류로 구성했다.

개정된 스포츠 산업 특수분류에 따라 국내 스포츠 산업의 부문별 시장 규모를 살펴보면 2007년에서 2011년까지 스포츠 시설업은 연평균 4.7%, 스포츠용품업은 38.7%, 스포츠서비스업은 3.5% 성장해 스포츠용품업의 성장세가 두드러졌음을 알 수 있다.

스포츠 산업의 경제적 파급효과와 일자리 창출 효과는 타 산업 대비 높은 것으로 추정되는데 스포츠 산업의 부가가치유발계수는 0.791로 전 산업의 평균 0.687보다 높고, 10억 원당 취업유발계수는 국내 전 산업 평균 12.4명보다 높은 14.4명으로, 경제 및 일자리에 미치는 효과가 전 산업 평균보다 큰 것으로 나타났다.

2 | 스포츠 산업과 관련된 주요 미래 트렌드

스포츠 산업과 관련한 주요 미래 트렌드로는 여가 시간 증가로 인한 국민의 '삶의 질' 추구와 초고령 사회로의 진입을 들 수 있다. 2012년 통계청에서 발표한 자료에 따르면 65세 이상 인구 비중이 2010년 7%에서 2019년 14.4%로 증가할 것으로 예상되며, 생활체육 참여율 또한 2008년 34.2%에서 2011년 41.5%로 7.3% 증가해 지속적인 증가 추세를 보이고 있다. 또한 주 5일제 근무 확대와 잡 셰어링 및 시간근무제 확대 등과 같은 근무 여건 변화가 지속되면서 가족 단위의 캠핑 및 아웃도어 시장이 급성장[3]하는 추세다. 이와 더불어 IT와 과학기술의 발전으로 스포츠용품과 서비스, 스포

▌그림 12-4▌ 스포츠 산업의 영역 확장

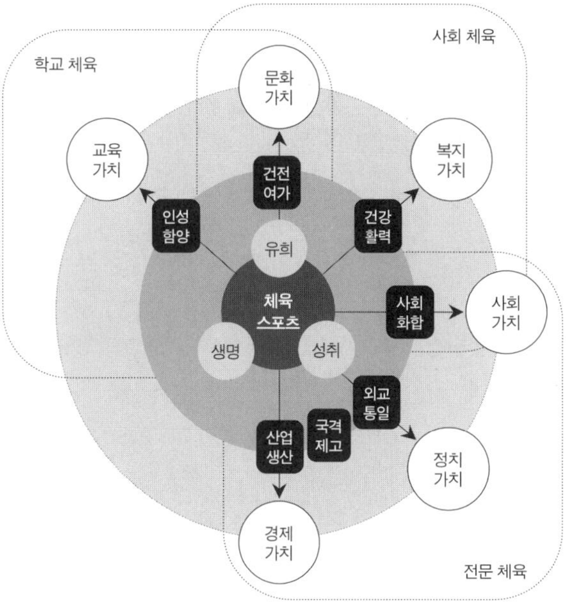

스포츠 산업의 영역이 확장된 사례

· 스크린 골프: 골프와 IT 기술이 접목된 스크린골프의 등장은 골프를 즐기는 데 반드시 수반되는 공간적 · 인적 한계를 뛰어넘으면서 스포츠에 대한 접근성을 획기적으로 개선시켰을 뿐만 아니라 비용을 크게 절감시키면서 골프의 대중화를 선도하고 시장 규모를 급격하게 팽창시키는 결과를 가져왔다.

· 신기술과 접목된 신제품 개발: 나이키는 플라이니트, 퓨얼밴드 등의 개발을 통해 세계 1위의 혁신 기업으로 선정되었을 뿐만 아니라 매출이 240% 증가했다. 또한 아디다스는 말하는 신발인 토킹슈즈 개발로 매출이 180% 증가했다.

자료: 홍길표, 『스포츠산업의 신사업 기회와 스포츠기업 창업방안 모색』(문화체육관광부, 2013); 문화체육관광부, 『2014~2018 스포츠산업진흥 중장기계획 제2차 공청회 자료』(문화체육관광부, 2013).

---

3 국내 캠핑 시장은 2008년 200억 원에서 2014년 6000억 원으로 6년 만에 60배 증가했으며("캠핑족 300만 · 6000억 시장…더위보다 뜨거운 '캠핑 대한민국'", ≪헤럴드경제≫, 2015년 5월 27일 자), 국내 아웃도어 시장 규모는 2005년 1조 원에서 2014년 7조여 원으로 약 7배 증가했다("아웃도어 폭발적 성장세, 한풀 꺾였다…2014년 매출 7조원 추정", ≪조선일보≫, 2015년 4월 6일 자; "5조원대 아웃도어 산업 캐주얼 의류 추월", ≪매일경제≫, 2012년 10월 15일 자).

| 표 12-2 | 스포츠 산업의 거시 환경 요소

외부 환경 요소		주요 내용
정치	본격화되는 G-제로 시대, 글로벌 거버넌스의 부재	역내 리스크 고조로 메가 스포츠 이벤트에 대한 테러 위협이 증가함에 따라(예: 보스턴마라톤) 관광객 및 참여자의 저하 우려
	한반도 안보 위기	데니스 로드먼 방북 등과 같이 스포츠를 비롯한 소프트파워를 활용한 대북 외교가 부상할 가능성 증대
	지속 가능한 개발	지속 가능 개발을 위한 전 세계적인 노력으로 환경·에너지 등의 규제가 등장함에 따라 스포츠 경기장 등에 IT·BT를 활용한 친환경 대응 필요성 증대
경제	거대한 침체	각국의 성장 동력 약화 및 고용 없는 성장으로 인한 소득과 소비의 양극화 현상을 극복하기 위해 파급효과가 다양한 스포츠 산업에 주목
	신경제 전쟁의 개막	FTA 및 역내 무역의 강화, 환율 전쟁 등 다양한 경제 이슈를 적극 활용해 중국·인도 등 향후 FTA 체결국의 스포츠용품·서비스 시장을 선점하도록 대비가 필요
사회	젊은 국가의 실종	저출산·초고령화·외국인 근로자 유입 등으로 촉발된 계층 간·민족 간·문화 간 갈등을 봉합하기 위한 사회 통합 수단으로 스포츠의 가치 발견
	신소비 패턴의 등장	저성장 기조에도 스포츠와 레저에서 삶의 가치를 찾는 '스포츠키즈'의 등장은 스포츠 산업에 또 하나의 기회를 제공
	3포 세대에서 5포 세대로	정규직과 비정규직의 격차 증대와 이로 인한 젊은 층의 사회적 박탈감에 활력소를 제공하는 힐링 도구로 스포츠가 부각
문화	스마트 멀티 플랫폼 시대 도래	고객의 다양한 정보를 수집하고 이를 효과적으로 나누어 마케팅에 활용하는 데 스마트 플랫폼과 버티컬 SNS 등을 적극 활용
	융·복합 혁신 신드롬	융합혁명은 사회 전반에 걸쳐 효과성이 입증되고 있는데, 특히 스포츠 경기장을 중심으로 한 클러스터를 조성해 쇠퇴한 도심에 활력을 불어넣는 프로젝트가 전 세계적으로 검토됨
	크리에이티브 라이프스타일	다양한 IT 기술이 스마트 디바이스와 접목해 이른바 크리에이티브 라이프스타일이 등장함에 따라 스포츠 전문 인력의 양성이 시급
교육	학교 체육의 변화	청소년의 정서적·신체적 측면에서 학교 체육을 강화하는 추세에 따라 여기에 대응할 수 있는 스포츠 전문 인력의 양성이 시급
	행복 교육 시대, 각국의 공교육 강화 추세	사교육비 절감을 위한 공교육이 강화되고 이에 따른 토요 스포츠 프로그램 등이 늘어남에 따라 소규모 체육 교육 학원의 대응이 필요
	융합 교육과 스토리텔링	정부의 신교육 패턴인 STEAM(science, technology, engineering, arts, mathematics)에 스포츠를 결합시킬 수 있는 방안이 필요

자료: 조운용, 『스포츠산업 진흥 중장기계획 수립』(문화체육관광부, 2013).

츠 산업과 관광, BT, NT 등 동종·이종 간의 결합을 통해 스포츠 산업의 범위와 가치가 확장될 것으로 보인다. IT 기술이 스포츠의 대중화 및 경제적 가치를 높이고 개인의 아이디어와 결합해 새로운 상품 및 영역을 창출한 예로는, 나이키 사와 애플 사가 공동으로 개발한 운동 측정기기 퓨얼밴드

Fuel Band를 들 수 있다. 퓨얼밴드는 출시된 이후 나이키의 매출을 2.4배나 증가 시킬 정도로 큰 인기를 끌었다. 스크린골프의 경우도 골프라는 스포츠 종목에다 IT 기술을 결합해 언제 어디서나 골프 스포츠를 즐길 수 있도록 하면서 골프 스포츠의 대중화에 크게 기여했으며, 2011년 1.7조 원의 새로운 시장을 창출했다. 앞으로도 스포츠 산업은 건강, 의료, 금융 등으로까지 융·복합 산업을 확대해가면서 신성장 동력 산업으로 자리매김할 전망이다.

지금까지 살펴본 스포츠 산업 관련 주요 트렌드에 더해 스포츠 산업의 거시 환경을 정치·경제·사회·문화·교육 요소로 나누어 분석해보면 〈표 12-2〉와 같이 정리할 수 있다.

3 | 미래 스포츠 산업과 직업 전망

1) 3D 홀로그래픽 경기장

우리가 스포츠를 관람하는 방법은 크게 직접 관람과 간접 관람으로 나눌 수 있다. 스포츠를 좋아하는 팬이라면 물리적으로 도달 가능한 곳에서 자신이 좋아하는 스포츠 이벤트 경기가 열리는 날에 직접 경기를 참관하고자 경기장을 찾을 것이다. 눈앞에서 펼쳐지는 선수들의 역동적인 플레이를 감상하는 즐거움과 경기장 내에서 같은 편을 응원하는 수만 명의 관중과 하나되는 짜릿한 느낌은 경기장을 찾아가는 데 소요되는 시간과 티켓을 구매하는 데 드는 비용을 충분히 보상하고도 남을 만큼 큰 유희를 제공한다. 시간과 경제적 여건이 여의치 않아 직접 경기를 관람하기 어려운 상황이라면 주로 TV나 라디오, 컴퓨터, 스마트폰과 같은 멀티미디어로 경기를 관람한다. 직접 스포츠를 관람하는 것보다는 현장감이 덜하겠지만 가능한 한 많은 사람들이 함께 모여 가능한 한 커다란 화면으로 생생한 소리를 전달해주는 스피커를 통해 경기를 관람한다면 현장감을 최대한 생생하게 느낄 수 있을 것이다. 전 세계인이 열광하는 스포츠 이벤트인 월드컵의 경우 저마다 붉은색 유니폼을 입고 시청 앞 광장이나 축구장, 야구장, 영화관 등의 대형 스크린 앞에 모여 함께 축구를 관람하고 응원하는 문화적 현상은 연례행사가 된 지 오래다.

미래의 스포츠 관람 문화는 멀티미디어 기술과 IT를 비롯한 여러 과학기술의 발전과 기술의 융·복합 정도에 따라 직접 관람과 간접 관람 간의 차이를 좁혀갈 것이다. 예를 들어, 스포츠 전문 채널인 ESPN은 ESPN 3D라는 채널을 신설하고 2010년 남아프리카 월드컵 경기를 3D로 중계했다. 그 전까지 영화 영상은 3D 콘텐츠로 제작되기도 했지만, 실시간으로 치러지는 스포츠 경기를 3D 콘텐츠로 중계한 경우는 없었다. 비록 전체 64개 경기 중 주요국 경기인 24개 경기만 3D로 중계했지만 이는 이전의 2차원 스포츠 콘텐츠 중계 방식을 3차원으로 한 차원 도약시킨 획기적인 시도였다. 4년 후에 열린 2014년 브라질 월드컵에서는 이전 월드컵에서 제공한 3D 경기 영상에서 한 발 더 나아가 기존의 HD 화질보다 4배 더 선명한 UHD 경기 영상까지 제공하기에 이르렀다. 단, UHD 콘텐츠 제작은 20만 명까지 수용 가능한 브라질 리우데자네이루 마라카낭 스타디움에서 벌어질 세 경기로 한정되었다. 앞으로 3D TV 보급의 확대와 더불어 UHD 콘텐츠 제작에 필요한 기가급 네트워크 인프라 구축이 완성됨에 따라 직접 관람과 간접 관람 간의 격차는 더욱 좁혀질 것이다.

간접 관람 산업의 고도화는 여기서 한발 더 나아가 홀로그램 기술과 증강 현실 기술 등을 활용해 직접 관람과 간접 관람 간의 융합을 가능하게 할 것이다. 이러한 직간접 융합 관람은 글로벌 스포츠 이벤트 개최 시 참관하

| 그림 12-5 | 세계 주요 국가의 3D TV 보급률 현황 및 전망

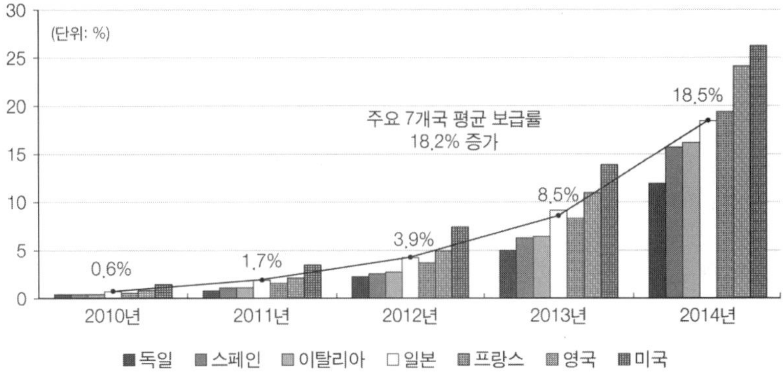

자료: 스크린 다이제스트(Screen Digest)와 모건 스탠리(Morgan Stanley)의 2010년 4월 자료를 스트라베이스가 재구성.

러 올 수 없는 팬과 관중에게 현장과 동일한 경험을 제공하는 것을 목적으로 한다. 일본은 자국에서 2022년 월드컵을 개최하기 위한 전략의 일환으로 글로벌 홀로그래픽 3D 중계를 제안했었다. 주요 내용은 200대의 HD 카메라로 월드컵 경기 내용을 360도 캡처해 전 세계 400여 개 국제 경기장의 운동장 위에 경기 내용을 실시간 홀로그래픽 3D 이미지로 띄운다는 것이었다. 또한 심판의 휘슬 소리를 비롯해 선수들이 공을 찰 때 나는 음향 등 실제 경기가 벌어지는 경기장 수준의 음향을 각 경기장으로 송출해 전 세계에 있는 축구팬들이 홀로그래픽 이미지를 통해 일본에서 벌어지고 있는 경기를 자국의 축구 경기장에 앉아 눈과 귀를 통해 생생하게 관람할 수 있도록 중계하고, 이를 통해 1994년 미국 월드컵 관중 수의 100배가 넘는 3억 6000만 명의 관중에게 경기장을 가득 메운 관람 체험을 제공한다는 것이었다. 마치 SF 소설에서나 가능할 법한 이러한 제안 뒤에는 UHD 방송 콘텐츠 제작 기술에서 세계적인 기술을 보유한 소니 사의 지원이 있었다. 또한 일본축구협회 기술 책임자인 무라이 준村井純 게이오대학 교수가 3D 홀로그램 중계에 필요한 기술이 2016년까지 준비될 것이라고 예상했기 때문이다.

월드컵위원회에서 일본의 제안을 거절함으로써 당장 2022년 월드컵에서는 3D 홀로그래픽 중계를 경험할 수 없게 되었지만 이 같은 제안을 통해 머지않은 미래에 지금까지 없었던 새로운 융합적 스포츠 관람 방식이 제공되리라 기대할 수 있게 되었다.

2) 4D 스포츠 관람

미래에는 경기장 전 영역을 스크린에 중계할 수 있을 만큼 경기장 곳곳마다 카메라가 설치되고 선수 유니폼과 신체에 부착된 각종 센서로부터 얻는 실시간 데이터와 선수마다 부착된 마이크로 카메라를 통해 관람객이 원하는 거의 모든 시점에서 경기를 즐길 수 있게 될 것이다. 또한 스크린을 통해 경기에 참가한 선수들의 현재 속도, 스태미나, 심박 수 등 경기를 관람하는 데 필요한 모든 정보를 확인할 수 있을 것이다. 가령 100m 결승 경기를 관람할 때 자신이 원하는 선수의 1인칭 시점으로 경기를 관람할 수 있고 선수 유니폼과 운동화에 설치된 각종 센서를 통해 운동선수의 상태, 달리는 속도 등 경기에 필요한 모든 정보를 스크린을 통해 확인할 수 있다. 이렇듯 경기와 관련한 모든 정보를 실시간으로 수집할 수 있는 환경은 단순 관람을 넘어 체험형 관람을 가능하게 해준다. 앞에서 예로 든 100m 결승 경기의 경우 관람자는 트레드밀treadmill 위에서 실제로 달리면서 스크린에 비친 자신의 홀로그램 이미지와 실제 선수들이 경쟁하는 것을 게임하듯 체험할 수 있다. 평소 꾸준히 아마추어 마라톤 대회에 참가한 사람이라면 자신의 이미지를 실제 경기에 투영시켜 올림픽에 참가한 선수들과 함께 42.195km를 뛰는 체험형 관람을 할 수도 있다.

미국의 기태머Guitammer 사에서는 자동차 레이싱 및 1인칭 슈팅게임First-person shooter: FPS을 더욱 실감나게 체험할 수 있게 해주는 버트키커ButtKicker

| 그림 12-6 | 미래의 경기장 모습

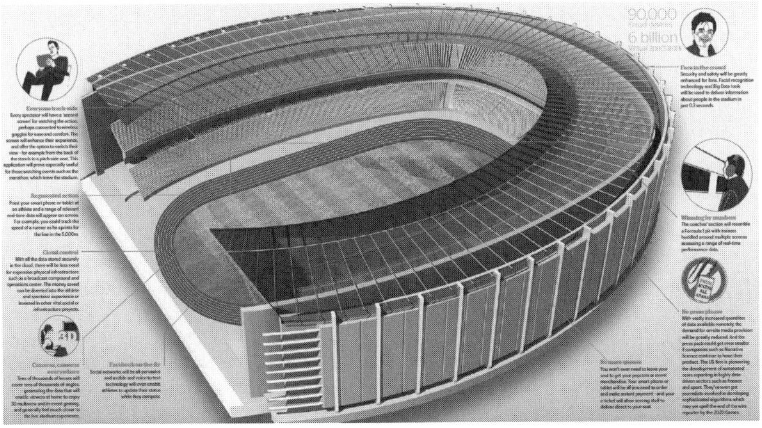

자료: Atos, *Ascent: a vision of sports and technology*(2012).

라는 제품을 개발했다. 이 제품은 귀에 들리지 않는 저주파 음역대를 진동으로 바꿔주는 장치를 집에 있는 의자나 소파에 설치하는 방식인데, 영화나 게임 및 스포츠 관람을 하면서 경기에 참가한 선수의 심장 박동 등을 온몸으로 느끼게 해주므로 스포츠를 더욱 생동감 있게 관람할 수 있다. 자동차 경주를 예로 들면 경주에 참가한 모든 자동차의 안과 밖에 설치된 카메라와 경기장 전역을 360도 찍을 수 있는 카메라를 통해 각자가 선호하는 선수의 시점에서 경기를 관람할 수 있어 자신이 응원하는 선수와 일원화된 경험을 할 수 있다. 여기에 진동의자와 3D 글라스를 통해 입체적인 화면까지 제공한다면 자동차 레이서가 경기 도중 느끼는 모든 경험을 공유할 수 있을 것이다.

경기장에서 직접 관람을 하는 관람자의 경우에는 경기장 어느 좌석에서도 자신이 앉아 있는 좌석에 설치된 보조 스크린을 통해 미디어에서 일방적으로 제공하는 화면이 아닌 자신이 원하는 시점으로 경기 장면을 전환해 가며 경기를 관람할 수 있다. 또한 경기장 내에 있는 관람객들과 소셜 미디어를 통해 경기 도중에 보고 느끼고 체험한 모든 경험을 공유할 수 있으며, 클라우드를 통해 친구나 가족과 실시간으로 경험을 공유할 수도 있고 필요한 데이터를 즉각적으로 다운로드하거나 업로드할 수도 있다. 경기를 관람하며 음료 및 팝콘, 기념품 등을 구매할 때도 스마트폰을 이용해 손쉽게 주문하고 결제할 수 있다.

이와 같이 미래의 스포츠 관람은 직접 관람 형태가 가진 한계점을 보조스크린과 스마트폰, 클라우드 컴퓨팅을 통해 보완해나가고 집이나 경기장 밖 실내에서 관람하는 경우에도 실제 관람과의 격차를 줄이는 것은 물론이고 추가적인 재미를 줄 수 있는 형태로 진화해나갈 것이다.

3) 새로운 스포츠 이벤트의 출현

(1) e-스포츠의 출현

국내 e-스포츠는 1998년 블리자드Blizzard 엔터테인먼트 사에서 제작한 스타크래프트가 한국에 정식 발매되면서 시작되었다고 해도 과언이 아니다. 기존의 게임들과 달리 스타크래프트는 실시간 전략 게임으로, 블리자드 사에서 제공하는 온라인 게이밍 서비스인 배틀넷을 통해 멀티 플레이어 게임을 할 수 있었다. 저그, 프로토스, 테란 세 종족 중 하나를 선택해 1 : 1, 1 : 다, 2 : 3, 다 : 다(최대 4 : 4) 등 최대 8명이 온라인상에서 동시에 플레이할 수 있는 특징을 지니고 있는 이 게임은 당시 ADSLasymmetric digital subscriber line망과 같은 고속 인터넷망의 보급과 더불어 젊은 층의 여가 생활공간을 당구장, 오락실에서 PC방으로 이동시키며 큰 인기를 끌었다. 2009년 2월까지 스타크래프트의 전 세계 판매량은 약 1100만 장이었는데 그중 64% 정도인 700만 장이 한국에서 팔렸다는 사실만 보더라도 그 인기를 가늠할 수 있다. 이러한 인기는 1998년 7월 대한민국 최초의 프로 스타크래프트리그인 KPGL의 개최로 이어졌으며, 이를 계기로 프로게이머라는 직업이 본격적으로 활성화되었다. 주로 케이블 TV를 통해 중개되던 스타크래프트 리그는 프로게이머들의 정교한 유닛 컨트롤과 박진감 넘치는 경기 내용을 바탕으로 스타크래프트의 인기를 더욱 끌어올렸고, 지상파 방송인 MBC마저도 MBC게임이라는 자회사를 만들어 e-스포츠 중계 시장에 진입하게 만들었다. 이후 스타크래프트와 같이 선수와 관중, 팬이 있는 온라인 게임은 e-스포츠로 불리게 되었다. 2002년부터는 연봉 2억 원이 넘는 스타리그 프로 선수가 최초로 생겼고 기업들의 광고와 후원도 많아졌다.

단순히 즐기는 온라인 게임에서 프로선수들이 펼치는 최초의 e-스포츠가 된 스타크래프트의 인기를 실감할 수 있는 단적인 사례가 있다. 2004년 7월 17일 저녁 부산 광안리해수욕장에서 열린 '스카이 프로리그 2004' 1라운드 결승전에 무려 10만 명의 인파가 몰려든 것이다. 같은 시각 부산 사직구장에서 열린 한국 프로야구 올스타전에 고작 1만 5000명이 몰린 것과는 대조를 이루었다. 이를 두고 게임업계 관계자들은 '1차 광안리 대첩'이라고 부른다. 이 날은 e-스포츠의 인기가 한국 최고의 인기 스포츠인 야구를 뛰어넘은 기념비적인 날로 기록되었다. 동일한 장소에서 치러진 다음해 결승전엔 전년보다 2만 명 더 많은 12만 명의 인파가 모여들었다.

e-스포츠는 스타크래프트의 성공에 힘입어 비약적으로 발전했다. 현재 스타크래프트의 뒤를 이어 e-스포츠를 주도하고 있는 게임은 미국 라이엇 게임즈Riot Games에서 개발·서비스하고 있는 '리그 오브 레전드League of Legend: LoL'다. 이 게임의 인기는 106주 동안 주간 PC방 점유율 1위(게임트랙스 집계)라는 대기록을 통해 확인할 수 있다. LoL의 제작사인 라이엇 게임즈의 경우 매년 우승 상금 100만 달러를 걸고 LoL 월드 챔피언십(롤드컵)을 개최한다. 롤드컵 결승전은 e-스포츠 사상 최대 유료 관객 달성이라는 기록을 세워나가고 있다. 서울 상암월드컵경기장에서 열렸던 '2014 시즌 월

드챔피언십 결승전'의 경우 유료 티켓은 1차 판매가 시작된 지 20여 분만에 매진됐으며 결과적으로 상암월드컵경기장의 수용 가능 인원인 4만 석 전석이 매진될 정도로 판매 호조를 보였다. 또한 2014 시즌 롤드컵 경기는 예선전부터 결승전까지 19개 언어로 40개에 달하는 방송 파트너사를 통해 중계되었다. 결승전의 순간 최고 시청자 수는, 미국 LA 스테이플센터에서 개최된 2013 시즌 결승전의 경우 850만 명이었으며, 2014 시즌 결승전의 경우 약 32% 증가한 1120만 명을 기록하면서 새로운 국제 스포츠 이벤트로서 확실히 자리매김을 했다.

이와 같은 현실을 반영하듯 미국 정부는 LoL 프로게이머에게 프로 스포츠 선수가 취득할 수 있는 P1-A 비자를 발급해주고 있다.

(2) e-스포츠의 진화

앞으로는 실제 선수들이 시시각각 펼치는 경기력 데이터가 실시간으로 반영되는 디지털 스포츠 시대가 열릴 것이다. 스포츠팬들은 게임 콘솔이나 스마트폰, 탭, 컴퓨터 등을 통해 디지털 공간에 접속해 축구, 야구, 복싱 등 자신이 좋아하는 스포츠 종목을 선택할 수 있다. 종목을 선택한 후 자신이 좋아하는 팀의 감독이 되어 선호하는 선수들로 팀을 구성해 다른 사람과 어떤 팀이 더 강한지를 두고 시합할 수 있다. 또한 전성기의 골프 황제 타이거 우즈Tiger Woods와 현재 '주말 골퍼' 수준으로 전락한 우즈 가운데 골프 라운딩 상대를 택해 시합을 해볼 수도 있다. 지금까지의 디지털 스포츠가 모니터나 TV와 같은 디스플레이를 통해 재생되었다면 앞으로는 가상현실 체험 기기를 통해 압도적인 몰입감을 체험할 수 있을 것이다. 하나의 예로 2012년 미국 로스앤젤레스에서 개최된 E3 2012에 선보인 오큘러스 리프트Oculus Rift를 들 수 있다. 이것은 HMDhead mounted display로, 머리가 움직이는 방향으로 파노라마 디스플레이 영상을 제공하며, 눈동자를 움직여도

| 그림 12-7 | 착용형 장비를 활용한 스포츠

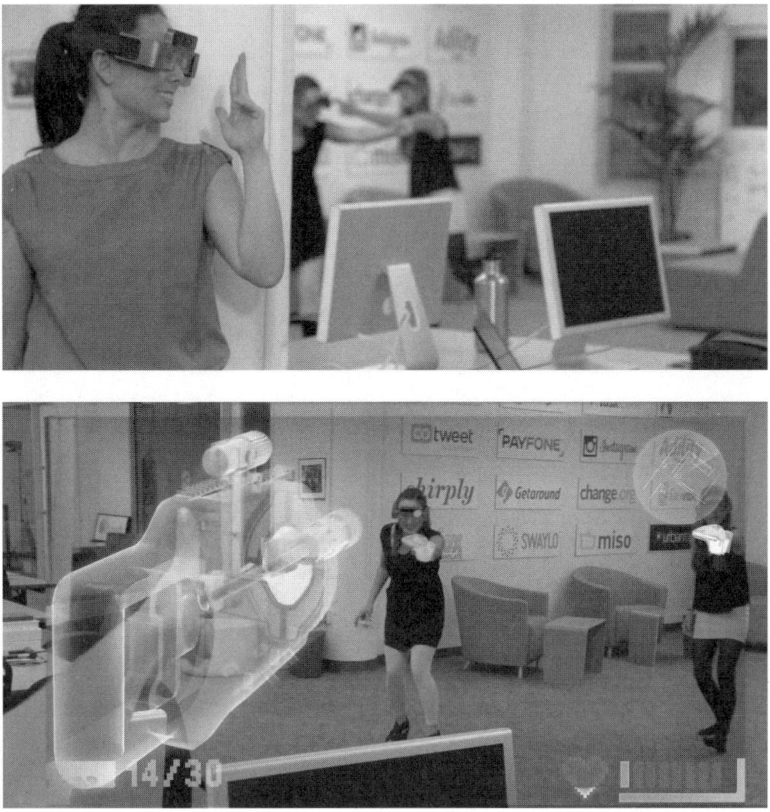

자료: http://www.kurzweilai.net/spaceglasses-are-the-future-of-computing의 동영상 캡처.

가상현실 디스플레이를 볼 수 있도록 해주는 장비다. 이 기기를 통해 착용자는 마치 가상현실 속에 들어와 있는 것처럼 착각하게 된다. 소니 사에서 개발한 '모피어스Morpheus'는 여기에서 한발 더 나아가 머리의 움직임뿐 아니라 몸의 움직임도 인식한다. 카메라로 사용자의 움직임을 인식해 실제 사용자의 모든 동작을 가상현실에 반영한다. 이를 종합하면, 전설의 복서 무하마드 알리Muhammad Ali의 모든 시합을 분석한 후 이를 데이터화해 디지털 알리를 재현하거나, 가상현실 디스플레이와 전용 컨트롤러를 손에 쥐고 디지털 알리와 권투 시합을 하는 날이 곧 도래할 것이다. 물론 전혀 알리의 상대가 되진 않겠지만 말이다.

이러한 실시간 데이터 축적 및 분석 기술, 가상현실 체험 디바이스 기술의 발전 추세와 더불어 디지털 스포츠 산업은 3D 기술이나 홀로그램 같은 증강 현실, 착용형 컴퓨팅 장비와 결합되어 게임성을 현실에 투영한 디지털 스포츠 산업으로 빠른 속도로 발전해나갈 것이다.

(3) 생체 기술과 인간이 융합된 기술을 활용한 스포츠

유전자 알고리즘 지도를 만드는 비용이 기하급수적으로 낮아지면서 바이오산업의 혁신이 급속도로 진행되고 있다. 바이오 기술의 발전은 개인의 유전자 조작을 가능하게 만들어 치료뿐 아니라 신체 능력을 강화시키는 목적으로도 사용될 수 있다. 지금도 근육강화제와 같은 약물 복용을 통해 단기적으로 신체 능력을 강화할 수 있지만 바이오 기술이 발전할수록 영구적으로 신체의 모든 기능을 강화하는 방향으로 변화해갈 것이다. 이렇듯 바이오 기술이 선수를 양성하는 데 직간접적으로 사용되는 형태로 스포츠와 결합되면 바이오 기술을 이식한 선수가 기존 스포츠에 참가할 경우 기존의 스포츠 선수와의 공정한 경쟁을 해치는 스포츠 경쟁 윤리 문제 등이 새롭게 등장할 것이다. 지금도 올림픽이나 아시안게임 같은 스포츠에서는 공정한 경쟁을 위해 선수들의 약물 복용을 엄격히 금지하고 있는데, 이런 상황에서 바이오 기술을 통해 강화한 신체 능력을 경쟁에 허용할 수는 없는 노릇이다. 이에 새롭게 그들만의 리그가 만들어지면서 바이오 기술을 이식한 선수들 간의 신규 스포츠가 생겨나 관중에게 새로운 볼거리를 선사하는 경기가 등장할 것이다. 하지만 그들만의 리그에서도 바이오 기술을 어느 정도까지 선수에게 허용할 것인지의 문제는 여전히 존재할 것이며 이에 대한 기준을 정하는 각 스포츠협회의 역할이 중요해질 것이다. 또한 바이오산업의 발전으로 출현할 스포츠 이벤트에서는 지금과 같이 개인의 능력이 아니라 바이오 기술력이 성패를 판가름하는, 기술 경쟁의 장이 될지도 모른다.

4) 직업 전망

6차 표준직업분류에서는 스포츠 관련 직업을 관리자, 전문가 및 관련 종사자, 서비스 종사자, 판매 종사자, 기능원 및 관련 기능 종사자로 크게 분류하고 있다. 이 중 전문가 및 관련 종사자는 교육 전문가 및 관련직과 문화예술 스포츠 관련 전문가로 나눈다. 이를 좀 더 세분화하면, 스포츠 교육과 관련한 직업은 교수, 교사, 강사가 있고, 스포츠 전문가로는 감독, 코치, 트레이너, 프로선수, 심판, 기록원 등이 있다. 표준직업분류를 통해 스포츠 관련 직업을 분석해보면 스포츠 산업의 핵심을 이루는 직업과 이와 관련한 직업으로 나눌 수 있다. 여기서 스포츠 산업의 핵심인 직업이라 함은 스포츠 산업에 제공하는 콘텐츠와 직접 관련된 직업을 의미하며, 스포츠 전문가(감독, 코치, 트레이너, 프로선수, 심판, 기록원 등)를 들 수 있다. 스포츠 산업과 관련한 직업은 콘텐츠 생성에 간접적으로 기여하는 직업을 의미하며, 이러한 직업은 어느 산업에서나 유사한 형태로 존재하며 직접 콘텐츠 생성을 지원하는 역할을 한다. 예를 들면 레이싱 모델의 경우 레이싱 스포츠와 관련한 직업이긴 하지만 자동차 모델, 아파트 모델 등과 같이 홍보 도우미 및 판촉원 형태로 타 산업에 지원 업무를 수행하기도 한다.

지금까지의 분석과 앞에서 미래 스포츠 산업의 변화를 조망한 내용을 토대로 미래 스포츠 산업과 관련한 직업 변화를 전망할 수 있다. 미래 스포츠 산업의 발전 및 변화 동력은 스포츠 자체에 있다기보다는 ICT, BT, NT의 기술 발전과 스포츠 산업 간의 융합에 있다고 할 수 있다. 융합에 따른

표 12-3 통계청 표준직업분류의 스포츠 분야 직업(6차 개정)

01 관리자				
	15 판매 및 고객 서비스 관리직			
		152 고객 서비스 관리자		
			1521 숙박 여행 오락 및 스포츠 관련 관리자	
				15213 오락 및 스포츠 관련 관리자
				15219 그 외 숙박 여행 오락 및 스포츠 관련 관리자
02 전문가 및 관련 종사자				
	25 교육 전문가 및 관련직			
		251 대학 교수 및 강사		
			2511 대학 교수	
				25117 스포츠경영학 교수, 체육학
			2512 대학 시간강사	
				25127 스포츠경영학 시간강사, 체육학 시간강사
		252 학교 교사		
			2521 중고등학교 교사	
				25216 체육교사, 무용교사
		254 문리 기술 및 예능 강사		
			2544 예능 강사	
				25449 바둑 강사, 축구 강사 등
			2549 기타 문리 기술 및 예능 강사	
				25499 그 외 문리 기술 및 예능 강사
	28 문화예술 스포츠 전문가 및 관련직			
		286 스포츠 및 레크리에이션 관련 전문가		
			2861 경기 감독 및 코치	
				28611 프로야구 감독, 실업팀 감독, 국가대표 감독 등
				28612 프로야구 코치, 실업팀 코치, 중등 및 대학 코치 등
			2862 직업 운동선수	
				28620 프로 및 실업팀 운동선수(축구, 야구, 레슬링, 배구 등)
			2863 경기 심판 및 경기 기록원	
				28631 축구 심판, 야구 심판 등
				28611 축구 경기 기록원, 야구 경기 기록원 등
			2864 스포츠 및 레크리에이션 강사	
				28641 스포츠 강사 및 트레이너(에어로빅 강사, 태권도 사범 등)
				28649 그 외 스포츠 및 레크리에이션 강사

			2869 기타 스포츠 및 레크리에이션 관련 전문가	
				28691 프로바둑기사
				28692 프로게이머
				28699 그 외 스포츠 및 레크리에이션 관련 전문가
		289 매니저 및 기타 문화예술 관련 종사자		
			2891 연예인 및 스포츠 매니저	
				28912 스포츠 매니저(운동선수 매니저, 복싱선수 매니저 등)
04 서비스 종사자				
	43 운송 및 여가 서비스직			
		432 여가 및 스포츠 관련 종사자		
			4329 기타 여가 및 스포츠 관련 종사원	
				43292 골프장 캐디
				43293 응원단원(치어리더, 치어걸, 레이싱걸 등)
				43299 그 외 여가 및 스포츠 관련 종사원
	44 조리 및 음식 서비스직			
		441 주방장 및 조리사		
		442 음식 서비스 종사자		
05 판매 종사자				
	52 매장 판매직			
		521 매장 판매 종사자		
			5212 매표원 및 복권 판매원	
				52123 입장권 판매원(축구 경기장 입장권 판매원 등)
				52124 복권 및 마권 판매원(마권, 경륜권 발매원, 경정권 발매원 등)
		522 상품 대여 종사자		
			5220 상품 대여원	
				52205 오락 및 스포츠용품 대여원
	53 방문 노점 및 통신판매 관련직			
		530 방문 노점 및 통신판매 관련 종사자		
			5306 홍보 도우미 및 판촉원 상품 대여원	
				53062 판촉원(레이싱걸, 레이싱 모델, 피파 온라인게임 모델)
07 기능원 및 관련 기능 종사자				
	72 섬유 의복 및 가죽 관련 기능직			
		722 의복 제조 관련 기능 종사자		
			7229 기타 의복 제조원	
				72291 운동복 제조원(등산복 제조원, 유니폼 제조원 등)

자료: 통계청, 『한국표준직업분류』(2007); 워크넷 홈페이지(http://work.go.kr/).

파급효과는 e-스포츠, 생체 기술이 접목된 선수들이 펼치는 스포츠, 착용형 디바이스를 착용한 증강 현실에서 펼쳐지는 스포츠와 같이 스포츠 산업에 새로운 콘텐츠를 제공할 것이다. 새로운 콘텐츠는 이를 직접적으로 구현하기 위해 선수, 감독, 코치, 강사, 심판, 기록원을 필요로 할 것이고, 프로 스포츠화될 경우 구단을 운영하는 관리자 및 선수들과 구단 간의 계약을 책임질 매니저, 홍보 책임자와 관련 모델 등을 필요로 할 것이다. 또한 선수들이 경쟁하는 장을 제공하고 이를 더욱 생생하게 관람하는 데 필요한 경기장을 디자인하는 디자이너와 건설사, 이를 유지하고 보수하는 시설관리자, 3D나 4D 경기를 입체적으로 중계하는 데 필요한 기술자와 방송중계사도 필요할 것이다. 이와 같이 새로운 스포츠 콘텐츠는, 스포츠 산업에 직접적으로 관련된 직업은 신규로 고용을 창출하고 간접적으로 관련된 직업은 시장 확대의 기회를 제공함으로써 고용자 수를 늘릴 것이다.

4 | 정책 제언

스포츠를 차세대 성장 산업으로 육성시키고 우리나라가 21세기를 주도하는 스포츠 산업의 중심지로 도약하기 위해서는 다음과 같은 정책에 힘써야 한다.

먼저, 생활/레저 스포츠를 활성화하는 기반을 구축해야 한다. 지금까지 해온 성과 중심의 엘리트 스포츠 문화로는 산업화에 필요한 시장 규모를 확보하기 어렵고 풍부한 시장성 없이는 산업화의 성공 및 지속 가능성이 낮기 때문이다. 이제는 소수의 엘리트 스포츠인에게만 지원을 집중하는 대신 전 국민이 스포츠를 경험하고 누릴 수 있도록 인프라를 구축하는 데 재원의 우선순위를 놓을 때다. 구체적으로 먼저 각 시·군마다 지역거점형

종합스포츠센터를 구축해 지역 주민이 자신이 선호하는 스포츠 활동을 선택해 즐길 수 있도록 하고 생활 스포츠 레저 앱 등을 통해 이에 필요한 모든 정보를 지역별로 쉽게 얻을 수 있도록 해야 한다. 동시에 새롭고 다양한 스포츠를 쉽고 재밌게 배울 수 있도록 교육 프로그램을 개발해야 하며, 강사의 질적 관리와 우수한 강사진 양성을 위해 인재 개발 프로그램도 마련해야 한다. 다음 단계로는 생활 스포츠를 더욱 신나게 즐길 수 있도록 생활 스포츠 동호인 활동을 촉진하는 한편 아마추어 리그를 활성화해야 한다. 프로와 아마추어 할 것 없이 스포츠에서는 선의의 경쟁을 벌이는 것이 무엇보다 중요하며 이는 높은 수준의 관람 스포츠 산업을 꽃피우는 토대가 될 것이다.

둘째, 스포츠 저변을 확대시키는 정책을 실시함과 동시에 스포츠를 산업화하는 정책을 강화해야 한다. 국내 스포츠 산업의 시장 규모는 여가 시간 확대, 건강 및 레저에 대한 관심 증가, ICT 융·복합 기술이 접목된 새로운 시장 형성 등으로 지속적으로 확대되는 한편 새로운 성장 산업 가운데 하나로 부각되고 있으나, 글로벌 경쟁력이 미비해 스포츠 산업 무역 수지의 적자 규모 또한 지속적으로 확대되고 있는 실정이다. 따라서 국내 스포츠 산업이 지속적인 성장 동력으로 자리매김하려면 산업 경쟁력을 확보하는 일이 시급하다. 산업 경쟁령을 확보하기 위해서는 수요자의 니즈에 맞추도록 제품 경쟁력을 향상시켜야 하므로 연구 개발을 지원하는 개방형 플랫폼을 구축해야 한다.

2012년 기준으로 국내 스포츠 산업에 종사하는 사업체의 규모는 5년 미만의 신생 기업이 45.7%, 종사자 수 기준 10인 미만의 사업체가 95.4%에 달할 정도로 대부분 영세해서 글로벌 경쟁력을 독자적으로 확보하기 어려운 실정이다. 따라서 정부 차원에서 각 사업체를 전문 분업화 및 협업화시킴으로써 고품질의 제품을 생산할 수 있도록 플랫폼을 구축해야 한다. 예를 들어, 한 대의 스마트폰을 제작하는 데 한 업체가 모든 부품을 생산하지 않고 각각의 부품 회사가 특화해 생산한 부품을 최종적으로 조립해 완제품을 생산하듯이, 각각의 영세한 스포츠업체를 각 기능별로 특화해 각 영역에서 글로벌 경쟁력을 키우고 이를 조합해 경쟁력 있는 상품을 제작하자는 것이다. 이런 역할을 정부의 스포츠산업진흥청이 먼저 주도적으로 기획해 업체들과 함께 시장성 있는 상품을 발굴하고 각 영역에 맞게끔 역할을 분담시킴으로써 산업 성장에 필요한 토대를 제공해야 할 것이다.

또한 스포츠 산업을 육성하려면 스포츠 산업과 관련된 양질의 정보를 제공해 창업자의 성공 가능성을 높여야 한다. 예를 들어 스포츠 산업과 관련한 기술을 보유한 사람과 아이디어를 DB화해 민간 사업체에 정보를 제공해 기술 창업 아이템으로 활용할 수 있도록 하고 창업 교육 및 인큐베이팅을 통한 지원도 실시해야 한다.

셋째, 틈새시장을 공략하는 데 필요한 정보와 제품을 개발해야 한다. 글로벌 경쟁력을 갖춘 제품을 단시간에 따라잡기란 불가능하다. 따라서 아프리카나 동남아시아처럼 글로벌 제품보다 가격 경쟁력이 낮은 제3시장을 공략해야 한다. 제품뿐 아니라 스포츠인들도 제3시장을 공략하고 있는데, 대표적인 사례가 바로 한국 축구다. 한국 축구에서는 가장 경쟁력을 갖춘 유럽 빅4리그 진출에만 국한하지 않고 떠오르는 시장인 러시아, 중국, 미국, 중동 시장에 진출해 큰 성공을 거두는 선수들이 점차 많아지고 있다.

마지막으로, 스포츠 산업을 이끌어갈 인재 양성에도 초점을 맞춰 대학, 산업계, 전문 체육인의 참여가 융합된 교육을 통해 전문성 및 현장성을 반영한 비즈니스 인재를 키워내야 한다.

13

미래의 산업과 직업

환경 분야

정유선 · 유영성

1 | 환경 산업의 정의와 현황

1) 환경 산업의 정의와 분류

환경 산업에 대한 정의는 나라에 따라 보는 관점에 따라 다르지만, 대기, 물, 폐기물, 토양, 소음 등 환경 유해 요인을 측정 · 예방 · 제어하는 산업 활동 또는 환경 피해를 최소화하고 복원하기 위한 제품 생산 또는 서비스를 제공하는 산업 활동을 말한다. 환경 산업은 공공재적인 성격이 강하며, 환경 규제 및 환경 정책 등 법적 · 제도적 요인에 의해 수요가 창출되기 때문에 국민소득이 높아질수록 시장이 커지는 경향을 보인다.[1]

환경부에서는 2011년 환경산업통계조사를 실시했다. OECD의 분류 기

1 환경산업기술원, 『환경산업 해외진출 중장기 기본계획 최종보고서』(환경산업기술원, 2011).

▌표 13-1▌ 경제 발전 단계에 따른 환경 산업 발전 단계

항목	1단계 (후진 단계)	2단계 (개발도상 단계)	3단계 (초기 선진 단계)	4단계 (중기 선진 단계)	5단계 (후기 선진 단계)
오염 배출	중·대규모	대규모	대·중규모	중·소규모	중·소규모
환경 규제	규제 도입	선진 수준 미달	선진 수준 접근	선진 수준 도달	선진 수준 성숙
환경 투자	자본집약적	장비 설치 중심	장비 설치 중심	기술·지식 집약적	지식 집약적
환경 기술	저급 기술	성숙 단계의 저급 기술	저·중급 기술	중·고급 기술	고급 기술
주도 분야	원시적 환경 기초 시설	사후 처리 분야	사후 처리 분야	사전 오염 예방 분야	환경 창조 분야
대상 시장	내수 시장	내수 시장 활성화	내수 시장 정착 개도국 진출 가능	개도국 진출 활성화	세계 시장 진출
해당 국가	인도	중국, 멕시코, 아시아 기타 국가	대만, 한국	영국, 호주, 서유럽, 일본	미국, 독일

자료: 산업자원부, 「2010 산업비전과 발전전략」을 토대로 재구성.

준을 참고해 환경산업통계분류를 설정했으며, 전체 환경 산업을 업종별, 매체별로 크게 나누어 통계를 작성했다. OECD는 환경 산업을 수질, 소음·진동, 생태계 등에 대한 환경 피해의 측정, 예방, 최소화 복구 등 환경 보전 활동에 필요한 시설·재료 또는 서비스를 제공하는 산업 활동으로 정의하고, 이를 크게 오염관리그룹pollution management group, 청정기술 및 관련제품그룹cleaner technologies & products group, 자원관리그룹resource management group으로 나누고 있다.

2) 국내외 환경 산업 현황

2013년 말 기준 환경 관련 사업체는 총 5만 6411개소(전년 대비 13.0% 증가), 환경 산업 총 종사자는 105만 983명, 환경 분야 종사자는 42만 1166명(전체 종사자의 40.1%, 전년 대비 45.0% 증가)이다. 환경 부문 매출액은 89조 8044억 원(전년 대비 9.2% 증가), 투자액은 4조 5592억 원(전년 대비 48.6% 증

‖표 13-2‖ 환경 산업의 분류

좁은 의미의 환경 산업 ──────────▶ 넓은 의미의 환경 산업

오염관리그룹	청정기술 및 관련제품그룹	자원관리그룹
· 오염 배출을 감소시키기 위한 산업 활동 - 대기오염, 폐수, 폐기물, 토양, 소음 및 진동 부문 등과 관련된 환경 장비(설비) 및 원료 제조업 - 대기오염, 폐수, 폐기물, 토양, 소음 및 진동 부문, 환경 컨설팅 등과 관련된 환경 시설 건설업과 환경 서비스업	· 부정적인 환경 영향을 감소·제거하는 데 필요한 제품 및 서비스를 생산하는 산업 활동 - 청정 및 자원의 효율적인 사용을 위한 기술 및 제품	· 에너지 절약 및 관리, 재생가능 에너지, 실내 공기 오염 조절 등과 같이 직접적이기보다는 궁극적으로 환경 보호와 관련 있는 산업 활동 - 재활용 물질, 재생에너지 플랜트, 열 및 에너지 절약(관리) 등

자료: 환경관리공단, 『2013년 기준 환경산업통계조사 결과 보고서』(환경부, 2014), 4쪽을 토대로 재작성.

가), 수출액은 7조 9224억 원(전년 대비 8.5% 증가)으로 전 영역에 걸쳐 지속적인 성장세를 보이고 있다.

2013년 업종별 환경 부문 매출액은 제조업(50.0%), 하수 폐기물 처리와 원료 재생 및 환경 복원업(12.4%), 건설업(12.1%) 순으로, 3개 분야가 전체 매출액의 74.5%를 차지한다. 또한 이를 매체별로 분석하면, 자원 순환 관리(34.2%), 물관리(25.0%), 지속 가능 환경·자원(13.9%) 순으로, 3개 분야가 전체 매출액의 73.1%를 차지한다. 이를 종합하면 현재 환경 산업은 제조업 중심이자 오염관리그룹 중심의 구조를 가지고 있다.

한국의 환경 기술 수준은 투자액의 증가와 더불어 크게 향상되었으나 선진국과 비교할 때 한국의 환경 기술 수준[2]은 최고 기술국인 미국 대비 77.9%이며, 기술 격차는 5.0년으로 추격그룹에 속한다. 최고 기술국 대비 기술 격차를 보면 이산화탄소 포집·저장·이용 기술(3.8년), 유용 폐자원

2 한국과학기술기획평가원, 『2014년 기술수준평가』(미래창조과학부, 2015), 227~253쪽.

▌표 13-3▌ 환경 산업 분류별 산업 현황

매체별 분류	내용	사업체 수 (명)	종사자 수 (명)	매출액 (억 원)	투자액 (억 원)	수출액 (억 원)
계		56,411	421,166	898,044	45,592	79,224
자원 순환 관리	폐기물, 재활용	21,978	129,434	307,471	17,108	12,832
물관리	상하수도	6,666	62,393	224,819	8,323	45,253
환경 복원 및 복구	토양, 지표수, 지하수, 환경 복원	1,465	187,447	15,932	778	280
기후 대응	기후 변화	2,297	15,631	26,428	1,019	133
대기 관리	대기오염, 실내 공기 질 등	2,757	29,689	60,681	3,451	6,295
환경 안전 ·보건	소음, 진동, 환경 보건, 환경 안전 등	3,726	36,779	74,243	2,082	1,868
지속 가능 환경·자원	열/에너지 절약, 생물 자원 관리·보전, 산림 관리, 생물 다양성 및 경관 보호 등	12,855	82,596	124,454	10,118	7,593
환경 지식· 정보·감시	환경 감시, 분석, 측정, 연구 개발, 엔지니어링, 법무, 교육 등	4,667	45,930	64,016	2,710	4,670

자료: 환경관리공단, 『2013년 기준 환경산업통계조사 결과 보고서』, 28, 30, 63, 65쪽.

재활용 기술(4.0년)의 격차는 상대적으로 작고, 자연 생태계 보전 및 복원 기술(9.5년), 기후 변화 감시·예측·적응 기술(8.3년) 등의 격차는 상대적으로 큰 것으로 분석된다. 이러한 격차에 영향을 미치는 요소는 연구 인력, 인프라, 연구비, 법제도, 국내 협력, 국제 협력 등의 순으로 나타나 연구 자체를 더 활성화해야 하는 것으로 분석된다.

한편 한국의 환경 산업 육성 전략[3]은 현재 폐기물 자원 순환, 물, 대기 산업 등 3대 강점 산업을 중심으로 해외 시장 진출을 꾀하고 있으며, 기후, 환경 안전 보건, 환경 복원·복구, 환경 지식·서비스 산업 등 4대 미래 유망 산업은 내수 기반을 확충하며 추후 해외로 진출하는 것을 목표로 하고

3 한국환경산업기술원, 「제3차 환경기술개발 및 환경산업 육성 계획안(2013~2017)」(환경부, 2012).

┃그림 13-1┃ 세계 환경 시장 규모 추이(단위: 십억 달러)

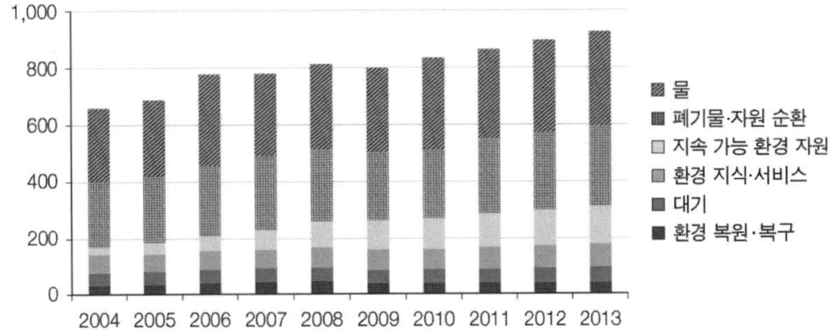

자료: EBI, *EBI Report 3000: The Global Environmental Market*(2013).

있다.

EBIEnvironmental Business International는 2013년 세계 환경 시장 규모를 9236억 달러로 추정해 2004년 대비 44.9% 성장했다고 발표했다. 분야별로 보면, 2013년 기준 물 산업 비중(3330억 달러, 36.1%)이 가장 높고, 폐기물·자원 순환(2834억 달러, 30.7%), 지속 가능 환경 자원(1339억 달러, 14.5%) 등을 포함한 3개 산업이 전체 시장의 81.3%를 차지하고 있어 한국과 같이 오염 관리와 관련된 3개 분야가 가장 큰 시장을 형성하고 있는 것으로 나타났다.

권역별 시장을 살펴보면 미국(328억 달러, 41.8%), 서유럽(265억 달러, 28.5%), 일본(109억 달러, 11.8%) 순으로, 3개 지역이 전체 시장의 76%를 차지하고 있으나 선진국 시장의 성장률은 정체 상태다. 반면 아시아·중남미·중동·아프리카 등 신흥 국가의 2004년 대비 2013년 성장률은 아시아(131.6%), 아프리카(118.2%), 중남미(67.2%), 멕시코(58.2%) 순으로, 지속적으로 시장이 성장하고 있으며, 세계 시장 점유율도 2010년 21%에서 2020년 28%로 확대될 전망이다.

▮그림 13-2▮ 2013년 기준 환경 시장의 지역별 성장 전망(단위: 십억 달러)

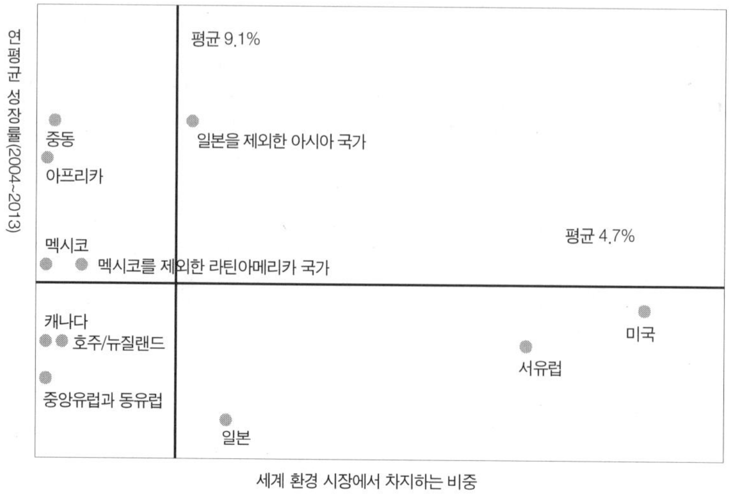

자료: EBI, *EBI Report 3000: The Global Environmental Market*.

2 | 환경 분야 변화

미래 환경 변화에 크게 영향을 미칠 것으로 예상되는 동인은 기후 변화, 인구 증가/도시화, 물 부족, 자원 소비/폐기물, 황사/대기오염 등 다섯 가지다. 이를 환경 산업 분류 체계와 영향을 미칠 것으로 예상되는 시간에 따라 맵핑해봤다.

첫째 요인인 기후 변화는 단기보다는 중장기에 더 영향을 미칠 것이며, 직접적인 오염 관리 분야보다는 청정 기술, 자원 관리 분야에 변화를 일으킬 것이다. 둘째 요인인 인구 증가와 도시화는 단기와 중기적으로 영향을 미칠 것이며, 이는 오염 관리, 청정 기술, 자원 관리 등 환경 산업 전반에 영향을 미칠 것이다. 셋째 요인인 물 부족은 기후 변화로 담수 공급이 변화하

▮그림 13-3▮ 미래 환경 변화에 영향을 미칠 것으로 예측되는 요인

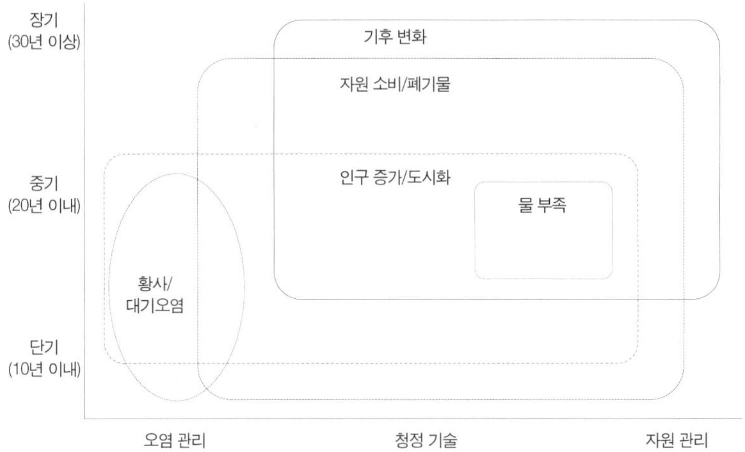

자료: 필자 작성.

고 인구 증가 및 도시화, 경제 발전 등으로 물 사용량이 증가함에 따라 식용수와 농업용수/산업용수의 공급 문제로 이어질 것이다. 넷째 요인인 자원 소비/폐기물 문제도 인구 증가와 같이 전체 분야 및 전체 기간에 영향을 주는 요소다. 마지막으로 황사/대기오염은 중국과 한국 사이에 발생하는 오래된 문제로, 다른 분야보다 단기적으로 그리고 오염 관리 분야에 집중해서 영향을 미칠 것으로 예상된다.

1) 기후 변화

2013년 발간된 IPCC 5차 평가보고서[4]는 대기, 해양, 빙하, 해수면, 온실가스 농도에 관한 분석을 통해 기후 시스템의 온난화는 명백하고, 1950년 이후 관측된 변화는 수천 년간 전례가 없는 이례적인 형태이며, 기후 변화

---

4 IPCC, 『IPCC 제5차 평가보고서』(IPCC, 2013).

▌표 13-4▌ 시나리오별 온도 상승 범위 및 평균 상승 온도(단위: 도)

		2046~2065년		2081~2100년	
RCP	시나리오	온도 상승 범위	평균	온도 상승 범위	평균
RCP2.6	적극 감축	0.4~1.6	1.0	0.3~1.7	1.00
RCP4.5	저감 정책 적극 실현	0.9~2.0	1.4	1.1~2.6	1.85
RCP6.0	저감 정책 일부 실현	0.8~1.8	1.3	1.4~3.1	2.25
RCP8.5	현재 추세 지속	1.4~2.6	2.0	2.6~4.8	3.70

주: RCP(representative concentration path)는 대표 농도 경로를 뜻함.
자료: IPCC, 『IPCC 제5차 평가보고서』(IPCC, 2013)를 토대로 재구성.

의 원인 중 가장 영향력이 큰 것은 1750년 이후 대기 중 이산화탄소의 증가였다고 밝혔다. 기후 변화의 원인 및 영향력에 대해서는 아직 밝혀진 바가 많지 않지만, 기후가 변화하고 있으며 온난화를 중심으로 불안정한 상태로 변화하고 있다는 것만은 확실하다.

이러한 기후 변화는 생태계 전반의 변화와 이로 인한 사회경제 시스템의 변화를 가져올 것이며, 이를 저감시키거나 이에 적응하는 것이 향후 미래 사회의 큰 화두가 될 것이다.

(1) 미래 사회 시나리오

IPCC 5차 보고서에서는 온실가스 데이터와 인간의 토지 이용 변화를 포함해 향후 온실가스 농도와 온도 변화의 시나리오를 구축했다. 1986~2005년을 기준으로 예측한 21세기 중후반기의 한반도 기후 변화는 〈표 13-5〉와 같다. 예측에 따르면, 대부분의 지역에서 고온 현상은 더 자주 발생하고 저온 현상은 덜 발생할 것이다. 강수량은 대체로 증가하는 추세를 보이는데, 한반도가 속한 동아시아에서는 여름 몬순의 강수량이 증가하고, 해안에 상륙한 태풍으로 인해 극심한 강우가 증가하며, 온대성 저기압의 억제로 한겨울이 감소할 것이다.

해양 온도는 지속적으로 상승할 것이며, 이는 전 지구적인 해양 순환에

▌표 13-5▌ 한반도 기후 변화 전망

구분		현재 기후값 (1986~2005)	21세기 중반기 기후값 (2046~2065)		21세기 후반기 기후값 (2081~2100)	
			RCP4.5	RCP8.5	RCP4.5	RCP8.5
평균 기온 (도)	한반도	11.0	13.4	14.4	14.0	16.7
	남한	12.5	14.7	15.7	15.3	17.8
	북한	8.5	11.0	12.1	11.6	14.5
일 최고 기온(도)		16.6	18.9	19.9	19.4	22.2
일 최저 기온(도)		6.2	8.6	9.7	9.3	12.0
강수량(mm)		1162.2	1283.7	1342.1	1348.1	1366.9
폭염 일수(일)		7.3	11.1	15.2	13.1	30.2
열대야 일수(일)		2.8	9.0	16.6	13.6	37.2
호우 일수(일)		2.0	2.6	2.8	2.7	2.8

자료: 기상청, 『한반도 미래기후변화 전망보고서』(2012)를 토대로 재작성.

영향을 미칠 것이다. 해양의 온도 증가, 빙하의 감소는 해수면 상승으로 이어진다. 이러한 해수면 상승을 겪는 지역은 21세기 말까지 전체 해안선의 70%에 이를 것으로 전망된다. 한편 대기 중 이산화탄소 농도가 높아짐에 따라 발생하는 해양의 탄소 흡수 증가는 산호, 조개, 가재류 등 탄산칼슘 골격을 가진 해양 생물에 치명적인 해양 산성화를 증가시켜 먹이사슬과 생물 다양성, 수산 자원에 심각한 영향을 미칠 것이다.

한반도의 추세를 추정해보면, 온실가스 배출 추세를 유지할 경우 21세기 후반(2071~2100년) 한반도 기온은 현재(1981~2010년)보다 5.7도 상승하며, 이로 인해 21세기 후반 평양의 기온이 현재 서귀포의 기온(16.6도)과 유사해질 것이다. 강원도 산간 등 일부 산간 지역을 제외한 남한 대부분의 지역과 황해도 연안까지 아열대 기후구가 될 것으로 분석된다. 온실가스 고배출 시 폭염 일수는 현재 한반도 전체 평균 7.3일에서 21세기 후반에 30.2일로 한 달가량 발생할 것이며, 남한보다 북한의 기온 상승, 폭염, 열대야, 호우 증가가 더 클 것으로 분석된다.

▮표 13-6▮ 기후 변화의 부문별 주요 영향

부문	주요 영향
담수 자원	· RCP 8.5일 경우 21세기 말까지 하천 홍수에 노출되는 인구가 3배 증가 · 지구 평균 기온이 1도 상승할 때마다 수자원 부족 인구는 7%씩 증가
육상 및 담수 생태계	· RCP 4.5, 6.0 및 8.5의 기후 변화는 생태계 구성·구조·기능에 비가역적인 고위험을 초래 · 향후 10~30년 내에 많은 지역의 수목이 고사하고 잎마름병이 발생해 생물 다양성, 목재 생산 등을 위협
연안 및 저지대	· 2100년까지 연안 홍수로 토지가 유실되어 수억 명이 이주
해양 시스템	· 21세기 중반까지 해양종의 이동으로 종의 수가 중·고위도 지역에서는 증가하고 열대 위도 지역에서는 감소
생산 시스템/ 식량 안보	· 기후 변화로 21세기의 남은 기간 동안 수확량이 10년마다 0~2% 저하 · 지구 평균 기온이 4도 이상 상승하면 식량 안보에 심각한 위험
도시 지역	· 폭염, 폭우, 홍수 및 가뭄, 물 부족으로 인한 위험 · 필수적인 사회 기반 시설과 공공 서비스가 미비한 지역의 경우 위험이 더욱 큼
비도시 지역	· 가까운 미래에 물 부족, 식량 안보 및 농가 소득 악영향이 주요 문제로 대두
주요 경제 및 공공 분야	· 20세기 말 대비 기온이 2도 상승 시 전 지구 경제의 총 손실은 소득의 0.2~2.0%에 달할 전망
인류 건강	· 금세기 동안 인류 건강은 폭염 피해, 식량 부족에 의한 영양 결핍, 취약층의 노동력 상실과 생산성 저하, 음식 매개 질병 및 수인성 질병 증가 등으로 지속적인 악영향을 받을 것으로 전망됨
인류 안보	· 인구 이동의 중대한 영향으로 인류 안보가 안보 정책의 일부로 대두 · 빈곤과 같은 갈등의 동인이 악화되어 내전, 집단 간의 폭력 등 갈등 위험이 증가
생계 및 빈곤	· 기존 경제성장 및 빈곤 퇴치 정책에 장애 요소로 작용하며, 식량 안보 문제와 새로운 빈곤 문제가 대두 · 식품 가격 인상으로 임금·노동 의존형 빈곤 가구가 큰 영향을 받음

자료: 환경부, 「IPCC, 기후변화 영향 및 적응에 관한 보고서 승인」(2014.3.31), 환경부 보도자료.

(2) 기후 변화로 인한 영향

이러한 추세로 기후 변화의 영향을 추정해보면[5] 20세기 말 평균 기온이 2도 상승할 경우 2030년부터 세계 경제 총 손실액은 소득의 0.2~2.0%(1400억~1조 4000억 달러)에 달할 수 있다. 이는 해수면 상승, 연안 홍수 및 폭풍해일로 인한 생명·재산 피해, 홍수로 인한 재해 및 질병, 사회 기반 시설과 핵심 공공 서비스의 와해, 극한의 장기간 혹서로 인한 취약 도시 인구의 사

5 IPCC 제1실무자그룹 제5차 평가보고서.

망, 질병 및 기타 재해 위험, 농업 생산성 저하 및 식량 불안정 등 전 부문에 걸쳐 위험이 증가하기 때문이다.

한반도를 포함한 아시아 지역에서는 홍수로 인한 사회 기반 시설 파괴, 폭염 관련 사망, 가뭄 관련 물·식량 부족 등이 특히 문제가 될 것이다. 세계적으로 물 부족 지역의 인구는 지속적으로 증가할 것이며, 깨끗한 물을 확보하기 위한 경쟁이 치열해짐은 물론, 물을 저장하고 정화하는 기술에 대한 수요가 더 증가할 것이다.

2) 인구 증가/도시화

미국 인구조사국에 따르면, 2013년 세계 인구는 71억 1400만 명이었으며, 2050년에는 96억 명, 2100년에는 110억 명에 이를 것으로 전망된다. 이러한 인구 증가는 대부분 아시아와 아프리카에서 일어날 것으로 예측된다. 한편 이러한 인구는 대부분 도시에 모여 살게 될 것이다. UN의 2009년 발표에 따르면, 2009년 도시의 인구는 33억 790만 5000명으로, 이 수는 더욱 증가할 것이다. 일반적으로 도시 인구의 증가는 탄소 배출량을 증가시킨다. 예를 들어, 베이징 거주자의 평균 생태발자국은 중국 평균보다 3배나 높다.[6] 그러나 잘 계획된 도시는 직접적인 탄소 배출을 줄일 수 있다. 예를 들면 뉴욕 시의 1인당 탄소 배출량은 미국 전체 1인당 탄소 배출량보다 30%나 적다.[7]

한편 아시아 도시들이 급속하게 성장하고 있어 아시아의 도시화율은

---

6 Hubacek et al., "Environmental implications of urbanization and lifestyle change in China: Ecological and water footprints," *Journal of Cleaner Production*, 17(14)(2009).

7 David Dodman, "Blaming cities for climate change? An analysis of urban greenhouse gas emissions inventories," *Environment and Urbanization*, 21:185(2009).

▌그림 13-4▐ 2025년 도시 인구 및 도시화율 예측

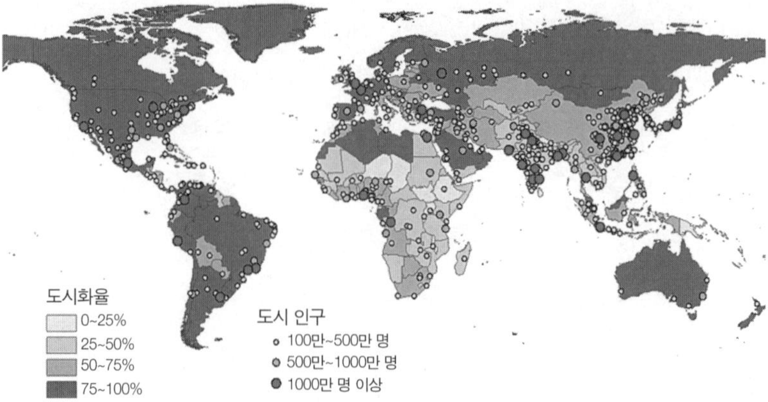

자료: UN DESA, *Population Division: World Urbanization Prospects, the 2011 Revision*(2012).

▌그림 13-5▐ 아시아의 도시화와 기후 변화로 인한 홍수 위험

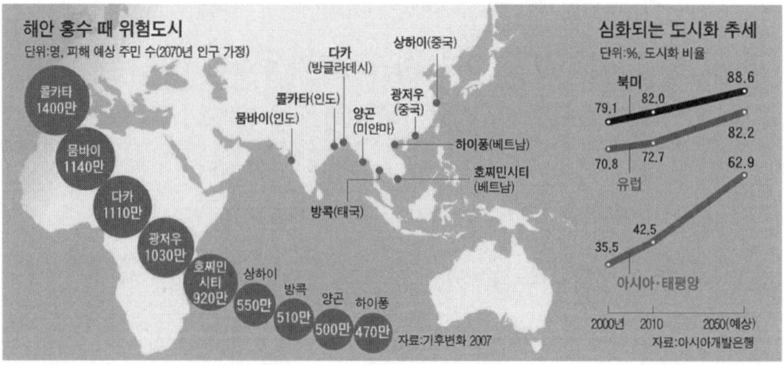

자료: "도시화의 역습…2025년엔 아시아 '기후난민' 4억", ≪중앙일보≫, 2012년 8월 20일 자.

2000년 35.5%에서 2020년 62.9%(전 세계 67.2%)에 달할 전망이다. 이 중 대다수의 도시가 해안가 또는 하천가에 자리 잡고 있어 도시가 확장됨에 따라 홍수의 위험에 노출되는 인구도 증가하고 있다. 특히 아시아 대도시는 상황이 더욱 심각하다. 세계은행에 따르면 지난 30년간 아시아 지역에서 발생한 홍수 규모는 전 세계 홍수의 40%, 수해 인구의 90%가량을 차지

| 그림 13-6 | 생물학적 수용량과 생태발자국 간 간극

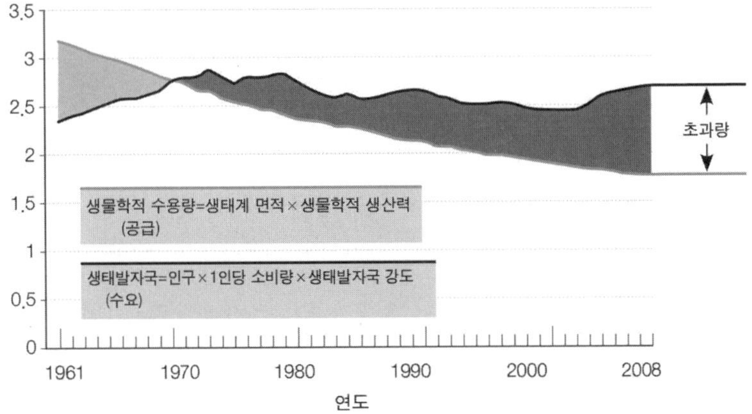

자료: WWF, *Living Planet Report 2012*(2012).

했다. 아시아개발은행ADB은 2024년엔 4억 1000여 명의 인구가 홍수 피해에 노출될 것이라고 발표했다.[8]

또한 자원 채굴, 에너지 사용, 폐기물 등으로 사람이 사용하는 생태계의 면적을 환산하는 생태발자국은 인구 증가, 재화와 서비스의 소비 증가, 생산 효율 등에 따라 증가하고 있으며, 지금은 생물학적인 수용량을 넘어서고 있다. 이러한 추세가 지속된다면 기후 변화와 더불어 생태계의 안정성은 더욱 약화될 것이다.

한편 도시화가 진전되면서 삶의 질 차원에서 환경에 대한 수요도 계속적으로 높아지고 있다. 깨끗한 공기와 물, 여가 장소로서의 숲과 자연 등에 대한 수요는 지금도 공기청정기, 정수기 등의 시장 확대로 이어지고 있다. 앞으로는 공장 단위의 정화뿐 아니라 개인 수준, 작은 범위 내의 자연을 정화하는 기술과 상품이 더욱 많아질 것이다. 이 같은 수요를 반영하듯 자연

8 "도시화의 역습…2025년엔 아시아 '기후난민' 4억", ≪중앙일보≫, 2012년 8월 20일 자.

을 체험하는 수요는 생태관광으로 발전하고 있다.

3) 자원 소비/폐기물

제품 생산과정과 폐기물 등 자원의 순환 문제는 현재뿐 아니라 미래에도 지속될 것이다. 플라스틱, 합성섬유, 합성고무, 합성염료, 합성의약품, 반도체 등 인공 합성 물질은 우리의 생활 깊숙이 자리 잡고 있다. 지난 60년간 합성플라스틱의 생산량은 20배 증가했고, 연간 사용량은 1억 톤을 넘어섰다. 합성섬유와 고무의 생산량도 빠르게 증가하고 있다.

이러한 합성물질의 생산은 필연적으로 천연자원과 에너지의 소비를 증가시켜 지난 30년간 원유 소비량은 40%가 증가했고 석탄 소비량도 2배 이상 증가했다. 첨단 장비에 사용되는 희토류 금속 소비도 급증하고 있다. 한편 이러한 합성물질 사용이 늘면서 목재, 천연염료, 천연섬유 등의 수요가 줄어들었다. 그러나 합성물질은 대부분 자연 상태에서 잘 분해되지 않고 폐기물로 남기 때문에 장기적으로 지속 가능한 방식이라고 할 수 없다.

한국의 연간 폐기물 발생량은 꾸준히 증가하는 추세다. 2012년도 총 폐기물 발생량은 1일 38만 2009톤으로 전년 대비 2.3% 증가했다. 반면 폐기물을 처리할 수 있는 시설의 용량은 해마다 줄어들고 있어 폐기물 발생량 및 처리 과정에서의 폐기물 매립량을 줄일 수 있는 방안이 꾸준히 연구되고 있다.

제품 생산과정에서 필요한 유해물질 관리에 대한 문제도 꾸준히 제기되고 있다. 현재 환경부는 화학물질 배출·이동량 정보 시스템 웹사이트[9]에 화학물질을 취급하는 사업장과 그 양에 관한 정보를 공개하고 있다. 산업

9 http://ncis.nier.go.kr/tri/

이 고도화되면서 제조업의 비중이 감소하고 있는 추세이긴 하지만, 여전히 화학물질 및 유해물질은 생활 주변 가까이에 분포하고 있고, 각 사업장에서의 안전사고가 주변 지역의 큰 피해로 이어지는 경우도 꾸준히 발생하고 있다. 이를 예방하고 발생한 사고에 대처하는 기술 또한 미래에 중요한 역할을 하게 될 것이다.

4) 황사/대기오염

2000년대 황사 일수는 1980년대 및 1990년대에 비해 꾸준히 증가하고 있다. 황사는 가을과 겨울에도 발생하고 있어 더 이상 봄에만 찾아오는 불청객이 아니다. 최근 5년간(2007~2011년) 가을·겨울철 황사 일수의 평균값은 과거 30년(1980~2010년) 평균 대비 0.8일에서 3.0일로 4배가량 증가했다. 황사 발생 시 미세먼지(PM10)[10]의 시간당 최고 농도는 1000$\mu g/m^3$ 이상으로 평상시보다 약 29배 증가한다. 한편 최근 4년간(2008~2011년)에는 중국 동부의 공업 지역을 통과하면서 2개 이상의 중금속 농도가 일반 황사보다 2배 이상 포함된 오염 황사의 발생 비율도 증가하고 있다.

이러한 황사는 기관지염, 천식 등의 호흡기 질환과 자극성 결막염 등의 안질환에 영향을 주고, 교통·항공 부문에서의 가시거리 감소, 농업 부문에서의 생산성 하락, 제조업에서의 효율성 및 성능 저하 같은 피해를 입힌다. 황사로 인한 경제적 피해는 연구자 및 연구 기법에 따라 다양한데, 최소 4000억 원에서 최대 17조 원에 이를 것으로 추산되고 있다.

---

10 미세먼지(particulate matter)를 줄여서 PM이라고 칭한다. 입자 크기에 따라 10μm 이하인 입자는 PM10, 2.5μm인 입자는 PM2.5인데, 전자는 미세먼지, 후자는 초미세먼지, 극미세먼지 등으로 부른다.

❙그림 13-7❙ 한국에 영향을 미치는 황사의 발원지와 이동경로

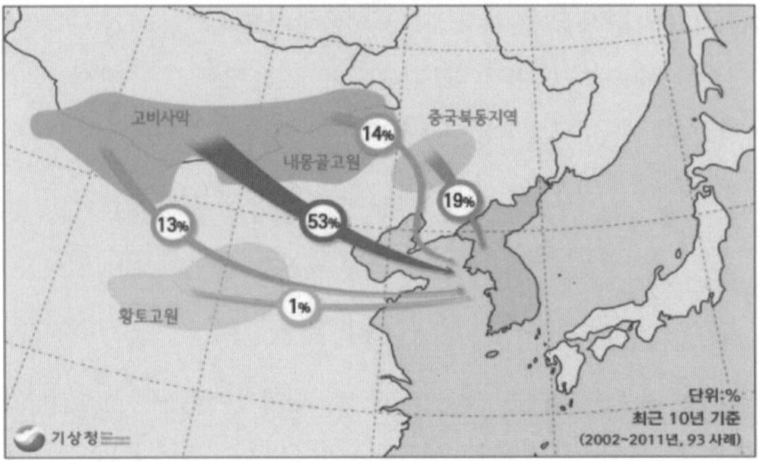

자료: 환경부, 「제2차 황사피해방지종합대책」(2013.3.14).

3 ｜ 미래 환경 산업 및 직업 전망

1) 환경 시장 규모 및 성장 전망

미래에도 물, 대기, 폐기물 시장 등 환경 시장의 주류는 지속적으로 이어질 것이다. 그러나 지금처럼 오염 관리 등 좁은 의미의 환경 산업이 아니라 청정 기술 및 자원 관리 등 넓은 의미의 환경 산업이 더욱 크게 발전하면서 환경 산업의 외연을 넓힐 것이다. 이 같은 변화는 이미 시작되고 있다. 특히 미래 시나리오상 기후 변화와 관련된 산업, 특히 에너지 관련 기술 분야가 크게 성장할 전망인데, 이는 이미 2000년대 중반 이후부터 지속되고 있다. 그 밖에 IT 기술을 결합한 환경 모니터링 및 예측 분야가 발전할 것이며 관련 인프라에 대한 투자가 이뤄질 것이다. 기후 변화, 오염 관리, 청정 기술 등 모든 환경 분야가 관련 데이터의 축적과 분석을 필요로 하기 때문

이다. 기후 변화와 관련된 시장의 중요성이 계속 높아지긴 하지만 이 시장은 국제적인 합의나 국가적 규제에 의해 형성되는 측면이 있다. 따라서 당분간은 상용화되어 시장을 창출하기보다는 국가 단위의 연구 개발에 치중할 것이다.

한편 EBI는 세계 환경 시장의 규모를 2000년 5440억 달러에서 2010년 7967억 달러로 10년간 연평균 3.9%씩 증가해왔다고 분석했으며, 2020년에는 세계 환경 시장이 약 1조 895달러에 이를 것으로 전망했다.

분야별로 보면 기존의 물관리, 폐기물, 자원 순환 등 3대 분야가 꾸준히 성장하는 가운데 기후 변화 적응과 관련된 서비스 시장이 크게 증가할 것이며(현재 20억 달러, 2020년까지 연 12~20% 성장), 향후 설계, 엔지니어링 등 프로젝트 실행과 건설로 시장이 확대되면 시장 규모가 연간 수백억 달러에 달할 것으로 추정된다. 또한 환경보건 산업 또한 지금은 규모가 크지 않지만 향후 연평균 5.6%의 높은 성장률을 보일 것으로 전망된다.

2) 새로 창출되는 환경 분야 산업 및 기술

(1) 기후 조절

미래에 새로 창출되는 환경 분야 산업으로 유력한 것은 기후 자체를 조절하거나 만들어내는 기술 분야다. 인공적으로 비구름을 만들어 대기 중에 있는 수분을 비로 내리게 하는 기술인 인공강우[11]는 1940년대에 미국에서 처음으로 성공했으며, 현재 한국을 포함한 40개국에서 연구 실험 중이다. 인공 강우·강설 기술은 미국, 중국 그리고 러시아가 앞서고 있다. 중국

11 유엔환경계획 한국위원회. http://www.unep.or.kr/sub/sub05_01_02.php?mNum=5&sNum=1&boardid=tunza&mode=view&idx=889

의 경우 2008년 베이징올림픽 당시 개막식과 폐막식 때 비가 내리지 않도록 다른 지역에 강우가 먼저 내리게 하는 방법을 사용했으며, 대기 공해와 먼지를 제거하기 위해 인공강우를 사용한 적도 있다. 그 해 초 창춘長春에서 열린 겨울 아시아대회에서는 인공강설을 사용하기도 했다. 이 외에 기후 조절은 물 부족 지역의 가뭄 해결, 인공적 온도 조절, 태풍과 허리케인의 강도 약화 등에 사용된다.

또한 기후 변화에 대응하기 위해 더욱 큰 범위에서 기후 조절이 이뤄지기도 한다. 지구온난화는 기본적으로 에너지가 더 많이 방출되고 흡수되기 때문에 발생하는 지구 시스템의 에너지 수지 문제다. 따라서 인위적인 기후 조절은 태양으로부터 오는 에너지를 대기층 내에서 반사시키는 방법을 연구함으로써 에너지 흡수를 감소시키는 데 초점을 둔다. 구체적으로는 성층권 하부에 빛을 반사시키는 성질을 가진 에어로졸을 분사시킴으로써 지구로 들어오는 태양의 단파복사를 우주로 더 많이 내보내는 방법이 검토되고 있다. 또 다른 방법은 해양에 널리 분포하는 구름에 인공강우와 비슷한 방법의 구름 씨뿌리기를 통해 구름에 의한 지구 반사도를 높이는 것이다. 대기의 상공에 거대한 거울을 설치해 입사하는 태양 빛을 직접 반사시키는 것도 하나의 방법이다. 이러한 기술을 통틀어 지오엔지니어링geoengineering이라고 한다.

인공강우나 지오엔지니어링과 같은 인공 기후 조절 기술이 환경에 주는 영향은 아직 확실히 밝혀진 바가 없다. 하지만 구름의 씨앗으로 사용하는 요오드화은의 환경오염 문제, 예상하지 못한 타 지역의 강수 불균형 등이 문제점으로 이야기되고 있다. 베이징올림픽 이후 중국 북부 지역에서는 최악의 가뭄이 발생하고 한국 특정 지역에도 가뭄이 들었는데, 그 원인이 개막식과 폐막식을 위해 뿌린 인공강우 때문이라는 분석이 나오기도 했다. 더 나아가 인공적인 기후 조절은 물의 순환뿐 아니라 물 순환에 수반되는

▮그림 13-8▮ 지오엔지니어링

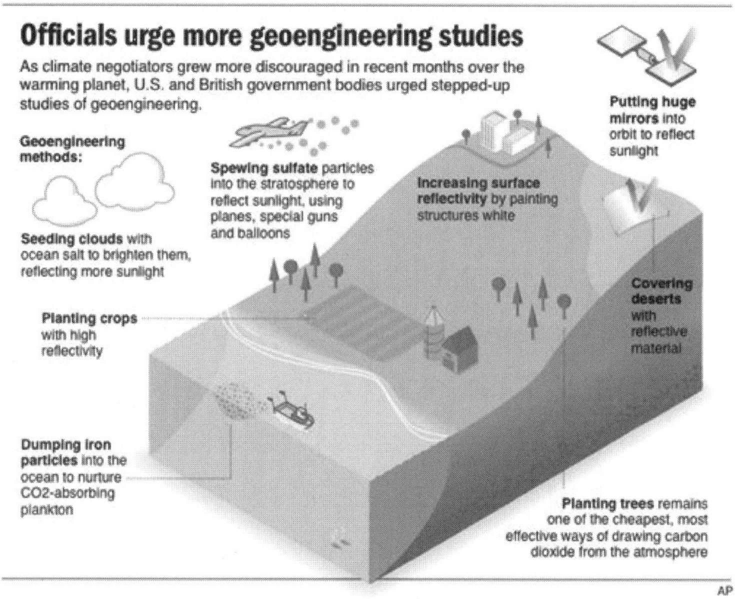

주: 기후 변화를 막기 위한 지오엔지니어링은 구름에 염분을 뿌려 태양광을 더 반사하게 하거나, 이산화탄소를 흡수하는 플랑크톤에 철분을 공급하거나, 비행기를 이용해 태양광을 반사하는 황화합물을 공기 중에 분사하거나, 반사율이 높은 식물을 재배하거나, 거울 등을 사막에 설치해 태양광을 반사하는 방법 등을 활용한다.
자료: TMCnet World News, "As climate talks drag on, more ponder techno-fixes," http://technews.tmcnet.com(검색일: 2010.12.7)

지구의 에너지 흐름까지 방해할 수 있다. 이러한 관점에서 더욱 큰 범위의 에너지 순환 조정을 시도하는 지오엔지니어링은 생각지도 못한 지구적 재난을 초래할 수도 있다.

(2) 생태계 창조

기후를 창조하고 조절하는 것 외에 생태계를 인공적으로 만들어내는 기술도 꾸준히 연구되고 있다. 바이오스피어 2Biosphere 2는 1991년 미국 애리조나 주에 있는 사막에서 외부와 격리·밀폐된 인공 생태계를 만들려던 프로젝트다. 바이오스피어라는 이름은 생태계 또는 생태계로서의 지구를 뜻하는데, 지구를 바이오스피어 1로 규정하고 또 하나의 인공 지구(또는 인공 생태계)를 만들어보려는 뜻에서 지은 것이다. 자체적인 에너지 투입 없이 에너지, 물, 자원의 순환 과정을 만들어보려 했던 바이오스피어의 생태계 창조는 대기 조성 비율을 유지하지 못해 2년 만에 실패로 끝났지만, 폐쇄된 공간의 생태계 유지 및 사회 유지에 대한 많은 연구를 남겼다.

도시 단위에서 자원 및 에너지 순환을 이루려는 시도도 있다. 바로 이탈리아의 파올로 솔레리Paolo Soleri가 처음 만들어낸 개념인 아콜로지Arcology로, 아콜로지는 '건축architecture'과 '환경ecology'의 합성어로서 '환경 자체를 건축한다'는 의미다. 아콜로지는 단순히 복합 건물이나 도시가 아닌, 하나의 환경 단위를 건설하는 것을 목표로 삼으며, 거주 지역, 상업 지역, 공업 지역, 농업 지역 등을 하나의 단지로 집약시키고 단일 건축물 단위로 입체화시켜 전력, 식품, 공기 및 수질 정화 등 다양한 방면에 걸쳐 하나의 완전한 도시이자 자립 가능한 시스템을 만드는 작업이다. 이 때문에 완전환경도시라 불리기도 한다. 미국 애리조나 피닉스의 아르코 산티Arco Santi는 이를 실현하기 위해 1970년대부터 지금까지 건축 중이다.

(3) 환경 모니터링과 예측

앞서 언급한 기후 창조나 생태계 창조가 가능하려면 지금의 지구 생태계가 어떻게 기능하는지에 대해 더 많은 데이터를 축적·분석하고 이론을 정립해야 한다. 또한 앞으로의 기후 변화에 대응하기 위해서도 미래 예측을 위한 데이터 축적은 매우 중요하다. 지금도 환경과 생태계에 대한 측정이 이뤄지고 있긴 하지만 미래에는 이러한 데이터가 더욱 정밀하고 방대하게 수집될 것이다.

기후적 요소로는 기온(폭염, 냉해) 강수일수, 강수량, 강설량, 가뭄, 홍수,

▮표 13-7▮ ICT 기반 환경 관리의 사례

주제	사례	내용	기대 효과
물	뉴욕 시 돈트플러시닷미(Dontflush.me) 캠페인	하수도에 센서를 설치해 하수 집하장 수위를 측정하고 스마트폰으로 전송함으로써 하수의 해수 배출 관련 정보를 주민에게 알림	바다로 하수를 배출하는 시점과 방류 시점 전에 오수를 줄여야 하는 시기를 주민들에게 알려 항구로 배출되는 오염물질 양을 줄이도록 유도
	부유 센서 네트워크(Floating Sensor Network)	하천에 GPS를 장착한 부유 센서를 약 100개 띄워 유속, 온도 등 하천 관련 정보를 수집	수집된 정보로 홍수, 제방 붕괴, 오염물질 유출 등 예기치 않은 사건에 신속 대응
폐기물	스마트 쓰레기통 빅벨리(BigBelly)	무선데이터 통신 모듈을 장착한 원격 쓰레기 관리 툴로, 태양광 압축기 및 쓰레기 수거기를 제어·관리	쓰레기 양을 지속적으로 모니터링하고 압축해 수거 관련 운영비를 80% 이상 절감
	에네보(Enevo) 사의 원 콜렉트(One Collect)	쓰레기 적재함에 무선 감지 장치를 설치해 쓰레기 수거 시기를 계획	쓰레기 수집 비용을 20~40% 절감하고 쓰레기 수집 이동 거리를 감소시킴
	한국 음식물 쓰레기 종량제	RFID 시스템으로 음식물 쓰레기 수거 시 계량 및 배출원 정보를 확인하고 요금 부과	시범 사업 결과 13~44% 쓰레기 감량 효과. 전주시와 순천시는 쓰레기 처리 비용이 각각 연간 11억 원, 5억 원 절감될 것으로 추정
에너지	디 어센스(The Awesense)의 센스넷(senseNET)	전신주에 장치를 달아 전력 손실을 측정하고 데이터를 전송	미국에서는 1800마일의 전선에서 전력 손실을 5% 줄임. 말레이시아, 불가리아, 체코 등에서도 적용
자연 환경	ESRI 맵핑 기술 공유	자연보호 단체에 레이어가 구축된 맵을 무료로 제공해 토지 이용도, 수문도, 470개 지역단체의 114년 된 탐조(bird counts) 등의 데이터 공유	보호 단체 간 정보를 공유하는 툴 제공
재해	영국지질연구소의 ALARMS	음향 신호를 전달하는 ALARMS를 땅속에 설치해 산사태 위험 정보 전달	요크셔 지방의 산사태 모니터링에 사용해 위험을 예방했음
대기	AQE (Air Quality Egg)	커뮤니티 구성원이 센서 설치 지역의 이산화질소, 일산화탄소를 측정해 중앙 서버로 데이터 전송	거주 지역의 대기질에 대한 커뮤니티 구성원의 인식 향상 및 정보 공유
	에어 캐스팅(Air Casting)의 대기 감시 장치(Air Monitor)	설치 장소의 온도, 습도, 일산화탄소 등을 측정해 스마트폰으로 전송한 후 중앙 서버에 전송	수집된 정보를 기록하고, 지도로 된 건강 및 환경 정보는 스마트폰을 통해서 공유

자료: 고재경·유영성·조영무, 『(이슈&진단) 新환경규제 3.0: 환경과 경제의 융합』(경기개발연구원, 2013).

태풍, 대기 중 수증기, 대기 조성, 기압 등 세세한 인자들을 조사한다. 생태계에서는 해양, 하천, 산림 등에 맞춰진 생물 다양성, 개체 수, 개체 상태, 개체의 이동 및 번식 등 생태계를 상시적으로 모니터링하고 정밀 예측할 것이며, 기술 및 자본의 부족으로 지금은 측정하지 못하는 개별 생물종에 대한 모니터링도 더욱 정교해질 것이다.

미세먼지, 온실가스, 유해물질 이동 등 생활 안전과 관계된 모니터링도 강화된다. 특히 유비쿼터스 사물 인터넷을 통해 하수구, 굴뚝, 폐기물 수집 장치 등에서 지금은 수집할 수 없는 개별 데이터에 대한 정보를 수집할 수 있을 것이며, 부과금 징세, 상호 간 대응 방안 수립 등에서도 도움을 받을 수 있을 것이다. 이처럼 방대한 데이터 축적은 센서 발달, 기기의 소형화·기기화, 이를 수집하고 전송하는 ICT 기술을 통해 가능해진다. 지금도 ICT를 기반으로 한 환경 관리 및 모니터링은 계속해서 발전하고 있다.

(4) 수자원 확보 기술

UN은 인류가 2012년부터 2030년 사이에 지금보다 30% 이상 더 많은 물을 필요로 할 것이라고 예측하고 있다.[12] 현재 이용되고 있는 담수 생산 방식의 효율성 증가는 한계에 이르렀으며 기후 변화로 인해 더욱 불안정해지고 있다. 따라서 미래의 물 수요를 충족시키기 위해서는 물의 재이용, 해수 담수화, 대기 물 수확 등 다른 기술의 개발이 필수적이다.

먼저 해수 담수화란 해수에서 염분을 제거해 기타 용도로 사용할 수 있는 담수를 얻는 것으로, 지금도 이미 여러 기술이 개발되어 있으며, 기후 변화 및 산업화 추세로 인해 물 부족 시대가 다가올수록 수요가 더욱 증가할 것으로 예측되는 분야다. 특히 한국을 비롯한 아시아 지역보다 전통적으로 물이 부족한 중동과 아프리카에 기술 수출 및 플랜트 건설 등이 활발하게 이뤄지고 있다. 해수 담수화 기술은 삼투압을 통해 물 분자만 막을 통

---

12 Reuters, "World lacks enough food, fuel as population soars." http://www.reuters.com/article/2012/01/30/us-un-development-idUSTRE80T10520120130(검색일: 2012.1.30)

▌그림 13-9▌ 에너지 섬

자료: http://www.energyisland.com/

과하는 방식을 이용하는데, 미래에는 NT를 사용해 만들어진 물 분자에 더 최적화된 필름이 상용화되어 더 적은 압력과 에너지로 해수를 담수화시킬 수 있을 것이다.

미래 개념으로 주목받고 있는 것은 해수 담수화 기술과 열병합·풍력·태양열 에너지 등 신재생에너지를 결합한 '에너지 섬energy island'[13]이다. 에너지 섬은 2010년 처음 도입되어 열대 해안 지역에서 운영되고 있다. 각각의 섬은 육각형으로 연결되는데, 250MW의 발전소 하나는 25만 가구의 에너지 수요를 충족하며 매일 마실 수 있는 물 6억 리터를 제공할 수 있다. 또한 나머지 물은 농업과 산업을 지원하는 데 이용될 수 있다. 이러한 에너지 섬은 앞으로 더 확장될 가능성이 있다.

공기 중에서 수확할 수 있는 물의 양은 약 3조 6500억 갤런이다. 액체 상

13 Future timeline 2040 timeline. http://www.futuretimeline.net/21stcentury/2040.htm#.VDc9_2d_t8E

태의 물은 무겁고 운반하기 어려워 수송과 배관의 문제가 발생하므로 사람들이 공기 중에서 필요한 물을 즉각적으로 수확해 사용할 수 있다면 물을 보관하고 수송하는 데 필요한 비용이 크게 절감될 수 있다. 또한 물을 저장해두기 위한 물탱크, 저수지, 댐 등의 수요도 크게 줄어들 것이다.

공기 중에서 물을 추출하는 기술을 대기 물 수확이라고 부르는데, 이 기술이 상용화·대중화될수록 현재 파이프라인을 통해 공급되는 물은 미래에 대기 물 수확기에서 공급되는 물로 크게 대체될 것이다. 지금도 대기 물 수확기 기술은 계속해서 개발되고 있다. 한 개인이 사용할 만큼 작은 물병을 채우는 물 수확기부터 여러 명이 사용할 수 있도록 큰 물통을 채우는 물 수확기, 농업·관개·조림을 위한 대규모 물 수확기까지 다양한 규모가 존재하고, 소수성 표면이나 방습제를 이용해 이슬이나 안개를 응결시키고 토양에서 증발하는 수증기를 포집하는 등 방법도 다양하다. 앞으로 대기 물 수확기 기술은 전력 공급 방식, 생산 효율성, 크기, 적용 방식 등에서 더 발전될 것이다.

(5) 토양 오염 저감 기술

미래에는 폐기물을 재활용하거나 최소화하는 기술이 필수적으로 자리잡을 것이다. 영국의 식료품 체인 세인스베리Sainsbury는 슈퍼에서 버려지는 음식물을 폐기하지 않고 바로 분해 과정을 거쳐 바이오가스로 전환해 전원으로 공급하는 시스템을 최초로 도입했다.[14] 또한 가스로 전환되고 남은 부산물은 지역 농민에게 비료로 제공된다. 캐나다의 밴쿠버에서는 폐기물 플라스틱을 아스팔트에 섞어 도로에 까는 기술을 도입했다.[15] 이를 통해

---

14 http://www.gizmag.com/sainsburys-food-waste-anaerobic-digester/33084/

15 http://www.gizmag.com/vancouver-recycled-plastic-warm-mix-asphalt/25254/

그림 13-10 스모그 정화 콘크리트를 적용한 건물

자료: http://www.bbc.co.uk/news/science-environment-15694973

아스팔트를 가열하는 데 사용되는 가스를 20% 줄이고 포장에 드는 재료를 최소화시키는 효과가 발생했다. 한편 플라스틱을 토양과 혼합해 다공성으로 물도 통과시키며 정화하는 플라스티소일Plastisoil이라는 새로운 도로 포장 물질을 개발하기도 했다.[16] 집 또한 3D 프린터를 사용해서 짓는데, 이렇게 지은 집은 폐기할 때 건축 장비로 재활용할 수 있다.[17]

한편 단순한 생활 폐기물 외에 향후 미래의 더 큰 위협은 토양 속에 오랫동안 남아 있는 유해 폐기물이다. 군부대 등에서 나오는 금속·화학 폐기물, 제조업에서 발생하는 석유화학계·금속 폐기물, 더 나아가서는 원자력 발전소에서 발생하는 핵폐기물 등이 모두 토양 오염과 관련되어 있다. 이러한 폐기물은 토양 속에 오랫동안 남아 영향을 미치므로 현재 매립된 오

---

16 http://www.gizmag.com/palstisoil-pervious-concrete-made-from-bottles/17000/

17 이 방법을 사용하는 중국 기업 윈선(WinSun) 장식 설계엔지니어링 회사는 하루에 길이 490피트, 폭 33피트, 높이 20피트의 집을 프린트하며, 대규모 프린터를 사용해 하루에 10채 이상의 집을 인쇄한다.

염물질의 동향을 지속적으로 파악함과 동시에 이를 저감할 수 있는 생물학적·화학적·물리적 방법을 개발해야 생활 속의 안전을 보장할 수 있다.

(6) 공기 질 관리

미래에는 환기나 굴뚝에서의 정화, 실내 정화 수준을 벗어나 건물 외벽이나 필터를 사용함으로써 실시간으로 어디서나 공기 오염을 정화하게 될 것이다. 건축재로 사용하는 시멘트[18]부터 바닥 타일, 광고판, 하이퍼 필터를 포함한 건물, 거대한 인공 광합성 나무 등이 현재 이미 실용화되어 있으며, 이는 앞으로 더 대중화될 것이다. 싱가포르의 슈퍼 트리super tree는 태양광 에너지를 발생시키고 빗물을 저장하며 도심의 열을 낮추는 등 환경을

▌그림 13-11▐ 하이퍼 필터를 장착한 건물

자료: https://urbantimes.co/2014/04/the-incredibly-beautiful-skyscraper-that-works-just-like-a-tree-but-better/

18 이탈리아 화학자인 루이지 카사르(Luigi Cassar)는 최근 공기 중 오염 물질을 광촉매로 분해시키는 콘크리트를 개발했다.

▌그림 13-12▌ 태양광으로 발전하는 슈퍼 트리

자료: http://www.treehugger.com/urban-design/singapore-supertree-powered-gardens-by-bay-opens-public-photos.html

▌그림 13-13▌ 수직정원

자료: http://www.smartplanet.com/blog/decoding-design/pollution-fighting-living-wall-installed-in-a-london-tube-station/

정화할 뿐 아니라 관광 요소로도 큰 기능을 하고 있다. 또한 도시의 열을 낮추고 공기 질을 향상시키기 위해 수직정원 또는 녹색 벽이 더욱 활성화될 것이다. 녹색 벽은 모듈식 수경 재배 시스템을 이용해 토양 없이도 식물이 자랄 수 있게 하는 등 지금의 수직정원보다 효율적이고 적용하기 쉬운

방식으로 개선될 것이다.[19]

(7) 친환경 생산과정

생산과정에서의 에너지를 절감하고 자원 투입을 최소화하려는 노력은 지금과 같이 지속될 것이다. 일반적으로 화학 공장에서는 생산 효율을 향상시키기 위해 합성 공정의 온도를 높이는데, 화학 공장의 운영비 중 에너지가 27%를 차지하는 이유는 바로 이 때문이다. 미래의 화학 공장에서는 온도를 높이기보다는 촉매를 이용해 에너지 사용을 줄이고 불순물의 생성을 줄일 것이다. 또한 지금은 원료를 합성에 편리한 액체 상태로 만들기 위해 환경에 부담을 주는 물이나 유기용매를 사용하고 있으나 앞으로는 초임계유체 등을 활용한 신공법이 개발되어 더 이상 공장을 강이나 호수 근처에 세우지 않아도 될 것이다.[20]

또한 합성 공정을 설계하는 단계부터 부산물이나 폐기물이 발생하지 않도록 하는 기술이 크게 발전할 것이다. 미래에는 독성이 강한 중금속이나 환경에 피해를 주는 강한 산과 염기의 사용이 줄어들고, 대신 독성이 없고 공기 중에서 안정적이고 간단한 전기화학적 방법으로 회수할 수 있는 물질이 각광을 받을 것이다. 인듐, 촉매가 그런 예다. 또한 생체에서 효소가 작용하듯이 자신에게 꼭 맞는 분자에만 반응하도록 설계된, 효율과 선택성이 높은 촉매를 개발하는 것이 미래 녹색화학의 중요한 목표가 될 것이다.

현재 가장 많이 사용되는 인공화합물은 대부분 재활용이 불가능하다. 미래에는 자연의 순환 과정처럼 쓰고 버린 제품을 회수한 뒤 새로운 합성

---

19 CNN, "Green walls create new urban jungles." http://edition.cnn.com/2012/01/30/world/europe/green-wall-clean-air/index.html(검색일: 2012.1.31)

20 중앙일보 중앙 SUNDAY 미래탐사팀, 「녹색화학: 굴뚝 사라진 화학공장」, 『10년 후 세상』.

물질로 사용할 수 있게 해주는 바이오매스 등이 새로운 원료가 될 것이다. 바이오매스를 기반으로 한 고분자 플라스틱인 바이오 플라스틱은 지금도 활발히 연구 중이다. 기존의 바이오 플라스틱은 생분해성에 초점을 맞춰 연구가 진행되었으나, 지금은 비분해성 고분자도 다수 포함되어 있다. 현재 바이오플라스틱 시장은 초기 단계이지만 향후 폐기물 처리 비용이 상승하고 기술 발전으로 물성이나 경제성이 향상되면 시장성이 더욱 증가할 것으로 예측된다.

한편 3D 프린트를 이용한 맞춤형 제작이 쉬워져 폐기물을 최소화할 수 있을 것이다. 먼저 수요에 맞춰 공급함으로써 과잉 생산으로 발생하는 재고가 크게 감소할 것이다. 또한 생산과정에서 꼭 필요한 원료만 소비함으로써 불필요한 폐기물이 감소할 것이다.

3) 환경 분야의 직업 전망

〈표 13-8〉은 한국고용정보원이 발표한 녹색 분야 직업 구조도로, 대분류는 환경오염 저감 분야, 대체에너지 개발 및 생산 분야, 환경 서비스, 환경보호 및 복원 분야 등 세 가지로 나뉜다.

환경 분야의 전문가는 크게 핵심 기술을 개발하는 전문가 및 기술자, 그리고 시스템을 운영하는 기능직으로 나뉘는데, 대체로 기계, 화학, 생물 등의 이공계 관련 직종이 주를 이룬다. 앞으로의 환경 산업은 오염 관리 차원의 좁은 의미의 환경 산업이 강화됨과 동시에 산업 전반에 더 청정한 환경, 에너지 및 자원 관리의 개념을 확산시키는 방향으로 나아갈 것이다. 특히 기후 변화가 심화됨에 따라 기존 에너지 분야의 산업이 지금보다 더 커지고 직업도 지금보다 더 많아질 것이다.

▌표 13-8▌ 녹색 분야 직업 구조도

대분류	중분류	전문가 및 공학 기술자	기능직
환경 오염 저감 분야	친환경 기계 및 설비	- 운송용 배터리 개발자 - 운송용 모터 기술자 - 하이브리드 동력 시스템 개발자 - 선박 환경 설비 기술자 - 친환경 선박 설계 기술자 - 온실가스 저감 장치 기술자 - 운송용 배터리 충전 및 교환 시스템 기술자	- 운송용 배터리 충전 및 교환 시스템 운영원 - 선박 환경 설비 설치 및 유지 보수원 - 온실가스 저감 장치 설치 및 유지 보수원 - 선박 환경 검사원
	친환경 건설	- U-시티 기획자 - U-시티 인프라 운영자 - 친환경 건축설계 기술자 - 지리 정보 시스템 전문가 - 지능형 교통 시스템 전문가 - 친환경 도시계획가 - 조경 기술자 - 친환경 건설 자재 연구원	
	온실가스 처리 분야	- 온실가스 처리 설비 기술자 - 온실가스 측정기 개발자 - 온실가스 처리 연구원(탄소포집연구원)	- 온실가스 처리 설비 설치 및 유지 보수원 - 온실가스 처리 설비 운영원 - 온실가스 측정 및 분석원
	친환경 제품	- LED 연구원 - LED 제품 개발자 - 친환경 제품 소재 개발자 - 친환경 도료 개발자 - 제품 생산 환경 평가 기술자 - 천연염료 개발자 - 전기 에너지 고효율 및 절감 제품 개발자	- 에너지 분석원 - 제품 환경 분석원
	친환경 농림	- 친환경 농법 연구원 및 컨설턴트 - 친환경 병충해 방제 연구원 - 농업 환경 생태 연구원 - 친환경 농산물 인증 심사원 - 친환경 농자재 연구원 및 개발자(화학 분야)	- 농자재 환경 평가원 - 친환경 농작물 재배자
대체 에너지 개발 및 생산 분야	태양광	- 태양광 에너지 연구원 - 태양광발전 시스템 기술자	- 태양광발전 시스템 설치 및 유지 보수원 - 태양광발전 시스템 운영원
	지열	- 지열 에너지 연구원 - 지열 시스템 기술자	- 지열 시스템 설치 및 유지 보수원
	풍력	- 풍력 에너지 연구원 - 풍력 시스템 기술자	- 풍력 시스템 설치 및 유지 보수원
	해양 에너지	- 해양 에너지 연구원 - 해양 에너지 시스템 기술자	- 해양 에너지 시스템 설치 및 유지 보수원
	폐기물 에너지	- 폐기물 에너지화 연구원 - 폐기물 에너지화 설비 기술자	- 폐기물 에너지화 설비 설치 및 유지 보수원 - 폐기물 에너지화 설비 운영원
	바이오 에너지	- 바이오 에너지 연구원 - 바이오 에너지 생산 시스템 기술자	- 바이오가스 분석원 - 바이오 에너지 생산 시스템 설치 및 유지 보수원
	연료전지	- 연료전지 연구원 - 연료전지 시스템 기술자 - 수소 생산 시스템 기술자	- 연료전지 시스템 설치 및 유지 보수원
	화석연료 청정화	- 화석연료 청정화 기술 연구원 - 화석연료 청정화 설비 기술자	- 화석연료 청정화 설비 설치 및 유지 보수원
	태양열	- 태양열발전 연구원 - 태양열발전 시스템 기술자	- 태양열발전 시스템 설치 및 유지 보수원
	수력	- 수력발전 연구원(소수력 포함) - 수력발전 시스템 기술자	- 수력발전 설비 설치 및 유지 보수원 - 수력발전 운영원
	신재생에너지 사업화	- 신재생에너지 사업자 - 신재생에너지 입지 환경 분석 전문가	- 신재생에너지 사업 지원 사무원
환경 서비스, 환경 보호 및 복원 분야	환경 서비스	- 탄소 배출 거래 중개인 - 기후 변화 전문가 - 제품 환경 컨설턴트 - 에너지 진단사 - 온실가스 인증 심사원 - 기상 컨설턴트 - 친환경 경영 컨설턴트 - 친환경 마케팅 전문가 - 재활용 기술자 및 컨설턴트 - 생태 어메니티 전문가 - 환경 컨설턴트 - 녹색생활 지도사	- 생태 관광 안내원
	환경보호 및 복원	- 고도물 처리 연구원 - 고도물 처리 시스템 기술자 - 산림보호 기술자 및 연구원 - 생태 복원 기술자 및 연구원 - 동물 및 야생동물 연구원 - 해양 환경 연구원 - 대기 환경 공학기술자 및 연구원 - 수질 환경 공학기술자 및 연구원 - 폐기물 환경 공학기술자 및 연구원 - 토양 환경 공학기술자 및 연구원 - 환경 영향 평가원 - 환경 검사원	- 오폐수 처리 설비 운영원 - 유해물질 및 폐기물 처리원 - 산림 보호 지도원 - 환경 감시원 - 수렵 감시원

자료: 한국고용정보원, 『녹색분야 직업구조도에 관한 연구』(고용노동부, 2010).

4 | 정책 제언

1) 환경 연구 및 정보 수집 강화로 환경 산업 저변 확대

환경 산업은 서론에서도 언급했듯이 소비자의 요구보다 국가의 정책·규제의 영향을 받는 공공재적 성격을 지닌다. 또한 환경의 변화는 환경 산업의 변화뿐 아니라 제조업, 관광업, 건설업 등 연관 분야에도 크게 영향을 미치기 때문에 환경 정보의 수집 및 분석, 공개는 향후 변화를 준비하고 적응하는 데 도움을 줄 것이다. 따라서 경기도 및 국가 차원에서 환경과 관련된 정보를 원활히 생산하고 공유할 수 있도록 연구와 정보 수집 기능을 강화해야 한다.

이러한 정보는 국가 단위로 생산되는 경우가 많았는데, 앞으로는 국가 간 네트워크를 통해 광역적 환경에 대한 모니터링 및 영향 평가를 할 수 있도록 해야 한다. 유럽의 경우 SEISShared Environmental Information System를 통해 환경에 대한 정보를 공유하고 있는데, 한국도 서로 밀접한 영향을 주고받는 중국, 동남아 국가 간의 환경 정보 네트워크를 구축함으로써 공동 대응해나갈 수 있어야 할 것이다.

또한 앞으로 다가올 기후 변화에 대해 시나리오를 축적하고 사회 각 분야에서 대응 전략을 구축해야 한다. 미국 뉴욕 시의 경우 기후 변화에 대응하기 위해 감축 계획을 세우는 한편, 기후 변화로 발생할 재해에 대해 시뮬레이션과 대응 전략을 별도로 수립하고 있다. 앞으로 국내 지자체와 기업에서도 기후 변화와 극한 기후, 환경 재난 등에 대한 정보 생산과 대응 기술을 더 발전시켜야 한다. 기후에 대한 정보 수집은 앞으로 창출될 기후 조절 및 관리 분야에서도 중요한 연구 개발 소재가 될 것이다.

2) 환경 기업의 전략적 해외 진출 지원

폐기물, 수자원·수처리 중심의 환경 산업 경향은 앞으로도 지속될 것이며, 현재 가장 큰 규제를 적용하는 미국과 다른 나라 간의 격차가 상당히 크기 때문에 전 세계적으로 성장 잠재력은 아직 크다고 볼 수 있다. 다만 한국 내에서의 성장은 점차 둔화되고 있으며, 에너지 분야를 제외하면 수요가 크게 늘어나지 않을 전망이다.

따라서 해외 시장 개척으로 산업 규모를 확장시켜야 한다. 특히 세계 환경 시장에서 아시아 및 남미 시장이 성장할 것으로 전망되므로 ODA 등 국제 지원 등을 통해 이들 시장에서의 인지도를 쌓고 한국이 이미 기술을 가지고 있는 오염 관리, 청정 기술 분야 등에서의 노하우를 바탕으로 새롭게 창출되는 환경 규제 관련 분야로 진출하도록 지원해야 한다. 현재 국내 환경 산업체 중 중소기업이 차지하는 비중은 97%에 달하며,[21] 이들 중 해외 진출을 추진하는 기업은 기술적인 면보다 재정적인 여력과 마케팅 역량이 취약한 경우가 많다. 따라서 환경 업종에 대한 해외 시장 정보를 제공하고 관련 시장에 적합한 업종과 기업을 발굴해 이들의 해외 시장 진출을 도와주는 행·재정적 지원이 필요하다.

3) 이공계 인력 확보 및 특허 관리

앞서 살펴본 바와 같이 환경 분야의 직업군은 대부분 기술 개발과 시스템 관리로 이뤄져 있다. 따라서 국가 차원에서 기계, 화학, 생물 등 기초과

---

21 김홍석, 「환경산업 해외시장 진출지원 정책과 향후 지원 방향」, ≪한국대기환경학회지≫, 제29권 제1호(2013).

학 분야를 강화함과 동시해 관련 전공 연구자들이 환경문제에 더욱 관심을 가지고 연구해나갈 수 있도록 연구 환경을 조성해야 한다.

한편 각국의 환경 시장 경쟁은 이제 특허 경쟁이 되고 있다. 특히 에너지 분야에서의 기술 및 특허의 확보가 시장성 확보 및 수출에 큰 영향을 미친다. 따라서 환경업체 및 연구소들이 개발한 기술에 대해 특허를 쉽게 취득할 수 있도록 지원하는 시스템과, 지적재산권을 관리하는 인력 및 시스템도 갖춰야 한다.

특히 한국에서 중점적으로 개발해야 할 분야는 물 분야다. 특히 세계적으로 물 부족이 심화되고 있고 깨끗한 물을 확보 및 저장하는 것과 관련된 시장이 늘어나는 만큼 관련 기술을 축적해서 해외 시장 경쟁에 대비해야 한다.

또한 삶의 질에 대한 관심이 높아져 생활환경에 대한 관심이 지속적으로 늘어나고 있다. 따라서 도시화와 연결해 도시 자체 내의 환경을 안정적으로 관리하고 오염을 최소화하는 방안이 앞으로 계속 필요할 것이다.

4) 북한과의 환경 협력을 통한 한반도 환경 개선

앞으로 북한과의 관계가 어떻게 변화할지 예측하기는 어렵지만, 아시아 및 남미의 환경 수요가 늘어나는 만큼이나 북한의 환경문제도 심각한 상황이다. 앞서 기후 변화 측면에서 살펴본 대로, 북한은 남한보다 더 큰 기후 변화를 겪을 것으로 예고되고 있으며, 대기오염, 수질오염, 가뭄, 산림 황폐화 등도 심각한 상황이다. 북한은 나름대로 환경문제를 해결하기 위한 노력을 기울이고 있으나, 현황을 파악할 수 있는 환경오염 측정 및 모니터링 정보의 부족으로 계획 및 정책 수립에 어려움을 겪고 있다.[22] 북한은 중국만큼이나 남한과 서로 영향을 주고받는 관계에 있기 때문에 남북 관계가 개선됨에 따라 환경 협력도 크게 증가할 것으로 예상된다. 또한 미래 통일 및 남북 관계 개선을 염두에 둘 때 인력 개발, 기술 이전, 시설 지원 등을 통해 북한이 자체적으로 관리할 수 있는 환경오염 처리의 수준을 높여가야 할 것이다.

---

22 「통일을 대비한 남북한 과학기술 협력방안: 환경분야를 중심으로」, ≪STEPI Insight≫, 제144호(2014).

14 미래의 산업과 직업 도시 공간 분야

이상대

1 | 트렌드 변화에 따른 미래 공간의 변화

1) 미래의 주요 변화 양상

미래는 현재 상태의 변화를 전제로 한다. 그 변화는 경제적 변화, 사회적 변화, 물리적 변화 등 여러 측면에서 전개된다. 이 장에서는 이러한 변화 중 산업 및 직업의 변화가 공간, 토지, 시설 등의 물리적 공간을 어떻게 변화시키고, 이에 따라 미래도시 공간이 어떻게 변화할지 탐색하려 한다.

기획재정부가 2012년 2월 발표한 중장기 전략 보고서에 따르면, EU(27개국) 및 영국, 싱가포르 등 8개 주요 선진국의 장기 전략 보고서에서는 공통적으로 글로벌 경제화, 인구구조 변화, 기후 변화·에너지 고갈 등을 핵심 미래 트렌드로 제시하고 있다고 한다. 먼저 글로벌 경제화에서는 세계 경제 질서가 중국·인도를 중심으로 재편되는 한편, 글로벌 경제 시스템의 불안정성이 증대되어 금융 경색과 위기가 주기적으로 반복되고, 지원 역할

▌표 14-1▐ 미래 트렌드와 트렌드별 기회 요인 및 도전 과제

트렌드	기회 요인	도전 과제
경제 글로벌화	EU, 미국 등 전통적인 교역 대상국뿐 아니라 신흥국의 부상으로 신시장이 등장해 교역·투자 기회가 크게 증가	- 개발도상국과의 경쟁 - 대외 충격으로부터의 취약성 증가
인구구조 변화	중국, 아프리카 등 새로운 시장 확대, 실버·레저 등 새로운 산업 성장 가능성 대두	- 복지·의료 지출 증대 - 식품 가격 상승 - 외국 인력 유입 - 다문화 사회 통합
기후 변화	지속 가능 경제구조로의 전환, 신재생에너지·온실가스 감축 기술 등 새로운 산업 성장	- 식량·자원 확보 경쟁 - 산업 생산력 저하

자료: 기획재정부, 「주요 선진국이 바라본 미래 트렌드와 정책과제」(2012.2.20), 기획재정부 보도자료.

을 하던 금융 부문이 실물경제 부문을 흔들어대는 상황이 나타나고 있다.[1] 이로 말미암아 도시 개발이나 부동산 취득 등 공간 변화에서 국내적 변수뿐 아니라 국제적 변수도 작용하고 있으며, 도시 토지 시장이나 부동산 시장도 이전보다 훨씬 불안정해지고 있다.

인구구조 변화에서는, 개도국은 인구가 증가하는 한편, 선진국은 저출산·고령화로 인한 생산 인구 감소와 복지 재정 문제 등이 증대되고 있다. 특히 동아시아의 일본, 한국, 중국은 모두 심각하고 급격한 저출산 고령화 과정을 겪고 있는데, 경제 발전의 후발 주자인 한국과 중국의 도시화·광역화가 다른 나라에 비해 훨씬 빨리 진행되고 있어 성숙기에 다다르는 종료 시기도 훨씬 빨라질 가능성이 있다.

마지막으로 기후 변화가 점차 심화되는 한편, 화석에너지에 대한 의존도가 낮아지고 있다. 기후 변화로 풍수해가 이전에 비해 더 빈발하고 있어 재해재난에 대한 인간의 위험도 증가하고 있다. 한편 화석에너지를 이용하는 구조에서 탈피함에 따라 유럽을 중심으로 신재생에너지 이용 확대가

1 기획재정부, 「주요 선진국이 바라본 미래 트렌드와 정책과제」(2012.2.20), 기획재정부 보도자료, 1쪽.

▮표 14-2▮ 한국의 특수성에 따른 트렌드별 기회 요인 및 도전 과제

트렌드	기회 요인	도전 과제
남북 관계와 통일 진전	분단 비용 감소로 국방비를 절감할 수 있으며, 남북한 경제성장 및 문화와 인재의 개발이 가능	- 통일 비용 부담 - 주변 4강에 이권 보장
격차 의식 심화	지역 발전과 인재 개발의 동인으로 작용("우리도 지하철을 타고 싶다", "우리 마을도 극장에서 영화를 보고 싶다" 등)	- 지역감정 심화로 갈등 비용 증대 - 수도권 규제 정책으로 인한 국가 경쟁력 저하

자료: 기획재정부, 「주요 선진국이 바라본 미래 트렌드와 정책과제」.

두드러지고 있다. 한국이나 일본은 인구 밀집 및 도시 집중으로 신재생에너지 생산 조건이 열악하고 수요량도 많아 전통적인 화석에너지 의존 구조에서 크게 탈피하지 못하고 있다.

한편, 앞에서 열거한 세계 공통이자 선진국 그룹 공통의 변화 트렌드 외에 한국 특수성에 따른 트렌드 변화도 우리에게는 중요하다. 지역 및 공간의 차원을 중심으로 한 한국만의 변화 트렌드로는 첫째, 남북 관계와 남북 교류 협력의 증대, 둘째, 지역 간·계층 간 격차에 대한 의식의 유지 또는 변화를 들 수 있다. 이 두 가지 트렌드는 한국 도시 공간의 미래를 살펴보는 데도 반드시 필요하다.

이를 뒷받침하는 조사 연구 결과로는 전문가를 대상으로 한 델파이 조사를 거쳐 2009년 발표된 국토연구원의 「국토 대예측 연구(I)」 보고서를 들 수 있다. 이 보고서에 따르면 다음과 같은 변화가 일어날 것으로 예측된다. 첫째, 남북 관계가 개선되고 통일이 진전되면 남북한 사이에 물자와 인력, 자본이 자유롭게 이동할 수 있는 사실상de facto의 통일 상황이 전개되고 궁극적으로 남북통일 단계로 진행되면 현재의 휴전선이 없어지면서 북한 지역도 국토 내 지역의 차원으로 통합되어 경제적·물리적 활동 공간이 자연히 확장된다. 둘째, 지역 간·계층 간 격차에 대한 의식으로 인해 정치적·경제적·공간적 변화가 발생한다. 격차에 대한 의식을 긍정적인 측면에서 보면 지역마다 상호 경쟁의식을 부추겨 지역 발전과 인재 개발의 동

인으로 작용할 수 있지만, 부정적인 측면에서 보면 지역감정 심화에 따른 갈등 비용을 증대시키고 지역마다 교통, 체육관 등의 인프라 투자 중복을 유발하는 요인으로 작용할 수도 있다.

2) 미래의 주요 공간 변화 양상

이러한 주요 미래 트렌드 변화와 기회 요인 및 도전 과제와 관련해 미래 공간도 변화할 것으로 전망된다. 미래 공간에 대한 탐구는 미래도시 제안으로 나타난다. 그동안 국토 도시 공간과 관련된 학회, 학회지, 전문 저널 등에서는 미래도시를 기존 도시와 기술적으로 융·복합하는 형태를 제시하거나, 몽상적인 비전을 제시해왔다.

미래도시 모델을 정부 차원에서 정리한 사례로는 영국 과학성Government Office of Science을 들 수 있다. 영국 과학성은 2014년 6월 「미래도시란 무엇인가What are future cities?」라는 보고서를 발표했다. 이 보고서에서는 미래도시를 환경적·사회적·경제적인 측면에서 이해하면서, 이러한 요소의 일부 또는 전부를 조합한 개념으로 접근했다. 또한 전원도시, 포용도시, 경쟁도시 등이 지금은 특수한 분야에 한정된 용어이지만 미래도시에서는 일상적인 개념으로 쓰인다고 정리했다. 이에 따라 구체적인 모델로 스마트 시티, 지속가능 도시, 미래도시, 활력도시를 제안했다.[2]

이 보고서에 따르면 최근 미래도시의 개념화와 정책적 활용도 변화하고 있다. 이전의 전원도시, 포용도시, 경쟁도시, 정보도시가 특정 영역에 치중한 경향이 있었던 반면, 최근에는 스마트 시티, 지속가능도시, 미래도시,

---

2 Government Office of Science, *What are future cities?* (Government Office of Science, 2014), p. 4.

‖표 14-3‖ 영국 과학성이 개념화한 미래도시의 모습

환경적 차원	사회적 차원	경제적 차원	거버넌스 차원
전원도시	참여도시	기업도시	관리된 도시
지속가능도시	보행도시	경쟁도시	정보도시
에코 시티	통합도시	생산적 도시	생산적 도시
녹색도시	포용도시	혁신도시	효율도시
콤팩트 시티	정의도시	비즈니스친화도시	웰빙 시티
스마트 시티	열린 도시	글로벌 시티	스마트 시티
회복력 있는 도시	활력도시	회복력 있는 도시	미래도시

자료: Government Office of Science, *What are future cities?*, p. 4.

활력도시 등과 같이 포괄적이고 복합적인 뜻을 가진 개념으로 변화하고 있다.[3] 하지만 지금은 다시 지속가능도시, 에코 시티, 디지털 시티 등의 용어는 점차 활용도가 떨어지고, 최근에는 스마트 시티가 가장 유행하고 있다. 그 이유는 IT 주도적인 혁신과 도시민 거버넌스가 유행하기 때문이다.

한편 앞서 인용한 국토연구원의 『국토대예측 연구(II)』(2010.12)에서는 국토 공간의 변화를 특정해서 제시하고 있는데, 국토 공간의 변화는 국토 이용 수요와 국토 이용 격차의 두 가지 주요 변수를 기반으로 다음과 같이 크게 네 가지 모습으로 전개된다고 한다.[4]

미래 국토 공간에서는 첫째, 지속 가능한 국토 발전에 대한 인식이 제고된다. 이에 따라 주택의 거주 가치는 물론 농지, 산지 등 국토 자원의 환경적 가치도 높아지며, 수변 공간과 국토 재생이 활성화된다. 둘째, 첨단 녹색 시대가 본격화된다. 첨단 녹색 주택, 첨단 녹색 산업 공간, 첨단 녹색 자동차 및 도로가 보편화되는 한편, 초고속 교통수단과 첨단 녹색도시도 보편화된다. 셋째, 국토 이용이 다양화된다. 틈새 주택 시장이 활성화되고 새

---

3 Government Office of Science, *What are future cities?*, p. 4.

4 국토연구원, 「국토 대예측 연구(II)」(국토연구원, 2010), 272~279쪽.

▌표 14-4▐ 미래도시 용어 사용의 지리적 트렌드

구분	트렌드	유행 지역	유행 국가	유행 도시
미래도시 (future city)	안정적	전 세계	인도, 미국, 캐나다, 호주, 영국, 멕시코, 브라질	미니애폴리스, 싱가포르, 뭄바이, 뉴델리, 피닉스, 런던, 샌프란시스코, 푸네
에코 시티 (eco city)	안정적	아시아	필리핀, 싱가포르, 말레이시아, 인도	찬디가르, 톈진
스마트 시티 (smart city)	상향적	유럽, 북미	이탈리아, 스페인, 벨기에, 영국	바르셀로나, 볼로냐, 토리노, 로마
정보도시 (intelligent city)	안정적	북미	미국, 영국	런던
지속가능도시 (sustainable city)	하향적	영국, 영국연방	호주, 영국, 캐나다, 미국, 인도	밴쿠버, 싱가포르, 워싱턴, 오클랜드, 포틀랜드, 두바이, 런던, 오스틴
콤팩트 시티 (compact city)	안정적	전 세계에 산재	호주, 영국, 미국	솔트레이크시티, 뉴욕시티
활력도시 (livable city)	간헐적	영국, 영국연방	호주, 영국, 캐나다, 싱가포르	뉴욕시티, 싱가포르, 멜버른, 피츠버그, 밴쿠버
디지털 시티 (digital city)	하향적	전 세계에 산재	아일랜드, 필리핀, 미국, 영국	캔자스시티, 오클라호마시티, 더블린, 미니애폴리스
혁신도시 (innovative city)	안정적	전 세계에 산재	미국, 영국, 인도	방갈로르
녹색도시 (green city)	안정적	북미	미국, 호주, 캐나다	뉴욕시티

자료: Google Trends; Government Office of Science, *What are future cities?*, p. 17 재인용.

로운 거주 형태가 나타나며, 산업 공간이 복합화되면서 도시 공간이 입체화·다양화·무장애화된다. 넷째, 자연재해에 강한 국토의 중요성에 대한 인식이 높아진다. 기후 변화로 태풍, 폭우, 폭염, 대설 등이 증가해 자연재해의 발생 빈도가 높아지고 피해 규모도 대형화되기 때문이다.

3) 미래 산업 및 직업의 변화 요인과 미래 공간 변화 간 관계 구조

일반적으로 미래 산업과 직업의 변화 요인은 공간 변화를 유도해내는 기제로 작용한다. 토지 이용, 즉 토지 위에서 일어나는 활동activity과 기능function의 변화를 결정하는 것은 콘텐츠이며, 산업과 직업의 변화는 공간의

▌그림 14-1▌ 미래 사회 변화와 미래 공간 변화 간 관계 구조

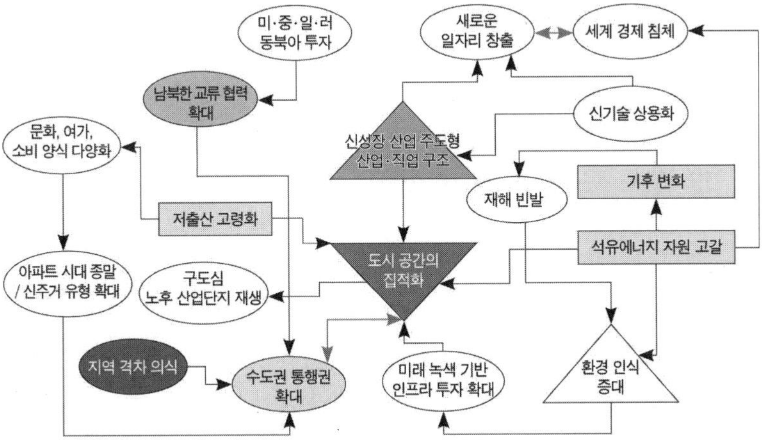

이용 패턴을 결정하기 때문이다.

미래 산업 및 직업의 변화 요인과 미래 공간 변화 간의 관계 구조는 〈그림 14-1〉과 같이 정리할 수 있다. 새로운 일자리 창출, 신기술 상용화 요인은 도시 산업 경제 구조를 신성장 산업 주도형으로 바꿀 것이다. 왜냐하면 신성장 산업이 주도하는 산업 및 직업의 구조는 도시 공간의 이용 패턴을 더욱 집적화시켜, 즉 토지 이용 밀도를 높이고 용도를 복합화시키며 여러 지구나 도시를 네트워크화해 콤팩트compact한 도시 공간 구조를 만들 것이기 때문이다. 물론 도시 공간을 집적화시키는 다른 요인도 있다. 고령화에 의한 도시 내 노인 인구 증가와 노인 시설의 수요 증가, 석유에너지 자원의 고갈과 비용 증대, 도시 철도, 자전거 등 녹색 인프라 투자 등이 도시를 확산suburbanization시키기보다 도시 내로 집적compactness시키는 방향으로 작용할 것이다.[5] 그렇다면 미래 산업과 직업 변화에 따른 미래 공간의 변화 양상을

5 도시 내 여성, 노인, 아동, 외국인은 자동차 접근성에 한계가 있으며, 이동 거리가 늘어나

사례로 들어 더 구체적으로 전망해보고, 미래 공간의 변화가 산업과 직업의 변화를 유발하는지도 살펴보자.

2 | 미래도시 공간의 변화 시나리오

1) 전제

도시 공간의 이용 패턴과 질서는 기본적으로 토지에서 거주 활동住, 생산 활동產, 친교 활동遊이 일어나면서 이뤄진다. 즉, 도시 내에서 거주하고 생산하고 노는 주住·산產·유遊의 작용 패턴과 활동이 달라지면 토지 이용의 패턴과 종류가 달라져 공간의 변화가 일어나는 것이다.

앞서 살펴본 바와 같이 도시 공간과 도시 토지 이용을 변화시키는 가장 큰 요인은 산업과 직업의 변화다. 그러므로 미래 산업 및 직업의 변화에 따른 미래 공간 변화의 함수관계에서 산업과 직업의 변화는 독립변수이고 도시 공간의 변화는 종속변수인 셈이다. 따라서 미래 공간의 변화는 산업 경제 구조의 변화 양상, 즉 미래에 어떤 새로운 산업과 직업이 생기느냐에 달려 있다. 그러므로 미래 공간 변화의 시나리오를 보면 물리적 공간인 도시 공간이 어떤 범위와 강도로 영향을 받아 변하는지를 이해할 수 있다.

2) 구체적인 시나리오

먼저 생각할 수 있는 시나리오는 현 상황과 추세가 지속되어 도시 내 고

면 불편함이 가중된다.

용을 전통 산업과 ICT 산업이 동시에 주도함에 따라 도시 공간의 이용 패턴도 큰 변화가 없는 시나리오다. 도시 내 토지 이용과 건축물 건설을 이끄는 것은 가장 근본적으로 산업과 일자리인데, 도시 내 산업과 직업의 구조와 입지 패턴에 변화가 없다면 공간의 형태와 토지 이용 질서가 근본적으로 변화하지 않을 것이다.

현재의 산업과 직업 구조를 추인하는 보수적인 산업 입지 정책 및 도시개발 정책이 지속된다면 도심, 주거지, 도시산업지구(공업 지역과 산업단지) 등 도시 토지 이용의 패턴과 구조가 그대로 유지될 것이다. 특히 도시 내 쇠퇴 지역에서 새로운 산업과 일자리가 만들어지지 않는다면 쇠퇴 지역의 공간 변화와 성장도 멈출 것이다. 실제로 2010년 국토해양부 도시재생사업단이 도시 쇠퇴 진단을 실시한 결과, 서울, 성남, 고양, 부천, 시흥, 평택, 군포, 오산, 하남시는 비록 성장 도시이지만 구시가지가 쇠퇴하는 것으로 분류되었다. 수원, 용인, 남양주, 안양, 김포는 구시가지와 주변부의 면 지역이 쇠퇴하는 것으로 나타났으며, 인천, 안산, 광명, 의정부, 의왕, 구리는 안정 - 정체된 도시로서 구시가지가 쇠퇴하는 지역으로 나타났다.[6] 이러한 쇠퇴 현상을 반전시키는 가장 근본적인 카드는 새로운 산업과 직업을 만드는 것이다.

두 번째 시나리오는 첨단 지식 산업(ICT 산업, 창조 산업 등)에서의 고용이 늘어나고 산업의 비중도 크게 높아짐으로써 도시 내 과학기술 거점이 형성되고 공간의 집적도가 높아져 고층화·복합화가 진행되는 시나리오다. 자연적이든 정책적이든 간에 도시 내에서 성장하거나 유치한 첨단 지식 기반의 산업과 직업은 주택, 오피스, 공장, 연구 개발 시설, 공연장 등의 공간과 도시 경관을 변화시킬 것이다.

---

6 국토교통부 도시재생사업단, 「도시재생 R&D 보고서」(국토교통부, 2014) 참조.

지식 정보를 기반으로 한 일자리가 늘고 이러한 일자리의 비중이 높아짐에 따라 이들 일자리에 접근 가능한 입지에 이들이 선호하는 주거 형태가 개발될 것이다. 생산 용지도 순수 제조업보다 연구 개발과 디자인, 그리고 시제품과 관련된 용지가 늘어날 것이며, 노는 방식도 다양한 활동을 한 장소에서 담아내는 복합몰과 문화 쇼핑 공간으로 전환되는 등 토지 이용이 달라질 것이다. 아울러 지식 기반 산업과 지식 기반 일자리는 도시 내에서 교통 접근성과 공간 구조 위계 측면에서 가장 요지이자 지가나 임대료가 비싼 공간을 점유할 것이다.

이러한 두 가지 시나리오 중 어느 것이 미래에 실현될까? 이는 도시의 산업 구조가 어떻게 구성되느냐에 달려 있다. 시장의 힘에 의해서든 도시 산업 정책에 의해서든 첨단 지식 산업의 양과 비중이 늘어나고 첨단 지식 산업이 도시경제를 주도하게 된다면 도시 공간의 구조와 도시 토지의 이용은 첨단 지식 산업의 용지 및 도시 첨단 산업의 거점 형성에 따라 좌우될 것이다.

〈그림 14-2〉는 첨단 지식 산업에 속하는 창조 산업[7] 업종을 대상으로 수도권의 시·군·구별 집적도를 분석한 것이다. 그림에서 보는 바와 같이 창조 산업의 종사자는 서울시의 서초구, 강남구, 구로구 등과 경기도의 수원, 성남, 부천, 고양, 용인, 화성 등에 집적해 있다. 산업과 공간 변화 시나리오를 적용할 경우 이들 도시는 두 번째 시나리오에서 가정한 것처럼 과학기술 거점 형성과 고층화·복합화의 수준이 다른 지역에 비해 높아질 것으로 예측된다.

이러한 시나리오 예측은 선행 연구에 의해서도 어느 정도 뒷받침된다.

---

7 창조 산업을 ① 문화적 장소산업, ② 시각예술산업, ③ 행위예술산업, ④ 출판 및 인쇄업, ⑤ 오디오 비주얼산업, ⑥ 디자인산업, ⑦ 뉴미디어산업, ⑧ 창조 서비스 산업, ⑨ ICT 통신서비스 산업, ⑩ ICT 디바이스산업 등 열 가지로 분류했다.

❚그림 14-2❚ 수도권 시·군·구별 창조 산업 종사자 수의 집적 현황과 분포

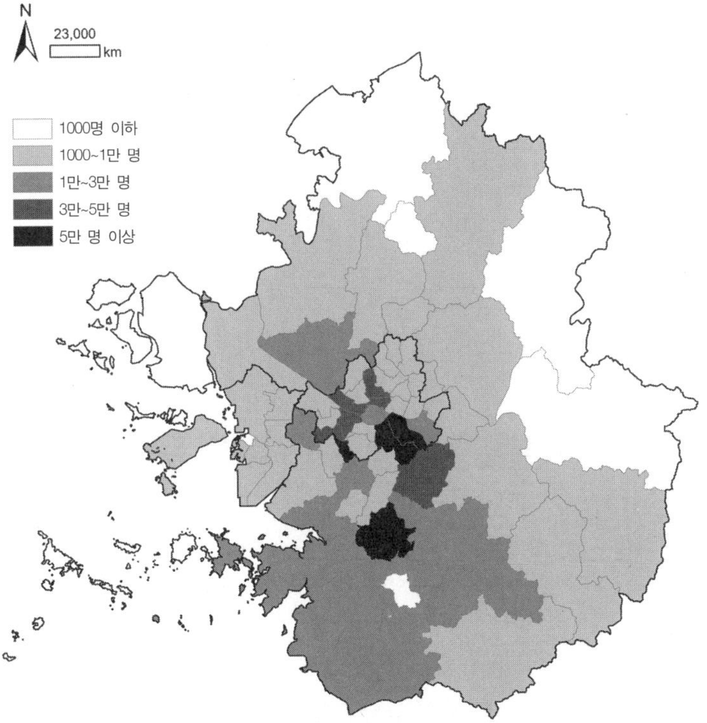

자료: 통계청, 『전국사업체조사』(각 연도). 국토연구원 박경현 연구팀이 제공한 통계 자료를 토대로 재작성; 이상대, 「도시경쟁력과 창조도시」, 경기개발연구원, ≪이슈&진단≫(2014.7), 9쪽.

국토연구원의 「국토 대예측 연구(II)」에서는 미래의 산업 입지가 첫째, 첨단 신산업이 대도시권을 중심으로 발달한다, 둘째, 국제 경쟁력에 따라 제조업 입지 수요가 변화한다, 셋째, 산업 공간이 복합화·임대화·생태화된다, 넷째, 산업 입지 격차가 존재한다 등 네 가지 양상을 보일 것이라고 전망한 바 있다.

이처럼 첨단 신산업의 대도시권 내 도시 입지, 국제 경쟁력의 중요성 증대, 산업 공간의 복합화 추세는 도시 내 첨단 신산업 집적지 형성을 가져오는 요인으로 작용할 것으로 전망된다.[8] 아울러 국토연구원이 2013년 발표한 「미래 국토발전 장기전망과 실천전략 연구(II)」에서는, 미래에는 주택 및 세컨드하우스 임대, 공동 주거, 자동차 및 일자리 나누기 등 임대와 공동 이용이 증가하고, 단일 기능에서 다기능 복합적으로 첨단 융합화할 것으로 전망했다. 또한 친자연, 자기 계발, 체험, 프로슈머 등 다양한 수요를 충족시키기 위해 맞춤형 공간이 증가하며, 디지털화·초고속화 등으로 생활공간의 장소와 기능이 모바일화하고 입지 유연화해 초연계화가 진행될 것으로 전망했다.[9]

3 | 첨단 지식 기반 산업 및 직업의 집적지 형성과 도시 공간의 변화

1) ICT 및 게임 산업 집적지의 형성: 판교테크노밸리

첨단 신산업의 입지와 성장은 도시 공간의 개발과 함께 인구와 이용객들을 끌어들인다. 벤처기업 붐이 한창 일었던 테헤란로, 테헤란로의 임대료 상승과 오피스 부족으로 인해 기존 굴뚝공장을 털고 벤처 및 IT 산업 집적지로 탈바꿈한 구로산업단지, 바다를 매립해 저렴한 용지 분양가를 실현함으로써 경제자유구역으로 탈바꿈한 인천 송도 등은 새로운 산업 기술 비즈니스 거점을 형성한 대표적인 사례다.

판교테크노밸리는 ICT 산업과 게임 산업이라는 지식 기반 산업이 만들어낸 도시다. 판교는 ICT 산업을 육성하려는 전략 아래 시작되어 국내 유일의 ICT·소프트웨어 산업의 R&BD 혁신 클러스터 단지로 발전했다. 판교테

---

8 국토연구원, 「국토 대예측 연구(II)」(국토연구원, 2010), 113~132쪽.

9 국토연구원, 「미래 국토발전 장기전망과 실천전략 연구(II)」(국토연구원, 2013), ix~x쪽.

크노밸리는 지난 2004년 판교신도시 실시계획이 승인되어 개발이 시작되었고, 경기도는 2005년부터 민자 포함 5조 2705억 원을 투자해 면적 66만 1000m^{2}에 초청 연구단지 · 일반 연구용지 · 연구 지원용지를 조성했다.

2014년 현재 판교테크노밸리는 870개사(이 중 ICT 기업이 627개사로 전체의 72%), 종사자 수 5만 8188명(이 중 ICT 기업 종사자가 3만 7600명으로 전체의 65%), 매출액 54조 원(이 중 ICT 기업 매출액이 25조 원으로 전체의 47%) 규모에, 입주 기업의 90%가 연구소 조직을 보유하고 있는 혁신 클러스터로 발전했다. 2015년에는 미래창조과학부의 소프트웨어 융합 클러스터 조정 사업에 지정되어 국비 100억 원, 지자체 매칭 사업비 50억 원, 도비 20억 원을 투자하는 사업을 추진할 예정이며, 현재 주변 지역을 새로 개발해 확장하는 2단계 사업을 추진 중이다.

판교테크노밸리의 성공적인 조성은 주거와 상업 기능으로 구성된 판교신도시의 동반 성장을 가져왔다. 경부고속도로를 중심으로 동판교에는 중소형 평형 위주의 단지가, 서판교에는 중대평형, 고급 단독, 저층 연립주택 등이 개발되었다. 판교테크노밸리의 일자리와 동판교 및 서판교의 주택이 직주근접職住近接 형태를 띠면서 택지개발지구가 조기에 안정화되는 데 성공했다. 특히 ICT업계의 특성상 주거 이동성이 높은 20~30대 직원들이 근무하면서 인근 분당 정자동, 용인 죽전과 수지, 광주 태제고개 등 주택지의 주거 선호도도 증가했다. 판교가 개발되면서 인근의 정자동, 서현동 등 분당신도시 지역에서도 주상복합, 오피스텔 등 청년층이 선호하는 주거 형태가 많이 등장하고 있다. 또 고밀복합용도 개발도 부동산 경기 침체 국면 속에서 가시화되고 있다. 지지부진하던 알파돔시티 건설 사업도 신분당선 판교 역세권 중심의 상업 용지 13만 7500m^{2}에 총사업비 5조 171억 원을 들여 개발되고 있다.

창조 산업 중 하나인 ICT 산업이 모여 있는 판교테크노밸리지구에서는

▍그림 14-3▍ 판교테크노밸리에 입지한 주요 ICT 회사

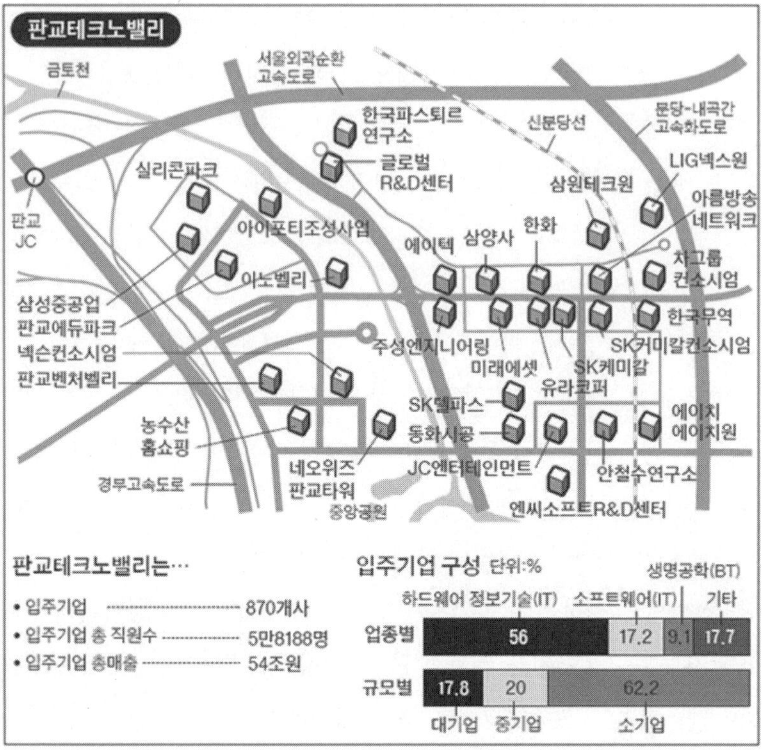

자료: 경기과학기술진흥원 판교테크노밸리지원본부.

▍그림 14-4▍ 젊은 층이 쏟아지는 판교테크노밸리의 출근길 풍경(왼쪽)과 오피스텔 건물들(오른쪽)

자료: 저자 작성.

❙그림 14-5❙ 판교테크노밸리의 카풀앱 팡요(PangYo)

자료: https://play.google.com/store/apps/details?id=com.skp.pangyo

이에 맞는 도시 문화도 새로 생겨나고 있다. 목욕탕, 찜질방, 컨벤션홀, 농구 코트, 오토바이용 전용 주차장 등을 사옥 내에 갖추는 회사가 늘고 있으며, ICT 기업의 장점을 살려 판교에 특화된 앱, 즉 생활 정보 앱인 '더 판교The pangyo', 카풀 앱인 '팡요PangYo' 등도 개발되고 있다. 그 밖에 '모두의 라운지'라는 익명 게시판을 통해 사내 또는 동일 지역 내에 근무하는 다양한 회사 간의 소통이 이뤄지고 있다. 익명이지만 비슷한 일을 하고 연봉 수준, 행동 패턴, 업무 환경이 비슷한 사람과 대화를 나눌 수 있다는 점에서 높은 호응을 얻고 있다. 이처럼 미래도시에는 직접 대면 외에도 다양한 소통 채널이 형성될 것이고, 지역을 기반으로 한 프로그램, SNS 등이 더 활성화될 것이다.

2) 굴뚝공장 산업단지의 재탄생: 구로디지털산업단지

미래 첨단 산업과 직업의 수요는 기존 굴뚝공장과 산업단지도 변모하게

❙그림 14-6❙ 구로디지털단지의 전경

자료: 네이버 항공사진 캡처(2009.3).

만든다. 도시경제가 지식 기반 산업 구조로 바뀌면서 기존의 산업 공간도 복합화·고층화되고 있다. 구로디지털단지가 좋은 사례다. 구로산업단지는 1964년 당시 수출산업공단으로 조성된 지역으로, 영등포 및 서남권의 중심 발전축 역할을 했던 지역이다. 과거의 전통적인 제조업 기반 산업단지였던 이곳은 1997년 '구로산업단지 첨단화계획'을 통해 G밸리로 재탄생해 다양한 패션 및 지식 기반 산업, 기술 기반 산업, ICT 산업의 기업이 입주한 첨단산업단지가 되었다.

1967년 말에는 입주 기업이 31개사였으나 첨단 업종 기업의 입주가 시작된 2005년 말 5124개사로 약 7배 증가했다. 2010년에는 1만 개사를 돌파했고, 2013년 말 기준으로는 1만 1911개사로 늘었다. 일하는 근로자 수도 2013년 말 현재 16만 2000명에 달한다.

구로디지털단지의 성장은 강남의 테헤란로에 필적하지는 못하지만 서울 서남권의 산업 기술 비즈니스 거점으로서의 역할을 충실히 수행하고 있

▌그림 14-7▌ 구로디지털단지로 인한 구로구 오피스텔 증가 추세

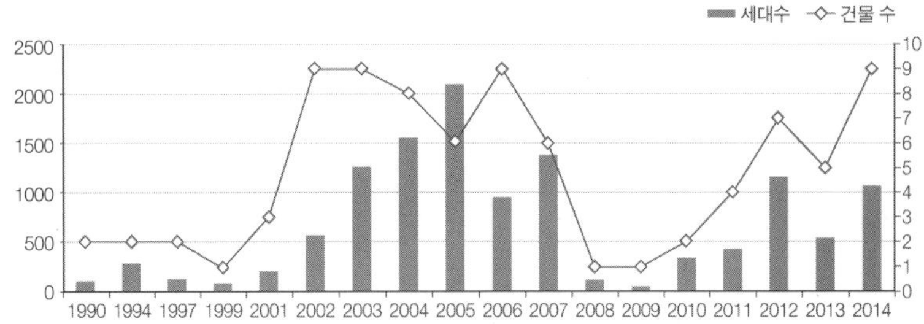

자료: http://realestate.daum.net/maemul/area/2152020/A6/S/summary(2014년 10월 16일 기준)의 다음부동산 오피스텔 자료로 분석한 결과임.

▌그림 14-8▌ 산업단지 내에 붐을 이룬 유통 시설(왼쪽)과 산업단지 주변의 오피스텔(오른쪽)

자료: 저자 작성.

다. 가산동에는 LG전자 MC연구소, 한국세라믹기술원 등 연구 개발 시설도 모여 있어 서울 서남권의 혁신 클러스터로 자리 잡았다.

지식 기반 산업과 직업의 입지는 쇼핑 및 오락 시설도 끌어오고 있다. 산업단지 내 기존 의류 공장이 유통 판매 시설로 변신한 마리오아울렛이 대표적인 사례다. 비교적 저렴하고 대형인 부지를 발판삼아 이마트, 홈플러스 등의 쇼핑 시설도 자리 잡았다. 아울러 인근 지역인 신도림역(신도림동)의 디큐브시티, 테크노마트 등 초대형 쇼핑몰도 개발되었다. 독산역(독산동)과 가산디지털단지역(가산동), 구로디지털단지역(구로동), 대림역(대림동)은 유동 인구가 급격하게 늘었다. 가령 가산디지털단지역은 2014년 5월

기준 서울도시철도 승하차 인원 1위로, 245만 명의 이용객을 보였다.[10]

또한 구로디지털단지는 인근 광명, 안양, 구로구, 금천구의 주택 시장을 떠받치는 버팀목이다. 산업단지에서 걸어서 또는 버스로 10분 이내에 출퇴근할 수 있는 구로동, 가산동, 대림동, 독산동 일대에는 오피스텔이 3000여 실에 이르며, 도시형 생활주택도 속속 들어서고 있다. 중개업소 관계자들에 따르면, 얼마 전부터 입주를 시작한 새 오피스텔도 세입자가 거의 찼을 정도로 공실률이 낮은 편이고, 전용 $13m^2$형 원룸형 오피스텔의 임대료가 월 45만 원 이상으로 비싸게 형성되는 등 물량이 부족한 실정이라고 한다.[11]

3) 스마트 시티 전략으로 ICT 산업과 직업 창출: 바르셀로나

스페인 바르셀로나 시는 스마트 시티 전략을 도시의 성장 전략으로 채택하고 있다. 바르셀로나 시 정부는 ICT 산업을 활용해 창조도시로 발전하기 위해 '22@바르셀로나 프로젝트22@Barcelona Project'를 추진 중인데, 22@바르셀로나 프로젝트는 양질의 주거와 문화, 과학과 교육, 생산과 레저가 공존하고 상호 소통하는 지식집약형 첨단 산업 지역, 즉 새로운 도시 커뮤니티 조성을 목표로 3개의 세부 목표를 제시하고 있다.

1단계는 도시 내에 건물, 인프라 등의 기반 시설을 조성해 새로운 도시 공간을 창출하는 물리적 환경을 만드는 것이다. 2단계는 1단계의 성과를 기초로, 지역 내 다양한 주체를 통합하는 환경을 만들기 위해 미디어, ICT, 에너지, 메드테크Medtech, 디자인 등의 주요 분야를 선정해 클러스터를 구축하는 것이다. 3단계는 일반인과 전문가를 위한 교육 프로그램 개발 및

---

10 서울시, 「지하철역 승하차 승객 통계자료」(서울시, 2014).

11 가산디지털단지와 구로디지털단지는 국가산업단지이기 때문에 단지 내 오피스텔 건축이 허가되지 않는다.

▮그림 14-9▮ 22@바르셀로나 프로젝트의 클러스터와 활동체계

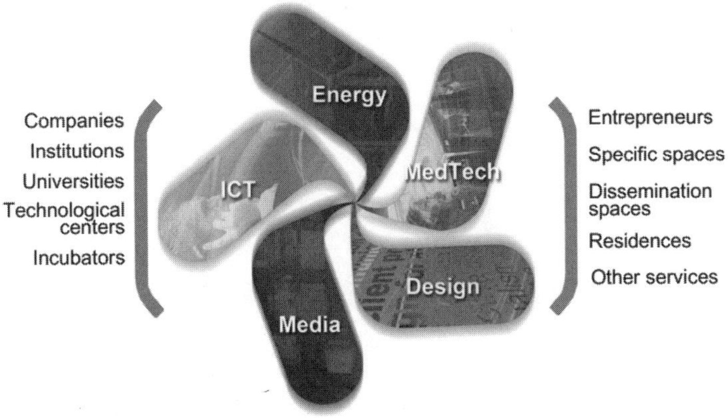

자료: "문화예술을 중심으로 한 '창조도시'로!", ≪시사인천≫(2010.10.10).

▮그림 14-10▮ 22@바르셀로나 프로젝트의 2006~2010년 미디어와 ICT 클러스터 계획

자료: 이상대, 「도시경쟁력과 창조도시」, 18쪽.

공간 제공을 통해 네트워크를 구축하는 것이다. 이 사업의 실시로 4500여 개의 기업이 입주했으며, 모두 5만 6000명의 고용 창출(2011년 12월 기준) 성과를 거둠으로써 도시의 경제 활성화에 크게 기여했다.

바르셀로나 시의 스마트 시티 전략은 노후화된 공장 용지를 재개발하는 데 과학기술 산업과 창조 산업을 활용한 것으로, 스마트폰 등 모바일 산업 전시회인 MWC 유치, 스마트 시티 전략 추진 등을 통해 노후화된 도심에 새로운 산업과 활력을 불어넣은 좋은 사례다.

4 | 도시 내 미래 공간 형성과 새로운 산업 및 직업의 창출

도시 산업 및 직업 구조의 재구조화는 도시 내 미래 공간을 형성하고, 미래 공간은 다시 새로운 산업과 직업을 창출한다. 즉, 산업과 직업 변화 → 미래도시 공간 형성 → 새로운 산업과 직업 창출이라는 사이클이 형성되는 것이다.

도시 내 미래 공간의 형성은 새로운 비즈니스 기회로 연결된다. 미래 공간을 만드는 단계에서는 스마트 시티 인프라, 첨단 녹색 교통 시설, 스트리트몰 등 이전에 없었거나 선진국에서나 있었던 새로운 산업 기술과 건축물 형태가 출현한다. 미래 공간을 형성하는 과정에서 새로운 산업과 직업이 생겨나는 것이다. 또한 근무 종사자나 새로 거주하게 된 인구는 새로운 서비스 산업 수요를 만들어낸다. 앞서 살펴봤듯이 판교테크노밸리는 870개의 회사 거점을 만들었을 뿐 아니라 종사자 수가 5만 8000명에 달하는 고용 거점도 만들어냈다. 구로디지털산업단지에서도 1만 1911개 회사가 비즈니스 활동을 벌이고 있으며, 종사자 수가 16만 2000명에 달하는 거대한 일자리 허브가 만들어졌다.

이러한 첨단산업단지에 종사하는 인구는 상대적으로 젊고 학력 수준이 높으며 문화 여가를 많이 소비하는 별종의 집단이다. 이 집단은 소비 패턴도 기존 도시민과 달리 더욱 창조적이다. 창조도시 개념으로 유명한 플로리다는 도시 경쟁력을 가르는 핵심 기준으로 '창조 계급'을 내세우고 기술 종사자나 예술가 등 창조적 직업군이 모인 도시일수록 경제적 잠재력도 높다고 주장한 바 있다. 따라서 경기도 내 공공기관 이전 종전 부지, 미군 반환 공여지, 대규모 공장 이전 부지(군포 공업 지역 등)에 미래 공간을 조성하고 창조 산업과 창조 계층의 유치를 추진할 만하다. 이는 새로운 지식 기반 산업 종사자 및 새로운 주거지와 거주자를 늘릴 수 있는 전략이기도 하다.

5 | 정책적 시사점

국토 공간의 변화는 산업 및 직업의 변화와 어떤 관계를 맺고 있는 걸까? 또한 미래 산업과 직업 변화를 예측하면 미래 공간의 변화도 전망할 수 있는 것일까? 과거의 도시 공간은 단순히 거주하고 생산하고 노는 물리적 공간으로 인식되었지만, 앞으로는 미래도시 공간을 스마트라이프와 스마트 시티를 구현하는 곳으로 인식해야 한다.

이를 위해 수도권과 경기도 도시 내에 스마트 기술과 스마트 생활양식을 구현하는 '스마트 시범도시' 또는 '스마트 시티 특구'를 선도적으로 조성할 것을 제안한다. 크리스토퍼 라인버거Christopher B. Leinberger는 미래도시의 특징을 △ 보행자 중심의 도시, △ 고밀도의 복합용도 건물 개발, △ 에너지 효율적 공간, △ 환경적으로 건강한 라이프스타일, △ 숙련되고 창조적인 노동자들의 도시 이주, △ 외국인 이주자 확대 등으로 정리했다. 또 ≪파이낸셜 타임스Financial Times≫는 2010년 "미래도시 특집The Future of Cities" 기사에서 "미래도시는 규모나 개념 측면에서 좀 더 인간적이고, 인간의 영역에서 좀 더 수용적이고 스마트하며, 거리에 집착하기보다는 지속 가능성이나 환경성을 강화하는 방향으로 나아갈 것 같다"라는 의견을 제시했다.

스마트 시범도시 또는 스마트 시티 특구로는 경기도 내의 판교테크노밸리지구, 광교테크노밸리지구, 서울시의 마곡지구, 인천시의 송도나 영종지구 등의 지구 단위 신개발지를 대상으로 지정하고 사업을 추진할 수 있다. 그뿐만 아니라 수원시 화성지구, 동두천 미군기지 앞 거리 등 구시가지도 대상이 될 수 있다. 이곳을 미래 공간으로 조성하고 창조 산업과 창조 계층을 유치한다면 새로운 지식 기반 산업 종사자와 새로운 거주자가 늘어날 것이다.

또한 경제·생활공간이 광역화하면서 시민의 삶이 어떻게 이러한 공간에 적응하는지 또는 시민의 삶을 어떻게 선도해나가는지가 중요해졌다. 이제 세종시, 혁신도시 등이 조성되어 국가와 중추 기능이 분산되었으므로 기존 대도시와 대도시권을 확대시켜 한반도를 5개의 초광역권 지역city-region으로 재편(메가 수도권, 동남해안권, 광주 – 새만금권, 평양 – 원산 – 함흥권, 청진 – 나선 – 두만강하구권)해 공간을 넓게 쓰는 전략이 필요하다. 미래 첨단 지식 기반 산업과 직업의 분포가 광역화한다면 이에 맞춰 도시 공간도 초광역권 지역으로 확대시키도록 공간 전략을 세워야 한다.

참고문헌

1장. 서론

류현숙. 2009.「주요국의 미래에 관한 연구」.『한국의 미래모습과 정책과제』. 황혜신 외 편, 제2권. 법문사.
명승은. 2012.「신기술에 따른 직업구조 변화」. 경기개발연구원 워크숍 자료.
박가열 외. 2013.「미래의 직업연구」. 한국고용정보원.
유영성·명승은. 2012.「신기술로 인한 직업변화와 시사점」. 경기개발연구원. ≪이슈&진단≫, 제56호.
한국산업기술진흥원. 2013.「2013년 산업기술분야 유망직업 분석 보고서」. 한국산업기술진흥원.

≪인데일리≫, http://www.indaily.co.kr/client/news/newsView.asp?nBcate=F1002&nMcate=M1006&nScate=&nIdx=22969&cpage=1&nType=1(검색일: 2014.5.22).

Ma, Jianhua et al. 2005. "Towards a Smart World and Ubiquitous Intelligence: A Walk through from Smart Things to Smart Hyperspaces and UbicKid." *Journal of Pervasive Computing and Communications*.

2장. 미래 사회와 직업 변화

김상호 외. 2013.『창조경제 시대의 진로교육 패러다임 연구』. 한국직업능력개발원.
김상호. 2014.「미래사회와 직업」. 경기개발연구원 워크숍 발표자료.
네이스비츠, 존(John Naisbitt). 2006.『마인드 세트』. 안진환·박슬라 옮김. 비즈니스북스.
데이터, 제임스(James Dator). 2008.『(29인의 미래학자가 말하는) 다가오는 미래』. 우태정 옮김. 도서출판 예문.
리프킨, 제러미(Jeremy Rifkin). 2010.『노동의 종말』. 이영호 옮김. 민음사.

문성현. 2011.『적정인구 가능성 탐색 I: 저출산 시대 병력자원 수급 전망과 대책』. 한국보건사회연구원.
미래기획위원회. 2013.『대한민국 미래비전과 전략』. 미래기획위원회.
박가열 외. 2013.「미래의 직업연구」. 한국고용정보원.
신지은 외. 2007.『미래혁명』. 일송북.
이인식. 2008.『지식의 대융합』. 고즈윈.
이진면. 2011.「고용촉진형 경제 성장 구조변화」. 김상호 외.『경제성장을 선도하는 인구전략』. 한국보건사회연구원.
장주희 외. 2011.『2030 미래의 직업생활 연구』. 한국직업능력개발원.
전영준 외. 2011.「출산과 경제 성장의 Dynamics」. 김상호 외.『경제성장을 선도하는 인구전략』. 한국보건사회연구원.
HRST 공동연구센터. 2007.『한국의 과학기술인력』. 한국직업능력개발원.

Frey, Carl Benedikt and Michael A. Osborne. 2013. *The future of Employment: How susceptible are jobs to computerization?* Oxford press.
OECD. 2006. "Live longer, work longer: Ageing and employment policies."

3장. 미래 사회의 정치

드러커, 피터(Peter Drucker). 1993.『자본주의 이후의 사회』. 이재규 옮김. 한국경제신문사.
레이놀즈, 글렌(Glenn Reynolds). 2008.『다윗의 군대, 세상을 정복하다: 인터넷 시대의 유쾌한 반란, 세상을 바꾸는 '개인의 힘'』. 곽미경 옮김. 북캠프.
루크스, 스티븐(Steven Lukes). 1992.『3차원적 권력론』. 서규환 옮김. 나남.
류석진·윤성이·조희정. 2008.『인터넷 정치 참여와 대의민주주의』. 국회입법조사처.
류석진·조희정. 2009.『디지털 컨버전스 환경에서의 정치제도와 시민사회 변화 연구』. 정보통신정책연구원.
류석진·허정수. 2010.『디지털 컨버전스사회의 정치권력연구』. 정보통신정책연구원.
바라바시, 알버트(Albert Barabasi). 2002.『링크: 21세기를 지배하는 네트워크 과학』. 강병남·김기훈 옮김. 동아시아.
박설아·류석진. 2013.「이슈정당의 가능성과 한계: 독일 해적당의 발전과정을 중심으로」. ≪한국정당학회보≫, 12권 2호.
빔버, 브루스(Bruce Bimber). 2007.『인터넷 시대 정치권력의 변동: 미국 민주주의의 역사적 진화』. 이원태 옮김. 삼인.
서키, 클레이(Clay Shirky). 2008.『끌리고 쏠리고 들끓다』. 송연석 옮김. 갤리온.
유석진. 2000.「세계화와 국가주권」. 국제정치경제연구회 편.『20세기로부터의 유산: 세계경제와 국제정치』. 사회평론.
조희정. 2010.『네트워크 사회의 정치와 민주주의: 정부·정당·시민사회의 변화와 전망』. 서강대학교출판부.
트리피, 조(Joe Trippi). 2006.『혁명은 TV로 중계되지 않는다』. 윤영미·김정수 옮김. 산해.
헬라이너, 에릭(Eric Helleiner). 2010.『누가 금융세계화를 만들었나』. 정재환 옮김. 후마니타스.

Keen, Richard. 2014. "Membership of UK political parties." House of Commons Library. Standard Note: SN/SG/5125. Last updated: 24 September.
Rifkin, Jeremy. 2011. *The Third Industrial Revolution: How Lateral Power is Transforming Energy, the Economy, and the World*. Palgrave Macmillan.
Tapscott, Don. 2008. *Grown Up Digital: How the Net Generation Is Changing Your World*. New York: McGraw-Hill.

4장. 과학기술 미래 트렌드와 직업 변화

김현희·김선진. 2011.「경기도의 신성장동력 선정 및 추진현황과 시사점」. 한국은행 경기본부.
교육과학기술부. 2010.「과학기술 미래비전」. 교육과학기술부.
국가과학기술심의회. 2013.「제3차 과학기술기본계획(2013~2017)(안)」. 국가과학기술심의회.
______. 2014.「국가중점과학기술 전략로드맵(안)」. 국가과학기술심의회.
국가과학기술위원회. 2012.「제4회 과학기술예측조사 2012~2035」. 국가과학기술위원회.
김현호 외. 2009.『미래지식사회의 기술수요 변화와 과학기술분야 핵심인재의 역할』. 한국직업능력개발원.
미래창조과학부. 2014.「국가중점과학기술 전략로드맵(안)」.
유영성 외. 2012.「경기도 유망 미래산업 발굴 및 정책연구」. 경기개발연구원.
조동기·조희경. 2002.『지식정보화에 따른 직업구조의 변화와 특성』. 정보통신정책연구원.
진미석 외. 2006.『미래의 직업세계 인프라 구축: 총괄보고서』. 한국직업능력개발원.

홍성민 외. 2013. 『미래 과학기술 인재상과 이공계대학 지원정책의 전환방향』. 과학기술정책연구원.

Engineers Canada. 2009a. "Engineering and Technology Labour Market Study: Changing Roles."

______. 2009b. "Engineering and Technology Labour Market Study: Final Report."

Gordon, A. 2009. *Future Savvy: Identifying Trends to Make Better Decisions, Manage Uncertainty, and Profit from Change*. American Management Association.

5장. 스마트 기술의 등장에 따른 산업과 직업 변화

미래창조과학부. 2013. 「정보통신산업의 진흥에 관한 2013 연차보고서」.

브리뇰프슨(Erik Brynjolfsson)·맥아피(Andrew McAfee). 2013. 『기계와의 경쟁』. 정지훈·류현정 옮김. 틔움.

≪산업융합 신성장동력≫(웹진). 2013. "세계 최고 제조업 국가 독일의 기술혁신 프로젝트 'Industrie 4.0'". 정보통신산업진흥원. 42호(2013.10.28).

이경남. 2014. 『미국 정보통신분야 중장기 고용 전망 및 시사점』.

'정보통신산업진흥법'. 2009. 제2조 제2항.

주재욱·이경남·임순옥. 2012. 『IT산업의 고용구조 분석 및 정책방향에 대한 연구』. 정보통신정책연구원.

지식경제부. 2010. 『대한민국 산업기술비전 2020: 정보통신편』.

Adams, Sam et al. 2012. "Mapping the Landscape of Human-Level Artificial General Intelligence." *AI Magazine*, vol. 33, no. 1.

Brooks, R., Matthew Stone and Haym Hirsh. 2005. "AI: The next 25 years." *AI Magazine*, vol. 26, no. 4.

Ford, Martin. 2009. *The Lights in the Tunnel: Automation, Accelerating Technology and the Economy of the Future*. Acculant Publishing.

Jovanovic, Boyan and Peter L. Rousseau. 2005. "General Purpose Technologies." in Philippe Aghion and Steven Durlauf(ed.). *Handbook of Economic Growth*, ed. 1, vol. 1, ch. 18. Elsevier.

OECD. 2012. *OECD Internet Economy Outlook 2012*.

Volti, Rudi. 2014. *Society and Technological Change*(7th ed.). Worth Publishers, New York, USA.

Bliss, Aura. 2014. "A New Approach to Traffic Control: Ears on the Ground." http://www.citylab.com/commute/2014/10/a-new-approach-to-traffic-control-put-ears-to-the-ground/382177(검색일: 2014.10.31).

Chartered, Standard. 2015. "Technology: Reshaping the global economy." https://www.sc.com/en/resources/global-en/pdf/Research/2015/2015-01-19-Technology-Report-FINAL.pdf(검색일: 2015.1.19).

Higginbotham, Stacey. 2015. "Placemeter wants to help make cities smarter by counting people." http://fortune.com/2015/06/23/placemeter-smart-cities(검색일: 2015.6.23).

http://fortune.com/2015/02/25/5-jobs-that-robots-already-are-taking/

http://googleblog.blogspot.kr/2012/06/using-large-scale-brain-simulations-for.html

http://news.donga.com/Main/3/all/20141103/67624118/1

http://singularityhub.com/2015/07/07/its-no-myth-robots-and-artificial-intelligence-will-erase-jobs-in-nearly-every-industry/

http://www.aaai.org/ojs/index.php/aimagazine/article/view/2322

http://www.aldebaran.com/en/press/press-releases/softbank-mobile-and-aldebaran-unveil -pepper

http://www.bea.gov/industry/gdpbyind_data.htm

http://www.businessinsider.com/market-forecast-and-growth-trends-for-consumer-and-office-robots-2014-5

http://www.forbes.com/sites/timworstall/2014/01/01/9-of-cars-to-be-driverless-cars-by-2035/

http://www.google.org/flutrends/

http://www.ibm.com/smarterplanet/us/en/ibm_predictions_for_future/ideas/

http://www.ibm.com/smarterplanet/us/en/ibmwatson/implement-watson.html

http://www.kurzweilai.net/

http://www.onetonline.org/find/descriptor/browse/Abilities/

http://www.rethinkrobotics.com/baxter/

http://www.sri.com/work/timeline-innovation/timeline.php?timeline=computing-digital#!&innovation=shakey-the-robot

http://www.technologyreview.com/news/525586/facebook-creates-software-that-match

es-faces-almost-as-well-as-you-do/
http://www.technologyreview.com/news/529021/ibm-aims-to-make-medical-expertise-a-commodity
http://www.technologyreview.com/view/425733/paul-allen-the-singularity-isnt-near/
http://www.theguardian.com/technology/2014/feb/22/robots-google-ray-kurzweil-terminator-singularity-artificial-intelligence
http://www.theguardian.com/technology/2014/jun/08/super-computer-simulates-13-year-old-boy-passes-turing-test
http://www.zdnet.com/after-a-year-of-medical-school-ibms-watson-passes-first-milestone-7000011062/
http://www-formal.stanford.edu/jmc/whatisai/node1.html
Jonathan Vanian, "Why computers that 'see' are a hot technology." http://fortune.com/2015/06/25/machine-vision-technology-hot(검색일: 2015.6.25).
Sawers, Paul. 2015. "A $9,000 emotionally intelligent robot from SoftBank goes on limited sale from June 20." http://venturebeat.com/2015/06/18/a-9000-emotionally-intelligent-robot-from-softbank-goes-on-limited-sale-from-june-20(검색일: 2015.6.18).
Siemens, "Facts and Forecasts: Boom for Learning Systems." http://www.siemens.com/innovation/en/home/pictures-of-the-future/digitalization-and-software/artificial-intelligence-facts-and-forecasts.html(검색일: 2014.10.1).
Timeline of Emerging Science and Technology. 2014. http://www.imperialtechforesight.com/uploads/documents/EmergingScienceTech-FINAL.pdf(검색일: 2014.7.3).
"IBM Watson: 10 New Jobs For Cognitive Computing." http://www.informationweek.com/big-data/big-data-analytics/ibm-watson-10-new-jobs-for-cognitive-computing/d/d-id/1319427?image_number=2

6장. 미래의 산업과 직업: 관광 분야

고용노동부·한국고용정보원. 2013.『미래의 직업 연구』.
문정욱. 2014.『국내외 ICT기반 관광서비스 현황과 발전방향』. 정보통신정책연구원.
문화체육관광부. 2012.『2011년 기준 관광동향에 관한 연차보고서』.
______. 2013.『2012년 기준 관광동향에 관한 연차보고서』.
박영숙·제롬 글렌·테드 고든. 2008.『미리 가본 2018 유엔미래보고서』. 교보문고.

삼성경제연구소. 2010. 『미래산업전망대』. 삼성경제연구소.
심원섭. 2010. 『최근 관광트렌드 변화와 향후 정책방향』. 한국문화관광연구원.
______. 2012. 『미래 관광환경 변화 전망과 신관광정책 방향』. 한국문화관광연구원.
안희자·심원섭. 2013. 『창조경제시대 산업간 융합을 통한 관광산업 발전방안』. 한국문화관광연구원.
안희자·정철. 2012. 「우주를 향한 꿈, 고흥 나로우주센터」. ≪한국관광정책≫, 47호.
오훈성·김향자. 2013. 『한국관광의 질적 발전을 위한 관광품질 관리 정책추진 방안』. 한국문화관광연구원.
이수진. 2011. 『베이비붐세대 은퇴에 따른 여가소비문화 활성화 방안』. 경기개발연구원.
______. 2014. 『경기도 의료관광 정책방향 설정을 위한 기초연구』. 경기개발연구원.
이승우·이선미·오정은. 2010. 『액티브시니어가 이끄는 실버시장의 변화와 준비』. KT경제경영연구소.
장주희 외. 2011. 『2030 미래의 직업생활 연구』. 한국직업능력개발원.
전국경제인연합회. 2013. 『의료관광 활성화를 위한 의견』.
통계청. 2007. 『한국표준직업분류』.
______. 2011. 「장래인구추계: 2010~2060년」.
한국문화관광연구원. 2014. 『한국관광정책』.
한종기·심상민. 2006. 『미래를 여는 문화·관광의 새 지평』. 경기개발연구원.

관광지식정보시스템 홈페이지(http://tour.go.kr/).
국가법령정보센터 홈페이지(http://www.law.go.kr/).
국립국어원 홈페이지(http://www.korean.go.kr/).
뉴질랜드 퀄마크 홈페이지(http://www.qualmark.co.nz/).
독일관광협회 홈페이지(http://www.deutschertourismusverband.de/).
미국 노동통계국 홈페이지(http://www.bls.gov/).
미국 직업군 홈페이지(http://www.onetonline.org/).
세계여행관광협의회(World Travel & Tourism Council) 홈페이지(http://www.wttc.org).
에코투어리즘 홈페이지(https://www.ecotourism.org).
인터넷무비 데이터베이스 홈페이지(http://www.imdb.com/).
중소기업청 홈페이지(http://www.smba.go.kr/).
창조관광사업 홈페이지(http://www.venture-visitkorea.com/).
통계청 홈페이지(http://kostat.go.kr/).
프랑스 관광청 홈페이지(http://int.rendezvousenfrance.com/).

한국고용정보원 홈페이지(http://www.keis.or.kr/).
한국관광통역안내사협회 홈페이지(http://www.kotga.or.kr/).
한국은행 경제통계시스템 홈페이지(http://ecos.bok.or.kr/).
한국직업능력개발원 홈페이지(http://www.career.go.kr/).
홍콩 관광진흥청 홈페이지(http://www.discoverhongkong.com/).
RFID 저널 홈페이지(http://www.rfidjournal.com/).
더 스페이스십 컴퍼니(The Spaceship Company) 홈페이지(http://www.thespaceshipcompany.com/).

Aviva Investors. 2011. *Sustainable Economy in 2040: a Roadmap for Capital Markets.*
Bureau of Labor Statistics. 2012. *Employment Projections: 2012~2022.*
Clash, James. 2013.8.19. "My Ticket Into Space Looks Cheap, Price Soars to $250,000." Bloomberg.
Copenhagen Institute for Future Studies. 2005. *The World 2040.*
Germany: Federal Ministry of Economics and Technology. 2013. *Federal Government Report on Tourism Policy.*
Grail research. 2009. *The Rise of Medical Tourism.*
Hozak, Kurt. 2012. "Managerial Guidance for Applying RFID in the Tourism Industry." *Institute of Interdisciplinary Business Research*, 4(2).
KPMG. 2011. *Issues Monitor.*
McKinsey & Company. 2008. *Mapping the Market for Medical Travel.*
The Economist. 2012. "Megachange: The World in 2050." New Jersey: Wiley.

7장. 미래의 산업과 직업: 의료 분야

김필수 외. 2013.「창조직업의 고용확대가 창조경제의 관건이다!: 한국의 창조직업 현황과 시사점」. 현대경제연구원.
박정수 외. 2013.『창조경제 실현을 위한 서비스산업 전략과제』. 산업연구원.
박정태. 2013.『바이오의약품의 이해 및 동향』. 보건산업진흥원 한국바이오의약품협회.
보건산업진흥원. 2014.『보건산업 동향』. 보건산업진흥원.
정형선. 2011.『2009년 국민의료비 및 국민보건계정』. 보건복지부 · 연세대학교.
현대경제연구원. 2013.『지속가능 성장을 위한 VIP 리포트』. 현대경제연구원.

황수경. 2013.『창조경제에서 서비스산업의 역할』. 한국개발연구원.

Florida, Richard. 2002. *The rise of the Creative Class*. Perseus Book Group.
UNCTARD. 2010. *The Creative Economy Report 2010*. UN.

8장. 미래의 산업과 직업: 교육 분야

교육과학기술부. 2008.「제2차 평생학습진흥기본계획(2008~2012)」. 교육과학기술부.
______. 2011.「방과후학교 운영 현황」. 교육과학기술부.
국가평생교육진흥원. 2013.「100세 시대 국가평생학습체계 구축을 위한 온라인 평생학습 지원체제 구축 실행계획」. 국가평생교육진흥원.
국무조정실 유보통합추진위원회. 2013.「유보통합 추진방안(안)」.
김숙정. 2008.「학교시설 복합화를 통한 학교의 사회적 역할 제고」. ≪한국교육시설학회지≫, 15(1).
문관룡. 1995.『통합교과 지도론』. 교육과학사.
박영숙. 2010.『2020 미래교육보고서』. 경향미디어.
손병길. 2006.「정보화 추세 전망과 학제」. '미래사회 변화 전망과 학제' 제1회 학제 연구 정책토론회. 한국교육개발원.
송병준. 2006.「한국산업의 구조변화와 2020 유망산업」. '미래사회 변화 전망과 학제' 제1회 학제 연구 정책토론회. 한국교육개발원.
신화경·조인숙·이준민. 2010.『공동체 복합지원시설로서 학교시설의 복합화 시설 및 프로그램 실태에 관한 연구: 서울시 초등학교시설복합화 사례를 중심으로』. ≪한국가정관리학회지≫, 28(2).
아브스만, 새뮤얼(Samuel Arbesman). 2014.『지식의 반감기』. 이창희 옮김. 책읽는수요일.
여성가족부. 2013.『2013 청소년백서』. 여성가족부.
연합뉴스, 2013.10.17. "대학 입학자원 규모 전망".
오병욱·이상신·최병관. 2009.『학교시설 복합화 실행모델 개발 연구』. 한국교육개발원.
오병욱·이재훈. 2008.「학교시설 복합화를 위한 제도개선 방안에 대한 연구」. ≪대한건축학회논문집≫, 24(4).
이성룡·이외희·이동훈. 2011.『지역공동체 활성화를 위한 학교시설 복합화 방안』. 경기개발연구원.
이현승·김현진. 2003.『늙어가는 대한민국』(SERI 정책에세이 003).

이화룡. 2006.「학교시설의 지역사회 참여적 계획에 관한 연구」. ≪대한건축학회논문집≫, 22(11).
임준희. 2007.「학교의 지역센터 기능 강화를 위한 학교시설 복합화 방안」. ≪육아정책포럼≫, 5호.
장명림. 2013.「유보통합모형 탐색과 통합 추진 현황」. 한국유아교육학회 추계정기학술대회.
통계청. 2014. 장래인구추계 데이터베이스(www.kosis.kr).
하봉운. 2012.「평생학습시대의 학교와 지역사회 연계 강화 방안: 학교시설 복합화를 중심으로」. ≪시민인문학≫, 23.
허운나. 2009.「평생학습시대의 학교평생교육시설 특화전략」. 한국교육시설학회 춘계학술발표자료.
홍후조·권혜정. 2013.「헌법 제31조 1항의 비판과 개정 방향」. ≪교육법학연구≫, 25권 2호.
황성혜·박수빈. 2010.「학교시설 복합화를 위한 지역주민의 요구에 관한 연구」. ≪Journal of the Korean Housing Association≫, 21(5).

Bedard, K. and E. Dhuey. 2006. "The persistence of early childhood maturity: International evidence of long-run age effects." Working paper, Department of Economics, University of California, Santa Barbara, *Quarterly Journal of Economics*.
Cleveland, Gordon and Michael Krashinsky. 2004. *Financing ECEC Services in OECD countries*. OECD.
Fuller, Buckminster. 1982. *Critical Path, St Martins Press*. United States.
Heckman, J. et al. 2005. "Interpreting the evidence of life cycle formation." IZA Discussion paper n. 1575. Institute for the study of labor, Bonn, Germany.

9장. 미래의 산업과 직업: 교통 분야

김영호 외. 2011.『미래 교통시스템의 융합적 구상』. 한국교통연구원.
≪동아일보≫. 1978.6.27. "승차지옥 이대로 좋은가, 고달픈 안내양". 6면.
≪매일신문≫. 2015.3.21. "무인자동차, 구글: 5년 내 상용화하겠다".
연합뉴스. 2013.8.22. ""자동차가 하늘을 난다: 미(美)서 공개 시험비행 성공".
______. 2014.10.12. "44년만에 개방된 서울역 고가…나들이객들로 '북적'".
______. 2014.5.30. "미국 민간제작 7인용 우주선 공개".

≪중앙일보≫. 2015.5.26. "LA~SF가 단 30분, 하이퍼루프 내년 선보인다".
포항시청. 2014.7.15. 「포항시 창조경제, 전기버스가 이끈다!」. 포항시청 홈페이지 보도자료.
≪한국일보≫. 2013.10.8. "서울 새창고개·연남동 폐철로 '숲길공원' 첫 삽".
황기연. 2014. 「무인자동차 시대의 개막과 교통부문의 대응과제」. 대한지방행정공제회. ≪도시문제≫, 49권 542호.

http://commons.wikimedia.org/wiki/File:Space_elevator_structural_diagram.svg?uselang=ko
http://commons.wikimedia.org/wiki/File:ULTraPodHeathrowAirport.jpg?uselang=ko

10장. 미래의 산업과 직업: 사이버 리스크 분야

관계부처 합동. 2013. 「공공데이터의 제공 및 이용활성화 기본계획(2013~2017)」.
김종현 외. 2013. 『빅데이터를 활용한 사이버 보안 기술 동향』. 한국전자통신연구원.
김호원. 2015. 「사물 인터넷 환경에서의 보안/프라이버시 이슈」. ≪TTA Journal≫, vol. 153.
김홍선·최은혁. 2010. 「모바일 생태계의 보안이슈 및 전망」. ≪TTA Journal≫, no. 132.
미래창조과학부. 2013. 「제5차 국가정보화 기본 계획(2013~2017)」. 미래창조과학부.
미래창조과학부·지식정보보호산업협회. 2013. 「2013 국내 정보보호 산업 실태조사」. 한국인터넷진흥원.
유영성 외. 2014. 『초연결 사회의 도래와 우리의 미래』. 한울.
유영성·이명수. 2014. 「미래형 재난대응과 통합플랫폼 구축」. 경기개발연구원. ≪이슈&진단≫(2014.8.6).
______. 2014. 「빅데이터와 사회안전: 부메랑이냐 구세주냐?」. 경기개발연구원. ≪이슈&진단≫(2014.3.12).
이재석. 2013. 「빅데이터 환경에서 개인정보보호를 위한 기술」. 한국인터넷진흥원. ≪Internet & Security Focus≫, 3월호.
조용호. 2011. 『플랫폼 전쟁』. 21세기북스.
하원규·최민석. 2012. 『만물지능통신 기반 초연결 산업의 계층구조 분석』. 한국전자통신연구원.
하원규·최민석·김수민. 2013. 『만물지능인터넷 관점으로 본 초연결사회의 상황 진단 및 시나리오』. 한국전자통신연구원.
함유근·채승병. 2012. 『빅데이터, 경영을 바꾸다』. 삼성경제연구소.

Arthur J. Gallagher International. 2011. "Managing Risk in the Digital Age." 2011.5.

Bilbao. 2013. "Smart Cities Study: International study on the situation of ICT, innovation and knowledge in cities."

Cyveillance. 2014. "Mobile Security Threat Landscape: Recent Trends and 2014 Outlook." 2014.4.

Good Technology Corporation. 2014. "7 Must Haves for Mobile App Security."

Kaspersky Lab. 2012. "Security Technologies for Mobile and BYOD." Forrester Research, Inc.

OECD. 2011. "Future global shocks-improving risk governance."

11장. 미래의 산업과 직업: 음식 분야

고용노동부. 2013.『미래의 직업 연구』. 고용노동부.

김영수 외. 2013.『식품산업의 지역별 발전 현황과 산업생태계 육성 방안』. 산업연구원.

박가열 외. 2013.『미래의 직업 연구』. 한국고용정보원.

박영숙 외. 2013.『유엔미래보고서 2040』. 교보문고.

이지훈. 2010.「기상이변의 경제학」. SERI 경제포커스. 삼성경제연구소.

임현 외. 2009.「미래비전과 정책과제: 과학기술」. 황혜신 외 편.『한국의 미래모습과 정책과제』, 제3권. 법문사.

전현곤 외. 2014.『식품산업 인력수급 전망 및 교육수요 연구』. 한국산업개발연구원.

제3회 KISTEP 미래포럼. 2013.「식품의 미래: 전망과 안전」. 한국과학기술기획평가원.

중앙일보 중앙SUNDAY 미래탐사팀. 2012.『10년 후 세상』. 청림출판.

폴리, 조너선(Jonathan Foley). 2014. "세계를 먹여 살리기 위한 5단계 계획." ≪내셔널 지오그래픽≫(한국판), 5월호.

한국고용정보원. 2009.『차세대직업 55선』.

황혜신 외 편. 2009.『한국의 미래모습과 정책과제』, 제3권. 법문사.

KRG. 2012.『미래 직업 Keyword 'IT, Green, Healthcare'』. KRG.

CNN. 2013.8.13. "This edible wrapping tastes as good as the food it's protecting."

FT Special Report. 2013. "The Future of the Food Industry." *Financial Times*.

Roland Berger Strategy Consultants. 2012. "Trend Compendium 2030".

UN. "WORLD POPULATION 2012 Wall Chart." www.unpopulation.org.

Union of International Association. 2012. "Yearbook of International Organization."

http://nrn.com/2020-vision-future-menus
http://powderkegwebdesign.com/3d-food-printer-funded-by-nasa/
http://www.yonhapnews.co.kr/medialabs/special/multicultural.

12장. 미래의 산업과 직업: 스포츠 분야

김화섭. 2013.『스포츠시장 신분류 작성 원리와 활용 방안: 스포츠시장 가치망을 중심으로』. 산업연구원.
문화체육관광부. 2012.『2012 스포츠산업 실태조사』. 문화체육관광부.
______. 2013.『2014~2018 스포츠산업진흥 중장기계획 제2차 공청회 자료』. 문화체육관광부.
박위진 외. 2013.『2012체육백서』. 문화체육관광부.
스트라베이스. 2010.5.6.「전세계 3D TV 및 3D 영화 보급 현황과 전망」.
조운용. 2013.『스포츠산업 진흥 중장기계획 수립』. 문화체육관광부.
통계청. 2007.『한국표준직업분류』. 통계청.
한국콘텐츠진흥원. 2013.『대한민국 게임백서』. 문화체육관광부 · 한국콘텐츠진흥원.
홍길표. 2013.『스포츠산업의 신사업 기회와 스포츠기업 창업방안 모색』. 문화체육관광부.

국가통계포털(http://kosis.kr/).
워크넷 홈페이지(http://work.go.kr/).
http://hubpages.com/hub/How-to-install-a-buttkicker-tactile-transducer-to-your-ho
http://www.futuristspeaker.com/2013/12/technologys-threat-to-the-future-of-sports-part-1
http://www.kurzweilai.net/spaceglasses-are-the-future-of-computing
http://www.techhive.com/article/196844/Japan_Proposes_Global_Holographic_World_Cup_Broadcast.html(검색일: 2010.5.21)
http://www.techhive.com/article/212459/Japans_Holographic_3D_Sporting_Dream_Denied.html(검색일: 2010.12.3)
https://www.shakemycouch.com/

Atos. 2012. *Ascent: a vision of sports and technology.*

고재경·유영성·조영무. 2013. 『(이슈&진단) 新환경규제 3.0: 환경과 경제의 융합』. 경기개발연구원.

≪과학동아≫. 2007. 「[생태] 꿈의 실험실 '바이오스피어2' 관광지 되나」, 7월호.

국가과학기술위원회. 2012. 「제3차환경기술개발종합계획」.

기상청. 2012. 『한반도 미래기후변화 전망보고서』.

김홍석. 2013. 「환경산업 해외시장 진출지원 정책과 향후 지원 방향」. ≪한국대기환경학회지≫, 제29권 제1호.

유엔환경계획 한국위원회. http://www.unep.or.kr/sub/sub05_01_02.php?mNum=5&sNum=1&boardid=tunza&mode=view&idx=889

≪중앙일보≫. 2012.8.20. "도시화의 역습…2025년엔 아시아 '기후난민' 4억."

중앙일보 중앙 SUNDAY 미래탐사팀. 2012. 「녹색화학: 굴뚝 사라진 화학공장」. 『10년 후 세상』. 청림출판.

한국고용정보원. 2010. 『녹색분야 직업구조도에 관한 연구』. 고용노동부.

한국과학기술기획평가원. 2015. 『2014년 기술수준평가』. 미래창조과학부.

한국환경산업기술원. 2012. 「제3차 환경기술개발 및 환경산업 육성 계획안(2013~2017)」. 환경부.

환경관리공단. 2014. 『2013년 기준 환경산업통계조사 결과 보고서』. 환경부.

환경부. 2013.3.14. 「제2차 황사피해방지종합대책」.

______. 2014.3.31. 「IPCC, 기후변화 영향 및 적응에 관한 보고서 승인」. 환경부 보도자료.

환경산업기술원. 2011. 『환경산업 해외진출 중장기 기본계획 최종보고서』. 환경산업기술원.

IPCC. 2013. 『IPCC 제5차 평가보고서』. IPCC.

≪STEPI Insight≫. 2014. 「통일을 대비한 남북한 과학기술 협력방안: 환경분야를 중심으로」, 제144호.

Dodman, David. 2009. "Blaming cities for climate change? An analysis of urban greenhouse gas emissions inventories." *Environment and Urbanization*, 21:185.

EBI. 2013. *EBI Report 3000: The Global Environmental Market.*

Hubacek et al. 2009. "Environmental implications of urbanization and lifestyle change in China: Ecological and water footprints." *Journal of Cleaner Production*, 17(14).

UN DESA. 2012. *Population Division: World Urbanization Prospects, the 2011 Revision.*

WWF. 2012. *Living Planet Report 2012.*

http://edition.cnn.com/2012/01/30/world/europe/green-wall-clean-air/index.html
http://ncis.nier.go.kr/tri/
http://www.bbc.co.uk/news/science-environment-15694973
http://www.behance.net/gallery/Atmospheric-Water-Collector/3949181
http://www.energyisland.com/
http://www.futuretimeline.net/21stcentury/2040.htm#.VDc9_2d_t8E
http://www.gizmag.com/palstisoil-pervious-concrete-made-from-bottles/17000/
http://www.gizmag.com/sainsburys-food-waste-anaerobic-digester/33084/
http://www.gizmag.com/vancouver-recycled-plastic-warm-mix-asphalt/25254/
http://www.nbdnano.com/
http://www.smartplanet.com/blog/decoding-design/pollution-fighting-living-wall-installed-in-a-london-tube-station/
http://www.technion.ac.il/en
http://www.treehugger.com/urban-design/singapore-supertree-powered-gardens-by-bay-opens-public-photos.html
https://urbantimes.co/2014/04/the-incredibly-beautiful-skyscraper-that-works-just-like-a-tree-but-better/installed-in-a-london-tube-station
Reuters, "World lacks enough food, fuel as population soars." http://www.reuters.com/article/2012/01/30/us-un-development-idUSTRE80T10520120130(검색일: 2012.1.30).
TMCnet World News. "As climate talks drag on, more ponder techno-fixes." http://technews.tmcnet.com/(검색일: 2010.12.7).

14장. 미래의 산업과 직업: 도시 공간 분야

국토교통부 도시재생사업단. 2014.「도시재생 R&D 보고서」. 국토교통부.
국토연구원. 2009.「국토 대예측 연구(I)」. 국토연구원.
______. 2010.「국토 대예측 연구(II)」. 국토연구원.
______. 2013.「미래 국토발전 장기전망과 실천전략 연구(II)」. 국토연구원.
기획재정부. 2012.2.20.「주요 선진국이 바라본 미래 트렌드와 정책과제」. 기획재정부 보도자료.
김순양. 2000.「지방정부 조직의 혁신을 위한 벤치마킹: 팀 조직의 구축방안을 중심으로」.

≪한국행정학보≫, 34(1).
김태룡·안희정. 2006. 「팀제가 조직성과에 미치는 영향: 행정자치부에 도입된 팀제를 중심으로」. ≪행정논총≫, 43(4).
김행중. 2006. 「지방 공무원의 조직몰입이 직무성과에 미치는 영향 분석」. 조선대학교 대학원 박사학위논문.
델코. 2013. "50년 후 도시모습(Imaging Land Use in 2063)". http://urbanland.uli.org/planning-design/imagining-land-use-in-2063/
서울시. 2014. 「지하철역 승하차 승객 통계자료」. 서울시.
≪시사인천≫. 2010.10.10. "문화예술을 중심으로 한 '창조도시'로!".
이상대. 2014. 「도시경쟁력과 창조도시」. 경기개발연구원. ≪이슈&진단≫(2014.7).

Financial Times. 2010. "The future of Cities."
Government Office of Science. 2014. *What are future cities?*.
https://play.google.com/store/apps/details?id=com.skp.pangyo

부록. 652개 미래 과학기술 목록

1. 기계·생산·항공·우주·천문 분야

번호	미래 기술	기술 실현 연도	사회 보급 연도
1	메타 소재 등을 응용해 주변 환경과 유사한 색으로 보이게 하거나 투명하게 인식하도록 하는 항공기 스텔스 기술	2020	2025
2	다양한 임무를 동시 또는 순차적으로 수행하기 위한 다수의 무인기 통합 제어 유도 기술	2019	2024
3	적의 상공에서 터트려 적 무기 체계의 전자 부품을 교란시키는 전자파 교란(electro magnetic pulse: EMP) 폭탄	2021	2024
4	다수의 무인기를 탑재하고 우주 또는 성층권에서 한 달 이상 체공하며 임무를 수행하는 비행선 기술	2028	2031
5	산악 지형 및 험지에서 장애물을 피해 인간보다 빠른 속도로 이동이 가능하고 100kg 이상의 장비를 대신 짊어질 수 있는 사족형 무인 전투 로봇	2019	2024
6	수십 kW급의 고에너지 레이저로 적 미사일 및 위성을 요격하는 지상 및 항공 배치형 레이저 무기	2023	2027
7	항공기용 HD급 360도 전방위 감시 영상 처리 장치를 통한 정찰 지역의 자동 표적 탐지 및 추적 기술	2018	2019
8	한 개의 운반체에 다수의 독립된 유도탄을 탑재한 장거리 다표적 유도탄	2019	2022
9	친수성·소수성 표면을 이용해 공기 중의 물을 포집해 식수로 사용하는 군사용 휴대형 식수 장치 기술	2019	2021
10	실제·모의 및 가상현실에서 무기 체계를 활용해 육해공 합동훈련을 가능하게 하는 LVC(live, virtual, constructive) 훈련 시스템 기술	2020	2022
11	인체에서 방출 또는 배출되는 다양한 물질이나 빛을 감지함으로써 매몰된 사고 현장에서 수시간 내에 사람의 위치와 생존 여부를 판별해내는 기술	2019	2020
12	꿀벌 또는 나비 등 곤충을 이용한 폭발물 추적 기술	2024	2028
13	레이저나 고섬광 및 초음파를 이용해 제한된 시간 동안 인간을 무력화시키는 대테러 기술	2019	2022
14	100노트 이상의 고속 잠수함	2026	2031
15	인간의 한계를 뛰어넘는 힘을 발휘하도록 고안되어 사고 현장 및 재해 현장에서 활용할 수 있는 착용형 근력 증강 로봇	2019	2024
16	인간 작업자의 통상적 의사 표현(자연 언어 및 행동 지시)을 이해하고, 인간의 움직임과 공장 상황의 변화를 스스로 감지 및 예측해 충돌 등의 위험 상황을 스스로 회피하는 제조 로봇	2020	2024
17	이족 보행이 가능하고 양팔 및 다섯 손가락을 보유해 인간과 유사한 조작 기능이 가능한 가사 도우미 로봇	2022	2025
18	성능의 향상을 위해 살아 있는 생물체(동물, 곤충 등)의 일부(뇌, 감각 기관, 팔, 다리)와 결합된 생물 결합 로봇	2025	2029
19	각 인공장기를 이루는 세포와 세포가 자라는 데 필요한 부가 물질을 함께 프린팅함으로써 인공장기를 제작하는 3D 프린팅 장비	2022	2027

번호	미래 기술	기술 실현 연도	사회 보급 연도
20	열 손실이 많은 고온(700~800도) 화학 반응을 플라즈마를 이용한 저온(200~300도) 반응 화학 공정으로 대체해 에너지를 절감하는 공정 설비 기술	2019	2019
21	마이크로와 나노급 구조물이 공존하는 멀티 스케일 패턴 가공 기술	2018	2021
22	금형 생산이 불가능한 초정밀 제품을 고속 절삭 가공(가속도 8G급, 이송 속도 마하 2급)할 수 있는 초고속 가공기	2019	2020
23	대기 중에서도 적용 가능한 전자빔 활용 나노급 측정(전자주사현미경) 및 가공(이온빔 가공, 전자빔 가공) 기술	2021	2024
24	연꽃잎과 소금쟁이와 같은 자연 동식물의 특성을 구현하기 위한 나노 표면을 만들 수 있는 자연 모사 가공 기술	2019	2021
25	종이 디스플레이, 유연 태양전지, RFID 태그 등과 같은 유연 전자소자를 신문처럼 인쇄 가능한 R2R(roll to roll) 전자인쇄 기술	2017	2019
26	3D 홀로그램을 이용한 CAx 기술	2020	2023
27	양자(quantum) 통신을 이용한 서브나노급 초정밀 가공기 운동의 실시간 6자유도 동시 측정 기술	2023	2025
28	나노 미세 패턴 가공을 위한 100kHz급 고속 공구대(fast tool servo)	2019	2022
29	복잡한 3D 형상을 마이크로미터급 형상 정밀도로 가공하기 위한 마이크로 로봇 설계 및 제작 기술	2020	2023
30	햅틱 기술을 이용한 서브나노미터급 정확도의 매니퓰레이터 제어 기술이 적용된 수마이크로급 공산품의 자동 조립 생산 기술	2020	2024
31	HRC(Hardness Rockwell C) 45 이상의 대면적(400mm×400mm 이상) 난삭재 가공을 위한 초음파 가공 기술	2018	2020
32	초정밀 3D 형상 가공을 위한 서브나노미터급 정확도 및 400mm/min 이송 속도의 초정밀 고속 스테이지 설계 제작 기술	2019	2021
33	원격지에서 가공 공정 장비(공작 기계 및 자동화 라인) 등을 운용 및 관리할 수 있는 공장	2018	2020
34	표준화된 홈 네트워크를 통한 가정 내 모든 가전 및 주방기구의 상태를 감시하고 제어하는 원격 관리 시스템	2017	2019
35	600MW급 석탄가스화 복합 발전(integrated gasification combined cycle: IGCC) 플랜트 및 연료전지 등과 연계된 차세대 고효율 하이브리드 플랜트 기술	2020	2023
36	증기 온도 750도 이상의 초초임계 석탄 화력발전소	2022	2026
37	카르노 사이클(carnot cycle)의 효율에 근접하는 자기 냉동(magnetic refrigeration) 기술	2019	2026
38	15% 이상의 열전 변환 효율을 가지는 열전 모듈(thermo electric module)	2020	2025
39	수십MW급 직접 탄소 연료전지(direct coal fuel cell: DCFC) 발전 시스템	2021	2024
40	석탄 화력 발전에 회처리장(ash pond) 없이 부산물을 100% 활용하는 자원 순환형 석탄 발전 시스템	2018	2019
41	200TPD의 저급탄(열량 4000kcal/kg 이하)을 플라즈마 토치로 전처리해 25MWD의 전기를 생산하는 석탄 화력 실증 플랜트	2019	2022
42	달 표면의 3차원 원격 탐사가 가능하며 발사 시 직경 50cm 미만인 소형 달 궤도 위성	2024	2028

번호	미래 기술	기술 실현 연도	사회 보급 연도
43	달에서 자원을 탐사할 수 있도록 원격 제어 및 자율 탐사 기능을 갖춘 로봇	2024	2031
44	우주의 생성 초기 지역 천체 현상을 규명하기 위한 30m급 구경의 거대 지상 망원경과 10m급의 우주 망원경 제작 및 관측 기술	2022	-
45	2m급 전용 지상 망원경과 중력 렌즈 기술을 이용한 지구형 외계 행성 탐색 기술	2016	2019
46	망원경 총면적이 $1km^2$인 초대형 전파 간섭계(square kilometer array: SKA)를 이용해 암흑시대 중성수소 및 중력파를 관측하는 기술	2022	-
47	7×107km(지구 - 화성 간 거리) 이상 떨어진 행성탐사선 등 우주 비행체의 정밀 위치 측정을 위한 레이저 거리 측정 기술	2022	2024
48	태양을 지속적으로 관측할 수 있는 태양 우주 망원경 제작, 궤도 진입 및 운용 기술	2026	2028
49	광대역 주파수(50MHz~21GHz) 영역에서 1초의 공간 분해능 및 시간 분해능을 갖는 태양 폭발 감시 기술	2022	-
50	지구와 달 사이의 우주 공간에서 Gbps급의 데이터 전송이 가능한 통신 시스템	2023	2027
51	우주 상공에서 축적한 태양광 에너지를 지상으로 전송하는 1MW급 우주 태양광 발전 시스템	2027	2032
52	자원 개발, 우주 탐사 등의 기능을 수행하는 국제 공동 달기지 및 우주 공장	2033	2033
53	레이더, 위성통신 기술을 활용해 항공기 간 상하 150m(500ft) 이내 정밀 항법이 가능한 항로 기술	2020	2023
54	적 감시 및 감청 정찰을 위한 50cm 이하의 조류 모방형 또는 5cm 이하의 곤충 모방형 비행체	2020	2024
55	비화석연료를 이용해 수일간 장기 체공하며 정찰 또는 통신 중계기 역할 수행이 가능한 무인기 기술	2020	2024
56	내장형 센서를 이용해 구조물의 손상을 실시간 진단하고 손상 부위를 스스로 복구할 수 있는 항공기 구조 기술	2022	2027
57	조종사의 뇌 신호를 이용한 항공기 제어 기술	2029	2032
58	제트 엔진을 활용해서 비행(이착륙)이 가능한 개인용 비행 보조 장비(flying suit) 기술	2026	2035
59	소닉붐의 세기(shock strength)를 0.3psf로 줄이고 마하 6~9 수준의 추진 기관 기술을 적용한 초음속 여객기 기술	2033	2037
60	250노트 이상의 순항 속도를 가진 헬기 개발 기술	2023	2028
61	개인용 비행체, 무인 비행체 또는 스포츠급 경량 항공기 등에 장착 가능하도록 저가/소형화된 고해상도(시력 1.0급)의 360도 전방위 영상 정보 처리 및 시현 기술	2019	2020
62	비행체의 에너지 효율을 높이기 위한 공력 성능 15L/D 이상급 다목적 하이브리드 비행체 설계 기술	2022	2026
63	지상 또는 공중 물체의 정밀 위치 측정을 위한 원자 간섭계 기술	2027	2030
64	수직 이착륙 및 자유자재 기동이 가능한 플랫폼을 활용해 도어 투 도어(door-to-door) 운용이 가능한 개인용 비행체 기술(personal air vehicle: PAV)	2023	2027
65	항공기 스스로 비행 제어, 상황 인식 및 회피 기동 등을 할 수 있는 디지털 플라이 바이 와이어(fly-by-wire) 기술	2019	2023
66	1000명 이상의 승객을 태우고 지구상 어느 지점이든 무착륙으로 비행할 수 있는 장거리 순항 초대형 여객기	2038	2038

번호	미래 기술	기술 실현 연도	사회 보급 연도
67	우주 공간에 머물며 유사시에 적국의 우주 자산(감시 정찰 및 통신 위성)을 추적 요격하는 위성체	2025	2029
68	동북아 지역에서 활용 가능한 한국형 독자 위성 항법 시스템 기술	2023	2026
69	한반도 주변국 정보를 획득하기 위한 50cm 미만 해상도의 광학·합성 개구 레이더(synthetic aperture radar: SAR) 장착 인공위성	2019	2022
70	원격지에서 발사되는 레이저로부터 에너지를 공급받아 위성 또는 비행체를 저궤도에 진입시키는 레이저 플라즈마 추진 비행체 기술	2039	2039
71	2000kg 이상의 탑재 능력을 가진 정지 궤도 위성을 궤도에 진입시키기 위한 발사체	2026	2029
72	직경 100m 이하의 지구 접근 천체 및 1m 이하의 인공 우주물체에 대한 통합 감시 기술	2021	2025
73	지상 및 위성 정보를 이용한 실시간 우주 환경 감시 및 예보 기술	2021	2022
74	원격 탐사, 기상, 통신 등의 임무를 수행하는 위성 편대 비행 기술	2026	2032
75	공기 흡입식 극초음속 엔진을 적용해 재사용 가능한 관광용 우주 여객기 기술	2033	2035
76	운전자의 상태(졸음운전, 심장마비 등)를 체크해 경고하거나 필요 시 스스로 비상 주차하는 자동차	2018	2019
77	빙결, 수막 등 노면 상태를 검지해 자동으로 자동차를 제어하는 노면 상태 감지 및 자동 제어 기술	2019	2020
78	태양에너지를 저장해 노면지시등 및 경고 표시, 노면 빙결 방지 등의 기능을 수행하는 도로	2017	2019
79	자동차가 통과할 때 생기는 압력을 이용해서 전기를 생산하는 도로 발전 시스템 기술	2020	2023
80	한 번 충전으로 1000km 주행이 가능한 중형(2000cc급) 전기 자동차	2020	2023
81	전자 제어 기술의 융합을 통해 1리터당 40km 주행이 가능한 고속 직접 분사식(HSDI) 디젤 엔진	2018	2021
82	자동차의 단위 에너지당 주행 거리 극대화를 위한 각 파트별(냉난방, 모터, 엔진 등) 에너지 소모량 통합 관리 제어 기술	2018	2019
83	전기 자동차의 각 바퀴별 토크, 속도 및 서스펜션 제어를 통해 차량 안전성을 향상시키는 액티브 휠(active wheel) 기술	2018	2022
84	주변 상황을 스스로 인식해 목적지까지 안전하게 운전할 수 있는 자율 주행 자동차	2022	2024
85	반경 500m 내 주변 자동차와의 통신을 통해 차간 거리를 유지하고 충돌을 방지하는 안전 시스템 기술	2019	2020
86	수소자동차 및 수소 충전 설비의 안전성 평가 장치	2019	2024
87	어류 피부액 성분을 분비해 선박의 마찰 저항을 줄일 수 있는 기능성 철판 기술	2021	2023
88	초전도체를 적용해 마찰 손실을 없는 무마찰 베어링	2022	2025
89	20노트급 속도의 초전도 추진 선박	2021	2025
90	1만 5000m 이하의 심해 자원을 채굴할 수 있는 불도저와 자원 운송용 심해 출입 잠수정 기술	2022	2025
91	이산화탄소 운반 및 저장을 위한 이산화탄소 전용 선박 건조 기술	2018	2022

번호	미래 기술	기술 실현 연도	사회 보급 연도
92	하나의 장치로 전 영역의 진공 상태 구현이 가능한 진공 펌프 및 측정 장치	2022	2027
93	별도의 산소 탱크를 구비하지 않아도 되는 호흡 기체 분리 방식의 수중 호흡용 인공 마스크	2020	2025

2. 농림·수산 분야

번호	미래 기술	기술 실현 연도	사회 보급 연도
94	식물을 이용한 가축 질병 예방용 경구 백신 개발 기술	2020	2022
95	가축의 질병을 신속하고 정확하게 진단하기 위한 질병 유발 관련 바이오마커 개발 기술	2019	2023
96	가축 면역력 강화 및 병원성 미생물 차단을 위한 항생제 대체제 및 천연 생리 활성 물질 소재 개발	2019	2021
97	여러 가지 가축 전염병을 동시에 신속하게 진단하는 나노 칩 기술	2020	2022
98	농가별 방역을 위한 공기, 물 등의 외부 요인 차단·제어 기술	2018	2019
99	RFID를 활용해 가축 이동, 축산 관련 차량 및 사람 등에 대한 이력 추적으로 가축 질병의 발생과 확산을 실시간으로 모니터링하는 기술	2015	2018
100	말라리아, 수면병 등 열대 지방 인수 공통 전염병의 저항성 후보 유전자군 발굴 및 생체 내 메커니즘 규명	2023	2027
101	특정 병원체에 민감하게 반응해 가축 질병을 조기에 감별할 수 있는 지표 동물 개발 기술	2021	2023
102	다양한 바이러스(신종플루, 조류독감 등)를 한 번의 접종으로 예방할 수 있는 백신 기술	2020	2022
103	천적 곤충, 천적 미생물 등 환경 및 인체 위해성이 전혀 없는 생물 농약을 활용해 작물을 생산하는 기술	2018	2019
104	보존 가치가 있는 동물과 곤충에 대한 체세포 복제 기술 및 체세포의 장기간 보존 기술	2023	2024
105	화훼 등 향이 강한 농작물 꽃에서 나오는 냄새 성분을 활용한 병해충 방제제 개발 기술	2020	2021
106	동식물 자원을 활용한 인공뼈, 치아 또는 피부 개발 기술	2019	2020
107	환경 쓰레기 분해, 오물 정화 등을 위해 다(多)유전자 발현이 가능한 합성 유전자 벡터(synthetic gene vector) 및 농업 미생물 개발 기술	2019	2020
108	농식품 산업에서 발생되는 유기성 폐기물을 이용해 바이오 에너지를 제조하는 기술	2018	2020
109	농작물 쓰레기를 이용해 바이오 플라스틱 제품을 생산하는 유전자 변형 박테리아 개발 기술	2019	2025
110	고온, 저온, 고압, 저압, 고방사선, 무산소 등 심해저, 극지 및 우주에 서식하는 극한 환경 미생물 이용 기술	2022	2026
111	피부 활성을 조절하는 미용 식품 개발 기술	2018	2019

번호	미래 기술	기술 실현 연도	사회 보급 연도
112	개인의 유전자 특성 또는 만성질환에 따라 건강 유지에 필요한 기능성 성분이 조정된 맞춤형 건강 기능 식품을 처방하는 기술	2022	2025
113	식품 성분이 조절할 수 있는 인간 유전자, 표적 단백질 또는 만성질환 등을 분석해 식품별, 성분별 또는 질환별로 데이터베이스를 제공하는 기술	2021	2024
114	식품의 영양성분, 건강 기능 성분 등을 필요에 맞게 체내에 전달하도록 조절하는 개인별 맞춤형 식품 성분 전달 기술	2020	2023
115	다양한 활성을 가진 미생물 제재를 식품으로 섭취할 시 체내에서 활성이 보존되는 식품 미생물 제재 제조 기술	2018	2022
116	생리 기능성 식품 펩타이드를 제조해 식품 첨가물로 활용하는 기술	2019	2020
117	중금속과 결합해 배출되는 기능성 식품 소재를 이용한 인체 내 중금속 저감화 기술	2020	2022
118	음식물 대체 캡슐 기술	2023	2026
119	망고, 아티초크 등 아열대성 작물의 대량 생산을 위한 재배 기술	2019	2020
120	휴면 기간(저온 요구도)이 단축되어 겨울이 짧아도 이듬해 발아, 생장, 개화, 결실이 정상적인 과수류 또는 수목류 개발 기술	2020	2024
121	인공적인 비료나 퇴비를 사용하지 않고 수확 후 부산물을 활용한 자원 순환형 농작물 재배 기술	2019	2021
122	무중력 상태에서 재배 가능한 우주 작물 개발 기술	2023	2028
123	돌연변이, 체세포변이 등 변이체를 창출해 새로운 유용 유전자원을 개발하는 기술	2019	2022
124	농작물 생체의 대사물질 조성을 실시간으로 분석함으로써 작물 반응 메커니즘을 규명	2021	2023
125	축산 시설 및 작업 공정별로 에너지 소비 흐름 및 온실가스 배출량을 측정하고 에너지 소비 및 온실가스 배출을 저감하는 기술	2019	2020
126	광, 온도, 습도, 양분 등의 환경 요인의 완전 제어가 가능한 수직형 식물 공장 기술	2018	2020
127	태양광 전력을 이용한 사계절 고정 환경 시설 재배 기술	2019	2022
128	GIS(geographic information system)를 활용한 한계 농지 자동 검출 기술	2019	2022
129	농사짓는 인공지능형 로봇 개발 기술	2022	2024
130	농작업 및 산림 작업자가 착용함으로써 작업을 신속·정확·편리하게 수행할 수 있는 착용형 농작업 또는 산림 작업 로봇 기술	2021	2024
131	센서 및 정보 기술을 활용해 농축산물의 생산, 가공, 저장, 유통의 전 과정을 원격 관리·제어하는 U-파밍(farming) 기술	2017	2019
132	특정 질병에 강한 유전자 정보를 이용해 질병에 강한 유전자를 가진 질병 저항성 가축을 선발하는 기술	2021	2025
133	이종 동물의 장기를 인체에 대체할 수 있는 동물 이용 맞춤형 장기 개발 기술	2023	2027
134	AI, 구제역 등 바이러스성 가축 전염병 저항성 유전자를 이용한 형질 전환 동물 모델 생산 기술	2021	2025
135	탄소 배출을 저감하기 위해 고형 가축 분뇨를 화력발전의 연료로 사용할 수 있게 가공하는 기술	2022	2023
136	유전자 변형 동식물의 섭취가 동물 생체에 미치는 영향을 분석하고 추적하는 기술	2023	2023
137	동물에 특정 단백질 생산 유전자를 이식해 맞춤형 신약을 생산하는 기술	2021	2023

번호	미래 기술	기술 실현 연도	사회 보급 연도
138	반려동물의 수명을 연장시킬 수 있는 맞춤형 사양 기술	2021	2023
139	동물 장내 미생물의 메타게놈 분석을 통한 항균 물질, 프로바이오틱 유산균 등 생물 신소재 개발	2020	2022
140	소나무 재선충 등 산림 병해충 이동 경로 파악 및 확산 분석 기술	2018	2019
141	산림 수자원 함양, 수질 개선 등 수자원 유지를 위한 통합 시뮬레이션 기술	2020	2021
142	산림 생태계의 기후 변화 적응 기술	2022	2024
143	RFID와 USN(ubiquitous sensor network) 등 U-IT를 이용해 실시간으로 산불, 산사태 등의 산림 재해를 감시·경보하는 기술	2017	2018
144	산림, 임업, 목재로 이어지는 이산화탄소의 흐름이 기후 변화, 산림 경영, 목재 이용 등에 따라 어떻게 변하는지를 평가하는 탄소수지 통합 평가 기술	2019	2021
145	산림 환경 변화에 따른 산림 생태계 멸종 위기종 복원 기술	2019	2020
146	내건성·내염성 식물 개발 등을 통한 사막화 방지 기술	2021	2023
147	원격 탐사, GPS(global positioning system)를 활용한 실시간 산림 생태계 변화 모니터링 기술	2019	2022
148	유해·유독성 해양 생물(불가사리, 해파리 등)의 방제 및 가축 사료화, 연료화 활용 기술	2018	2019
149	저에너지 어선 및 어구 개발 기술	2018	2020
150	수산 생물(어류, 해조류)을 도시 건물 내에서 양식하는 도심지 빌딩 양식 기술	2019	2022
151	소화 흡수율이 95% 이상인 고영양 수산 양식 사료 개발 기술	2018	2018
152	포집된 이산화탄소를 활용한 먹이 생물(식물·동물성 플랑크톤) 대량 배양 기술	2017	2019
153	수산 유기 폐기물의 발효를 통한 축산·수산 사료화 기술	2017	2018
154	갯벌을 이용한 양식을 위해 갯벌 오염을 방지할 수 있는 퇴적물 청소용 유용 생물을 양식하는 기술	2018	2019
155	먹이연쇄를 이용한 수중 복합 아파트형 친환경 양식 기술	2019	2022
156	농작물의 중금속, 잔류 농약 등을 측정할 수 있는 간이 진단 키트 기술	2019	2020
157	음식물 폐기물의 생물학적 재활용을 위한 저염 또는 탈염 기술	2018	2019
158	식품의 유통 정보(생산지, 유통 경로, 이력 정보 등) 및 품질 정보(신선도, 영양 기능, 안전성 등)를 스마트폰으로 실시간 확인하는 기술	2017	2018
159	식품 신소재 개발 및 품질 관리를 위한 미각, 후각 등 감각 기관 시뮬레이션 기기 개발 기술	2021	2023
160	식품의 신선 조직을 유지하는 냉해동 기술	2018	2019
161	지용성 식품 성분의 용해도 및 생체 흡수율 증진을 목적으로 친수성 생물 고분자를 활용해 나노 캡슐화하는 기술	2019	2022
162	고감도 분광센서 또는 나노바이오센서를 이용해 식품 및 농산물 내에 저농도로 존재하는 발암물질 등 유해물질을 실시간 비파괴적으로 측정하는 기술	2020	2022
163	식품 미생물의 오염 및 성분의 변화를 감지할 수 있는 나노 칩 또는 바이오마커에 의한 식품 부패 감지 기술	2019	2022
164	식품의 알레르기 유발 성분의 선택적 제거 또는 비활성화를 위한 처리 기술	2019	2022
165	해조류를 대량으로 번식시켜 바이오에탄올, 바이오디젤 등을 대량 생산하는 기술	2019	2021

번호	미래 기술	기술 실현 연도	사회 보급 연도
166	육종기법을 이용한 넙치, 조피볼락 등 주요 어류 상업종의 온도 내성, 질병 내성 품종 개발 기술	2018	2018
167	수중 이산화탄소 흡수용 다년생 해조류 바다 숲 조성 기술	2021	2023
168	기후 변화에 따른 해양 생태계의 생산성 변동 예측이 가능한 해조류 지시종 개발 기술	2019	2020
169	아열대성 어류 및 해조류 품종 개발 기술	2019	2022
170	유용 물질(영양 성분, 의약품)을 생산하는 기능성 형질 전환 어류의 양식 품종 개발 기술	2021	2024
171	미분화 어류세포를 이용한 우주식품용 식육(meat) 배양 기술	2020	2024
172	특수 처리된 수정란이 알맞은 조건에서 발생이 다시 시작될 수 있도록 하는 수산 동물 수정란 보존 기술	2024	2028
173	질병에 걸리거나 환경 오염원에 노출되었을 때 체색 변화가 일어나는 수산 생물 개발 기술	2018	2023
174	유전자 변형 기술을 이용해 병해충 내성 작물을 개발하는 기술	2019	2021
175	유전자 변형 기술을 이용해 질소 고정 효율, 광합성 효율, 성장률을 증대시켜 수확량이 증대된 작물을 개발하는 기술	2023	2025
176	유전자 변형 기술을 이용해 내재해성(가뭄, 고열, 고염, 냉해) 작물을 개발하는 기술	2019	2023
177	유전자 변형 기술을 이용해 환경(토양, 수질, 공기) 오염(중금속 등)을 제거하는 식물을 개발하는 기술	2023	2024
178	식물 세포 배양을 이용한 비면역원성 PMP(plant-made pharmaceuticals) 등의 고부가가치 바이오 물질을 대량 생산하는 기술	2019	2023
179	특정한 자극에 의해 필요 시 반응하는 온오프(on-off) 시스템을 이용한 유전자 발현 기술	2020	2024
180	유전체 분석 정보를 이용해 농업 형질을 다량 집적하는 유전체 육종 기술	2019	2020
181	생체 광합성 기구에 대한 완전 규명과 기후 변화에 최적화된 에너지 발생 제어 기술	2027	2028
182	목재로부터 바이오에탄올, 바이오오일 등을 생산하기 위한 초임계, 급속 열분해 또는 촉매 화학 등의 열화학적 처리 기술	2020	2024
183	나노셀룰로오스를 이용한 고강도 종이, 2차 연료전지용 이온 분리막 등 제조 기술	2019	2022
184	옥상 또는 벽면에 가벼운 매질을 이용한 녹화 기술	2018	2018
185	수목의 탄소 제거, 포집 등 산림탄소 흡수 기능을 극대화하기 위한 고속 생장 수목 개발 기술	2023	2031
186	중금속 등 오염 토양의 환경 정화(phytoremediation)를 위한 오염 물질 내성 수목 개발 기술	2020	2023
187	바이오매스 생산, 내병, 내충 등 다양한 목적을 달성하는 유전자 변형 슈퍼 트리 개발 기술	2022	2028
188	수목에서 질병을 치유할 수 있는 의약 효능 물질 개발 기술	2019	2022

3. 도시·건설·교통 분야

번호	미래 기술	기술 실현 연도	사회 보급 연도
189	감성 공학 기반의 맞춤형 인테리어 설비 운영 기술	2019	2021
190	노인 장애 공간을 없애고 쌍방향 의료 서비스 제공 및 응급 상황을 모니터링할 수 있는 노인 친화형 주택	2019	2023
191	3D 영상 기반의 교육, 쇼핑, 의료 등을 지원하고 가사 로봇 활동을 무선 센싱으로 제어할 수 있는 주택 기술	2022	2026
192	무선 센서 네트워크를 활용해 건물 내 조명, 용수, 전력, 설비 등을 제어하는 기술	2017	2018
193	실내 환경과 에너지 소비 현황 등 건물의 운영 관련 각종 정보를 수집·분석해 기기나 설비의 효과적인 운전 전략 수립 및 시설 개선을 위한 의사 결정을 지원하는 지능형 건물 에너지 관리 시스템(intelligent building energy management system: I-BEMS)	2018	2020
194	건설 작업을 용이하게 하는 착용형 또는 탑승형 근력 보조 로봇	2019	2022
195	초고층 건축물용 초경량 건축 소재(단열재, 유리, 콘크리트 등) 개발 기술	2019	2021
196	폐콘크리트를 분쇄 및 선별해 시멘트 분말을 분리하고 시멘트 분말의 가열 및 특수물질 첨가로 시멘트를 재생·활용하는 폐콘크리트 시멘트 재생 기술	2019	2022
197	지열 및 석유 시추, 이산화탄소 지중 저장 등을 위해 직경 4m의 천공(길이 150m 이상)을 수중에서 굴착하는 장비 제작 기술	2022	2026
198	강도 2000kg/cm^2 이상, 수명 150년 이상의 슈퍼 콘크리트 재료 개발 기술	2019	2021
199	원거리 작업자가 모션 리모트로 조정하는 소형 건설 기계 기술	2019	2022
200	투명 유리를 태양전지로 활용하는 주택	2018	2021
201	초장기 내구력 및 100% 재활용이 가능한 첨단 도로 포장 재료	2020	2024
202	인체 유해물질의 자동 감지와 이를 제거할 수 있는 바이오 건자재	2019	2022
203	인공지능을 탑재한 시공 로봇 기술	2019	2024
204	전 과정 이산화탄소 배출 제로인 건물 구현 기술	2020	2023
205	자연 광도 및 온도를 감지해 태양광 투과율의 조절이 가능한 스마트 윈도 기술	2019	2020
206	건설 폐기물 배출을 최소화하고 재활용률 100%인 배출가스 제로(zero emission) 기술	2019	2021
207	농축산 폐기물 가스를 활용한 소형 연료전지 발전 시스템 기술	2021	2022
208	건물과 공원 공기를 연계해 사용하는 열교환기 냉난방 기술	2018	2020
209	햇빛을 따라 회전하면서 충분히 태양 에너지를 받을 수 있는 해바라기형 주택 시스템	2022	2024
210	콘크리트 용해제 등 자연친화적 구조물 폐기 기술	2023	2026
211	건물 내부 및 외벽에 설치된 센서를 통해 온도, 습도, 먼지량 등을 감지해 창문의 빛 투과량, 환기구의 필터링 수준을 자동으로 제어함으로써 에너지 소비를 최소화하고 실내 공기 질을 유지하는 공조 시스템	2019	2021
212	네트워크를 활용한 초고층 건물 또는 지하 공간의 공기 공급 및 순환 시스템 개발 기술	2019	2022
213	생태 조경을 위한 에코 시티 조성 기술	2019	2023
214	온실가스를 배출하지 않는 탄소 제로 도시	2023	2024

번호	미래 기술	기술 실현 연도	사회 보급 연도
215	해저 도시 개발 기술	2025	2029
216	도로 인프라와 차량 간 쌍방향 통신과 신호 자동 제어를 통해 도시 내 교통 흐름을 최적화하는 관제 시스템	2018	2020
217	항공, 도로, 해상 교통 시스템의 환승 최적화를 위한 수송 인프라 기술	2019	2023
218	노인, 장애우 등 교통 약자의 이동성 증진을 위한 도로 및 교통안전 시설과 보행 안전 통합 지원 기술	2019	2019
219	폭설, 안개 등 국지적인 기상 변화를 감지해 운행 중인 차량에 정보를 제공하고 접지력 향상, 시야 확보 등을 위한 대응 조치를 자동으로 취하는 기술	2017	2019
220	무가선 트램의 무인 자동 운전 기술	2018	2020
221	시속 600km 이상 육상 수송 시스템	2023	2029
222	튜브형 레일을 달리는 700km/h급 초고속 열차 개발 기술	2025	2031
223	도로의 형태(커브, 경사 등), 상태(접지력 등) 및 도로의 성격(속도 제한 구간 등)에 따라 차량의 속도가 자동으로 조절되는 기술	2019	2022
224	도로상에 설치된 센서를 통해 차량의 주행 상태를 모니터링해 차량의 이상 여부를 감지하고 이를 차량 운전자 및 통제 센터에 통보하는 적응형 사고 관리 시스템(adaptive incident management system) 기술	2019	2020
225	전기 자동차를 위한 아파트 지하주차장용 안전 BMS(battery management system) 일체형 충전 스테이션 기술	2018	2019
226	다수의 철도 차량을 동시에 충전할 수 있는 BMS 충전 스테이션 기술	2020	2021
227	차량 스스로 핵심 주행 장치의 안전성을 실시간으로 모니터링하고 문제 발생 시 인접 차량 및 교통관제 시스템에 회피 경고신호를 송신하는 기술	2018	2020
228	인공위성과 기하급수적으로 늘어나는 기타 우주 잔해물의 우주 교통을 정리하기 위한 우주 교통관제 기술	2027	2032
229	하이브리드 디젤 기관차 기술	2018	2020
230	RFID나 이와 유사한 센서를 활용해 물류를 자동으로 인식하고 위치 추적이 가능한 물류 시스템	2015	2018
231	마그네틱 와류장, 부력, 진공을 이용한 고속 물류 운송 튜브망 건설 기술	2030	2032
232	고층화 및 자동화된 일체형 수평·수직 이송장비 및 다관절 하역장비 개발 기술	2018	2022
233	소형 화물을 지하 네트워크를 통해 자동 운송하는 지하 화물 운송 시스템 기술	2021	2024
234	기상 예측 자료와의 연계를 통한 수자원 공급 시설물 통합관리 기술	2019	2023
235	다중수원(해수, 지하수, 빗물, 재이용수 등 대체 수자원) 처리를 위한 대규모 플랜트 기술(10,000m^3/day)	2018	2019
236	담수화, 물 재이용 플랜트 등의 설계·시공·유지 관리를 위한 지능형 관리 시스템, 가상 시뮬레이터 등 스마트 블루플랜트	2019	2019
237	폐수 방출이 제로인 정수 플랜트 기술	2018	2019
238	다중 수원의 통합 관리를 위한 스마트 워터그리드 기술	2019	2023
239	기존의 직렬 시스템(flow-through system)을 지능형 순환 시스템(smart looping system)으로 진화시킨 지능형 공업용수 루프 시스템 기술	2019	2023
240	초순수 수준의 공업용수와 간접 음용원수가 공급 가능한 대용량 물순환/재생 플랜트 상용화 기술	2018	2019

번호	미래 기술	기술 실현 연도	사회 보급 연도
241	건천화된 중소규모 하천의 하천 유지용수를 자체 유역에서 100% 공급하는 기술	2018	2020
242	다수의 레고 블록 내부에 각종 내장재, 기계 설비, 전기 배선 등을 미리 시공해 현장에 운반한 후 조립해 완성하는 일일(one day) 레고형 주택 건축 기술	2021	2024
243	필요에 따라 공간 재배치가 가능한 소규모 가구용 가변형 주택 기술	2018	2019
244	1MW 이하의 단위 발전기의 배열로 구성된 50MW급 이상의 대규모 심해 파력 발전단지 구축 기술	2020	2024
245	단위발전기 5M~10MW급으로 구성된 200MW급 대규모 심해 해상풍력단지 구축 기술	2018	2022
246	부유식 구조물 기술을 이용해 파력, 풍력, 태양력 등을 동시에 이용한 에너지 자급형 해양 플랜트(island)	2020	2024
247	건물 온수 및 난방 공급용 연료전지 발전 시스템	2018	2021
248	바이너리 사이클을 적용한 저온 지열 발전 기술	2021	2023
249	가스화 공정 연계 10MW 이상의 고온형 연료전지 기반 열병합 시설 건설 기술	2020	2025
250	1km 이상 대심도 지열 발전 플랜트 설계 기술	2019	2024
251	5만 명 규모의 단지에 보급 가능한 수소 대량 생산 및 1MW 이상의 연료전지 패키지 기술	2020	2025
252	5000m급 시추선과 심해 자원 탐사용 AUV(autonomous underwater vehicle)를 갖춘 해양 플랜트 구축 기술	2019	2020
253	수요처 근거리에 지역 에너지 공급 센터를 설치해 공급원과 수요처, 발생원과 처리소가 유기적으로 연계되어 운영되는 에너지 순환형 복합 플랜트 구축 기술	2019	2020
254	연안에 위치한 중소 규모 가스전의 경제성을 향상하기 위해 단위 공정별로 모듈화된 해상용 GTL(gas to liquid) 플랜트 건설 기술	2018	2021
255	저급탄을 활용한 CTL/SNG(synthetic natural gas) 생산 플랜트 건설 기술	2020	2022
256	가상공간에서의 협업 시스템을 이용해 건축물의 디자인, 모델링, 제작도면 생성 등이 가능한 BIM(building information modeling) 이용 통합 설계 시스템	2018	2019
257	해상 플랫폼이 필요 없는(platform-less) 해양 석유 생산 플랜트 기술	2019	2023
258	주요 주변국을 잇는 해저 터널망 구축 기술	2021	2025
259	중대심도 수중 부유식 터널 구조물 건설 기술	2024	2028
260	서남해안 도서 지역과 내륙을 연결하기 위한 2500m 이상 초장경간 교량 설계 및 건설 기술	2017	2021
261	500층 이상의 초고층 빌딩 설계 및 건설 기술	2020	2022
262	시설물의 변형 및 위험 상태를 자가 진단해 수명을 연장시키는 기술	2019	2022
263	정지궤도 위성을 활용한 국토 재해 상시 감시 기술	2019	2022
264	고고도(10km 이상) 무인 항공기 시스템을 활용한 국토 해양 항공 영상 정보 확보 기술	2019	2022
265	스마트 기기를 활용해 절취 사면이나 지반 침하를 모니터링하는 지반 거동 예측 시스템 개발 기술	2018	2019
266	공기 시료 채집 방법(air sampling)을 이용한 건축물의 이상 기류 감지 및 제어 기술	2021	2022

4. 생명·의료 분야

번호	미래 기술	기술 실현 연도	사회 보급 연도
267	약물 농도 측정 등을 통한, 만성질환자용의 최적화된 약 복용 알림 시스템	2019	2023
268	가상현실을 이용한 의료 및 의학 교육 시뮬레이션 기술	2018	2021
269	전기신호를 이용한 환부 부착형 통증·마비·떨림 치료용 칩 기술	2019	2022
270	위장관을 이동하면서 기능 이상에 관한 정보를 무선으로 송신하는 스마트 알약(smart pills) 기술	2021	2023
271	생체 적합성 스텐트를 이용한 차세대 약물 방출 속도 조절 기술	2019	2022
272	무기/유기물질과 세포(신경세포 포함)를 유기적으로 연결하기 위한 생체 재료	2023	2025
273	생체 에너지를 사용해 여러 장기 및 혈관 등을 돌아다니면서 이상 부위를 진단한 후 치료를 진행할 수 있는 미세 치료 로봇	2025	2030
274	인체 내에 직접 투입되어 특정 바이러스를 감지하고 중화·파괴할 수 있는 나노 항체 로봇	2026	2028
275	인체 조직 내에 나노 칩을 이식해 건강 상태를 모니터링하는 기술	2023	2027
276	생체 조직(피부, 장기) 및 인공 뼈의 대체물질로 사용 가능한 나노 세라믹 재료	2019	2021
277	나노 물질의 세포/조직 내 실시간 트래킹 기술을 이용한 독성 발현 기작 규명 기술	2021	2026
278	살아 있는 세포 내부에 침투해 세포 내 대사 정보를 획득할 수 있는 세포 탐사 로봇	2026	2028
279	나노 소재를 이용해 암 등 특정 질병 부위 또는 세포를 인식하고 약물을 전달하는 기술	2021	2024
280	자성 나노 물질을 이용한 다기능 약물 전달 시스템	2023	2025
281	고해상 뇌지도 영상화 기술을 이용한 뇌 인지, 기억, 지각, 학습, 감각 기능 규명 기술	2023	2026
282	정신적 스트레스에 대한 비침습적 정량 계측 기술	2022	2024
283	생체시계와 관련된 뇌 노화 기작 규명 및 생체시계 조절을 통한 뇌 노화 억제 기술	2024	2028
284	중독성 뇌 질환의 병인 기전 이해 및 진단, 치료 기술	2022	2023
285	뇌 발달 장애 조기 진단 및 치료 기술	2023	2027
286	베타아밀로이드 단백질의 뇌 진입 차단을 통한 알츠하이머병의 근원적 예방·치료 기술	2022	2026
287	기계와 인체 간 쌍방향 뇌파 인식 인터페이스 기술	2024	2025
288	뇌파의 원격 측정을 통한 발병 상태 판단 기술	2021	2022
289	우울증, 정신분열증 등 정신질환의 비침습적 분자 진단 표지 인자 개발	2023	2026
290	기억 기록용 브레인 스캔 기술	2027	2031
291	칩을 이용한 기억 소실·대체용 두뇌 임플란트 기술	2024	2028
292	일상적으로 복용 가능한 정서(행복감 또는 범죄 관련) 및 두뇌 능력(사고력, 창의성, 기억력)의 개선 및 증진 약물	2025	2031
293	DNA, 단백질 등 바이오 소자를 이용한 바이오 컴퓨터 기술	2024	2031
294	반도체, 나노 및 신경 정보 기술을 융합한 고집적 신경칩을 통해 연산 논리 구조를 구현하고 응용하는 뉴로 컴퓨터 기술	2027	2032
295	컴퓨터를 이용해 생명 현상을 구현한 인실리코(in silico) 세포·기관·인체	2022	2026

번호	미래 기술	기술 실현 연도	사회 보급 연도
296	모든 장기 및 개체의 냉동 보존 및 해동 기술	2025	2029
297	인체 발생 과정의 유전자 네트워크 지도 규명	2025	2029
298	주요 장기별 시스템 생물학적 모델 개발	2025	2028
299	면역세포에 대한 시스템 생물학적 연구를 통한 아토피성 피부염 발병의 복합적 원인 규명 및 치료 기술	2022	2023
300	공기 중의 유해성 병원체에 대한 실시간 고감도 감지 기술	2022	2024
301	병원체 감염자 및 병원 체종의 실시간 고감도 판별 시스템	2019	2021
302	인수 공통 전염병 여부를 판별하는 유전자 미세 배열(microarray) 형광 현미경 분석 기술	2020	2023
303	근거리 생체 지표 측정을 통한 범죄자 색출 및 탐지 기술	2020	2024
304	유전자 다형성 기반의 실시간 개인 식별 유전자 키트 기술	2020	2023
305	범죄 현장의 생물학적 증거물을 즉시 분석할 수 있는 현장 분석용 키트	2020	2023
306	실시간 생체 정보 모니터링 시스템이 연동된 맞춤형 운동 기구 개발 기술	2019	2022
307	피부 생체 정보 기반의 건강 모니터링 기술	2023	2024
308	임신 관련 생체 분자의 변화를 진단해 최적의 가임 시기를 알려주는 휴대용 기기	2022	2024
309	개인의 유전 정보를 기반으로 생애 주기별 주요 질병을 예측하고 예방하는 기술	2023	2026
310	생명정보학을 이용해 개인의 다양한 오믹스(유전체, 단백체 등) 정보를 종합해 발병 중인 질환의 원인 및 잠재적 질환의 발병 가능성을 초고속으로 분석하는 기술	2020	2024
311	피부 검출 물질 및 혈액을 이용한 휴대용 알레르기 발생 및 원인 진단 기술	2023	2028
312	호흡으로 질병을 진단하는 바이오센서 기술	2022	2023
313	인체로부터 동력을 얻어 작동하는 인체 이식용 생체 신호 측정 및 무선 전송 센서 기술	2021	2023
314	정상적인 활동이 어려운 노인의 생체 정보를 실시간으로 모니터링해 행동을 보조하는 기구	2019	2021
315	인체 신경 연결형 인공 와우, 의족, 의수의 설계 및 제작 기술	2021	2024
316	인공지능 눈(eye) 기술	2023	2030
317	1mm 크기의 암 진단용 영상 기술	2019	2023
318	암 전이 기작 규명 및 차단(90%) 기술	2023	2025
319	암세포 및 전이 혈관세포 이중 표적 항암제 기술	2022	2024
320	자가성 암 표지 단백질의 면역원성 강화를 통한 암 치료 기술	2024	2027
321	단일 암세포 탐지 기술을 이용해 간단한 혈액 검사만으로 초기 암을 진단하는 기술	2022	2026
322	테라 헤르츠파(T-ray)를 이용한 암 진단 인체 영상 기술	2024	2026
323	온도 특이적 부피 변형 특성을 갖는 나노 복합 물질을 이용한 암세포 파괴 기술	2019	2027
324	개인별 방사선 감수성 및 저항성을 고려한 방사선 조사 암 치료 기술	2020	2022
325	3~5종의 암을 동시에 진단하는 멀티 암 자가 진단 키트	2019	2023
326	유·무기 하이브리드 의약 물질을 통한 암세포 타깃팅과 암세포 사멸 기술	2023	2025
327	인체 유해성이 99% 이상 제거된 벡터를 이용한 유전자 치료제 기술	2022	2026
328	유도만능줄기세포(induced pluripotent stem cell: iPSC)로부터 만들어진 세포	2022	2025

번호	미래 기술	기술 실현 연도	사회 보급 연도
	치료제를 이용한 질환 치료용 재생 의료 기술		
329	환자 맞춤형 줄기세포 치료제 개발 기술	2021	2024
330	태아의 유전자 치료 기술	2024	2028
331	염색체의 특정 부분을 인위적으로 제거하거나 치환하는 염색체 교정 기술을 이용한 분자생물학적 연구 도구 및 유전자 치료 기술	2023	2024
332	HIV의 면역세포 접근을 원천적으로 차단함으로써 에이즈를 예방·치료하는 기술	2021	2023
333	섭식·비만 통제용 호르몬을 이용한 체형 조절 기술	2022	2024
334	nM 단위의 Kd를 갖는 리간드를 규명할 수 있는 초정밀, 고선택성 인실리코 신약 개발 기술	2019	2023
335	특정 세포(예: 암세포)를 μM 단위의 Kd로 타깃팅해 약물을 전달하는 기술	2022	2024
336	항생제 내성균 출현의 원인인 돌연변이 및 유전자 전이 규명과 억제 기술	2021	2024
337	색 변형 나노 기술을 이용한 색조화장 기술	2019	2022
338	인체 적합성이 극대화된 바이오 의약품 생산용 스마트 세포주 개발 및 배양 기술	2021	2024
339	인포매틱스와 로봇 기술을 이용한 신약 후보 물질 합성의 전 주기 자동화 시스템	2022	2022
340	개인별 질병 정보를 측정해 순간적으로 약을 조제할 수 있는 맞춤형 제약 기기	2024	2026
341	조직공학을 이용한 바이오 인공장기 및 신체 일부(손가락 등) 재생 기술	2022	2025
342	개인별 신체 크기에 최적화된 맞춤형 인공장기(심장, 간, 신장, 폐, 눈)의 설계 및 제작과 이식 기술	2025	2027
343	체외 생인공 자궁을 이용한 조산 방지 및 불임 극복 기술	2031	2033
344	부작용 없는 인공 혈액 기술	2025	2026
345	합성생물학 기술을 이용해 특정 물질(신약, 바이오 연료, 화학소재 등)의 생산 경로가 최적화된 인공 세포 제작 및 이를 이용한 물질 생산 기술	2021	2024
346	혈액 응고 방지 기능이 있는 직경 3mm 이하의 인공 혈관 기술	2023	2025
347	한약의 효능에 대한 과학적 원리 규명 및 과학적 근거를 기반으로 한 복용 기술	2020	2021
348	침습적 한방 의료 행위에 대한 생체학적 기전 규명	2019	2021
349	체질 의학에 대한 생물학적·임상적 보편성 확립 기술	2022	2025

5. 소재·화공 분야

번호	미래 기술	기술 실현 연도	사회 보급 연도
350	대형 구조물을 건설하는 데 적합하며 현재보다 수명이 3배 이상인 내습·내식 고강도 시멘트 소재	2021	2023
351	초음파 센서 등에 사용되는 압전율이 PZT[Pb(Zr, Ti) O3] 수준인 Pb-free 강유전체	2018	2019
352	나노 기공 구조를 이용한 고온, 고압 등의 극한 환경용 세라믹 분리 흡착 소재	2019	2021
353	고분자를 결정성이 높은 3차원 구조로 자기 배열하거나 고전도성 나노 입자의 연쇄상 구조를 조직화해 포논 전도성을 향상시킨 고열 전도 수지	2020	2023

번호	미래 기술	기술 실현 연도	사회 보급 연도
354	500도 이상 온도차의 반복 피로에 견디는 세라믹과 유기 재료의 접합 기술	2019	2021
355	온도, 습도 변화에 능동적으로 대응하는 능동형 열전도율 및 수분 제어 소재 기술	2019	2024
356	자동차 경량화를 위해 차체에 적용할 수 있는 폭 1200mm 이상, 강도 400MPa 이상의 고강도 초경량 Mg 합금	2019	2020
357	강도 1GPa 이상, 연신율 30% 이상, 인성 및 내식성이 우수한 초세립·복합 조직형 강재의 미세 조직 제어 기술	2018	2022
358	고부가가치 전자기 에너지 변환용 6% 실리콘 방향성의 전기 강판 소재	2020	2024
359	가스터빈/항공엔진용 터빈블레이드에 적용할 수 있는 1050도급 RE(희유금속)-free 저가 단결정 합금	2020	2024
360	귀금속 표면 합금화를 이용한 자가 방식형 고내식 철강 재료	2019	2024
361	자가 치유형 고분자 코팅(polymer coating)을 이용한 철강 기반 구조 재료	2020	2024
362	알루미늄, 망가니즈를 활용한 Cr-free 경량·저비중 스테인리스강	2022	2026
363	오스테나이트계 고망가니즈 항복 강도 1GPa급 철강 소재	2019	2019
364	3% 무방향성 규소 강판보다 철손(에너지 손실)이 절반가량 낮은 전기모터용 철심 소재	2020	2021
365	휴대 정보 통신 기기의 초소형 액추에이터에 적용하기 위한 30Hz 이상의 고응답, 변태온도(Af) 300도 이상의 30mm급 고온 형상 기억 합금 극세 와이어	2021	2024
366	철강 재료 표면에 마이크로나노 기공(micro-nano pore) 구조와 마찰 저항 저감 화학물질을 활용한 표면 마찰 저항 저감의 철강 재료	2021	2023
367	상온에서 초전도성을 나타내는 재료 기술	2023	2028
368	일상생활에서 접촉 가능한 생화학적 유해물질을 제거하고 생체 면역을 강화시키는 기능의 스마트 섬유 기술	2019	2022
369	전기 자극으로 움직이는 저가의 고분자 재료를 이용한 일회용 내시경	2018	2022
370	강철보다 5배 정도 강하고 신도가 30% 이상인 방탄복	2018	2022
371	투명 망토 개발 기술	2026	2029
372	빛, 전기 및 자기장과 같은 아주 작은 외부 자극에도 재료의 특성을 조절하는 스마트 플라스틱	2020	2023
373	환경 정보를 센싱해 색상, 온도 등이 변하는 가변형 의상	2020	2021
374	캡슐 내 나노 센서가 체내를 순환하면서 혈액 성분, 호르몬 상태, 혈류 등을 센싱해 신체 상태를 모니터링하는 경구 투입용 캡슐형 나노 센서	2020	2026
375	생체 이식해 채혈 없이 외부에서 신호를 받아 질병을 진단할 수 있는 바이오칩 또는 센서	2021	2026
376	매우 빠르고 저렴하게 DNA 배열을 검출할 수 있는 나노유체 칩(nanofluidic chip)	2019	2022
377	타액 또는 피부에서 침출하는 체액 등으로부터 항체를 선택적으로 뽑아 동정·정량하는 진단칩	2019	2024
378	에이티피효소(ATPase)와 같은 모터 단백질 등 다양한 생체 시스템을 이용한 에너지 전달 및 미세 디바이스 구동 기술	2026	2031
379	300mm 대구경 사파이어 잉곳 제조 기술	2018	2019
380	고구경 웨이퍼로 제작된 고출력·고파워 밀도의 전력 디바이스 기술	2018	2019

번호	미래 기술	기술 실현 연도	사회 보급 연도
381	단분자 길이의 채널 길이를 갖는 분자 트랜지스터에 의한 초고성능 디바이스와 자기 조직화에 의한 분자 트랜지스터	2020	2023
382	1μm^2 이상의 단일 도메인을 갖는 박막 성장에 의한 일회용 유기반도체 기술	2019	2024
383	다양한 형태로의 거시적인 구조 변화에도 전기 전도성을 유지하고 전자기기의 신뢰성을 가지며 30% 이상 늘어나는 회로 기판 소재	2018	2021
384	R2R 공정 기술의 유기 TFT/플라스틱을 활용해 두께 0.3mm 이하 400ppi 이상의 풀 컬러가 구현되는 A4 크기의 전자 종이	2018	2019
385	현재 수준보다 선택적 투과성이 100배 이상 향상된 기체 분리용 무기막 기술	2023	2025
386	15nm 크기의 공극을 통해 물에 포함된 병원체 바이러스 등을 제거하는 포터블 정수기	2019	2019
387	미량 유해물의 고선택성 분리 제거 재료	2019	2021
388	나노 기공막을 이용한 경구형 약물 전달 디바이스	2023	2028
389	인체에 적용할 수 있는 탄성계수 20GPa급, 인장강도 120MPa급 생체 의료용 티타늄 합금	2020	2022
390	인공심장, 인공혈액, 인공피부 등에 활용할 수 있는 100% 생체 적합형 고분자 소재 제조 기술	2022	2024
391	주사기 시술만으로 손상된 뼈를 순간적으로 고정시키는 바이오 주사제(bio injectable) 뼈 시멘트	2020	2023
392	외과 수술에 사용되는 티타늄 나사 등을 대체하고 뼈의 성장을 촉진하는 생체 흡수성 마그네슘 합금	2019	2022
393	피부 투과율이 15%로 향상된 나노 화장품 소재 기술	2018	2019
394	분자량이 높은 단백질 의약품을 주사기를 사용하지 않고 피부로 투약할 수 있는 나노 소재 기술	2021	2023
395	나노 구조 제어로 근육 이상의 신축력과 신축 속도를 지닌 소프트 액추에이터용 소재	2023	2026
396	나노 구조 광촉매를 이용해 효율이 35% 이상인 수소 생산 기술	2022	2026
397	팔라듐막과 동등한 높은 수소 분리 성능(순도 99.99%)을 지닌 저가의 수소 분리막 소재	2019	2023
398	상온 100bar에서 12wt% 이상 수소 흡착 저장이 가능한 소재	2021	2027
399	초고온(1000도 이상) 태양열을 이용해 다단계 물 분해 수소 생산	2023	2026
400	유해 폐기물과 천연가스로부터 99.99% 이상의 고순도 수소합성가스를 제조하는 스팀 플라즈마 반응기	2019	2024
401	화석연료를 이용한 수소 제조비용만큼 저렴한(2달러/kg) 미생물을 이용한 수소 생산 기술	2024	2025
402	백금을 사용하지 않은 저온형 연료전지 전극 제조 기술	2020	2023
403	효소 및 미생물을 이용해 저전력의 전기를 생산해 휴대용 전자제품을 가동할 수 있는 바이오 연료전지	2027	2028
404	재생 효율 70% 이상의 가역 연료전지(regenerative fuel cell) 기술	2024	2028
405	5나노급 이하 하이브리드 슈퍼 커패시터용 복합산화물(Li_2 MnO_3-$LiMeO_2$) 전극 소재	2020	2023

번호	미래 기술	기술 실현 연도	사회 보급 연도
406	리튬을 사용하지 않는 액체전지 제조 기술	2022	2025
407	100% 고체 전해질형 이차전지 제조 기술	2019	2023
408	인체 내에서 생체대사 작용으로 만들어진 전자를 원할 때 필요한 만큼 사용하고 남으면 인체 피부 내에 저장하는 인공장기용 바이오 연료전지	2026	2032
409	종이와 같은 플렉시블 배터리 개발 기술	2018	2021
410	전력 효율 50% 이상, 내구성 5년 이상, 설치비 1500달러/kW 이하의 100kW급 고체 산화물 연료전지	2021	2026
411	기존 리튬전지에 비해 가격이 1/3 이하이고 1회 충전 시 500km 이상 주행 가능한 자동차용 리튬 - 공기 전지 기술	2021	2024
412	나노 양자점을 이용해 효율 50% 이상인 초고효율 태양전지	2022	2023
413	고효율 저비용(모듈 효율 15%, 셀 제조단가 0.75달러/W)인 박막 태양전지 제조 기술	2018	2021
414	전자기력을 이용해 소재를 초고속(성형속도 100m/s 이상)으로 변형함으로써 판재를 성형·절삭·접합하는 기술	2019	2023
415	리튬을 해수로부터 연간 2만t 이상 대량 생산하는 기술	2020	2023
416	수소와 철광석을 결합해 철을 대량 생산하는 제철 공정 기술	2021	2026
417	에너지 사용량이 현재 3~4kWh/m^3에서 1kWh/m^3 정도로 줄어든, 경제성이 있는 해수 담수화 기술	2018	2020
418	100% 황산화물, 질소산화물 제거형 고효율 석탄가스화 액화 기술	2021	2022
419	메타물질(meta material) 광렌즈를 사용한 나노 광리소그래피	2020	2021
420	제조원가를 50% 이상 저감하고(50만 엔/톤 이하), 연간 30만 톤 이상으로 생산 가능한 티타늄 추출 기술	2021	2025
421	자가 조립에 의한 소재 제조 기술	2019	2021
422	100% 재활용이 가능한 환경 친화형 절삭유 및 처리 시스템	2019	2020
423	인체에 무해하며 생태계에서 자연 분해되는 화학 용매	2019	2021
424	일주일 내에 해수에서도 독성이 없는 물질로 분해되는 생분해성 고분자	2021	2024
425	단기간(2~3개월 이내) 미생물 기술 기반의 해양 오염 처리 기술 및 생태계 복원 기술	2020	2022
426	차체 경량화가 60% 이상 가능한 자동차용 탄소 나노 튜브(carbon nanotube: CNT) - 폴리머 복합체 섬유	2019	2021
427	대규모 집적회로(large scale intergration: LSI) 고속화를 위한 탄소 나노 튜브 배선	2022	2022
428	수마일 길이의 탄소 나노 튜브 개발 기술	2020	2024
429	20달러/kg인 단일벽 탄소 나노 튜브 및 그래핀 제조 기술	2018	2021
430	가격이 한 장(450mm×300mm)당 10달러인 ITO(indium tin oxide) 투명 전극막 대체용 그래핀	2018	2019
431	그래핀을 이용한 반도체 소자	2019	2024
432	석유 유래 올레핀보다 경제적인 방법으로 바이오매스로부터 생산되는 부탄올 등의 고급 알코올을 탈산소 반응에 의해 올레핀으로 합성하는 기술	2020	2024
433	미생물을 이용해 폐수로부터 0.1달러/kW 정도로 전기를 생산하는 기술	2021	2024

번호	미래 기술	기술 실현 연도	사회 보급 연도
434	열 및 물질 전달이 매우 빠르게 일어나는 미세 구조 반응기를 이용해 기존 반응기의 부피를 저감시키고 기존에 불가능한 반응을 구현하는 화학 공정	2019	2020
435	각종 화학 반응 및 공정 데이터를 집대성하고 이론 화학 및 이론 화학 공정으로부터 유도된 정보를 추가해 실험 없이도 더욱 정확하게 반응 공정을 설계할 수 있는 기술	2021	2023
436	생체모방형 촉매를 활용해 메탄, 에탈, 프로페인 등의 하이드로 카본의 직접 산화반응에 의해 메탄올, 에탄올, 프로필렌 옥사이드 등의 산화 화학물질로 전환하는 촉매반응 공정기술	2023	2026
437	식물세포와 동등하거나 그 이상의 효율(2%)을 갖는 인공 광합성 기술	2028	-
438	인공 광합성에 비해 10배 이상 고효율인 전기화학적 전환 방식의 이산화탄소 유래 액체 연료 생산 기술	2021	2023
439	재조합 미생물을 이용한 20g/L/batch 인간화 항체 생산 기술	2019	2023
440	거미실크의 생물공학적 대량 생산 기술	2020	2022

6. 에너지·자원·극한 기술 분야

번호	미래 기술	기술 실현 연도	사회 보급 연도
441	극저온(영하 250도 이하)과 초고온(200도 이상)의 열에너지 물질을 저장하기 위한 LRC(lined rock cavern) 지하 공간 조성 및 저장 안전 기술 시스템	2020	2027
442	액체헬륨과 같은 소모성 냉매를 사용하지 않고 5mK까지 낮출 수 있는 극저온 냉동 기술	2022	2026
443	3000도 이상의 고온과 10만 기압 이상의 고압 환경을 동시에 이용한 신물질 개발 기술	2027	2032
444	물속, 땅속, 건물 안 등 극한 환경에서 수미터 이상의 거리까지 100% 효율로 에너지를 무선 전송 및 충전할 수 있는 기술	2024	2027
445	현재의 질량 원기를 대체할 수 있는 전자기 법칙을 기반으로 한 와트 저울	2022	2024
446	기존 디지털컴퓨터로 감당하기 어려운, 복잡한 실용 계산 문제(재료 구조 분석, 약물 작용 분석, 인터넷 검색 등)를 효율적으로 실행하는 양자 컴퓨터	2030	2033
447	전기 단위 일치성을 검증하기 위한 양자 전류 출력 nA급의 극미세 초정밀 전류 발생 및 측정 기술	2023	2027
448	현재보다 1000배 이상 정확한 10~18 수준 불확도의 초정밀 광원자시계	2019	2023
449	10~10Pa 수준의 극청정 진공 환경을 조성하고 10-8mbarl/s급의 정밀 유량을 제어하는 극청정 진공 환경 조성 및 제어 기술	2019	2019
450	뉴트리노의 기본 성질과 질량 규명	2021	-
451	암흑물질과 암흑에너지의 존재 여부 증명과 성질 규명	2023	-
452	4K 이하 저온 냉동기 기반 저잡음 앰프 기술	2024	2027
453	단일 광자 수준의 검출이 가능한 1~10μm 적외선 영역 검출 기술을 기반으로 감도 및 해상도가 가시광 카메라 수준으로 향상된 초고감도 적외선 원격 관측 기술	2019	2023

번호	미래 기술	기술 실현 연도	사회 보급 연도
454	분자 분석에 중요한 파장 10μm 이상부터 THz 영역까지 원적외선 영역 정밀 분광 측정 기술	2022	2029
455	4세대 자유 전자 레이저 가속기 이용 기술	2018	2023
456	중력파 존재 여부의 증명과 성질 규명	2024	-
457	힉스입자(Higgs Particles) 검출(존재 여부 증명) 및 물리적 특성의 규명	2017	-
458	열전달 효율이 현재의 30%보다 2배 이상 향상된 나노 열전달 소재(유체 또는 기타 형상) 제조 기술	2020	2022
459	지하 500m 심도 거리의 암반을 직접 투과하는 자기장·전자파·뮤입자 이용 지하 정보 전송 통신 기술	2024	2024
460	곤충, 동식물이 에너지 소비를 최소화하는 기술을 모사한 고효율 에너지 소비 및 열 조절 기술	2025	2026
461	폐자원 중 유가금속을 회수율 및 순도 99% 이상으로 회수하기 위한 파분쇄 전처리 기술	2018	2019
462	100톤/일 처리 규모의 가연성 폐자원 가스화 기술	2017	2019
463	20톤/일 처리 규모의 유기성 폐기물 초임계가스화 기술	2018	2019
464	저급탄을 이용한 250TPD 규모의 석탄액화유(coal-to-liquid: CTL) 생산 기술	2020	2023
465	폐기물을 저장하기 위한 지하 공간 개발 기술	2018	2019
466	스마트그리드를 구현하기 위한 실시간 양방향 첨단 계량 인프라(advanced metering infrastructure: AMI) 구축	2015	2018
467	초전도 케이블을 이용한 전력 수송 기술	2017	2022
468	외부 전기의 공급 없이 건물 내에서 에너지를 발생하고 저장하고 소비하는 제로 에너지 빌딩	2018	2020
469	잉여 전력을 100bar 이상의 고압 압축 공기 에너지로 지하 공간에 대규모로 저장하고 필요 시 100MW급 전력으로 변환하는 시스템	2019	2021
470	핵물질·무기 수출입 규제 및 감시용 고감도(삼불화붕소 검출기 대비 70~80% 상향) 검출 시스템 기술	2018	2019
471	스마트그리드 체계에 적합한 분산형 소형(300MWe 이하) 원자로 기술	2022	2027
472	액체 금속로를 활용한 우라늄-238, 플루토늄-239 전환 기술	2028	2034
473	고효율(전기 생산 40% 이상) 다목적 고온가스 냉각 원자로 기술	2029	2033
474	고준위폐기물 처분 공간 축소(1/100) 또는 방사성 독성 감소 기간 단축(1/1000) 등 사용후핵연료 관리 및 우라늄 자원의 효율적 이용을 위한 고속로 시스템 기술	2028	2033
475	수명이 만료된 원전 해체 시나리오 및 프로세스 기술	2019	2024
476	국제핵융합실험로(ITER)의 건설 및 운영	2029	2037
477	핵융합 실증 플랜트 DEMO의 건설과 운영을 통한 전기 생산 실증	2034	2040
478	연료 교체가 필요 없고 사용후핵연료에서 고준위폐기물이 발생치 않는 토륨 원자로 기술	2030	2031
479	600도에서 LED 생산이 가능한 저비용 고효율의 플라즈마 박막 증착 기술	2019	2019
480	레이저를 이용한 수소동위원소 플라즈마 핵융합 반응 에너지를 통해 전력을 생산하는 기술	2032	2032

번호	미래 기술	기술 실현 연도	사회 보급 연도
481	실시간 감시를 기반으로 하는 방사선 방재 기술	2018	2019
482	입도가 300메시 이하이고 반응 효율이 90% 이상인 이산화탄소 탄산화용원료물질 제조 기술	2021	2026
483	원자력 수소 생산 공정을 이용한 이산화탄소 메탄화 변환 기술	2023	2023
484	이산화탄소를 산업 폐기물이나 자연산 광물과 반응시켜 새로운 물질로 합성하는 100만 톤/년 규모의 대규모 이산화탄소 광물 탄산화 처리 플랜트 시스템	2023	2023
485	1km 심부지중 주입된 이산화탄소의 실시간 미터 규모(meter scale) 거동을 파악하기 위한 통합 원격 모니터링 기술	2024	2027
486	포집 에너지가 500kcal/kg 이산화탄소 이하이고 이산화탄소 회수 비용이 20달러/t 이산화탄소 이하인 연소 후 포집 기술	2021	2023
487	-40~60도 영역, 12기압 이내에서 실용적 조건의 가역적 수소 저장 기술 또는 저장 물질 개발	2024	2030
488	이산화티타늄계 나노 복합 분말을 이용한 수소에너지 제조 기술	2021	2027
489	레이저 절제(laser ablation: LA)를 이용한 희토류 원소 및 불활성 기체(He-Ar-Ne 등) 동위원소 분석 기술	2018	2018
490	액체헬륨 냉각 방식을 활용한 천연가스 가스하이드레이트 전환 기술	2023	2028
491	비금속광물의 10nano scale 입도·형상을 정밀 제어하는 미분쇄·초미분쇄 기술	2019	2019
492	모나자이트광의 선광·제련 중간 산물을 이용한 제철·부품 산업의 기능성 신물질 제조 기술	2018	2018
493	해수로부터 0.1mg/리터 이하의 극미량 귀금속, 희유금속 등의 유용 금속을 회수하는 기술 및 시스템	2018	2019
494	수심 5000m 이하에 존재하는 해저 망간단괴 등 유용 광물자원을 채취해 지상까지 수송하는 설비 시스템	2023	2028
495	회수율이 50% 이하로 매우 낮아 이용이 어려운 복합광물에 대한 고도 선광 기술	2019	2022
496	음원과 수진기 간 거리가 20km 이상인 원거리 탐사 및 처리 기술	2019	2024
497	수심 300m 이상 심해저의 가스하이드레이트 탐사 및 생산 기술	2023	2027
498	자력·중력·방사능 전자 탐사, SAR 탐사 등을 이용해 현재 10% 수준인 탐사 성공률을 30% 수준으로 향상시키는 지하광물·광상 무인 원격 항공탐사 시스템	2019	2024
499	지진 간섭학(seismic Interferometry)을 이용한 지하 이미지 영상화[일광 이미징(daylight imaging) 기법] 및 가상 송·수신원 탐사 기술	2021	2027
500	음원·수진기 방위각이 360도에 걸쳐 탐사하는 3차원 전방위각(full azimuth) 탐사 기술	2019	2023
501	난접근 지역·원격광대역 탐사를 위한 무인 자력 이동·탐지·수집 및 전송 기능을 가진 탐사 로봇 개발	2023	2025
502	달 자원 탐사를 위한 궤도선·착륙선·로버선 탑재용 10kg 미만 소형 계측기 제작 기술	2021	-
503	행성물질 내극 미량(~10-9g) 방사성 동위원소를 0.01% 정밀도 수준으로 측정하는 동위원소비(isotope ratio) 측정 기술	2019	-
504	핵융합에 필요한 3중 수소 대체 물질인 He(3)를 달 표면에서 채취하는 기술	2029	2034

번호	미래 기술	기술 실현 연도	사회 보급 연도
505	개발 심도 5km 이상의 심부 지열 탐사 및 이용 기술	2019	2023
506	유인 및 무인 우주선을 통해 태양계 내 지구 외의 행성을 탐사해 생명체의 현존 여부 또는 과거에 존재했던 흔적 유무를 규명	2034	-
507	원광석으로부터 물리적 선별의 전처리 기법으로 순도 99% 이상의 태양광발전용 실리콘 소재 원료 광물을 경제적으로 추출하는 기술	2016	2018
508	모듈 효율 25% 이상(비집광), 가격 1달러/W 이하인 초저가·초고효율 태양광발전 모듈	2018	2019
509	충전 시간 1시간 미만인 태양광발전을 이용한 수송 및 모바일 가전장치	2019	2020
510	효율 60% 이상의 제3세대 태양전지 기술	2023	2027
511	외부 열원 없이 스스로 가동하며 단전지출력 밀도가 0.6W/cm^{2}인 고성능 일체형 고체 산화물 연료전지(solid oxide fuel cell: SOFC) 모듈 생산 기술	2022	2023
512	자동차, 건축물, 휴대기기 등의 소모성 에너지(열, 진동, 소음 등) 가운데 30% 이상을 회수해 배터리를 충전하는 기술	2023	2026
513	대용량/고효율 플로전지 에너지 저장 기술(용량 1MW 이상, 효율 80% 이상)	2018	2022
514	임계점(22.1MPa, 647K) 이상에서 운전 가능한 초임계 태양열발전 기술	2022	2026
515	리튬이온 2차전지의 에너지 밀도보다 3배 이상 증가되어 휴대 가능한 초경량 배터리 개발	2019	2022
516	1000m 이상 높이의 태양열 집열 발전탑 건설 기술	2020	2022

7. 정보·전자·통신 분야

번호	미래 기술	기술 실현 연도	사회 보급 연도
517	산업이나 의료 현장에서 적용하기 위한 고정밀 증강 현실 기술	2019	2020
518	인간의 오감을 활용한 가상현실 기술	2019	2022
519	의류 등의 가상 물체에 대한 질감을 전달하는 홀로그램 기술	2019	2022
520	0.5V 미만 전압에서 구동 가능한 초저전력 플렉시블 디스플레이(flexible display) 기술	2018	2019
521	홀로그램 휴대 단말 기술	2022	2027
522	화면 겹침(cross talk) 현상이 없는 무안경 방식의 3D TV 개발	2016	2019
523	투명 플렉시블 디스플레이	2017	2019
524	2D 영상을 풀 3D로 복원하는 기술	2015	2015
525	사용 환경과 사용자의 상태에 따라 움직임과 얼굴 표정, 뇌파 등으로 입력 방식을 변경할 수 있는 멀티 모달(multi-modal) 인터페이스 기술	2023	2026
526	진동으로부터 에너지(100mW)를 받아 반영구적으로 동작하는 LSI	2020	2023
527	열에너지를 활용해 반영구적으로 동작하는 LSI	2020	2021
528	1μW/MHz급의 저전력 회로 설계 기술	2018	2020
529	테라비트급 차세대 메모리 소자 기술	2018	2019

번호	미래 기술	기술 실현 연도	사회 보급 연도
530	1nm 이하의 반도체 공정 기술	2019	2020
531	차세대 메모리를 위한 100만 IOPS(input/output operations per second) 이상의 파일 시스템 기술	2017	2019
532	스위칭 속도 1피코초 이하로 동작하는 집적 논리 소자	2021	2022
533	실리콘을 이용한 액세스 타임 1나노초의 LSI 메모리 소자	2019	2022
534	비약적으로 증대하는 정보 데이터를 고속으로 축적·검색할 수 있는 1원자·1분자가 1비트에 대응하는 스토리지	2025	2028
535	5개 이상의 무선 통신 프로토콜을 지원하는 SDR(software defined radio) 기술	2018	2019
536	휴대 단말용 3D 콘텐츠 제작 기술	2014	2017
537	100Gbps급 무선 통신 기술	2018	2021
538	1Tbps의 대용량 유선 통신 기술	2017	2019
539	가정용 10Gbps 광네트워크 시스템	2015	2018
540	눈, 비, 안개, 황사 등을 제거할 수 있는 영상 처리 기술	2015	2017
541	운동 중계에서 선수를 지정해 그 선수를 중심으로 영상을 시청하거나 전체의 움직임을 볼 수 있는 방송 기술	2016	2019
542	수중에서 영상 통화가 가능한 초고속 수중 통신망 기술 및 수중 음향 통신 기술	2020	2026
543	가시광을 이용한 초고속 전송 기술	2017	2019
544	현재 휴대전화 크기로 위성 전화를 소형화하는 데 필요한 안테나 기술	2018	2019
545	밀리미터파 이용 독극물 및 위험물 탐지 기술	2018	2022
546	3차원 인체 스캐닝을 통한 개인 맞춤형 제품 설계 지원 기술	2020	2023
547	실시간 냄새 및 맛을 분석·합성해 전달하는 기술	2023	2024
548	생산 비용 10원 이하의 RFID 태그 제조 기술	2018	2019
549	상호 교신 및 재활용이 가능한 1달러 이하의 저가 능동형 RFID	2018	2019
550	방대한 언어 코퍼스(corpus)를 토대로 구축된 다중 언어 모델을 활용한 정확도 90% 이상의 통계 기반 자동 통역(정확도 90% 이상) 및 대화 처리 기술	2022	2027
551	수화와 같은 움직임(3D 모션 인식)이나 음성을 인식해 이를 문자로 표시하는 기술	2020	2024
552	95% 이상의 정확도를 가진 화자 독립 방식의 음성 인식 기술	2020	2022
553	자기 공명을 이용해 1m 이내에서 85% 이상의 효율을 갖춘 무선 충전 기술	2018	2020
554	스마트카드용 초박막 폴리머 2차전지	2018	2021
555	마이크로파를 이용한 전력 전송 기술	2020	2024
556	행위 기반(프로세스 실행, 파일 쓰기, 레지스트리 등록 등) 악성코드 자동 탐지 기술	2016	2018
557	클라우드 컴퓨팅의 개인 데이터 및 정보 보안 기술	2015	2017
558	자가 치료, 자율 구성, 자율 방어 시스템 소프트웨어 기술	2019	2019
559	개인의 일상생활을 음성 및 영상 데이터로 저장해 DB화할 수 있는 퍼스널 라이프로그 기술	2017	2019
560	다양한 로봇이 서로 통신하고 협업해 공통의 일을 수행할 수 있는 시스템	2021	2024
561	한국어 온톨로지 자동 생성 기술	2018	2019

번호	미래 기술	기술 실현 연도	사회 보급 연도
562	실내 공간에 내재된 센서와 기기를 통해 외부 환경에 대한 정보와 개인의 생리적 정보, 이력, 선호도 등의 정보를 종합해 현재 상황, 개인의 감성 등을 고려한 서비스를 제공하는 기술	2018	2021
563	실시간 대용량 스트림 데이터 처리 기술	2018	2019
564	쇼윈도형 맞춤형 인터랙티브 광고 제공 서비스	2019	2019
565	정형 기법을 활용해 코딩 이전 단계에서 미리 안전 관련 무결점을 분석 검증할 수 있는 기술	2016	2021
566	오픈소스 기반의 고성능 분산 데이터 시스템	2015	2018
567	싱글코어용 애플리케이션을 멀티 코어용 애플리케이션으로 전환시킬 수 있는 임베디드용 대규모 병렬 프로그래밍 기술	2018	2019
568	실시간 데이터에 근거해 전 지구적인 기상, 해양, 환경, 생태계, 전염병, 경제, 사람의 움직임 등을 재현하고 이를 기반으로 다양한 외부 변수에 따른 환경 변화를 시뮬레이션하는 기술	2022	2024
569	위험 환경 발생 및 사고 등을 인지해 주변 사용자에게 해당 정보를 제공하는 기술	2018	2019
570	100만 CPU를 결합시킨 슈퍼컴퓨터	2021	2023
571	퍼지 추론(fuzzy inference) 및 신경망 분석(neural network)을 이용한 지능형 컴퓨터	2021	2026

8. 환경·지구·해양 분야

번호	미래 기술	기술 실현 연도	사회 보급 연도
572	1km - 1시간 이내의 공간 - 시간 해상도를 가진 육상 - 해양 - 대기 연계 기후 변화도 및 위험도 예측, 관측 모델 개발	2020	2022
573	기후 변화에 따른 전 지구 해수면 변화, 지역별 해수 침수 및 범람 예상도 실시간 예측 기술	2020	2020
574	기후 변화 탐지를 위한 전 지구적 동식물 지표종의 계절적 변동 예측 기술	2022	2025
575	100년 이전의 고기상, 고기후 기록을 연 단위로 복원하는 초고해상 기록 복원 기술	2022	-
576	기후 전망 시나리오에 근거한 장기 기상 예보(6개월 이상) 기반의 전 지구 작황 예측 기술	2023	2026
577	레이저를 이용한 인공 강우 기술	2025	2031
578	초미세 대기 변동 감시 및 예측 기술	2023	2027
579	특정 영역 내에만 영향을 미치면서 안개·태풍 등을 약화시키는 기술	2024	2024
580	해류와 조류 제어를 통한 바다 상황과 기상·기후 조절 기술	2024	2024
581	공기 중의 나노 물질을 감지해 푸시(push)형 정보를 제공하는 무선 센서 네트워크 시스템	2021	2024
582	기존 선택적 촉매환원법(selective catalytic reduction: SCR)을 대체하는 탈황 효율 100%, 탈질 효율 100%, 집진 효율 100% 등의 화력발전 대기오염 제거 기술	2018	2019

번호	미래 기술	기술 실현 연도	사회 보급 연도
583	제조 공정 단계 및 대기 중 온실가스 농도, 배출량 정밀 측정 · 분석 기술	2018	2019
584	1ppb 이하의 대기오염 물질을 감지할 수 있는 고성능 유비쿼터스 센서 기술	2019	2022
585	민감도가 증가된 나노 · 광센서와 리모트 센싱 기법을 활용한 대기 모니터링 및 관리 시스템	2018	2019
586	실내 미세먼지, 알레르겐 및 바이러스를 99.99% 이상 제거하기 위한 필터 시스템 기술	2017	2019
587	대기 환경 변화 · 오염 유발물질과 온실가스를 동시에 저감하는 기술	2018	2019
588	높은 오염물 제거 능력과 투수율을 지닌 생물 기능 모방형 분리막 정수 필터 제조 기술	2019	2021
589	하수를 현장에서 처리하고 유가자원을 회수해 활용하는 소규모 분산형 하수 처리 시스템	2018	2021
590	나노미터 수준으로 세공된 신소재막을 이용한 정수 처리 기술	2018	2020
591	독성 유해물질의 선택적 정수 처리 패키지 기술	2019	2021
592	온라인 센서를 이용한 하수처리장의 실시간 원격 운전 제어 시스템	2018	2021
593	전자기기와 통신 기술을 활용한 스마트 워터그리드 시스템을 통해 ±10% 오차 범위의 수자원 통합 관리 시스템	2019	2022
594	지하수의 관리 및 보호를 위한 지표수 · 지하수 통합 비점오염원 관리 기술	2018	2020
595	융제(flux)가 10배 향상된 탄소 나노 튜브 기반 역삼투막 해수 담수화 기술	2019	2019
596	하천 및 지하수 오염원의 추적 맵 구축 및 모니터링 기술	2018	2020
597	7dB 이상의 흡음성과 우천 시 배수 및 저장 기능을 지닌 다공 아스팔트 개발 기술	2017	2019
598	층간소음을 10dB 이상 저감하는 능동형 소음 제어 기술	2019	2021
599	이산화탄소 주입정 대수층 - 최적 주입률 연동 관리 시스템	2020	2024
600	영구적인 이산화탄소 누출 방지 그라우팅 물질 개발 기술	2022	2026
601	이산화탄소 누출을 막는 효과적인 막힘(clogging) 기술	2023	2026
602	화석연료를 사용하는 발전소에서 발생되는 이산화탄소를 대기 중에 방출하기 이전에 제거 · 포집 · 처분하는 기술	2020	2024
603	이산화탄소의 포집, 이동 및 저장 시설의 통합 환경 관리 기술	2022	2024
604	60wt% 이상급 이산화탄소 포집 및 저장 기술	2024	2025
605	광생물반응기(photobioreactor)를 이용한 대기 중 이산화탄소 흡수 기술	2020	2020
606	지하지층의 탐사를 이용한 지진 탐사 기술의 단 · 장기 관측 방법 개발	2021	2023
607	지각 내부 탐사(probing)에 의한 지구 현상 모니터링 기술	2018	-
608	지진 위험 요소의 사전 모델링을 통한 실시간 지진 대응 시스템	2020	2023
609	SAR, VLBI(very long baseline interferometry), GPS 등 원격 탐사를 활용한 실시간 지각 변동 감시 및 예측 기술	2019	2023
610	단층 거동 해석 기술 및 판 내부 지진 재해 평가 기술	2022	2023
611	자연 지진 발생 심도까지의 지각 응력을 측정할 수 있는 기술	2021	2024
612	열섬 완화를 위한 보수성 포장 고도화 기술	2017	2020
613	유해물질을 흡수 분해하는 그린도로 건설 기술	2020	2024

번호	미래 기술	기술 실현 연도	사회 보급 연도
614	이산화탄소를 흡수하는 그린 석회석 개발 기술	2018	2020
615	시설물 폐석면의 친환경 제거 및 처리 기술	2019	2019
616	배기가스 유해 성분을 90% 이상 저감시키는 촉매 기술	2017	2019
617	제품 환경 규제 대응을 위한 바이오 플라스틱 소재 개발	2018	2020
618	희유금속광 제련 시 발생하는 오염물질을 50% 이상 저감하는 건식·습식 융합 제련 기술	2020	2020
619	오염물질 제거 미생물 또는 동식물을 개체 수 수준으로 배양 관리하는 기술	2020	2023
620	유류와 중금속 오염 토양을 정화하고 동시에 토질을 개선·복원하는 복합 처리 기술	2019	2020
621	초임계 이산화탄소를 이용한 토양 중 유해 중금속 추출 기술	2023	2028
622	유전자 재조합을 통한 오염 생태계의 정밀 복원 기술	2020	2023
623	유기성 폐기물의 감량화 및 에너지화 기술(하수처리장 포함)	2017	2018
624	PHEV(plug-in hybrids electric vehicles)용 폐리튬 2차전지 금속회수 양극활물질 전구체인 NCM(니켈, 코발트, 망간) 제조 기술	2017	2019
625	재활용률 95% 수준의 하이브리드 폐자동차 해체 기술	2017	2019
626	폐전지, 폐가전제품으로부터 유가 금속 추출의 고도화 기술	2019	2020
627	폐수 중 유가 자원 회수 기술	2018	2019
628	축산 분뇨의 고효율 복합 처리·자원화 기술 및 축산 환경 개선 기술	2018	2019
629	해양 이상 현상(이상 파랑, 너울, 이안류)으로 인한 피해를 저감하기 위한 초상세 해양 예측·방재 시스템	2019	2021
630	생활하수, 공장, 발전소 등의 오염물질 유입에 따른 연안 오염 실시간 모니터링 기술	2019	2020
631	대기 - 해양 모델, 위성 자료, 관측 자료를 통합한 실시간 수온, 해류의 상세 예측 기술	2020	2023
632	위성·대기 - 해양 결합 모델을 활용한 해빙 변화 양상 모니터링 및 예측 기술	2023	2027
633	해양 폐기물 이동 경로 예측 및 오염 기원 모니터링 기술	2018	2020
634	해양의 유류 및 위험·유해물질(hazardous and noxious substance: HNS)의 사고 오염을 24시간 안에 현장 처리하는 기술	2018	2019
635	해양 환경의 유해 동식물·미생물 모니터링 및 위해성 사전평가·예측 시스템	2020	2023
636	해수 용존염 발전 시스템 탑재 해양 플랑크톤형 센서 로봇	2018	2019
637	오일 유출, 해일, 지진 등의 현장에서 사용할 기상·해양 예측 기술 모델을 독자적인 한국형으로 개발하는 기술	2020	2021
638	대기, 해양 및 생태계와 물질 순환을 고려한 수십 년 규모의 지구 환경 변동 예측 기술	2022	2024
639	초국경 대기 및 해양 환경오염 모니터링, 예측, 평가 종합 시스템의 고도화 기술	2021	2022
640	사용후핵연료 저장 시설 주변 수킬로미터의 환경 모니터링 기술	2019	2019
641	지열, 태양광, 풍력 등 신재생에너지 시설에 대한 입지 선정 및 운영 과정의 환경 영향 평가 기술	2019	2020
642	환경오염에 기인한 환경성 질환의 평가·분석 시스템 개발	2021	2023

번호	미래 기술	기술 실현 연도	사회 보급 연도
643	유해 화학물질이 사람, 가축, 생태계에 미치는 영향을 통합한 리스크 관리 기술	2021	2023
644	화학물질의 전 과정을 기반으로 인체 및 생태를 통합한 위해성 평가 알람 시스템 구축	2020	2022
645	해양 생태계의 유전자 변형 생물체인 GMO(genetically modified organisms) 및 LMO(living modified organisms)의 영향 분석 및 대응 기술	2020	2021
646	직경이 100nm 이하인 나노입자의 인체 침적 표면적량을 기반으로 한 국가 방사 목록(emission inventory) 구축 기술	2023	2028
647	나노 물질에 대한 통합 환경 관리 시스템 기술	2022	2024
648	다중채널의 소형 경량화(1kg 미만 중량) 환경오염 측정 u-센서 개발	2019	2020
649	휴대용 대기·수질 및 토양 종합 오염도 분석 장치 개발	2018	2021
650	수은, 잔류성 유기 오염 물질(persistent organic pollutants: POPs) 등 미량 유해 물질이 측정 가능한 초정밀 인공위성 자료 추출 및 해석 기술	2023	2028
651	환경 시료의 오염물질을 ppt 수준까지 검출해내는 바이오칩 기술	2020	2024
652	미생물과 바이러스를 선택적으로 인지할 수 있는 센서 기술	2020	2021

엮은이

경기연구원

경기연구원은 경기도와 31개 시·군 및 지역 기관·단체의 공동 출연으로 1995년에 설립된 재단법인으로서 경기도의 경쟁력 강화와 삶의 질 향상을 위해 자치행정, 지방의회, 사회복지, 도시 및 주택, 경제, 문화관광, 교통, 환경, 남북한 등 다양한 분야에 대한 종합적이고 전문적인 정책 연구를 수행하고 있는 연구기관이다.

대표 저자

유영성

경기연구원 연구기획실장 선임연구위원, 영국 뉴캐슬어폰타인대학교 응용경제학 박사

주요 저서 및 연구 보고서: 『초연결사회의 도래와 우리의 미래』(2014), 「경기도 가계부채 진단 및 시사점」(2015), 「경기도의 잠재성장률 추정」(2014), 「지자체의 공공 빅데이터 정책 사례 연구」(2014)

공동 저자(가나다순)

김상호

한국직업능력개발원 미래인재자격연구본부 연구위원, 성균관대학교 경제학 박사

주요 저서: 『유망 직업 백과』(2015), 『창조경제 시대의 진로교육 패러다임 연구』(2013)

김형진

삼성서울병원 미래혁신센터 실장, 전 삼정 KPMG 헬스케어 본부 파트너, 한국공인회계사

주요 저서: 『의료전쟁』(2009), 『비전달성의 BSC 이렇게 실행하라』(공저, 2006)

류석진

서강대학교 정치외교학과 교수, 사회과학연구소 소장, 미국 예일대학교 정치학 박사

주요 저서 및 연구 보고서: 『미래사회의 리더십과 선진국가의 엘리트 생성 메커니즘』(공저, 2015), 『위기의 UNESCO, 어디로 갈 것인가』(공저, 2013), 「세계경제위기와 한국형 자본주의 모델: 발전국가, 자본주의 모델 그리고 경로의존성을 중심으로」(2012)

송승현

경기연구원 상생경제연구실 연구원, 성균관대학교 건축학 박사 수료

주요 연구 보고서: 「임대주택단지 주차공간 확충 방안 연구」(2013), 「공공임대주택 노후도에 따른 유지관리비용 예측」(2012), 「경관협정사업과 그린파킹사업의 연계에 관한 연구」(2010)

이명수

(주)알지핀 대표이사, 연세대학교 대학원 공학 박사

주요 연구 보고서: 「빅데이터와 사회안전: 부메랑이냐 구세주냐?」(2014), 「미래형 재난대응과 통합플랫폼 구축: 경기도 빅데이터 프로젝트에 활용」(2014)

이상대

경기연구원 공감도시연구실 선임연구위원, 서울대학교 대학원 행정학 박사

주요 저서 및 연구 보고서: 『메가 수도권의 발전 비전과 전략』(2014), 『수도권 메가트렌드 2030』(2013), 「경기도 종합계획(2011~2020)」(2012), 「저출산 고령사회 진입에 대응한 도시정책 전환 방향 연구」(2011)

이수진

경기연구원 상생경제연구실 연구위원, 미국 텍사스 A&M대학교 관광학 박사

주요 연구 보고서: 「경기북부 야간관광 활성화방안」(2015), 「경기도 문화유산 사용가치분석 및 활용방안 연구」(2014), 「경기도 의료관광 정책방향 설정을 위한 기초연구」(2014)

이필우

한국과학기술정보연구원(KISTI) 슈퍼컴퓨팅본부 본부장, 쓰쿠바대학교 공학 박사

정유선

경기연구원 공감도시연구실 연구원, 서울대학교 환경대학원 도시·지역계획학 석사

주요 저서 및 연구 보고서: 『메가수도권의 발전비전과 전략』(2014), 「노인의 일상 여가장소로서 도심공원 방문 결정요인: 규모와 거리 효과를 중심으로」(2014)

지우석

경기연구원 휴먼교통연구실 선임연구위원, 서던캘리포니아대학교 도시 및 지역계획학 박사

주요 연구 보고서: 「경기도 발전계획(2014~2018)」(2014), 「경기도 도시철도 기본계획」(2013), 「경기도 교통안전 기본계획」(2012)

천영석

경기연구원 연구기획실 연구원, 숭실대학교 경제학 석사

주요 저서 및 연구 보고서: 『초연결사회의 도래와 우리의 미래』(2014), 「경기도 가계부채 진단 및 시사점」(2015), 「경기도의 잠재성장률 추정」(2014), 「유가가 소비자의 자동차 구매패턴에 미치는 영향에 관한 실증적 연구」(2012)

최민석

한국전자통신연구원 창의미래연구소 선임연구원, 한국과학기술원 경영공학과 박사

주요 논문: “Are Printed Documents Becoming Irrelevant? The Role of Perceived Usefulness of Knowledge Repositories in Selecting From Knowledge Sources”(2014), “User behaviors toward mobile data services: The role of perceived fee and prior experience”(2009)

하봉운

경기대학교 인문대학 교직학과 교수, 미국 위스콘신대학교 교육행정학 박사

주요 저서 및 논문: 『교육재정학』(2014, 공저), 「지방자치단체의 고등교육지원의 현황과 과제」(2014), “What Should We Consider in Teachers’ Professional Development Impact Studies?”(2013)

한울아카데미 1850

미래사회의 산업과 직업 변화

지은이 **유영성 외** | 엮은이 **경기연구원** | 펴낸이 **김종수** | 펴낸곳 **한울엠플러스(주)** | 편집 **신순남**

초판 1쇄 인쇄 **2015년 11월 20일** | 초판 1쇄 발행 **2015년 12월 4일**

주소 **10881 경기도 파주시 광인사길 153 한울시소빌딩 3층** | 전화 **031-955-0655** | 팩스 **031-955-0656**
홈페이지 **www.hanulmplus.kr** | 등록번호 **제406-2015-000143호**

Printed in Korea.
ISBN 978-89-460-5850-7 93300
* 책값은 겉표지에 표시되어 있습니다.